旅游学概论

傅广海　主编

科学出版社
北　京

内 容 简 介

随着经济和社会的发展，旅游已经从生活的元素转变为生活的要素，进而成为人们生活的方式和追求。

本书内容涉及旅游活动的起源和发展，以及现代旅游的特点和根本属性等，本书全面、系统地阐述了旅游活动与社会经济发展的关系，旅游活动的内容、种类、特点和表现形式，旅游者、旅游资源、旅游企业、旅游组织和旅游市场，以及由旅游活动引起的各种关系和现象，分析了旅游对接待地区的经济、社会文化和环境的影响。本书在内容上有明显的创新，阐述了我国旅游经济中的“互联网+”、“旅游+”和“全域旅游”现象，并试图在理论上予以归纳。

通过学习本书，高等学校旅游管理大类学生可以学习和掌握旅游管理知识的专业基础，社会学习者也可以了解与旅游相关的一些知识。

图书在版编目（CIP）数据

旅游学概论 / 傅广海主编. —北京：科学出版社，2019.3

ISBN 978-7-03-059788-5

Ⅰ. ①旅…　Ⅱ. ①傅…　Ⅲ. ①旅游学-高等学校-教材　Ⅳ. ①F590

中国版本图书馆 CIP 数据核字（2018）第 269894 号

责任编辑：方小丽 / 责任校对：李　影
责任印制：张　伟 / 封面设计：蓝正设计

科学出版社 出版
北京东黄城根北街 16 号
邮政编码：100717
http://www.sciencep.com
北京建宏印刷有限公司 印刷
科学出版社发行　各地新华书店经销

*

2019 年 3 月第　一　版　　开本：787×1092　1/16
2022 年 7 月第七次印刷　　印张：17
字数：403 000

定价：48.00 元

（如有印装质量问题，我社负责调换）

序

旅游是发展经济、增加就业和满足人民群众日益增长的美好生活需要的有效手段，旅游业是提高人民生活水平的重要产业。2018 年是我国改革开放 40 年，近十多年来，我国旅游经济快速增长，旅游业已成为国民经济的战略性支柱产业。与此相适应，我国目前已经拥有全球最大规模的旅游院校和旅游教育队伍，我国的旅游教育一方面不断提升质量，另一方面，向外合作溢出的转型发展新时期的曙光已经呈现。

旅游学的理论研究和教学应当反映国内外旅游业的发展实践并指导旅游实践，要及时总结我国近十年来在“互联网+”、“旅游+”、旅游供给侧改革创新、“全域旅游”方面的丰富实践经验，并将其体现在旅游学的教材中。笔者及其合作团队正是基于此认识，于 2017 年 6 月在成都理工大学启动了由成都理工大学、四川民族大学、成都信息工程大学银杏酒店管理学院、四川师范大学等长期从事旅游管理教学的一线教师及科学出版社负责高等学校教材出版事务的领导和编辑参与的“新编《旅游学概论》研讨会”。会上和会下团体反复讨论教材大纲，商讨教材内容和与之配套的网络学习资源。

国内旅游学相关教材数量很多，但本科层次的众多教材中当属李天元主编的《旅游学》（高等教育出版社出版）发行量大，水平较高。我们新编的《旅游学概论》，基本上保留了李天元的《旅游学》的结构，新增了旅游产品一章，使旅游资源、旅游产品、旅游市场、旅游业构成了一个完整的体系，并且每章之后增加了扩展教学资源，为学生提供推荐阅读资料。特别的是，教材内容上有明显创新，及时反映了“互联网+”、“旅游+”和“全域旅游”的旅游经济现象，以期更好地指导我国的旅游业实践。

本书由国家级精品视频公开课“遗产型旅游景区建设与管理”课程负责人、四川省精品在线开放课程“旅游学概论”主讲教师傅广海教授担任主编，拟定教材编写思路和提纲，并负责对全书进行最后修改和编纂。教材编写团队成员及分工如下：第 1 章“绪论”、第 2 章“旅游发展的历史沿革”、第 4 章“旅游者”、第 7 章“旅游产品”由成都理工大学傅广海教授及其指导的研究生团队负责编写；第 5 章“旅游资源”由成都理工大学李娴副教授负责编写；第 8 章“旅游市场”由成都理工大学梅燕副教授负责编写；第 3 章“旅游活动”由成都信息工程大学银杏酒店管理学院廖静娴副教授负责编写；第 6 章“旅游业”的 6.1~6.4 节由成都信息工程大学银杏酒店管理学院王毓梅教师负责编写，第 6 章“旅游业”的 6.5~6.7 节由成都理工大学傅广海教授负责编写；第 9 章“旅游组织”由成都理工大学的单莉莉讲师和四川师范大学的曹丹助理研究员联合编写；第 10

章“旅游影响”由四川民族大学的薛熙明教授负责并与李欣华讲师合作编写。

本书在编写过程中，参考和借鉴了国内外众多学者及专家的研究成果，在此笔者向他们致以深深的谢意。如果参考文献中有所疏漏，敬请文献作者与我们联系。

由于水平有限，书中难免存在不足之处，敬请业内前辈、专家和读者不吝斧正。

傅广海

于理工东苑

2018年8月30日

目　　录

第1章

绪　　论

1.1　旅游学的形成背景

虽然人们对有关旅游现象的关注和研究可以追溯到19世纪甚至更久以前,但旅游学的形成过程实际上只有一段相对很短的历史,与20世纪旅游教育的发展有着非常紧密的关系。旅游学作为单独的科系或专业在西方国家高等院校中的设置始于20世纪60年代末,并在70年代得到迅速推广和发展,更多的学者开始投身到旅游教育和旅游研究的队伍中来。起初,学者们习惯于从各自的学术背景,从某一传统学科,如经济学、地理学、历史学、企业管理学或社会学的角度去观察和研究旅游现象。后来,一些学者在探索旅游学研究体系的基础上,开始倡导采用交叉学科的方法去进行研究(Mclntosh and Goeldner,1984;李天元,2011)。20世纪80年代是全球旅游教育发展最快的一个时期。旅游教育不仅为旅游业输出了大量职业技能型人才,而且还培养出具有创造性潜力的高层次旅游人才,推动了旅游学作为一个相对独立的学科的发展和建设。旅游学作为一个学科的轮廓已逐渐清晰——旅游学是研究旅游者(tourists)、旅游业及双方活动对旅游接待地区的社会文化、经济和环境影响的一门学科。这是全世界的旅游从旅游研究到旅游教育再到旅游学的一个发展过程。

1.2　旅游学概念界定

1.2.1　旅游学的学科性质

从旅游学的理论体系和内容上看,它完全符合现代科学发展的基本特征——综合性特征。

现代科学的发展有一个非常突出的特点,即一方面高度分化,另一方面又互相渗透,趋向一体化；或者说科学体系一方面在不断细分，另一方面又在不断综合，细分的过程也是综合的过程。旅游学理论体系的构建也体现了这种分化和一体化的特点。从旅游学的理论内容看，旅游学体现的是多学科综合的特征，这种综合过程可体现在许多方面。旅游活动本身具有综合性并由此决定了旅游业产业构成的综合性。从下列两个方面看，这一综合性体现得更为明显（王德刚，2012）。

首先，从旅游产品的生产、组合过程看，它是一种经济生产与文化创意相结合的产物。从旅游经营的角度，旅游产品的生产就是一种经济行为。但从旅游者的角度，旅游则是一种精神文化消费，旅游者购买的是一种“经历”或“体验”。旅游产品是一种体验设计与经济运作并重的产品，具有特殊性。旅游产品的生产和组合是经济运作与文化创作相结合的产物，这也就使旅游产品和旅游业具有了文化性和经济性的双重属性。对旅游产品和旅游业的研究是旅游学的主要内容之一。旅游者购买和消费旅游产品，旅游业生产和提供旅游产品，通过旅游市场，旅游者和旅游业建立了联系，并产生林林总总的旅游现象，这也就必然使旅游学的研究内容具有综合性的特征。

其次，从旅游学的内容结构或理论体系看，它也是科学的分化与综合共同作用的结果。旅游学的基本内容是围绕旅游的三要素——旅游主体（旅游者）、旅游客体（旅游对象）和旅游媒介体（旅游企业）展开的，以三者之间的相互关系为出发点来探索旅游活动和旅游业发展的基本规律。旅游活动的复杂性导致了三要素与社会各个领域、各个学科的广泛关联，于是便分化出许多解决旅游学研究中的某些具体问题的分支学科：旅游学与历史学结合分化出旅游发展史；旅游学与管理学结合分化出旅游管理学；旅游学与地理学结合分化出旅游地理学。其他如旅游心理学、旅游美学、旅游市场学、旅游商品学、旅游开发学、旅游经济学等，都是旅游学与相关学科综合的结果，同时也是旅游学的学科体系进一步分化的结果。

旅游学与相关学科的综合，不仅体现在内容的综合上，也体现在方法的综合上。科学方法的互相渗透也是现代科学发展的重要特征之一。例如，数学方法在经济学中的应用，产生了计量经济学。同样，旅游学发展过程中，也具有这种方法综合的特征。例如，旅游学借鉴建筑设计学的技术和方法，产生了旅游景观设计学；旅游学借鉴和运用统计学的某些方法和指标，产生了旅游统计学等。

现代科学发展过程中，各学科之间的这种在理论和方法上的相互借鉴和综合，使得一些新学科具有了一个明显特点：它们既不属于自然科学体系，也不属于社会科学体系，甚至也不属于技术科学体系，它们是在解决社会实践问题的过程中，由自然科学、社会科学和技术科学的相关内容互相渗透、互相综合后产生出的一种具有新性质的科学体系——综合性学科，并且，一般都是在某一社会领域的边缘或交叉地带产生，综合了与之有联系的相关学科的理论和方法。

1.2.2 旅游学的定义

旅游学是研究旅游者及其旅游活动、旅游业及其开发和经营活动，以及双方活动的开展对旅游接待地区的社会文化、经济和环境影响的科学。旅游学的基本概念主要包括旅游、旅游者、旅游学、旅游业、旅游管理、旅游产品、旅游市场、旅游经济、旅游资源、旅游设施、旅游服务、旅游动机、旅游心理、旅游文化等。多学科的融合在为旅游学学科注入新的理论和方法的同时，也带来了挑战——旅游学要在这种情况下“自立门户”相当困难。因此，旅游研究在未来数年的一个重要使命就是要创建属于旅游研究自身的理论与方法，使旅游学作为一门独立的学科进入研究领域。

关于旅游，有两个方面要特别注意。第一个方面，不论是中国，还是西方，关于什么是旅游还没有形成公认的概念界定，需要学术界进一步深入研究和探讨。从概念表述形式来看，西方学者更重视具体的规定性表述，中国学者更重视抽象概括；西方学者更重视技术性界定，中国学者更重视概念性界定。第二个方面，旅游概念争论的焦点问题主要有：旅游是一个独立的学科，还是跨学科领域？旅游是经济活动，还是审美活动，或者是文化活动？旅游是一种体验，还是要包含旅游活动过程中的吃、住、行、游、购、娱等全部的活动？旅游和旅行是什么关系？旅游主体、客体的互动等。

谢彦君主张在建立旅游学的概念体系时要考虑三条原则（谢彦君，2015）：第一是要严格区分迁徙、旅行和旅游三个概念系统；第二是对于旅游范畴的定义，可以区分为概念性定义和技术性定义两个层次；第三，对旅游的定义应能在本质、属性和特征三个层次上给出。这三条原则值得学术界和旅游研究者重视。

1.3 旅游学的研究对象、内容、方法

1.3.1 旅游学的研究对象

关于旅游学的研究对象的问题，国内外学者都进行过探讨，不同学者从不同角度进行研究时，会获得对旅游对象的不同理解，一般都把旅游现象作为研究对象，即研究旅游者、旅游业及双方活动对旅游接待地区的社会文化、经济和环境的影响。

旅游学的研究对象是旅游现象的发生、发展及其本质和特征，以及旅游活动要素之间内在矛盾的运动规律。其包含了两层意思，第一是研究旅游的本质、特征，这是认识旅游、研究旅游的基础，也是旅游学需要解释的基本内容；第二是将旅游供给和旅游需求作为旅游活动中的一对矛盾来研究，观察它们是怎样相互影响和相互作用的，进而总结出它们在相互影响、相互作用过程中可遵循的规律，并对解决二者之间的矛盾做出实质性的推动。

具体来说，旅游学的研究对象主要包括以下四个方面。

1. 旅游主体——旅游者

旅游者是旅游活动的主体，是旅游活动的发起者，所有其他一切现象和关系皆因旅游者的活动而发生。正是由于旅游者的出现和规模的扩大，才促进了旅游业和各种社会关系、经济关系的发展。因而，研究旅游者的产生条件、活动规律和消费特征、发展速

度、分类和分布状况、市场划分等理应成为旅游学研究的重要内容。

2. 旅游客体——旅游资源

旅游活动必须要有一定的旅游资源与之对应，这些旅游资源包括旅游景区（景点）、旅游设施及与旅游活动相关的各种产品和服务等。研究旅游资源，实际就是研究旅游市场的供给能力和发展规律，借以促进旅游活动和旅游业的正常发展。

3. 旅游媒介体——旅游业

旅游业泛指参与提供旅游产品和服务的各类企业和组织。旅游业在旅游者与旅游资源之间起着桥梁和纽带的作用，是克服旅游障碍（语言障碍、货币使用障碍、生活习惯障碍等）、实现旅游消费过程的重要保证，现代旅游活动中的远距离旅游、国际旅游（international tourism）等大多要借助旅游媒介体的桥梁作用才能得以实现。例如，从事旅行代理业务和从事组团业务的旅行社行业主要活动于旅游客源地区；旅游景点行业及食宿接待行业则主要位于旅游目的地；交通客运行业的活动则主要发生于旅游客源地和旅游目的地之间的途经地区。因此，为保证旅游活动的正常发展，提高旅游活动质量，就必须研究旅游业的运作手段、管理理论和管理方式、营销策略和发展规律。

4. 旅游主体、旅游客体和旅游媒介体三者的相互关系

旅游主体、旅游客体、旅游媒介体并不是孤立存在的，而是在一个有机的整体中共存，并形成相互依存、相互促进的关系。旅游学就是要研究三者的矛盾运动规律及如何使三者之间形成协调、平衡的良性关系，从而提高旅游者的旅游活动质量，提高旅游目的地的经济效益和社会效益。

当然，旅游活动作为一个综合的社会现象，它所涉及的社会关系可能还远远不止这些，但是，上述四个方面已经基本涵盖了旅游学研究对象的基本领域，构建起了旅游学理论体系的基本框架。

1.3.2 旅游学的研究内容

对于任何一门学科来说，研究对象决定了其研究内容。旅游学的研究对象——旅游主体、旅游客体、旅游媒介体及其相互之间的关系，构成了旅游学研究的主要对象，对这些因素的分别研究既导致了理论与方法的差异，也体现了不同的研究侧重点——旅游学就是研究旅游和旅游业的发展历史和运动规律的科学。

对旅游主体的研究，主要探讨旅游者作为一种社会现象，其产生、发展的条件和运动的规律，既要研究个体旅游者的旅游需要及其满足过程，也要认识旅游者出游趋向的特征，并关注群体旅游的社会意义和在旅游过程中与旅游客体的矛盾的产生与解决等问题，这是旅游学研究的核心内容之一。按照这一思路，旅游学在该领域里的研究内容主要包括：旅游者产生的客观条件、主观条件（旅游动机）；旅游活动的发展规律及社会意义；旅游的本质与特征；旅游活动的构成要素；旅游的经济、社会、环境影响等。

对旅游客体的研究，着重探讨旅游资源的分类与评价，包括分类指标的确定和分类方法的选择；探讨旅游资源的特色、分布与组合条件及开发、利用——向产品的转化方式；探讨旅游资源的开发与保护的模式与有效途径，以及旅游资源的可持续利用等问题。

对旅游媒介体的研究，要从旅游业的个体经济行为着手，并进而探讨整个产业行为，研究旅游业经营管理的一般规律性。这一部分应属于旅游学的扩展部分——旅游管理学、旅游经济学等分支学科的研究范畴。旅游学的这些分支学科与经济学、管理学形成交叉，属于边缘学科。通过这些学科的分领域研究，实现对旅游产业活动的运动规律和矛盾运动的科学认识。

对旅游主体、旅游客体、旅游媒介体三者之间相互关系的研究，实际就是探索旅游活动与旅游产业之间的相互关系和运动规律，应着重探索这一矛盾的运动规律及其所带来的各种经济和社会的影响，并努力探讨三者之间的良性关系和健康发展之路。

随着移动互联网新媒体时代的来临，旅游学研究内容应该不断更新，要与时俱进地分析和研究“旅游+”“互联网+”等新兴概念及其对旅游主体、旅游客体、旅游业的影响。

全域旅游的出现，同样给旅游学研究提出了新的课题，新时代新的实践亟须旅游学理论的创新解答难题、应对挑战和指导前所未有的旅游实践。

旅游学研究常见基本框架如图 1-1 所示。

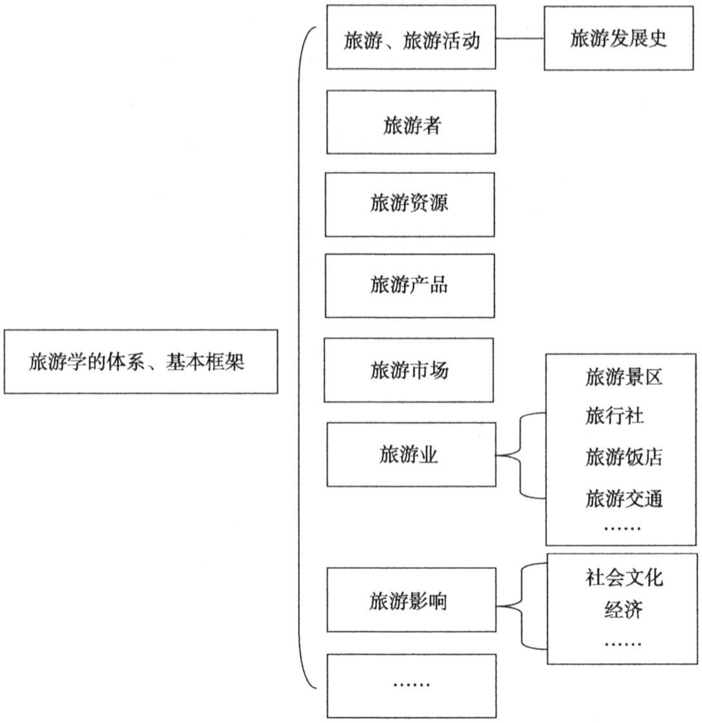

图 1-1　旅游学研究常见基本框架

资料来源：张凌云等（2012）

1.3.3 旅游学研究方法

旅游学学科的综合性特征决定了其研究方法是多样的。本书主要讨论以下几种关于旅游学学科的研究方法。

1. 定性和定量研究方法

从旅游学学科的研究对象和内容来看，旅游学科研究应该包括定性和定量研究方法。一般来说：以文字形式来表述及处理资料属于定性研究，而使用数值资料借助数学模型进行数值分析则属于定量研究。对旅游学学科的一些概念，如旅游定义、旅游者、旅游交通、全域旅游定义等大都是用定性的方法加以界定。而“旅游现象”的许多问题都需要以量的形式来进行说明，如旅游者人数、旅游收入和支出的多少、旅游价格的高低、规模的大小、设施的数量和等级、旅游业的增长速度和增长量等，都必须以量化指标加以分析和说明，并以此作为概括其本质属性的依据。因此，在旅游学研究中，定性分析和定量分析都是基本方法，缺一不可。

2. 静态和动态研究方法

从旅游学学科的发展性来看，有静态和动态两种研究方法。当研究对象为某一时间点上的状况，这实际上是在研究事物在某一时间点上的内在结构性特征或外在空间性特征，如游客（visitors）的旅游消费结构、全球旅游市场的分布等就是静态分析研究。但当研究对象为跨时段的时间序列数据时，必须分析其在一段时间的特征和状况，如旅游发展水平、环比增长速度、平均发展速度等就是动态研究。当然，所有的事物都是一个动态发展的过程，静态研究不是绝对的静态，而是相对某一时间的静态研究。旅游学科是不断发展的，这也决定了在研究中应用发展的动态的研究方法来剖析旅游学科发展规律。

3. 客位研究方法和主位研究方法

从旅游学主体、客体相互关系的逻辑来认识旅游，才能全面、真实地把握旅游的各个方面。旅游学中的客位研究方法是以一种外来的、客观的、科学的态度考察旅游现象或旅游经历，并剖析其原因。主位研究方法则尽可能地从当地人（当事人）的视角去理解旅游现象或旅游经历。目前，主位研究方法已成为人文社会学科中的主流方法，旅游研究也应更多地鼓励应用主位研究方法。

4. 跨学科研究方法

这是由旅游学的研究对象旅游活动的涉及面较为广泛所决定的。实际上，旅游研究经历了一个从单一学科到多学科的过程。最早对旅游现象进行研究的学科是经济学与地理学。然而，以单一学科来认识旅游这样一个庞大复杂的社会现象存在明显的片面性。因此，旅游研究的早期，就有学者提出了多学科、多角度综合分析旅游现象的必要性。我们可以从旅游经济学、旅游管理学、旅游地理学、旅游社会学、旅游人类学、旅游信息学等学科入手进行研究；在这些分支中还衍生出更接近应用的次一级分支，如旅游市场营销学、旅游地开发与管理、旅游资源开发、景区开发与管理、旅游饭店（tourist hotel）经营与管理、旅行社管理等。这些旅游研究的分支都不同程度引入了相关学科的研究理论和方法，极大地丰富了旅游研究方法的内容。

1.4 国内外对旅游学的研究

旅游学是一门年轻的学科。作为一门学科，旅游学随着近代旅游的出现而产生，并随着旅游业的发展而不断完善。对于世界范围的旅游学学科发展而言，第二次世界大战前关于旅游的研究主要是在欧洲地区，第二次世界大战后则转移到北美地区。中国国内的旅游学学科的建立和发展是在改革开放以后，其研究历史短，学科不完善，同时大多比较重视实践应用层面的研究，基础理论的研究相对较少且研究水平有待提高。

一般认为，意大利人波迪奥于1899年发表的《关于意大利外国旅游者的流动及其花费》，是从理论上探讨旅游现象的首篇论文。1927 年，罗马大学经济学教授马里奥蒂出版了名为《旅游经济学讲义》的旅游学专著，第一次对旅游经济进行了系统总结（罗明义，2001）。世界各地，如德国、法国、瑞士、西班牙、美国、日本等许多国家的学者也相继开展了旅游学的研究，并产生了一批理论成果，逐渐构筑起旅游学的基本理论框架。20 世纪 50 年代以后，随着旅游业的快速增长，旅游研究成果逐渐丰富，如美国伦德博格的《旅游业》，日本田中喜一的《旅游事业论》、津田升的《国际观光论》和前田勇的《观光概论》，英国克里斯托弗·霍洛韦的《旅游业》，南斯拉夫翁科维奇的《旅游经济学》等都是代表性著作。

虽然人们对旅游现象的研究可以追溯到19世纪，甚至更为久远的过去，但是就旅游学的形成过程而言，其所经历的历史相对较短，这主要是与20世纪高等旅游教育的发展有着紧密的关联。旅游学作为单独的科系或专业在欧美普通高校中的设置始于 20 世纪60年代末，并在70年代得到迅速推广和发展。

国外的研究比较注重旅游学科理论体系建设，这主要体现在两个方面：一是注重理论研究，二是多学科的共同关注。众所周知，旅游是一门综合性极强的学科，旅游业的发展涉及经济、社会的许多方面，在这种情况下，要建立一套完整的理论体系，必须得到多个学科的共同关注。国外对于旅游学的研究涉及心理学、行为学、经济学、市场学、管理学、生态学等诸多的学科。同时对于研究领域来讲，国外针对发展中国家的旅游研究超过了对发达国家的旅游研究。

旅游学作为单独科系或专业在大学中的出现，一方面是教育部门推动的结果，但究其根本原因，则是与第二次世界大战后旅游活动规模的迅速扩大，特别是旅游业的发展对专业人才的大量需求有着密切的关联（李天元，2011）。随着旅游教育在欧美普通高校中的发展，更多的学者开始投身旅游研究。这些学者有不同的学术背景，多数人习惯于从某一传统学科，如经济学、地理学、历史学、企业管理学或社会学的角度去观察和研究旅游现象。然而与过去的情况有所不同的是，其中不少有识之士已不再主张将旅游研究作为某一传统学科的附属或研究领域的延伸，而是主张将社会科学中可以利用的已有理论和方法服务于旅游研究。一些学者在探索旅游学研究体系的基础上，开始倡导采用交叉学科的方法去进行研究（McIntosh and Goeldner，1984）。伴随着这一时期高等旅游教育的发展，旅游研究向系统化方面的发展客观上意味着旅游学逐渐形成。在这一趋势中，走在前列的学者多为欧美人士。其中，英国萨利大学的A.J.伯卡特和S.梅特立克、美国密西根州立大学的R.W.麦金托什及美国得克萨斯州农业和机械大学的C.岗恩等，可谓当时的突出代表。

20世纪80年代是全球旅游教育发展最快的一个时期。虽然此时旅游教育已在世界各地得到推广和重视，但引导旅游教育和旅游研究发展潮流的依然是欧美地区。1981年，美国威斯康星大学的J.贾发利教授和加拿大卡尔加里大学的B.瑞琦教授在对欧美两地旅游教育和旅游研究的发展状况进行比较和评论时指出，旅游学作为一个交叉学科研究领域的局面正在形成，但欧美两地的发展特点不尽相同。具体地讲，北美的旅游学研究表现出较为浓厚的职业教育色彩，而在欧洲，旅游学研究则“正在朝向较具概括性的理性化方向发展”。贾发利和瑞琦的该项研究对此后旅游教育和旅游研究的发展产生了很大影响。贾发利在综合欧美两地旅游研究的基础上，将旅游学定义为：旅游学是研究离开惯常居住地外出访问的旅游者、研究针对旅游者的需要而为其提供服务的旅游业，以及研究旅游者和旅游业双方对东道主地区社会文化、经济及物质环境的影响的一门学问（李天元，2011）。从20世纪80年代起，旅游教育和旅游研究发展的一个突出特点便是其重点逐渐向加强学术建设和提高学术水平方面转移。

关于旅游学的研究框架，国外学者也做过很多探讨，其中影响较大的旅游学体系模型有两个。一个是由P.C. Hau在20世纪70年代提出的“主体—手段—客体”模型（Ritchie and Goeldner，1986）。在这一模型中，主体是代表需求的旅游者，手段是代表供给的旅游业，客体则是代表旅游产品的旅游吸引物（tourist attraction）。这一模型对中国的旅游学研究产生了很大影响，国内许多旅游学教科书关于旅游活动的三要素就借鉴了这一模型，并把其发展为旅游活动的“主体—媒介体—客体”模型。

国外研究的薄弱环节主要体现在旅游界重要的一些议题尚未受到学者重视，如在旅游行为和心理方面，学者更多关注旅游者或当地居民对旅游活动的感知，而对旅游者满意度的研究较少；旅游业虽被称为服务业，但有关旅游服务的研究较少。随着老龄化的加剧和女性经济地位的提升，老年人旅游和女性旅游将成为未来研究的趋势。事件旅游和康体养生旅游成为国外学者研究的新热点。国外学者大多采用崭新的视角跨学科、多学科地研究旅游业，这不仅符合旅游业综合性强的特点，也开拓了国内学者研究旅游的思路。

值得注意的动向是，进入21世纪后，关于旅游可持续发展和企业社会责任的研究越来越受到国外旅游研究学者和相关国际组织的重视。联合国世界旅游组织（World Tourism Organization，UNWTO）在其官方网站刊载的研究报告 *Tourism and the Sustainable Development Goals-Journey to* 2030（《旅游业与可持续发展目标——2030之旅》）中阐述了旅游业与可持续发展目标的联系，提出了公共政策和企业社会责任在促进可持续发展方面的17个具体目标：①在任何地方消除一切形式的贫穷；②消除饥饿，实现粮食安全和营养，促进农业的可持续发展；③确保健康生活，促进人人幸福；④确保包容和公平的优质教育，促进全民终身学习；⑤实现性别平等并赋予所有妇女和女童权利；⑥确保所有人的水和卫生设施的可获得性和可持续管理；⑦确保所有人都能获得负担得起的可靠、可持续的现代能源；⑧为所有人提供可持续、包容的经济增长，促进充分的生产性就业和人人获得体面工作；⑨建设具有复原性的基础设施，促进包容性和可持续的工业化，促进创新；⑩减少国家内部和国家之间的不平等；⑪使城市和居民区具有包容性、安全适应性和可持续性；⑫确保可持续的消费和生产模式；⑬采取紧急行动应对气候变化及其影响；⑭保护和可持续利用海洋和海洋资源以促进可持续发展；⑮保护、恢复和促进陆地生态系统的可持续利用，防止生物多样性的损失；⑯促进和平和包容的社会，为所有人提供公正的机会，建立包容性的机构；⑰加强执行手段和专业发展，振兴全球可持续发展伙伴关系。

中国的旅游学研究，是伴随着中国旅游业的发展不断进步的，由于特殊的国情，中国旅游学研究起步比国外晚得多，随着中国旅游业的蓬勃发展，旅游学研究方兴未艾。中国的旅游学研究在诸多领域都取得了较大的进展，表现为旅游研究方法由相对单一到趋于相对丰富和复杂，研究领域由相对狭窄到日趋广泛，研究队伍由相对弱小到日趋壮大，学科交叉现象愈加明显，理论和应用性研究成果日益涌现等。尤其是近年来，国内旅游实践、旅游教育和研究迅速发展，理论界在旅游经济、旅游管理、旅游资源与开发、旅游学学科体系建设等主要研究领域进行了多视角、多层面的研究探讨，为中国旅游业的发展提供了科学的理论依据和技术指导。

改革开放后，中国开始大力发展入境旅游（inbound tourism），这为国民经济的恢复和发展赚得了宝贵的外汇。中国发展旅游业的指导方针经历了改革开放初期的入境旅游一枝独秀和国内旅游（domestic tourism）“三不”（不提倡，不鼓励，不限制）方针，到世纪之交时期（1995~2008年）大力发展入境旅游，积极发展国内旅游，适度发展出境旅游（outbound tourism），再到2009年《旅行社条例》颁布实施以后大力发展国内旅游，积极发展入境旅游，有序发展出境旅游三个阶段的演变。我国学者对旅游学的研究开始兴起并逐渐深化。经过几十年的不懈努力，我国现代旅游科学研究伴随着旅游业的迅速发展，从少数个人单纯地翻译国外的旅游学著作到大量研究人员不断地进行学术创新，我国的旅游学研究成果不论是在“质”的方面还是在“量”的方面都有了很大的进步。

20世纪80年代是中国旅游学研究的初创时期，尚没有形成真正意义上的旅游学的学科体系。一些来自不同学科领域的学者从旅游教育的需求出发开始关注旅游现象，并从各自的学科领域对旅游进行研究，此阶段基本上处于对国外成果的传译阶段，还没有形成独立的学术观点和理论体系。1981年编辑出版的“兴旺发展的世界旅游业”丛书，系统介绍了31个国家的旅游业发展经验，为中国旅游业的发展提供了宝贵的经验。之后，原国家旅游局[①]编印了《中国旅游动态》《旅游调研》《旅游信息》等，并发表了《国外发展散客旅游的一些基本做法》。1979 年，北京大学的陈传康先生开始对旅游现象进行探索，并从地理学的角度对旅游地理、旅游资源、风景园林等做出阐述。经济学界也对旅游进行研究，出版了一批学术著作。中国这一时期的旅游研究成果与国外相比，还存在着较多不足，如旅游学总体理论框架没有建立，基础理论研究还停留在较为肤浅的阶段。

20 世纪 90 年代，中国在引进、创新中开始构筑旅游学的框架体系，既有对中国旅游史的研究，又有对现代旅游经济和旅游管理的研究。1992 年，云南人民出版社出版了章必功先生撰写的《中国旅游史》，该著作详细介绍了中国旅游发展的历史线索，内容涉及政治、经济、文化、历史、地理、民俗、交通、饮食、人物等。随着我国旅游业从事业型向产业型转变，国内越来越多的学者开始关注旅游研究问题，发表了很多研究成果，但这些研究成果只涉及较小的领域。与国外相比，国内旅游研究更加关注经济管理领域中具体的、表层的现象和问题。20 世纪 90 年代前期旅游研究的主流仍然是“应用导向”“热点导向”，缺乏科学实证性理论成果。20 世纪 90 年代后期旅游研究的主流开始有所改变，国内学者逐渐意识到旅游学学科理论研究的滞后制约着旅游基础理论研究的发展，开始加强旅游基础理论研究。1995 年，喻学才、毛桃青撰文呼吁建立旅游学学科体系，特别是 1997 年以后的两年，旅游学界展开了对旅游学学科理论的大讨论，如王德刚（1998，1999）等对旅游学的学科性质、旅游学的研究对象和任务、旅游学的理论体系进行了探讨。王德刚提出旅游学是一门综合性的边缘学科，并提出旅游学是以三要素（旅游主体、旅游客体、旅游媒介体）为核心，研究旅游活动和旅游业发展规律的科学。同时，学者们还对旅游目的地发展、旅游规划、旅游形象、旅游文化、旅游影响等人们较为关注的热门课题中的理论问题进行了探讨，并取得了较多的理论成果，20 世纪 90 年代后期，中国旅游学学科理论体系基本建立。

进入 21 世纪以来，中国的旅游研究开始与国际接轨，中国旅游研究在旅游区域开发、旅游市场、旅游文化、全域旅游等方面有了趋热的表现，对旅游业发展及旅游行业体制方面的关注明显增加。在研究内容和研究主题上侧重于旅游管理和开发，而非社会意义上的旅游文化。就研究方法而言，过去国内学术界最为常用的研究方法是描述性方法和概念性方法，较少使用西方学术界比较推崇的数理统计方法和构造模型方法，研究比较粗略，研究结果难以精准化。但这种现象在近十年来已慢慢改变，越来越多的学者开始认识到定性与定量相结合的旅游研究方法的重要性。这种定性和定量相结合的研究方法已经成为中国旅游研究的主流方法。

中国目前已经拥有全球最大规模的旅游院校和旅游教育队伍，中国的旅游教育一方面不断提升质量，另一方面向外合作溢出的转型发展新时期的曙光已经呈现。在“互联网+”、“旅游+”、旅游供给侧改革创新、“全域旅游”方面的研究已经开始引领世界旅游学研究的潮流。

---

① 2018 年 3 月，根据第十三届全国人民代表大会第一次会议批准的国务院机构改革方案，将国家旅游局的职责整合，组建文化和旅游部，不再保留国家旅游局。

扩展教学资源：推荐阅读（一）

四川省精品在线开放课程《旅游学概论》在线学习网址：

旅游学概论 http://mooc1.chaoxing.com/course/91605659.html

扩展教学资源：推荐阅读（二）

陈才. 2007. 旅游学研究方法论体系研究——一种社会学视角的探讨[J]. 旅游学刊，（1）：84-89.

迪尔凯姆 E. 1995. 社会学方法的准则[M]. 狄玉明译. 北京：商务印书馆.

李天元. 2010. 关于旅游科研的几点刍议[J]. 旅游学刊，（10）：5-6.

李天元. 2011. 旅游学（第三版）[M]. 北京：高等教育出版社.

罗明义. 2001. 旅游经济分析——理论·方法·案例[M]. 昆明：云南大学出版社.

王德刚. 1998. 试论旅游学的学科性质[J]. 旅游学刊，（2）：46-48.

王德刚. 1999. 略论旅游学的理论体系[J]. 旅游学刊，（1）：63-66.

王德刚. 2012. 旅游学概论（第3版）[M]. 北京：清华大学出版社.

王健. 2008. 关于旅游学科发展与旅游管理专业课程体系建设的思考[J]. 旅游学刊，（3）：19-23.

谢彦君. 2015. 基础旅游学（第4版）[M]. 北京：商务印书馆.

谢中田，孙佼佼. 2013. 旅游学方法论：何来"主义"之争?——与宋子千，张斌等人商榷[J]. 旅游学刊，28（12）：15-23.

张凌云，刘宇，等. 2012. 旅游学概论[M]. 北京：北京师范大学出版集团.

张凌云. 2009. 非惯常环境：旅游核心概念的再研究——建构旅游学研究框架的一种尝试[J]. 旅游学刊，24（7）：12-17.

张佑印，马耀峰，顾静. 2016. 旅游学研究体系——结构、解构与重构[J]. 人文地理，（3）：145-150.

章必功. 2016. 中国旅游通史[M]. 北京：商务印书馆.

McIntosh R W，Goeldner C R. 1984. Tourism：Principles，Practices，Philosophies[M]. New York：Wiley.

Middleton V T C. 1988. Marketing in Travel and Tourism[M]. London：Heinemann Professional Publishing.

Ritchie J R B，Goeldner C R. 1986. Travel，Tourism and Hospitality Research：A Handbook for Managers and Researchers[M]. New York：John Wiley & Sons Inc.

扩展教学资源：推荐阅读（三）

The Sustainable Development Goals –new opportunities for tourism[①]

Tourism's role in achieving the 17 Sustainable Development Goals（SDGs）can be significantly strengthened when sustainable development becomes a shared responsibility and moves to the core of policies and business decision-making within the tourism sector.

The World Tourism Organization（UNWTO）and the United Nations Development Programme（UNDP）are committed to inspire leadership and facilitate collaboration among all stakeholders to advance the contribution of tourism to the SDGs and the targets of the 2030 Agenda. The United Nations General Assembly designation of 2017 as the International Year for Sustainable Tourism for Development sets the ideal stage for the sector to reflect on its role and embark on a common journey towards 2030；a journey guided by the SDGs as reflected in the commitment of all UNWTO member states at the 22nd UNWTO General Assembly to the Chengdu Declaration on Tourism and the Sustainable Development Goals.

The Tourism and the Sustainable Development Goals-Journey to 2030 report aims to build knowledge，empower and inspire tourism stakeholders to take necessary action to accelerate the shift towards a more sustainable tourism sector by aligning policies，business operations and investments with the SDGs. The report highlights the links between tourism and the SDGs and provides recommendations on how to steer the road towards 2030. It is based on an analysis of 64 countries' Voluntary National Reviews（VNRs：Voluntary National Reviews（VNRs）on the SDGs are presented by UN member states as a basis for the regular reviews by the High-level Political Forum on Sustainable Development. They aim to facilitate the exchange of experiences and lessons learned regarding progress on the implementation of the 2030 Agenda at the national andsub-national levels. The 64 VNRs of 2016 and 2017 are available at：https://sustainable development.un.org/vnrs/（05-12-2017）.）on the SDGs-submitted to the United Nations Highlevel Political Forum on Sustainable Development（The High-level Political Forum is the UN's central platform for follow-up and review of the 2030 Agenda for Sustainable Development and the SDGs. As part of the Division for Sustainable Development of the United Nations，the Department of Economic and Social Affairs（ECOSOC）serves as the Secretariat of the HLPF. Source：United Nations Department of Economic and Social Affairs（2017a），High-level Political Forum-Sustainable Development Knowledge Platform（online），available at：https://sustainabledevelopment.un.org/hlpf（05-12-2017）.）in 2016 and 2017-，eight Mainstreaming，Acceleration and Policy Support（MAPS：Mainstreaming，Acceleration and Policy Support（MAPS）is a UN approach to

---

① 节选自 *Tourism and the Sustainable Development Goals-Journey to* 2030。

assist developing countries' own efforts towards the integration of SDGs in national and local development policy frameworks.) country roadmaps and Corporate Social Responsibility（CSR）activities of 60 global tourism companies.

Key points：

-Competitiveness is the key business driver of sustainability：Since many CSR activities are related to the business case for sustainability，companies are most likely to engage on SDGs where they can also improve their business results，which in most cases includes efficiency measures. Yet，the mitigation of negative impacts must go beyond resource efficiency and include more drastic measures along the entire tourism value chain.

-Effective management requires consistent measurement of impact：While the tourism private sector can contribute to all 17 SDGs，its impact is still difficult to measure given that there is no universal means by which travel and tourism businesses and destinations can measure and monitor their progress or contribution towards the SDGs.

-There is little awareness of the economic benefits of sustainability：Tourism enterprises，SMEs in particular，often lack awareness of how efforts and investment in sustainable business operations can also significantly boost competitiveness and profitability，while increasing customer and host community satisfaction.

Table 1：Tourism links with the Sustainable Development Goals （SDGs）：public policy and business Corporate Social Responsibility（CSR）actions

Public policy		Companies and CSR actions
SDG 1 – End poverty in all its forms everywhere Tourism provides income through job creation at local and community levels. It can be linked with national poverty reduction strategies and entrepreneurship. Low skills requirement and local recruitment can empower less favoured groups, particularly youth and women.	1 NO POVERTY	On-going staff training; Partnerships for education; Diversity management; Complementary benefits; In-kind donations for education, Poverty and human rights; Responsible investment and local recruitment; Local purchases and fair-trade
SDG 2 – End hunger, achieve food security and nutrition, promote sustainable agriculture Tourism can spur sustainable agricultural by promoting the production and supplies to hotels, and sales of local products to tourists. Agro-tourism can generate additional income while enhancing the value of the tourism experience.	2 ZERO HUNGER	Local and green purchase (food/agriculture); Local supplies and fair trade; Host community involvement; Wildlife and ecosystem protection; Offsetting actions
SDG 3 – Ensure healthy lives and promote well-being for all at all ages Tax income generated from tourism can be reinvested in health care and services, improving maternal health, reduce child mortality and preventing diseases. Visitors fees collected in protected areas can as well contribute to health services.	3 GOOD HEALTH AND WELL-BEING	Health prevention programs; Fight against sex tourism, health and disasters awareness and donations; Customer security and health – prevention and facilities

SDG 4 – Ensure inclusive and equitable quality education and promote lifelong learning for all

Tourism has the potential to promote inclusiveness. A skilful workforce is crucial for tourism to prosper. The tourism sector provides opportunities for direct and indirect jobs for youth, women, and those with special needs, who should benefit through educational means.

Professional development and training; Partnerships for education; Diversity management; Education fon culture and heritage; In-kind donation for education; On-going staff training; information, facilities; Host communit involvement

SDG 5 – Achieve gender equality and empower all women and girls

Tourism can empower women, particularly through the provision of direct jobs and income-generation from MMEs in tourism and hospitality related enterprises. Tourism can be a tool for women to become fully engaged and lead in every aspect of society.

Diversity management; Awareness campaigns and in-kind donations towards fight against sex tourism and human rights; Non-discrimination values in staff recruitment and trainin

SDG 6 - Ensure availability and sustainable management of water and sanitation for all

Tourism investment requirement for providing utilities can play a critical role in achieving water access and security, as well as hygiene and sanitation for all. The efficient use of water in tourism, pollution control and technology efficiency can be key to safeguarding our most precious resource.

New equipment and technologies; Prevention programs for security and health; Standards and certifications; Community involvement

SDG 7 – Ensure access to affordable, reliable, sustainable and modern energy for all

As a sector, which is energy intensive, tourism can accelerate the shift towards increased renewable energy shares in the global energy mix. By promoting investments in clean energy sources, tourism can help to reduce green house gases, mitigate climate change and contribute to access of energy for all.

New equipment and technologies; Prevention programs for security and health; Standards and certifications; Community involvement

SDG 8 – Promote sustained, inclusive and sustainable economic growth, employment and decent work for all

Tourism, as services trade, is one of the top four export earners globally, currently providing one in ten jobs worldwide. Decent work opportunities in tourism, particularly for youth and women, and policies that favour better diversification through tourism value chains can enhance tourism positive socio-economic impacts.

Training for professional development; Diversity management and local recruitment; Performance incentives-complementary benefits; Responsible investment and local purchases; Community involvement

SDG 9 – Build resilient infrastructure, promote inclusive and sustainable industrialization and foster innovation

Tourism development relies on good public and private infrastructure. The sector can influence public policy for infrastructure upgrade and retrofit, making them more sustainable, innovative and resource-efficient and moving towards low carbon growth, thus attracting tourists and other sources of foreign investment.

Eco-design; New equipment and technologies in energy and water resources; Renewable energies: Equipment and materials for recycling and waste; On-going staff training

SDG 10 – Reduce inequality within and among countries

Tourism can be a powerful tool for reducing inequalities if it engages local populations and all key stakeholders in its development. Tourism can contribute to urban renewal and rural development by giving people the opportunity to prosper in their place of origin. Tourism is an effective means for economic integration and diversification.

Diversity management; Local enterprise investment; Responsible purchases; Non-discrimination values in staff recruitment and training; Community involvement

SDG 11 – Make cities and human settlements inclusive, safe, resilient and sustainable

Tourism can advance urban infrastructure and accessibility, promote regeneration and preserve cultural and natural heritage, assets on which tourism depends. Investment in green infrastructure (more efficient transport, reduced air pollution) should result in smarter and greener cities for, not only residents but also tourists.

Certifications; Partnerships; Awareness campaigns, in-kind donations for culture and heritage sites; Host community involvement; Clean energy; Resource efficiency; Biodiversity conservation initiatives

SDG 12 – Ensure sustainable consumption and production patterns

The tourism sector needs to adopt sustainable consumption and production (SCP) modes, accelerating the shift towards sustainability. Tools to monitor sustainable development impacts for tourism including for energy, water, waste, biodiversity and job creation will result in enhanced economic, social and environmental outcomes.

Efficiency technologies for energy and water; Renewable energies; Recycling – waste treatment; Pollution reduction; Local purchase and enterprises; Local supplier; Community involvement; Responsible investment; Guest involvement

SDG 13 – Take urgent action to combat climate change and its impacts Tourism contributes to and is affected by climate change. Tourism stakeholders should play a leading role in the global response to climate change. By reducing its carbon footprint, in the transport and accommodation sector, tourism can benefit from low carbon growth and help tackle one of the most pressing challenges of our time.	13 CLIMATE ACTION	Eco-design; New equipment and technologies; Renewable energies; Recycling and waste; Wildlife and ecosystems – landscape protection; Pollution reduction; Offsetting actions; Awareness campaign and in-kind donations for disasters
SDG 14 – Conserve and sustainably use the oceans, seas and marine resources for sustainable development Coastal and maritime tourism rely on healthy marine ecosystems. Tourism development must be a part of Integrated Coastal Zone Management in order to help conserve and preserve fragile marine ecosystems and serve as a vehicle to promote a blue economy, contributing to the sustainable use of marine resources.	14 LIFE BELOW WATER	Wildlife and ecosystems animal protection; Pollution reduction; Waste treatment; Offsetting actions; Green purchases; Information for customers and staff; Community involvement
SDG 15 – Protect, restore and promote sustainable use of terrestrial ecosystems and halt biodiversity loss Rich biodiversity and natural heritage are often the main reasons why tourists visit a destination. Tourism can play a major role if sustainably managed in fragile zones, not only in conserving and preserving biodiversity, but also in generating revenue as an alternative livelihood to local communities.	15 LIFE ON LAND	Wildlife and ecosystems animal protection; Pollution reduction; Waste treatment; Offsetting actions; Green purchases; Information for customers and staff; Community involvement
SDG 16 – Promote peaceful and inclusive societies, provide access to justice for all and build inclusive institutions As tourism revolves around billions of encounters between people of diverse cultural backgrounds, the sector can foster multicultural and inter-faith tolerance and understanding, laying the foundation for more peaceful societies. Tourism, which benefits and engages local communities, can also consolidate peace in post-conflict societies.	16 PEACE, JUSTICE AND STRONG INSTITUTIONS	Human rights awareness; In-kind donations; Local enterprises – responsible investment; Local recruitment and purchases; Diversity and respect policy; Anti-corruption money laundering; Client relationships; Host community involvement
SDG 17 – Strengthen the means of implementation and revitalize the global partnership for sustainable development Due to its cross-sectoral nature, tourism has the ability to strengthen private/public partnerships and engage multiple stakeholders – international, national, regional and local – to work together to achieve the SDGs and other common goals. Public policy and innovative financing are at the core for achieving the 2030 Agenda.	17 PARTNERSHIPS FOR THE GOALS	Professional development; Partnerships for education; Wildlife and ecosystems animal protection; Offsetting actions; Supplier and Customer involvement; Client relationships; Staff involvement and relationships; Community involvement

本 章 小 结

旅游学是一门综合性学科。旅游学是研究旅游者及其旅游活动、旅游业及其开发和经营活动，以及双方活动的开展对旅游接待地区的社会文化、经济和环境影响的科学。旅游学的基本概念主要包括旅游、旅游者、旅游资源、旅游业、旅游管理、旅游产品、旅游市场、旅游经济、旅游设施、旅游服务、旅游动机、旅游心理、旅游文化等。

本章介绍了旅游学的发展背景、研究对象和研究内容。对国内外旅游学的研究概况进行了综述，分析了旅游学的学科性质及旅游学的研究方法。

思 考 题

1. 简述旅游学的定义和旅游学的发展背景。
2. 简述旅游学的研究对象和研究内容。
3. 简述旅游学的研究方法。

第2章

旅游发展的历史沿革

2.1 早期的迁徙和旅行活动

2.1.1 人类社会迁徙与旅行的出现

社会发展史的研究结果显示，在原始社会早期，人类虽然学会了制造和使用劳动工具，但是此时的劳动工具极其简陋，生产力水平非常低下。原始人类依靠集体狩猎和采集植物果实艰难地维持生存和种族繁衍。这种极其落后的生产方式决定了那时的人类只能在本能驱使下“逐水草而迁徙”。并且，当时的人类不得不依靠集体的力量来抵御自然灾害，维持生存。人类不断地从一个地方迁徙到另一个地方，这种活动都是出于求生的本能——因为自然原因（如气候变化、自然灾害等）和特定的人为原因（如部落纷争等）被迫进行的，都是为了最基本的生存需要。这种充满艰辛和危险的向未知地域的迁徙活动显然不是旅行活动，而是古代生产活动的构成部分。直到新石器时代，随着生产工具的改进、生存方式的变化，开始出现原始驯养和原始农业，并最终导致人类历史上第一次社会大分工的出现——农业和畜牧业的分工。在其后长期的发展中，随着劳动工具的改进和原始手工业的出现及发展，手工业开始从农业和畜牧业中分离出来。这是人类社会的第二次大分工，它推动了生产力的进一步发展，使得劳动有了剩余并且不断增加，进而促使了交换的出现，并且交换的种类和数量也逐步扩大。在这种情况下，交换本身已经演变成一种重要的社会职能，并从农业、畜牧业和手工业中分离出来——商人和原始商业出现了。

古代人类社会的三次大分工促进了社会生产力一次又一次的进步，而古代商业的出现和发展，直接催生了古代旅行活动。因为人们需要通过旅行来了解其他地区的生产和生活需求情况，并通过旅行活动与其他地区交换各自所需的物品，以维持自己的生活所需。可见，人类最初的旅行活动只是基于物品交换性质的易货贸易和了解异地情况的基本需要。用今天的眼光看，它主要是一种出于经济目的的旅行活动。

如果说迁徙是因为不可抗拒的自然原因或人为原因，是人类出于求生目的被迫永久离开常住地或惯常环境的人类社会活动现象，那么，旅行则是除了迁徙以外的其他原因离开常住地或惯常环境，不管多久最终还要返回的人类社会活动现象。迁徙具有被迫性和永久性的特征，旅行不具备上述特征。

2.1.2　奴隶社会的旅行活动

在人类发展史上，奴隶制社会虽然是一个非常残酷的社会，但同时也是人类社会发展的一个巨大进步，“在当时的条件下，采用奴隶制是一个巨大的进步”（恩格斯，《反杜林论》）。因为它实现了社会生产在各行业之间、体力劳动和脑力劳动之间更深入、更细致的分工，提高了生产力水平，促进了商业交换的扩大，促使了艺术和科学的进一步发展，客观上也为旅行的发展奠定了一定的物质基础。关于奴隶制社会中旅行的发展，最典型的是古罗马帝国时期，这是西方奴隶制社会旅行发展的鼎盛时期。这一时期，古罗马帝国的对外扩张已告结束，疆域面积空前扩大，社会秩序相对稳定，社会经济有了较快发展。尤其是修筑的规模庞大的道路网络，使得陆路和水路交通空前便利，加之客栈（inn）和旅店的快速发展，以及货币的统一都为旅行带来了极大的方便，大大促进了旅行的持续快速发展。当然，当时的旅行基本上都是在较小地域范围内的旅行，而且大多数都是经商性质的旅行。但这一时期也有在地理上大尺度、长距离的不同文化背景的国家之间的商业旅行活动，如北欧的琥珀、非洲的象牙、东方的香料及宝石等奢侈品的贩运旅行（刘迎华等，2013）。我国的丝绸和瓷器就是通过当时有名的“丝绸之路”远销到罗马帝国的。

然而，从公元 5 世纪开始，随着罗马帝国的逐渐衰亡和社会秩序的动荡，旅行的条件逐渐丧失。这不仅表现在贸易数量和旅行者人数不断减少，还表现在道路日渐毁损，盗匪横生。正如西方学者诺沃尔 1936 年在其《旅游业》中说的那样，在欧洲有可靠的证据表明，从古罗马帝国衰落直到 19 世纪中叶之前是没有人外出旅行的。尽管诺沃尔的说法肯定有言过其实之处，但却说明当时旅行活动的衰败状况。中国的奴隶制社会时期，旅行的出现和发展时间与西方大体相同，但中国奴隶制社会的形成要早于西方国家。在中国奴隶制社会鼎盛时期的商代，生产工具和生产技术的进步，社会分工的细化，使得劳动效率大大提高，从而使商代成为我国历史上奴隶制社会经济发展比较繁荣的一个时期。正是剩余劳动产品的不断扩大，在这一发展过程中，尤其是商人阶层的不断扩大，使得以贸易经商为主要目的的旅行活动有了很快的发展，也使商代成为我国古代旅行活动最活跃的一个时期。当然，在奴隶制社会除了这种以产品交换和易货经商为目的的旅行活动外，奴隶主阶层的享乐旅行也比较盛行，如包括“天子”在内的奴隶主阶层的外出巡视和游历，无疑就是以消遣为主要目的的旅行活动（实际上，这就是旅游的萌芽）。我国《易经》上记载的“观国之光”等语，反映的无疑就是当时的享乐旅行。

2.1.3 封建社会的旅行活动

中华民族历史悠久，源远流长；中华文化光辉灿烂，博大精深。中国古代的旅行活动，虽远不及现代旅行发达和普及，却异彩纷呈，绚丽多姿。研究中国古代的旅行活动，科学地对其予以分类，对深入了解作为文化现象的中国古代的旅行活动，提高中华民族的认同感和自豪感，增强中华民族的吸引力和凝聚力，具有重要意义。

丰富多彩的中国古代旅行活动，至少可分为以下几类。

1. 帝王巡游

中国古代封建帝王为了维护统治、弘扬功绩、炫耀威力、震慑臣民，往往巡游各地。西周时期的周穆王被视为帝王巡游的第一人，他曾宣称天下诸侯各国要遍布“王辇之车辙”和“御骑之蹄印”。《穆天子传》记述了他的西征路线和有关故事，甚至有人认为他的足迹远涉波斯（今伊朗），中国通往西方的道路最早是由他开辟的。然而，由于有关周穆王的记述多属传说性的，把他作为帝王巡游的实例似乎有些牵强附会。然而，秦始皇、汉武帝作为帝王巡游的代表却是有据可查的。

汉武帝（公元前 156 年~前 87 年）喜巡游，爱猎射，祠山川，慕神山，是史学界公认的中国封建社会的大旅行家之一。他七登泰山，六出萧关，许多名山大川都有他的行迹。

据史料记载，汉武帝于公元前 110 年冬季带兵 18 万人，北上甘泉宫、上群、西河、五原（今内蒙古东胜、包头一带），旌旗飘扬，浩浩荡荡，前后达千里。他出长城，登单于台，又回陕西祭黄帝陵，到华山祈祷，再东行至嵩山，敬礼于太室。

公元前 119 年，他封禅泰山，至东海求仙，又北抵碣石、辽西，再由九原返回，行程 9 000 千米。此行是中国封建帝王巡游的一次壮举。公元前 106 年，他经由盛唐（今安徽安庆）向湖南九嶷山拜虞舜，到潜山登天柱山，又从寻阳（今湖北武穴东南龙坪镇）乘船沿江顺流而下，向枞阳行驶，其船队首尾相接，不绝千里，再由陆路北行，直抵山东琅琊海岸后方归。

2. 官吏宦游

中国古代封建官吏，常受帝王派遣，为完成某项任务而出使各地。官吏宦游即源于此。其中以张骞出使西域和郑和七下西洋最为有名，最有代表性。

张骞（公元前 175 年~前 114 年）是西汉杰出的外交家、探险家和旅行家，汉建元三年（公元前 138 年），他奉汉武帝之命，带领 100 多人出使月氏（今新疆西部伊犁河流域）。他从长安出发，经陇西（今甘肃临洮），穿河西走廊，出阳关，走大宛（今乌兹别克斯坦费尔干纳），过康居（今巴尔喀什湖一带），到月氏，行程 7 000 多千米，在月氏，他考察了那里的山川地形、风土民情、特有产品、政治军事，并涉足大夏（今阿富汗北部）的许多城市。然后，他取道葱岭（原帕米尔高原和喀喇昆仑的总称），从祁连山过羌人区，进入陇西，于元朔三年（公元前 126 年）返回。元寿四年（公元前 119 年），他又率领 300 人前往乌孙（今新疆伊犁和巴尔喀什湖一带），走访了大宛、康居、大夏、安息

（今伊朗、伊拉克等地）等，于元鼎二年（公元前 115 年）在乌孙使节的护送下返回。他两次出使西域，被誉为“凿空”（司马迁语）的人，为“丝绸之路”的畅通建立了不朽功绩。

3. 买卖商游

中国古代将往返各地做买卖的活动称为“商旅”，将做买卖所经之路称为“商路”。在中国古代社会，不仅各地漕运水路四通八达，驿道陆路遍及各地，而且西南各省均有栈道，沿海地区均有海运。商路的开辟，为商旅的兴起奠定了基础，是买卖商游发达的重要标志。

被历史上称为“海上丝绸之路”的是海上商贸旅行线路。《汉书 · 地理志》记载，汉武帝曾派遣官员率领“应募者”带着大量黄金和丝织品，从雷州半岛乘船驶过南海，进入暹罗湾，绕印度支那半岛和马来西亚半岛，通过孟加拉湾到印度半岛东海岸的黄支国，与当地居民交换明珠、壁琉璃（宝石名）等物品。印度商人也穿过马六甲海峡来中国进行商业贸易。

4. 士人漫游

中国古代社会的文人学士常把“读万卷书”与“行万里路”相提并论，几乎都有过旅行游览的历史。其中比较著名的是李白和徐霞客。

李白（701~762 年），唐代大诗人。他 25 岁时“仗剑去国，辞亲远游”，到过今湖南、江苏、湖北、河南、山西、山东、浙江、陕西、河北、安徽、江西、四川等地。他的感情热烈、想象丰富、语言清新而又洋溢着爱国主义和浪漫主义精神的诗篇，是他“五岳寻仙不辞远，一生好入名山游”的真实写照。旅行游览为他提供了题材、意境和灵感，他也为祖国留下了脍炙人口、动人心弦的诗歌遗产。在他的笔下，万里长江上“孤帆远影碧空尽，惟见长江天际流”；九曲黄河是“黄河西来决昆仑，咆哮万里触龙门”；庐山瀑布是“飞流直下三千尺，疑是银河落九天”；西北高原是“明月出天山，苍茫云海间。长风几万里，吹度玉门关”。他的诗，如日月经天，流传千古。

徐霞客（1586~1641 年）是明代地理学家。他不入仕途，专事旅行游览。他 22 岁起就在母亲的支持下，“周游名山大川，以阔大心胸，增广见闻”。他历时 39 年，足迹遍及今江苏、浙江、安徽、山东、河北、河南、山西、陕西、福建、江西、湖北、广东、广西、贵州、云南、北京、天津、上海等地。他跋山涉水，风餐露宿，对祖国的锦绣河山、地质矿产、水利资源及各种生物、植被、洞穴、岩溶进行了详尽的考察研究，并每天坚持写日记，以清新简练的艺术语言记述了其亲身经历和旅途见闻，被后人编成《徐霞客游记》，这部书文笔生动，记述精细，具有强烈的艺术感染力，因此，它不仅是一部地理学著作，而且具有较高的文学价值。

5. 高僧云游

中国古代社会的高僧云游非常盛行，著名旅行家有法显、玄奘、鉴真等。

玄奘（602~664 年）是唐代高僧，佛教学者。他 13 岁出家为僧，先后在四川、湖北、河南、陕西等地，拜会高僧名师寻求佛教真谛，精研《俱舍论》、《摄论》、《大涅槃经》等经书，通晓大乘、小乘。他深感国人对佛教众说纷纭，莫衷一是。为解惑释疑，提高佛教地位，他于唐太宗贞观三年（629 年）从长安（今西安）出发，经秦州（今甘肃天水）、兰州、凉州（今甘肃武威）、瓜州（今甘肃安西）出玉门关，沿天山南路西行，经西域 16 国，历经 4 年到达天竺（古代印度）。他遍游五天竺（即东印度、西印度、南印度、北印度、中印度），尽取佛学要义，著有《会宗论》和《制恶论》。642 年，他应邀主持了有 18 个国王、近万名僧侣和教徒参加的经术辩论大会，展现出他的渊博知识。645 年，他从印度回国，带回 650 多部佛教书籍，在长安、洛阳集结高僧、学者进行佛经翻译，并把中国道教哲学著作《老子》译成梵文，传入印度等地。他还奉唐太宗之命，著有《大唐西域记》，记述了他西游 16 年、行程 5 万里、所历 110 个国家和传闻的 28 个国家的地理、历史、宗教、习俗。这部书文辞绚丽，叙述生动真实，被译成英、法等国文字，是研究中国西北地区、印度、尼泊尔、巴基斯坦、孟加拉国、中亚等的地理、历史、文化的重要史籍。

6. 节会庆游

在中国各族人民的生活习俗和节会庆游中，春节庙会、元宵灯市、清明踏青、端午竞舟、中秋赏月、重阳登高等均是较为流行的游览方式。例如，春节庙会的内容丰富多彩，主要有舞狮子、耍龙灯、踩高跷、逛花市等。春节期间，每当“爆竹一声除旧岁”之时，许多地方的民间舞狮活动便伴随着送暖的春风和欢乐的锣鼓出现在城镇乡村，为一年一度的新春佳节增添喜庆气氛。

2.1.4 19 世纪以前旅行活动发展的特点

通过前文对奴隶社会和封建社会的旅行活动的介绍可知，19 世纪以前的人类旅行活动，概括起来说，有四个显著特点。

1. 旅行活动的发展同国家的政治、经济状况有着直接的联系

在政治安定、生产力发达、经济繁荣的和平时期，旅行活动便会发展，反之则会停滞甚至倒退。

2. 占据主导地位的始终是贸易经商旅行

在封建社会时期，各种非经济目的的旅行活动虽然有新的发展和扩大，但贸易经商旅行仍然占据主导地位。

从原始社会末期至封建社会漫长的各个历史时期，人类的外出旅行实际上远非休闲和度假活动，而是人们基于产品交换或经商的需要而产生的一种经济活动。

3. 占人口绝大多数的农民群众不具备外出旅行的主观和客观条件

封建社会以农业经济为主，农村人口占主体地位，农业劳动忙闲有致的季节性特点

和小农经济意识及其对人们生活方式的影响，使得广大农民群众在主观上缺乏外出旅行或享乐的要求。而政治上受压迫、经济上受剥削的生活遭遇，使得广大农民群众客观上也不具备外出旅行的条件。

4. 消遣性质的旅行活动在人口中所占的比重很小

19 世纪以前，世界各地非经济目的的旅行活动，特别是消遣性质的旅行活动，其参加者多为帝王、封建贵族、地主等统治阶级及其附庸阶层，并且这种消遣旅行活动在整个封建社会时期虽然存在，但参与人数极少，在人口中所占的比重很小，不具有普遍的社会意义。广大劳动群众在政治和经济上受双重压迫，客观上没有能力参加消遣性质的旅行活动。

2.2　近代旅游的兴起

2.2.1　旅游业的诞生

第一次工业革命带来了社会经济的繁荣，使更多的人有能力实现外出旅游的愿望。然而，那个年代外出旅游仍面临种种不便，如缺乏对旅游目的地的了解、语言障碍、食宿条件不能事先确定等，这就需要有人提供这方面的服务。英国人托马斯·库克（1808~1892 年）敏锐地意识到这些问题，并开始组团旅行并从事导游服务来满足这种社会需要，这些开创性的活动使他成为旅游发展史上里程碑式的人物。

1841 年 7 月 5 日，托马斯·库克利用包租火车的方式组织 570 人从莱斯特前往拉夫巴罗参加禁酒大会，全程往返 24 英里[①]。托马斯·库克同铁路公司签订了合同，以 1 先令[②]的低廉票价发售了往返票。一路上库克热情的照料使参加禁酒大会的人们非常满意。库克本想借此机会宣传戒酒，却意外地尝到组织旅行的甜头。组团开展禁酒大会活动的成功使托马斯·库克名声大震。在此后几年中，他又多次应邀组织旅游活动，但都是他尽义务的“业余活动”。1845 年，库克决定开办旅行代理业务，并成立了世界上第一家旅行社——托马斯·库克旅行社，专门经营旅游服务业务。1845 年 8 月 4 日库克第一次组织消遣性的观光旅游团，即 350 人的从莱斯特至利物浦的团体旅游（group tourism）。他事先考察了旅游路线，确定沿途各游览点，与各地客栈商定旅客的住宿事宜，并编写《利物浦之行手册》分发给旅游者，这成为早期的旅游指南。1846 年他又成功地组织 350 人到苏格兰集体旅游，并特地设置导游，旅游团所到之处均受欢迎。从此，托马斯·库克旅行社蜚声于英伦三岛。1851 年他组织 16.5 万人参观在伦敦“水晶宫”举行的第一届世界博览会。4 年后，第二届世界博览会在法国巴黎举行，他又组织 50 余万人前往参观，开创了世界上组织出国包价旅游的先河。1864 年托马斯·库克的父子公司成立并全面开展旅游业务，成为全欧洲最大的旅游企业，它在美洲、非洲和亚洲均设有分公司。1872

① 1 英里=1.609 3 千米。
② 1 英镑=20 先令。

年库克组织了由9名不同国籍旅游者参加的环球旅行。1892年，他推出了最早的旅行支票，可在世界各大城市通用。由于托马斯·库克在旅游业方面做出的杰出贡献，他被称为近代旅游业的创始人。托马斯·库克旅行社的问世，标志着近代旅游业的诞生。

托马斯·库克于1841年组织的禁酒大会被当时的人们称为“伟大的创举”，并被后人视为近代旅游业的萌芽。

人们之所以普遍看重托马斯·库克组织的这次禁酒大会活动，是因为这次团体活动具有以下特点：①这次活动具有广泛的公众性。参加者来自各行各业，甚至包括很多家庭妇女和儿童。②托马斯·库克不仅发起、筹备、组织这一活动，而且自始至终随团陪同照顾。这一点可以说是现代旅行社全程陪同的最早体现。③这次活动参加者的规模之大，不仅在当时是空前的，而且此后也不多见。④这次活动为托马斯·库克旅行社的正式创立打下了基础并提供了经验。

但是，由于这次活动的根本目的是参加禁酒大会，实际上并非单纯的消遣性旅游（leisure travel）。此外，托马斯·库克组织这次活动也不是出于商业目的，而是他自己所说的“业余活动”。因此，我们只能说这次活动的成功组织只是为其以后正式创办旅行社打下了基础。

2.2.2 近代旅游的特征

旅行社的出现极大地推动了旅游活动商品化的进程，使旅游活动发展成为旅游经济活动，并成为整个社会经济活动中的一个组成部分。旅游开始同社会化大生产结合起来，使旅游消费具有类似商品消费的趋势。近代的旅游活动具有以下特点。

1. 交通工具的进步产生了新的旅行方式

随着蒸汽机的发明，火车和轮船成为人们外出旅行的主要交通工具，人们出行的距离也逐渐延伸。在陆地旅行除了继续使用马车之外，铁路成了主要的交通工具，可以花费少量的钱和少量的时间出行更远的距离。轮船的大型化和高速化及豪华游轮的出现，极大地便利了海上旅行。借助交通工具的发展，人们旅游的空间范围也得到扩大。

2. 旅游胜地得到了迅速开发

随着旅游者需求的多样化，旅游胜地不仅得到了迅速开发，而且改变了传统的以自然景观为主的风格。大量的旅游设施不断出现，人文景观开始与自然景色融合，大大地改变了旅游目的地的原始形态。旅游景点景观的开发和利用，使旅游的内容更加丰富，形式更加多样。

3. 以休闲消遣为目的的旅游活动逐渐成为时尚

机器化大生产给资本家带来了丰厚的利润，迅速暴发起来的有产阶级开始寻求各种方式打发空闲时间。从让·索修尔开始的现代登山运动和1857年英国的帐篷俱乐部，到富人们的浸泡温泉、乡村度假，精彩刺激的探险和安逸舒适的享受，逐渐成为有产阶级的一种社会时尚。

4. 真正参加旅游的仅局限于少数人，缺乏广泛的群众性

随着生产率的提高和社会财富的增加，旅行和旅游的人数扩大了，旅游者的结构也发生了明显的改变，企业家、商人、自由职业者、学者等也加入了旅游的队伍，旅游不再是贵族一统天下。但真正以消遣娱乐为目的的毕竟仅限于少数人，一部分人属于正在成长中的中产阶级，另一部分属于中上层人物，平民百姓尚不具备旅游的条件，旅游缺乏广泛的群众性。

2.2.3　近代旅游发展的影响因素

19 世纪的欧美地区，特别是从 19 世纪中叶起，无论是国内旅游活动还是国际旅游活动都有了突破性进展。这些情况在很大程度上是与当时的产业革命的影响分不开的。

产业革命是指资本主义机器大工业代替手工业的过程，是资本主义政治、经济发展的必然产物。这场产业革命于 18 世纪 60 年代发生在当时资本主义最发达的英国，并于 19 世纪 30 年代在英国基本完成。这场产业革命既是生产技术的巨大革命，也是生产关系的深刻变革。它促进了生产力的迅速发展，提高了生产社会化程度，使资本主义制度建立在机器大工业的物质技术基础上，并最终战胜封建制度而居于统治地位。

产业革命的出现和完成给当时的人类社会带来了一系列的变化，其中对当时英国旅游活动的发展所产生的推动性影响主要包括以下几方面。

（1）产业革命加速了城市化的进程，从而使很多人的工作和生活地点发生了变化，即从乡村转移到工业城市。这一变化导致人们需要适时舒解紧张的城市生活带来的身心压力，促使人们产生回归大自然的要求。这种工作和生活地点的变化对产业革命之后英国旅游活动的发展是重要的刺激因素。

（2）随着很多人工作和生活地点的变化，产业革命改变了人们的工作性质。原来的忙闲有致的多样性农业劳动被枯燥、重复的单一性大机器工业劳动取代。这一变化促使人们强烈要求假日，以便获得喘息和调整的机会。

（3）产业革命改变了阶级关系。产业革命造就了工业资产阶级，并使其成为统治阶级，这意味着社会生产财富不再只流向封建贵族和土地所有者，还越来越多地流向资产阶级。这就使得在经济上有条件外出旅游消遣的人数有了明显增加。在产业革命造就了工业资产阶级的同时，还造就了以出卖劳动力为生的工人阶级。工人阶级为争取自己的权益而进行的不懈抗争使得资本家在增加工人工资及给予工人休假机会等方面做出让步，这样就使更多的人有条件外出旅游。

（4）产业革命带来的技术进步，特别是蒸汽机技术在交通运输中的应用，改变了人们外出旅行的技术条件。工业革命的重要标志之一就是蒸汽机的发明，它的改进和应用解决了交通运输的动力问题，促进了新的交通方式的产生。自 1769 年詹姆斯·瓦特发明蒸汽机后，这一技术开始应用于新的交通工具。1804 年世界上第一台蒸汽机车出现，1807 年蒸汽轮船出现。这些新的交通工具与古代的马车相比，运载能力大，运行速度快，费

用低，使得较大规模、较大范围、较远距离的旅行与旅游成为可能。

由于第一次工业革命的深刻影响，旅行的发展在很多方面都开始具有今天意义上的旅游的特点。其中一个重要表现便是因消遣目的而外出观光或度假者在人数规模上已经超过传统的生存移动和商务旅行。另一个重要表现就是旅游服务业在旅游活动中的作用日益突出。

2.3 现代旅游的发展

2.3.1 现代旅游

现代旅游是指第二次世界大战结束以来，尤其是 20 世纪 60 年代以来在世界各地迅速普及的大众化旅游活动。20 世纪末，在传统大众观光旅游的基础上，各种新兴旅游活动不断出现，如休闲度假旅游、生态旅游、探险旅游、体育旅游等，这些成为 21 世纪旅游活动的发展趋势。

休闲度假旅游、探险旅游、体育旅游的含义不难理解，它们均是不同于传统大众观光旅游的现代旅游形式。这里特别要分析一下生态旅游。生态旅游不是单纯的自然观光旅游或自然体验旅游。自 20 世纪 90 年代初以来，联合国世界旅游组织一直倡导在自然保护区开展生态旅游，并制定了一套侧重于保护区与旅游之间强有力联系的准则，目的是确保旅游业有助于保护区使命的实现，并且不会因为旅游而破坏自然遗产。根据联合国世界旅游组织的定义，生态旅游指具有以下特征的旅游形式：①所有以自然为基础的旅游形式,其中旅游者的主要动机是观察和欣赏大自然及自然区域盛行的传统文化;②它包含教育和解说功能；③它通常并非完全由专门的小团体旅游运营商组织，旅游目的地的服务提供商或合作伙伴往往是小型的当地拥有的企业；④它最大限度地减少对自然和社会文化环境的负面影响；⑤它支持通过一些方式维护用作生态旅游景点的自然区域，如为出于保护目的管理自然区域的东道主社区、组织和当局创造经济利益；为当地社区提供替代性就业和收入机会，提高当地人和旅游者保护自然和文化资产的意识。

显然，生态旅游是一种负责任的旅游，是一种对旅游目的地环境负面影响较小的旅游，是一种值得提倡的旅游形式。

生态旅游不仅是旅游者个人的诉求和行为，还需要旅游景区提供教育和解说服务，需要旅游服务提供商和当地社区居民及社区政府的协同配合。任何一方的懈怠都有损于生态旅游的效果和不利于生态旅游宗旨的完美实现。

2.3.2 现代旅游的特征

1. 旅游活动的大众化

旅游活动的大众化包含了两层意思。一是大众化旅游或旅游活动的大众化，即旅游活动参加者的范围已扩展到普通的劳动大众。旅游度假已经不再只为少数特权阶级所独享，而是已经发展成为普通大众人人享有的权利。二是大众型旅游，即现代旅游活动的大规模开展所形成的以有组织的团体包价旅游为代表的大众型旅游模式或旅游活动开展形式。

旅游活动的初始阶段只是王公贵族、达官富贾消遣寻乐的行为，后来又有一些文人墨客出于某种目的也加入外出旅游的行列，但这些都表现为极少数人的个人行为。现代旅游活动最明显的特点是参加旅游的人越来越多，旅游活动越来越普及。现代旅游已经成为一种时尚，成为一种较高层次的消费需求，在人们生活水平日益提高的今天，它是人们追求现代文明生活方式的内容之一，人们通过满足求新、求异、求奇、求知等多种心理需求，实现自主、自乐、自娱、自教为基本内涵的体验，使自己的生活更加充实和完美。

2. 旅游活动空间的扩大化

之前大多数旅游者进行的旅游活动范围较小，第二次世界大战以后，伴随着科学技术的进步和交通工具的发展，世界各地的距离日趋“缩小”，加上人们求知、探秘和猎奇欲望的增长，旅游活动的空间范围日益扩大，严寒的南极洲和广袤的太空也留下了旅游者的足迹。

3. 旅游活动形式的多样化

现代旅游形式的多样化主要表现在两方面。一是交通工具的多样化，随着科学技术的发展及交通技术的进步，现代旅游者出行既可乘飞机、汽车、火车、轮船旅游，也可自己驾车、骑自行车或徒步旅游，在出行方式的选择上更加多元化。二是旅游活动的内容多样化，相比较之前的主要以观光、度假商务和会议旅游等为主的旅游活动，现代旅游出现了一系列像生态旅游、农业旅游、红色旅游、体育旅游、养生旅游等各种专项旅游活动，旅游者在旅游活动内容的选择上也更加多样化。

4. 旅游活动流向和流量的地理集中性

虽然现代旅游者的活动范围可以说几乎是无处不到，但他们的旅游活动绝不是平均或大致平均地分布在地球表面的各个地方。恰恰相反，他们的旅游活动往往相对集中于某些地区或国家，甚至相对集中于某些区域乃至某些景点。现代旅游活动的开展在空间分布上的这一不均衡特点，被称为地理集中性，具体表现在以下几个方面。

（1）从全世界国际旅游接待量的地区分布格局看，全球国际旅游者集中活动于欧洲、北美和亚洲及太平洋地区，其他地区所占的比重很小，并且这一分布格局在整个 20 世纪基本没有出现太大的变化。但经过几年的快速增长，亚洲及太平洋地区旅游市场达到了一个相当大的规模。旅游行业研究权威 PhoCusWright 的报告显示，2012 年，亚洲及太平洋地区旅游预订总额为 3 260 亿美元，强势超越欧洲，成为世界上最大的区域旅游市场。

（2）就一个国家而言，旅游活动量在全国各地的分布格局往往也会呈现出相对集中的特点。以我国为例，无论是入境旅游者还是国内旅游者，都不会相对平均地分散在各个省市开展他们的旅游活动，而是沿着他们所理想的线路到他们所理想的地区去旅游。

（3）一个地区或一个城市也存在旅游的集中性。例如，这种地区的不平衡性造成了我国旅游热点（地区）、旅游温点（地区）和旅游冷点（地区）的出现。大家都去的地方、旅游者人数较其他景区多的地区称为旅游热点。

对旅游地理集中性的研究至少具有两方面的意义。第一，有助于指导旅游设施和旅游企业经营地点选址在旅游者活动比较集中的区域。旅游服务企业经营成功“三字黄金法则”为“地点、地点、还是地点”。第二，有助于指导旅游目的地的旅游规划和旅游管理工作。科学的旅游规划和有效的旅游者管理工作可以避免旅游接待量超过该地旅游承载力问题的出现，从而有利于促进可持续旅游发展的实现。

5. 旅游活动时间上的季节性

旅游活动的季节性，即人们外出旅游活动在时间分布上不均衡，实质上就是旅游需求的波动。在旅游业经营中，人们把一年中旅游者来访人数明显较多的时期称为旺季（high season），明显较少的时期称为淡季（1ow season），其余时期称为平季（shoulder season）。这种波动的主要原因有：旅游者出游的目的；客源地及旅游目的地气候条件；旅游客源放假时间；传统习惯等。

根据旅游资源的不同性质和旅游类型的不同，现代旅游的季节性非常突出。一般来说，主要依赖自然旅游资源吸引旅游者的国家和地区，旅游接待量的季节性波动比较大；主要依靠人文旅游资源吸引旅游者的国家和地区，旅游接待量的季节性波动比较小。消遣型旅游受季节性制约多一些，事务型旅游几乎不受季节性影响。四季分明的国家和地区，四季中接待旅游者的波动量比较大；四季不太分明的国家和地区，四季中接待旅游者的数量就比较稳定。

1）季节性对旅游的影响

（1）在需求淡季时，旅游设施“吃不饱”，造成旅游设施的闲置和资源的浪费。

（2）在需求旺季时，旅游目的地面临“吃不了”的问题，不利于当地旅游业的可持续发展。

2）意义

（1）认清季节性对旅游业经营的危害，有的放矢地做好旅游者管理工作。

（2）合理规划、建设和宣传适合全年来访的旅游目的地。

（3）注重旅游产品线的开发与优化，尤其是注重开发具有卖点的淡季产品。

2.3.3 现代旅游迅速发展的原因

随着第二次世界大战的结束，人们的旅游活动不仅迅速重新恢复，而且出现了前所未有的快速发展。以国际旅游活动为例，在1950~1960年，全世界的国际旅游活动规模从2500万人次增至6900万人次，全世界的国际旅游消费额也从21亿美元增至69亿美元，分别增长了176%和229%。第二次世界大战以后世界旅游活动出现如此快速的发展，其主要原因还是与当时的社会、经济发展状况有关。第二次世界大战以后就整个世界总的政治环境而言，缓和与发展一直占据着主导地位。相对安定的和平环境为第二次世界大战以后世界经济的增长和旅游活动的发展提供了必要的前提和保证。与此同时，科学技术的进步不断取得重大突破，世界经济和社会状况也不断出现新的发展。这些方面的发展变化都对第二次世界大战以后旅游活动的发展产生了巨大的促进作用。

具体地讲，第二次世界大战以后，现代旅游活动迅速发展的原因有两大方面。

1. 旅游需求方面的因素

（1）第二次世界大战以后世界人口迅速增加。在第二次世界大战以后的初期，世界人口数量约 25 亿，到了 20 世纪 60 年代末，已增加到 36 亿。在短短的 20 年中，世界人口数量增加了 44%。世界人口基数的扩大为第二次世界大战以后大众旅游（mass tourism）人数的增加奠定了基础。

（2）第二次世界大战以后世界经济迅速发展。第二次世界大战结束以后，世界各国都致力于经济的恢复和发展，第二次世界大战中的许多军事技术转为民用，这促进了科学技术的发展，提高了生产力水平。世界范围内的紧张局势的缓和为世界经济的快速增长提供了必要的前提和保证，尤其是西方经济发达国家在这一时期经济发展尤为迅猛。经济的发展必然带来人们收入的增加和支付能力的提高，这对旅游的迅速发展和普及起到了重要的刺激作用。

（3）生产自动化程度的提高使劳动者的带薪假期增加。20 世纪 60 年代后，发达国家在不同程度上实施了带薪假期，旅游活动作为休闲的重要形式有了时间上的保证，这就使得参加旅游活动的人数增加，外出旅游的时间也得以延长。

（4）第二次世界大战以后各国城市化进程普遍加快。第二次世界大战以后，世界城市化进程普遍加快，城市化浪潮席卷全球。1950 年，世界城市人口只占总人口的 28.7%，到 1980 年已达到 42%。在发达国家，城市人口则占到 80%以上。城市居民，特别是工薪阶层，绝大多数从事单调乏味的重复性工作，身心承受着巨大的压力，他们需要放松紧张的情绪和身体，以求得暂时的解脱和调整生活规律。于是，度假旅游便成为许多城市居民的理想选择。这也是第二次世界大战以后度假旅游迅速发展的重要社会心理原因之一。

（5）第二次世界大战以后世界各国的教育事业的发展及信息技术进步的影响。越来越多的人对自己本土以外乃至本国以外的地区和国家的事物产生了强烈的兴趣，这种好奇心驱使他们希望有机会，或者创造机会去观察和体验异乡、异国的生活。

2. 旅游供给方面的因素

（1）交通运输工具的进步缩短了旅行的时间距离。交通工具在性能上的进步和在数量、种类上的发展不但使人们的旅行时间缩短，也使人们的旅行费用减少。第二次世界大战以后，在铁路和轮船提高运载力和速度的同时，汽车和飞机发展尤为迅速。在欧美发达国家，拥有汽车的家庭比例不断增大，长途汽车运营网络不断扩大和完善，高速公路也不断发展，汽车成为人们中短途旅游的主要交通工具。与此同时，民航运输的发展使得人们有机会在较短的时间内进行长距离的旅行，飞机以其快速、舒适等特点进一步扩大了人们的旅行空间。

（2）政府政策与措施。很多国家的政府在发展旅游业和便利旅游者来访方面采取支持的态度和鼓励的措施。第二次世界大战以后，世界各国纷纷把旅游业当作国家经济的重要组成部分，重视旅游业的发展，把旅游业当作经济增长的催化剂。同时，许多国家也把旅游活动当作提高国民素质的一种手段来扶持旅游业的发展，这无疑促进了旅游业的加速发展。

（3）景点的开发和旅游设施的建设。很多旅游目的地在旅游景点开发和接待设施建设方面做出了努力和投入。

（4）便利而廉价的团体包价旅游的推出与推广。

第二次世界大战以后现代旅游活动迅速兴起和发展的原因和发展状况证明，旅游活动不仅是人类社会经济发展到一定水平的产物,而且将随着人类社会经济的发展而发展。

扩展教学资源：推荐阅读（一）

托马斯·库克

托马斯·库克于1808年11月22日出生于英格兰德比郡墨尔本镇。他自幼家境贫寒，3岁丧父，母亲改嫁。迫于生计，托马斯·库克10岁时不得不辍学从业。他先在一家蔬菜花木店当帮工，每周的工钱仅为6个便士，后又当木工学徒，17岁时进入拉特兰浸礼教会做诵经人。1826年库克成为一名传教士，云游四方，散发浸礼教会的小册子，宣传教义。这使得托马斯·库克游历了英格兰的许多地方，并对旅游产生了兴趣。另外，出于宗教信仰的原因，他成为一位积极的禁酒工作者。

1841年7月5日，托马斯·库克包租了一列火车，将多达570人的游行者从英国中部地区的莱斯特送往拉巴巴罗参加禁酒大会。这次往返行程共24英里，团体收费为每人一先令，免费提供带火腿肉的午餐及小吃，并有一个唱赞美诗的乐队跟随。这次活动在旅游发展史上占据重要的地位，开创了团体旅游的先例，因此，托马斯·库克也就成为旅行社代理业务的创始人。这次活动是人类第一次利用火车组织的团体旅游，是近代旅游活动的开端。

1845年，托马斯·库克放弃了木工的工作，开始尝试从事具有商业性的旅游组团业务代理，成为世界上第一位专职的旅行代理商。同年夏，首次出于商业赢利目的，他组织了一次真正意义上的团体消遣旅游。这次团体旅游从莱斯特出发，途中经过若干地点停留访问，最终目的地是英格兰西部的海港城市利物浦。全程历时一周，共350人参加，托马斯·库克还编发了导游手册——《利物浦之行手册》分发给旅游者，这是世界上第一本旅游指南。由于当时人们对外出旅游的需求已趋成熟，加之托马斯·库克此前组织旅游活动的成功为其带来的名声，有关组织这次团体旅游的海报告示一经张贴，报名者极其踊跃。为了确保这次组团旅行的成功，托马斯·库克不得不决定将组团规模仅仅控制在350人以内。很多人前来报名时，都因名额已满而不能如愿。在已办好预订手续的人中，甚至有些人乘机高价转手倒卖名额。这次旅游的组织方式更具现代包价旅游的特点，体现了现代旅行社的基本特征，开创了旅行社业务的基本模式。

1846年，托马斯·库克亲自带领一个旅行团乘火车和轮船到苏格兰旅行。他为每位成员发放了一份活动日程表，还为旅行团配置了向导。同年，编写了《苏格兰之行手册》之后，他每年都要组织 5 000 多人在英伦三岛之间旅行。每次他都亲自陪同，并编印旅游指南。他成功地把铁路、水路和地上交通设施紧紧联系在一起，旅行业务得到较大发展。

1851 年 5 月，为了展示英国工业革命成果，伦敦在建造的"伦敦水晶宫"举办了一次大展览，此为第一届世界博览会。托马斯·库克决定抓住这个机会扩大旅行业务。在展览开幕前，他遍访英格兰中部和北部的主要城市，组织各地旅客赴伦敦参观展览。为此，他还创办名为《观光者》的月刊杂志，专门介绍各地风光和旅游者的见闻。这一年，他组织了 165 000 人到伦敦参观展览。此后，他又成功地组织旅客参观了 1853 年的都柏林展览和 1857 年的曼彻斯特展览。

1855 年，托马斯·库克组织了从英国莱斯特前往法国巴黎参观第二届世界博览会的团体旅游，这次旅游活动在巴黎停留游览 4 天，全程采用一次性包价，其中包括在巴黎的住宿和往返旅费，总计 36 先令。当时（1855 年 8 月 6 日）的《曼彻斯特卫报》称此举是"铁路旅游史上的创举"。事实上，这也是世界上组织出国包价旅游的开端。到 1864 年，经托马斯·库克组织的旅游人数已累计 100 多万。

1865 年，托马斯·库克开办了一家旅游用品商店，同年，为了进一步扩展旅行社业务，托马斯·库克与儿子约翰·梅森·库克成立托马斯父子公司（即通济隆旅游公司），迁址伦敦，并在美洲、亚洲、非洲设立分公司。此后，托马斯·库克又组织了到法国等地的旅游活动。

1872 年 9 月，已经 63 岁的托马斯·库克从莱斯特出发，开始了他为期 8 个月的环球之旅——这一天，他从埃及旅行到中国的梦想终于得以实现——托马斯·库克和他的伙伴们乘坐蒸汽船横跨大西洋，乘坐火车越过北美大陆，航行至日本，后到达中国，之后又一路游览了新加坡、锡兰（今斯里兰卡）和印度。离开孟买后，他们又穿过印度洋和红海，途经开罗，最终返回伦敦。托马斯·库克还独自前往巴勒斯坦，穿越土耳其、希腊、意大利和法国，用 222 天时间完成了这次令人惊叹的环球旅行。

1878 年，托马斯·库克退休，业务由其子约翰·梅森·库克主持（1939 年通济隆旅行社在世界各地设立了 350 余处分社）。到 20 世纪初，英国托马斯库克旅游公司、美国运通公司、比利时铁路卧车公司，被称为世界旅行代理业的三大公司。

1892 年，他创办了最早的旅行支票，可在世界各大城市通用，凡持有旅行支票的国际旅游者可在旅游目的地兑换等价的当地货币，这更加方便了旅游者进行跨国和洲际旅游。通济隆旅行社还编印了世界上最早的旅行杂志，曾被译成 7 国文字，再版达 17 次之多。1892 年 7 月，84 岁的托马斯·库克离开人世，长眠于英格兰萨里郡泰晤士河畔的瓦尔顿城。

扩展教学资源：推荐阅读（二）

戴斌. 2010. 旅游产业发展的国家战略与中国旅游学人的历史使命[J]. 旅游学刊, 25（2）:

6-8.
邓德智. 2014. 论民国时期中国旅行社杭州分社的发展历程与历史贡献[J]. 浙江学刊，（4）：62-67.
刘迎华，石媚山，张圆，等. 2013. 新旅游学概论[M]. 北京：清华大学出版社.
索鲁 P. 2011. 老巴塔哥尼亚快车[M]. 陈朵思，胡洲贤译. 北京：花生文库图书有限责任公司.
王淑良. 2005. 中国现代旅游史[M]. 南京：东南大学出版社.
张俐俐. 1998. 近代中国旅游发展的经济透视[M]. 天津：天津大学出版社.
章杰宽，张萍. 2015. 历史与旅游：一个研究述评[J]. 旅游学刊，（11）：122-130.
Hilton J. 1933. Lost Horizon[M]. London：Macmillan.

本章小结

旅行是除迁徙以外的其他原因离开常住地或惯常环境，不管多久最终还要返回的人类社会活动现象。19 世纪以前，占据主导地位的旅行活动是商人的贸易经商旅行。第一次工业革命拉开了近代旅游的帷幕，而旅行社的出现极大地推动了旅游活动商品化的进程，使旅游活动发展成为旅游经济活动，并成为整个社会经济活动中的一个组成部分。旅游和旅游业发展深受当时经济和科学技术的影响。现代旅游是指第二次世界大战结束以后，尤其是 20 世纪 60 年代以来迅速普及于世界各地的大众化旅游活动。旅游经济活动的实质，是以旅游主体的移动为核心所引起的旅游主体与旅游客体、旅游媒介体之间的经济联系和经济关系。

现代旅游活动具有大众化、空间的扩大化、形式的多样化、流向和流量的地理集中性、时间上的季节性等特征。

思考题

1. 名词解释

迁徙　旅行　现代旅游　大众型旅游　地理集中性

2. 简答题

（1）19 世纪以前旅行活动发展的特点有哪些？

（2）现代旅游的发展突飞猛进，旅游业已成为一些国家的支柱产业。现代旅游和旅游业的时代特征有哪些？

（3）简述研究和了解地理集中性的意义。

（4）简述旅游活动季节性产生的原因。

（5）第二次世界大战以后旅游迅速发展的原因有哪些？认识这些原因的意义是什么？

第3章

旅游活动

3.1 旅游的概念

3.1.1 国内外对旅游活动的定义综述

旅游作为一种社会实践活动萌芽于古代农业经济社会，产生于近代工业经济社会，迅速发展于现代知识经济社会。但是关于旅游理论的深入研究却是现代的事情。

长期以来，很多学者和国际组织都曾对旅游下过定义，林林总总不下几十种。但是几乎没有能够为从各方面研究旅游的学者所广泛接受的所谓标准性定义。究其原因，是观察问题和研究问题的出发点不同。

定义旅游可以从两个角度出发，一是理论性定义，二是技术性定义。所谓的理论性定义是指用逻辑思维的方法（演绎与归纳）给事物定义，旨在探究旅游活动最本质的特征，发生、发展的原因、趋势和规律，侧重于对旅游活动的定义；技术性定义是用技术的方法（调查统计）给事物定义，是为了方便产业调查、统计的需要，侧重于对旅游者的定义。旅游中的技术性定义有三个关键问题：旅游的目的；旅游中涉及的时间，包括离开常住地及在旅游目的地停留的最短时间和最长时间；游客可能有会或不会被认为是旅游者的情形。

有些关于旅游的定义旨在提供一个理论框架，用以确定旅游的基本特点，以便将旅游活动与其他社会活动区别开来，这些侧重于对旅游活动本身的定义可以称为概念性定义；另外一些关于旅游的定义主要考虑旅游统计、收集数据的需要，以便为旅游政策制定和旅游管理提供决策信息，侧重于对旅游者的定义及划分方法，这类定义可以称为技术性定义。

尽管十分困难，但是，很多旅游学者尤其是国际组织（如联合国世界旅游组织）一直试图给旅游活动下一个标准而科学的定义。历史上出现过很多关于旅游的定义。

旅游一词最早出现在1811年出版的《牛津词典》中，被解释为离家远行，又回到家中，在此期间参观游览一个或几个地方。这种定义只是对旅游表面现象的描述。

1927 年，德国以蒙根·罗特为代表出版的《国家科学词典》中将旅游定义为：狭义的理解是那些离开自己的住地，为了满足生活或文化的需求，或个人各种各样的愿望，而作为经济和文化商品的消费者逗留在异地的人的交往。

1942 年，瑞士学者汉泽克尔（Hunziker）和克拉普夫（Krapf）在其公开出版的《普通旅游学纲要》中将旅游定义为："旅游是非定居者的旅行和暂时居留而引起的现象与关系的总和。这些人不会永久定居，且不从事任何赚钱的活动。"在 20 世纪 70 年代这一定义被旅游科学专家国际联合会（International Association of Scientific Experts in Tourism，AIEST）采用，这就是著名的"艾斯特"定义的由来。

1985 年，我国著名经济学家于光远对旅游活动的定义为：旅游是现代社会中居民的一种短期的特殊生活方式，这种生活方式的特点是异地性、业余性和享受性。

1992 年，联合国世界旅游组织给出关于旅游活动概念的权威性定义：旅游活动是人们为了休闲、商务或其他目的，短期（历时不超过一年）离开自己的惯常环境，前往他乡的旅行及在该地的逗留活动（Tourism comprises the activities of persons travelling to and staying in places outside their usual environment for not more than one consecutive year for leisure，business and other purposes）。该定义随后被联合国统计委员会批准。

2011 年，李天元主编的《旅游学》（第三版，高等教育出版社出版，普通高等教育"十一五"国家级规划教材、面向 21 世纪课程教材）中对旅游活动的定义为：旅游活动是人们出于除移民和就业以外的目的，离开自己生活的惯常环境，前往他乡开展的旅行和逗留访问活动。

2015 年，丁勇义等的《旅游学概论》中对旅游活动的定义为：旅游是指人们前往异地以寻求审美和愉悦为主要目的而离开自己的惯常居住地，前往异地的暂时逗留，以及由此引起的现象和关系的总和。这些目的包括观光、休闲、娱乐、度假、保健、工业、农业、宗教、体育及公务等，但不包括就业。

国内外学者关于旅游的定义见表 3-1。

表 3-1 国内外学者关于旅游的定义[①]

序号	学者	定义	特点
1	蒙根·罗德（德国，1927 年）	那些暂时离开自己的住地，为了满足生活和文化的需要，或各种各样的愿望，而作为经济和文化商品的消费者逗留在异地的人的交往	强调旅游的交往性，指出旅游是一种社会交往活动
2	汉泽克尔和克拉普夫（瑞士，1942 年）	非定居者的旅行和暂时居留而引起的现象和关系的总和。这些人不会引起永久居留，并且不从事赚钱的活动	强调旅游的综合性，指出旅游活动中必将产生经济关系和社会关系
3	伯卡特和梅特克（英国，1974 年）	旅游发生在人们前往和逗留在各地过程中，旅游的活动是人们离开其平时工作和居住的地方，短期暂时前往一个旅游目的地运动和逗留的活动	强调旅游的流动性，指出旅游的本质特征是异地性和暂时性

① 丁勇义等（2015）。

续表

序号	学者	定义	特点
4	马丁·普雷（美国，1979年）	为了消遣而进行的旅行，在某一个国家逗留的时间至少超过24小时	强调旅游的时间性，指出各国在统计国际入境旅游人数的时间标准
5	伯特麦金托什和夏西肯特格波特（美国，1980年）	在吸引和接待旅游及其访问者的过程中，由于游客、旅游企业、东道主政府及东道主地区的居民的相互作用而引发的各种现象和关系的总和	强调旅游的综合性，指出旅游产生的一切现象和关系
6	黑塞（德国）	“旅游就是艳遇”，既然是“艳遇”，自然是可遇而不可求。旅行中的艳遇，陌生的地方、陌生的人，在美景的衬托之下更显出浪漫情调。艳，奇幻迷离，让人意犹未尽；遇，一场风花雪月的邂逅，一个怦然心动的瞬间	强调旅游是“艳遇”，指出旅游的异地性、审美性、享受性
7	于光远（中国，1985年）	旅游是现代社会中居民的一种短期的特殊的生活方式，这种生活方式的特点是异地性、业余性和享受性	强调旅游是一种生活方式，指出旅游的异地性、业余性和享受性
8	谢彦君（中国，2004年）	旅游是个人以前往异地寻求愉悦为主要目的而度过的一种具有社会、休闲和消费属性的短暂经历	强调旅游是一种体验，指出旅游是一种享受异地愉悦和体验的短暂经历

纵观上述不同时期、不同个人和国际组织对旅游活动概念的界定和表述，不难发现它们彼此之间存在着一些共同特点。所有的定义都显示旅游活动具有暂时性，旅游是人们暂时的外出运动和在不同地方或目的地的短期的逗留活动。另外一个特点就是旅游具有异地性，旅行和逗留发生在旅游者生活和工作惯常环境之外的地方，因此，旅游活动的表现和所带来的结果与旅游者在惯常环境的生活和工作截然不同。旅游者的旅游活动表现出自由、休闲、新奇的特点，旅游者更在乎旅游过程中的经历和体验。旅游的异地性使旅游区别于一般的日常休闲，而旅游的暂时性则使旅游与某些毕生性及职业性的幸福追求有所区别。

本书关于旅游的定义是：旅游是指自然人为休闲、娱乐、游览、度假、探亲访友、就医疗养、购物、参加会议或从事经济、文化、体育、宗教活动，离开常住地到其他地方，连续停留时间不超过12个月，并且主要目的不是通过所从事的活动获取报酬的行为。

该定义从空间、时间、目的等方面界定了旅游活动这种社会现象的基本特征，不仅明确指出了旅游的异地性、暂时性两个最基本的特征，而且综合考虑了旅游的概念性定义和技术性定义。

3.1.2 旅游活动的基本属性

对于旅游活动的概念，目前国内比较一致的看法是：

第一，旅游是人类的一种社会活动。以往各种关于旅游的概念界定中提到的离开自然人常住地到另一个地方做短暂停留，都是指人的社会活动。旅游可以是个体的活动，也可以是集体的活动，如大众旅游时代的团体旅游和奖励旅游（incentive tourism）等。

第二，旅游是一种有计划的以审美和精神需要为主要目的的活动。这种有计划的活动是区别于工作的。人们外出旅游需要做一番简单甚至周密的筹划，如到哪里去？看什么？大约多长时间？是个人出行还是结伴而行？

第三，旅游是一种暂时性的外出活动，不是到异地永久定居，也不是在异地就业。

第四，旅游者的旅游活动与旅游消费，形成了旅游市场需求，社会上成立了大量的旅游企业和行业组织，形成旅游市场供给。旅游需求和旅游供给催生了旅游经济。但是旅游经济是旅游行为在经济上的反映，不能等同于旅游本身，也不能说旅游是一种经济行为。旅游行为除了有经济效应，还会有文化、政治上的效应，这些都应当从旅游功能的角度来开展研究。

第五，旅游活动是有边界的。旅行和旅游都属于人类的社会活动，旅游是一种旅行，但是旅行不一定是旅游。

3.2 旅游活动的特征和要素构成

3.2.1 旅游活动的特征

1. 异地性

旅游是人类的一种空间移动，异地性就是到定居地以外的任何地方领略不同地区间的差异性。异地性不仅指地理位置的改变，更重要的是因地区不同而造成的旅游资源的差异性。差异性越大，异地的吸引力就越强。

2. 暂时性

旅游是人们前往旅游目的地，并在那里做短期停留的访问活动，这种短期停留有别于移民性的永久居留，这是旅游活动在时间上的特点。对于大多数旅游者来讲，只有在完成承担的社会工作之余，并有充分的闲暇时间，才能参加旅游活动，旅游只能占用其闲暇时间的一部分。而对于旅游接待地而言，旅游者只是来去匆匆的过客。

3. 愉悦性

旅游的过程是旅游主体寻求愉悦的活动过程，无论是单纯的观光旅游还是深度的体验旅游，旅游客体除了对旅游主体——旅游者产生感官刺激而使之产生愉悦的个体心理感受外，非紧张工作状态下的吃、住、行、游、购、娱的每一个环节的经历和体验均可能为旅游者带来快乐感、幸福感和对美好生活的向往。

4. 综合性

旅游是人们的旅行和暂时居留而引起的各种现象和关系的总和，不仅包括旅游者的活动，而且涉及这些活动在客观上所产生的一切现象和关系。2016 年的博鳌亚洲论坛指出“旅游产业不仅是服务业，本身就是一个综合性产业。它有力地带动了消费，也拉动了产业升级”，其综合性得到了进一步强化。

3.2.2 旅游活动传统构成要素

1. 旅游活动“六要素”构成说

旅游活动的“六要素”是指吃、住、行、游、购、娱。

旅游是一项动态的活动，对于旅游者来说，“吃”“住”是恢复体力完成旅游的生理保证，也是旅游服务质量的重要体现。“吃”“住”的保证程度直接影响旅游者对旅游的满足程度，因此，“吃”“住”既是旅游活动中的重要环节也是旅游活动的重要内容。二者既可以提升旅游活动的品位、丰富旅游活动的内容、增加旅游目的地经济效益，也能够提升旅游目的地的形象魅力。为了满足旅游者求新和求奇的心理，旅游目的地住宿设施的建筑风格和餐饮品味正走向民族化、特色化，以便增强对旅游者的吸引力，提高其满意程度。

“行”是旅游活动的基本环节，旅游者通过“行”才能实现从常住地向旅游目的地的空间转移、从住宿地到景点的空间转移、从一个景点到另一个景点的空间转移，最后再回到出发地的空间转移。在旅游的全过程中，几乎有一半时间是在“行”中度过的。随着交通条件的日益改善，“行”的比重还会上升。“安全、便利、高效、快速、舒适、经济”是旅游业对交通的基本要求。

“游”是旅游活动的核心要素、中心环节，是旅游者的动机和目的所在，其他五个要素都要围绕“游”来进行。“游”是旅游者外出旅游的主要内容，人们通过游览，感受名山大川、阳光海滩之美，品味历史遗迹、民俗风情之美，从中得到精神的陶冶和物质的享受。

“购”和“娱”是旅游活动的重要环节，也是提高旅游目的地整体竞争力的重要因素。从旅游者的角度，其往往把购买一些具有异国他乡地方特色和民族特色的商品、领略异国他乡的文化艺术表演和民俗风情作为游程中的一大乐趣；从旅游业的角度，旅游商品的销售更是增加旅游收入的重要途径。购物和娱乐已成为旅游过程中不可缺少的组成部分。

2. 旅游活动“三体”构成说

旅游活动“三体”是指旅游者是旅游活动的主体，旅游资源是旅游活动的客体，旅游业是旅游活动的媒介体。

在旅游活动的要素中，旅游者处于主体地位。旅游活动的发展历史表明，旅游实践是先有旅游者的旅游活动，后才有为旅游者服务的旅游产品供应商。旅游者是旅游活动的主导因素，旅游者的数量、消费水平、旅游方式等决定了旅游业内部各种比例关系及其相互协调的主要因素，因而是旅游活动的主体。

在旅游活动构成的要素中，旅游资源处于客体或对象的地位。当一个人有了足够多的用于旅游的金钱和时间，并且有了外出旅游的愿望之后，首先考虑的是去哪个旅游目的地才能满足自己追求愉悦的旅游需求，这时，吸引旅游者的决定性因素就是合乎其愿望的旅游资源。当然，一个人准备去往某个地区旅游时，也会考虑当地的生活条件和服务设施，但这只是第二位、第三位的需求。而那些具有不同民族特色和地区特色的旅游资源，是没有其他的途径可以替代的，只有自己身临其境才能获得真正的精神满足。因此，旅游资源是旅游活动的客观基础，是一个国家或地区招徕客源、开拓市场、发展旅游的重要的物质基础和条件。

相对于旅游者和旅游资源来讲，旅游业是旅游活动实现的媒介体。旅游业是实现旅游活动的媒介、手段和条件。在现代旅游中，完成旅游活动的要素已不再只是旅游者和旅游资源，而是将旅游业这一媒介体也包括进来，因为大众旅游的特点之一便是利用旅游业提供的便利服务完成旅游活动，这已经成为一种规范化的模式。在现代大众旅游阶段，几乎没有旅游者不去利用旅游业提供的旅游服务。虽然使用旅游业提供的旅游服务并非旅游者的旅游目的，但旅游业在客源地与旅游目的地之间、在旅游动机与旅游目的的实现之间架起了一座便利的桥梁。

3.2.3 旅游活动的新构成要素

传统的旅游活动“六要素”是旅游者最低层次的需求，当社会、经济、文化、科技发展到较高水平的时候，随着参与旅游活动人数的增加，旅游者的旅游目的、旅游需求、旅游方式是不断变化的，因此，传统的旅游活动“六要素”已经远不能适应当前旅游活动的发展需要，也不能涵盖现代旅游业的主要因素，于是激发现代人们旅游动机的新的旅游因素呼之欲出。原国家旅游局将其概括为新“六要素”——“商、养、学、闲、情、奇”（李金早，2015）。新“六要素”的出现是旅游发展到一定时期的产物和要求。

“商”是指商务旅游，包括商务旅游、会议会展旅游、奖励旅游等旅游新需求、新要素。作为世界第二大经济体，中国与国际社会的密切交往带来了规模庞大的会议、会展等商务活动。由北京、上海、天津、成都、杭州、昆明、三亚、西安等15个城市组成的会奖旅游城市联盟宣布要打造中国会奖城市整体国家品牌形象，提升中国在国际会奖旅游市场的聚合力和影响力，吸引更多国际会议买家聚焦中国。北京已把会奖旅游作为发展高端旅游的重要内容，把首都文化和皇城文化资源融入会奖旅游，逐步推出特色节庆旅游、文化演出旅游、精品文物旅游等定制旅游产品。

“养”是指养生旅游，包括养生、养老、养心、体育健身等健康旅游新需求、新要素。旅游原本就是一件身心愉悦的活动，当养生邂逅旅游，健康旅游便应运而生，成为不少人青睐的旅游新模式。其中，中医养生旅游的发展势头最为强劲。原国家旅游局与国家中医药管理局已经签署关于推进中医药健康旅游发展的合作协议，标志着发展中医药健康旅游已进入国家旅游发展战略。北京推出的首批七条中医养生线路，包括接受中医体检、参观中医药博物馆、品尝药膳及学习太极拳等，受到了旅游者的热捧。此外，甘肃也在建设养生保健系列旅游产品和陇东南国家级中医药养生保健旅游创新区；广西也将中医药与旅游、养老等有机结合，打造立体本草纲目旅游、壮医药和瑶医药健康养生基地。

“学”是指研学旅游，它的内容既不是单纯的旅游也不是纯粹的留学，而是介于游与学之间，贯穿了语言学习和参观游览，包括修学旅游、科考、培训、拓展训练、摄影、采风、各种夏令营和冬令营等活动。我国的研学旅游早已走出国门，目的地遍及亚洲、欧洲、美洲和大洋洲，内容从最初的校园游览、观摩课堂发展到目前的全真插班、家庭寄宿、社会调查、充当志愿者等多种体验。

近年来，国内的研学旅游愈发受到教育界和旅游界管理层的重视，其倡导大力推动国内中小学生的研学旅游。例如，2018 年 1 月 30 日，广东省教育厅发布了《广东省教育厅等 12 厅局推进中小学研学旅行的实施意见（征求意见稿）》，其中提到要将研学旅行纳入学校教育教学计划。通常在小学四年级到六年级、初中一年级到二年级、高中一年级到二年级，每学段不少于 2 次，原则上每次小学 1~2 天，初中 2~3 天，高中 3~4 天。其评价结果将纳入学生学分管理体系和学生综合素质评价体系。通过研学旅行，实现“寓教于游”“寓学于游”，让广大中小学生感受祖国的大好河山，感受中华民族的传统美德，感受光荣的革命历史，感受改革开放的伟大成就，感受地域的特色文化。

“闲”是指休闲度假，包括乡村休闲、都市休闲、度假等各类休闲旅游新产品、新要素，是未来旅游发展的方向和主体。经过多年的发展，我国的旅游已从观光游过渡到休闲度假，以感受乡土气息、拥抱亲近大自然、探秘古村落为目的的休闲农业旅游正受到人们的追捧。休闲农业促使大量的农区变景区、田园变公园、农产品变商品。继农家乐、渔家乐、花家乐、林家乐及生态观光农业园等业态之后，国家农业公园的出现又为旅游者提供了新的选择。此外，一些旅游城市正在向休闲城市转型，旅游者置身城市之中便能休闲度假。例如，杭州创建的国民旅游休闲示范城市，重点打造西湖历史文化体验游、精品民宿游、龙井茶文化旅游休闲示范区、运河水上观光游、香积素斋禅茶游等一批文化休闲体验产品。

“情”是指情感旅游，包括婚庆、婚恋、纪念日旅游、宗教朝觐等各类精神和情感的旅游新业态、新要素。据了解，目前我国与婚庆产业关联的行业已达 40 多个，新婚蜜月市场规模每年约 1.2 万亿元。婚庆旅游、婚纱摄影等业态的发展，对旅游业而言是很大的机会。北京、天津、河北、安徽、海南五省市已组建了婚庆旅游合作组织，培育婚庆旅游目的地、市场、产业和产品，推进婚庆旅游成为旅游经济新的增长点。海南向国内外旅游市场重点推出婚庆旅游产品，促进婚庆产品与海洋、生态、文化、康体、度假等产品的融合，希望从婚庆主题旅游产品突破，打造海南婚庆旅游产业链。

“奇”是指以探奇为目的的旅游新产品、新要素，包括探索、探险、探秘、游乐、新奇体验等。一些资深旅友已经不满足于常规的景点和舒适的休闲，徒步、登山、骑游等深度体验类的旅行方式逐渐受到青睐。这些新方式让旅游者更加亲近自然，亲近人文，可以获取身心的锤炼与提升，因而更具个性化。同时这些新方式作为一种体育健身的方式，能有效地增强旅游者的体质，锤炼旅游者的意志。目前市场上此类产品颇为丰富，如国内的徽杭古道、唐诗之路、漠河找北、寻秘贵州等，国外的印度尼西亚巴厘岛梯田火山人文徒步、法国勃朗峰大环线高山徒步、美国西部国家公园大峡谷徒步等。

拓展出“商、养、学、闲、情、奇”旅游发展新“六要素”，也只是基于现阶段实践的总结，随着旅游活动的不断升级，更新、更多的旅游发展要素今后还会被拓展出来。

3.3 旅游活动的类型

3.3.1 旅游活动的类型划分原则、依据

旅游业经过多年的发展，已经成为人们的生活方式和一种复杂的社会现象，对旅游活动的类型进行划分的目的在于了解、分析和认识不同类型旅游活动的特点。事实上，对于旅游活动的类型，并不存在绝对的排他性划分，人们出于不同研究目的的需要，而采用不同的划分依据和标准。

3.3.2 旅游活动的类型划分

1. 按地理范围划分

旅游活动可划分为国际旅游、国内旅游。国际旅游与国内旅游的差别包括地理范围、便利程度、消费水平和经济影响。其中，在经济影响方面，国内旅游表现为促进国内财富在不同地区间的重新分配，而国际旅游则带来国家之间的财富转移——由旅游客源国转向旅游接待国。国际旅游又分为边境上的跨境旅游、国际五大区域（联合国世界旅游组织划分的欧洲区域、美洲区域、亚洲及太平洋区域、中东区域、非洲区域）内的跨境旅游和国际五大区域之间的跨境旅游。国内旅游可分为地方性旅游、区域性旅游和全国性旅游。

1）国际旅游

国际旅游是指跨越国界的旅游活动，包括入境旅游和出境旅游。简单说来，入境旅游指他国居民到本国的旅游活动，出境旅游指本国居民到他国的旅游活动。从国际旅游统计角度，出入境旅游又细分为过夜旅游和不过夜的一日游。

由于特殊政治背景和历史等诸多原因，我国对出入境旅游有特殊的规定。迄今为止，我国港澳台同胞来内地（大陆）的旅游活动一直被视为入境旅游。

我国的入境旅游指的是外国人、华侨及我国香港地区、澳门地区、台湾地区的居民来我国内地（大陆）参观、探亲、访友、考察或从事贸易、业务、体育、宗教活动、参加会议等的旅游活动。

我国的出境旅游指的是我国公民跨越国境和某些特定的界线到其他国家或特定行政区域的旅游活动。具体地说，是“我国居民（目前不包括港澳台居民）到其他国家或地区，不以通过所从事的活动获取报酬为主要目的，进行休闲、娱乐、观光、度假、探亲访友、就医疗养、购物、参加会议或从事经济、文化、体育、宗教的活动，且在境外连续停留不超过 12 个月，不包括因工作或学习在国内和目的地国家（地区）之间有规律往返的活动”（蔡家成，2000）。也就是说，我国的出境旅游实际是包括出国旅游、边境旅游和内地（大陆）居民前往我国港澳台地区的旅游活动。

2）国内旅游

国内旅游是指一个国家的居民离开自己的惯常居住地，到本国境内的其他地方开展旅游活动。它对进行这种旅游活动的人没有国籍的限制，旅游者可以是本国公民，也可以是长住该国的外国人。因此，外国侨民在其居住国境内开展的旅游活动也应纳入该居住国的国内旅游统计中。从国内旅游统计角度，国内旅游又细分为过夜旅游和不过夜的一日游。

2. 按旅游目的划分

依照旅游是出行的主要目的还是次要目的，旅游活动可划分为消遣性旅游和事务性旅游（business travel）。

消遣性旅游泛指一切非事物性目的而外出的旅游活动，可以细分为观光旅游、度假旅游、文化旅游、宗教旅游、探险旅游、特殊兴趣旅游。观光旅游是最普通、最常见的旅游活动类型，是指以观赏异国他乡的自然风光、都市景观和民俗风情为主要目的的旅游活动。度假旅游是为了疗养或摆脱日常工作和生活环境所造成的身心紧张而前往环境优美的地方放松一段时间的旅游活动。根据国际旅游规律，人均 GDP 达到 5000 美元时，会步入成熟的度假旅游经济。文化旅游泛指一切以体验异乡社会文化为主要目的的旅游活动。宗教旅游指宗教信徒以前往宗教圣地朝觐为目的的旅游活动。探险旅游指旅游者前往人迹罕见或险象环生的特殊环境所进行的充满神秘性、危险性和刺激性的旅游活动。特殊兴趣旅游指旅游者为了满足个人的某种嗜好或业余爱好而开展的旅游活动，如摄影、考古等。

事务性旅游可以细分为商务旅游、公务旅游、会议旅游、个人或家庭事务旅游。商务旅游是工商界人士因商务目的而前往异国他乡所进行的旅游活动。公务旅游是指政府部门、党派组织、社会团体代表因公出访，在公务之余进行的参观游览活动。会议旅游是指因组织、参加会议而前往异国他乡，在这期间开展的旅游活动。个人或家庭事务旅游的典型代表为探亲访友旅游和修学旅游，包括去他乡参加探亲访友、出席外地求学子女的毕业典礼、外出短期学习或进修等。

3. 按旅行距离划分

旅游活动可划分为近程旅游（short-haul tourism）、中程旅游（middle-haul tourism）、远程旅游（long-haul tourism）。一般将出行距离在 240 千米以内的划定为近程旅游，出行距离大于 1 000 千米的划定为远程距离，将 240~1 000 千米的出行距离划定为中程旅游。

4. 按活动形式划分

旅游活动可划分为团体旅游和散客旅游（independent tourism）。

团体旅游，也称“团队旅游”，是指由旅行社或中介机构对旅行行程进行安排和计划，团队成员遵从旅行社安排统一进行旅行活动，采用包价方式一次性提前支付旅费的旅游形式。因在某些项目上可享受团队折扣优惠，所以费用相对低廉。按照国际旅游行业惯例，一个旅游团的人数一般在 15 人及以上。对于人数达到 15 人及以上的团体顾客，旅游供应商会对其实行优惠的团体价格。价格优惠、安全感强和省心方便是团体旅游的主要优点。但是团体旅游也存在明显的缺点，即旅游者个人的旅游活动会受到集体统一行动的制约，缺乏灵活性和自主性。

散客旅游，也称“自助游”，是相对于团体旅游而言的。散客旅游是指个人独自出游或为数不多的几个人自行结伴出游的活动。以这种形式开展旅游时，其旅游日程、线路和活动项目等均由旅游者自行选定，旅游者通常选择购买单项旅游产品，有时也会购买旅行社的旅游服务。由于零星现付各项旅游费用，不能像团体旅游那样享受价格优惠，散客旅游的费用通常比同行程、同内容和同服务等级的团体旅游费用要高。但散客旅游的优点是自由度大、自主性强。

20世纪末以来，在追求个性化的浪潮下，旅游者不再青睐旅行社组织的“赶鸭子”式包价团体旅游。随着旅游者的自主消费意识增强，私人交通工具普及，接待服务系统的社会化及旅游预订网络的完善等，能够充分满足旅游者的个性化需求、透明度高的旅游形式，如基本旅游项目加自由选择、临时旅游项目加现场定价等新形式旅游替代了标准化、规范化的传统旅游，更好地满足了人们的个性和特殊旅游需求。小团队旅游、散客旅游和家庭旅游人数快速增加。到20世纪90年代，西方发达国家的散客旅游人数已经超过了包价团队旅游。各种自助游迅速发展，越来越多的旅游者喜欢按照自己的爱好和兴趣来选择游览地、安排游览线路和游览时间。

以出境旅游为例，原国家旅游局官网的行业动态公告显示，2006年以后，我国公民出境自助游增长率超过团队旅游。

5. 其他划分方式

旅游活动按费用支付特点，可划分为自费旅游、奖励旅游；按停留时间长短，可划分为不过夜的一日游、过夜旅游；按主要交通工具，可划分为航空旅游、铁路旅游、汽车旅游、游船旅游、徒步旅游等。

对旅游活动的类型进行划分是旅游产品供应商进行旅游服务和旅游市场营销的需要，以便向旅游者提供针对性的服务。

前面关于旅游活动的类型的阐述，充分表明旅游作为一种社会现象的多样性表征：具有多样性需求、形形色色和络绎不绝的旅游者为旅游供应商提供了商机，促进了不同地域间人员的交流和文化的传播及相互影响，是世界和平的象征。透过现象看本质，旅游活动是不同地域间人员暂时离开惯常生活环境的休闲生活方式，属于社会文化活动，换句话说，社会文化性是旅游活动的根本属性。

3.4 现代旅游活动的特点

3.4.1 旅游活动的普及性或游客的大众性

1. 大众旅游的出现

大众旅游包含两层含义，一是旅游活动的大众化，二是大众型旅游。旅游活动的大众化指旅游活动参加者的范围已扩展到普通的劳动大众，旅游度假已经不再只为少数特权阶级所独享，而是已经发展成为普通大众人人享有的权利。联合国世界旅游组织在著名的《马尼拉宣言》中明确提出，在现代社会中，旅游度假已经成为人们的一种基本需求。大众型旅游指现代旅游活动的大规模开展所形成的以有组织的团体包价旅游为代表的大众型旅游模式或旅游活动开展形式。在国际学术界，针对大众型旅游的研究争议很多，不少社会学学者认为这种大规模方式开展的旅游活动是致使旅游负面影响的一个直接原因。但是大众型旅游也有它的优势，特别是在出境旅游方面，选择组团包价旅游的方式，既能减少开支，还可以通过领队服务解决语言沟通障碍等问题。

2. 奖励旅游的出现

奖励旅游是指包括企业、社会团体和政府机构在内的各种组织为了表彰和奖励工作成绩突出的员工而特别为其组织的免费旅游或度假活动。美国是奖励旅游的发源地，也是最大的奖励旅游市场。最初是某些企业为了表彰和奖励那些工作成绩突出的销售人员，组织他们携带配偶一同外出旅游。

奖励旅游往往是一种特殊的高级旅游经历，企业的高层首脑也会一同出游，这对于受奖者来说无疑是一种殊荣。而奖励旅游的目的地都是经过特别挑选的，一般是比较小众、高端的目的地。奖励旅游的活动内容往往由旅游企业采用“量身定制”的方法针对出行企业特别设计和安排。在旅游活动期间，企业的高层首脑通常都会专门抽出半天或一天的时间，亲自组织受奖者共商企业的发展大计。这种做法不仅客观上会使受奖者感到受赏识，而且能使其体验到身为企业主人翁的感觉，这种经历是那些非受奖者无论如何也难以获得的。一些研究管理问题的心理学家在经过大量的调查和分析之后发现，把旅游作为奖品来奖励员工所产生的时效性和激励范围远比传统的金钱和物质奖励的刺激效果要好得多。

奖励旅游用作激励手段的做法，被各种组织接纳和效仿，很多非营利性组织和团体也越来越多采用这一激励方式，奖励旅游的市场规模在迅速扩大。奖励旅游市场的消费水平和商业价值很高，从而使得很多旅游目的地和旅游企业都相当看重这一高端旅游市场的经营和接待。

奖励旅游与一般团队旅游的比较见表3-2。

表3-2 奖励旅游与一般团队旅游的比较

项目	奖励旅游	一般团队旅游
本质	管理工具	—
目的	多样性	相对比较单一性
费用	免费	多是自费
参与人员	经过一定程序审核	多为自愿报名
活动安排	独一无二	线路固定化、模式化
服务规格	VIP[1]礼遇	一般礼貌服务
效果	实现企业激励等多种目标	最佳情况是获得精神满足

1）VIP：very important person，贵宾

3.4.2 地域的集中性

旅游者并非平均分散于世界各地，而是往往集中到某些区域开展旅游活动。例如，在全世界的国际旅游活动总人次中，前往欧洲区域旅游的人次最多，亚洲及太平洋地区次之。欧洲、亚洲及太平洋、美洲的旅游接待人数占到了全球旅游总人数的90%以上。具体到某个国家，旅游活动在该国各地区及各城市之间的分布情况也呈现出这一特点。而在一个旅游城市中，旅游者也往往集中访问某些主要景区。例如，英国首都伦敦市区内的特拉法格广场、西敏寺、白金汉宫、伦敦塔等都是著名的景点，也是旅游者活动比较集中的地方。据调查，在伦敦接待的外来旅游者中，约93%的旅游者会去特拉法格广场，85%的旅游者会去参观西敏寺，83%的旅游者会去白金汉宫看皇家卫兵的换岗仪式，82%的旅游者会去参观伦敦塔。所以，访问伦敦的旅游者并不是平均地分布在伦敦的各旅游景点。表3-3给出了2016年全世界五大区域的旅游经济数据统计。

表3-3 2016年全世界五大区域的旅游经济数据统计①

世界区域	国际旅游人数/百万人次	比重	国际旅游收入/十亿美元	比重
欧洲区域	616	50%	447	37%
亚洲及太平洋区域	308	25%	367	30%
美洲区域	199	16%	313	26%
非洲区域	58	5%	35	3%
中东区域	54	4%	58	5%

从宏观层面上看，认识旅游活动的地域集中性有助于指导旅游接待地区的旅游发展规划和旅游者管理工作，可以根据旅游接待地区的承载力大小来调节客流，平衡地区接待量，防止旅游活动在某些地区过度开展，从而促进旅游的可持续发展。从微观层面上看，认识旅游活动的地域集中性有助于指导旅游企业的选址，最大限度地争取客源。

3.4.3 游客数量的持续增长性

第二次世界大战结束后，除了局部地区存在紧张局势之外，世界上发达国家和新兴发展中国家的经济普遍恢复并快速发展。旅游业成为世界上增长最快的经济部门之一。尽管偶尔会有波动，但旅游业的增长速度几乎是不间断的，显示出该行业的实力和韧性。全世界的国际旅游人数从1950年的2 500万人次增加到1980年的2.78亿人次，2000年为6.74亿人次，2010年为9.39亿人次，2016年为12.35亿人次。同样，全球旅游目的地的国际旅游收入从1950年的20亿美元猛增到1980年的1 040亿美元，2000年达到4 950亿美元，2010年达到9 190亿美元，2016年达到12 200亿美元。

2016年，全世界国际旅游人数（过夜游客）增长3.9%，比2015年增加4 600万人

① 根据联合国世界旅游组织2017年统计报告整理。

次。2009 年全球经济危机之后，国际旅游业连续七年不间断的稳健增长，其平均增长速度保持在 4%左右（图 3-1）。表 3-4 给出了 1950~2010 年每隔十年的全世界国际旅游人数统计数据。

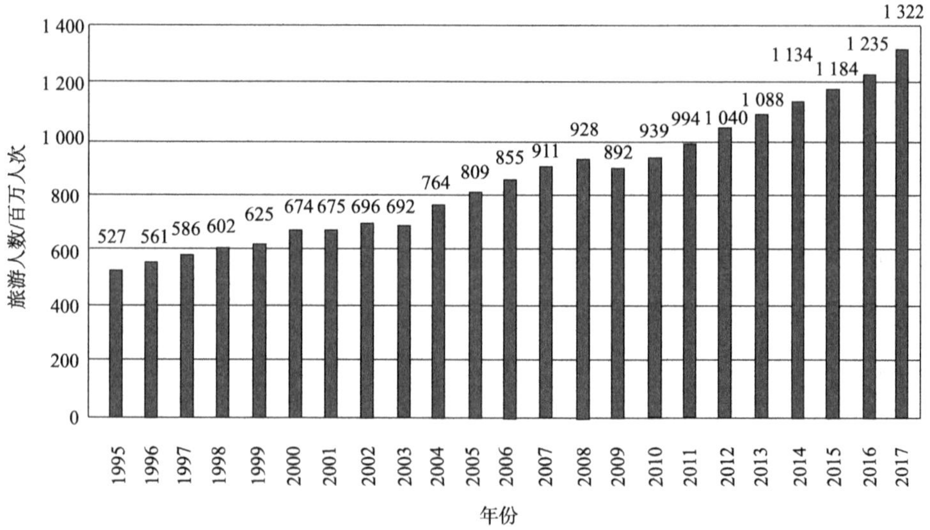

图 3-1　1995~2017 年全世界国际旅游人数统计图

图中数字包含过夜游客人数和不过夜的一日游游客人数

表 3-4　1950~2010 年每隔十年的全世界国际旅游人数统计

项目	1950 年	1960 年	1970 年	1980 年	1990 年	2000 年	2010 年
国际旅游人数/百万人次	25	69	166	278	435	674	939
每十年的发展速度	—	274%	239%	173%	160%	147%	139%

据联合国世界旅游组织最新的“世界旅游晴雨表”显示，2017 年国际旅游人数增长 7%，达到 13.22 亿人次。预计 2018 年这一强劲势头将继续保持在 4%~5%的水平。

进入 21 世纪后，全世界的旅游业务量甚至超过石油工业、食品工业和汽车工业。2011 年以来，连续五年，旅游业增长速度超过世界出口贸易的增长速度①。

3.4.4　出游的季节性

旅游的季节性一定程度上是旅游资源的季节性。受气候条件的限制，旅游目的地在不同的季节有着不同的景象，旅游者会倾向于在旅游目的地最美的季节前往旅游。而从旅游者的角度，受本国节假日及自身工作、学习、生活的时间影响，也可能呈现某种规律性，这两者的结合就形成了旅游者出游的时间呈一定程度的集中性分布（图 3-2）。

① 根据 2017 年联合国世界旅游组织统计报告整理而得。

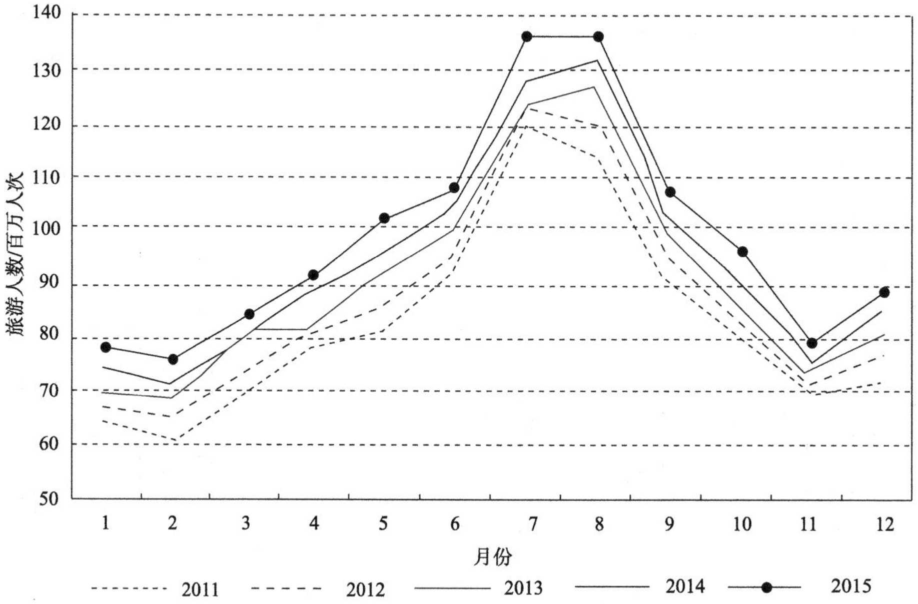

图 3-2 国际旅游人数 2011~2015 年 1~12 月的季节性波动

资料来源：联合国世界旅游组织

对于不同的旅游目的地来说，旅游流[①]的发生时间也不尽相同。例如，到哈尔滨滑雪的旅游流，发生时间在入冬以后；同样是位于北方的海滨度假胜地北戴河，旅游者却不会在这个时间前往。一般来说，主要依赖自然旅游资源吸引旅游者的国家和地区，旅游接待量的季节性波动比较大；主要依靠人文旅游资源吸引旅游者的国家和地区，旅游接待量受季节性影响较小。消遣型旅游受季节性制约多一些，事务型旅游几乎不受季节性限制。四季分明的国家和地区，四季中接待旅游者的波动量较大；四季不太分明的国家和地区，四季中接待旅游者的数量就相对稳定。

旅游活动的季节性意味着旅游需求在时间上分布的不均衡性，对旅游接待地区和服务企业都有诸多不利影响。在需求淡季，旅游设施闲置；在旅游旺季，旅游供给能力又超过旅游承载力，容易引发其他负面影响。认识到旅游活动的季节性，应该注重旅游产品线的策划和开发，尤其是丰富淡季的旅游产品。

扩展教学资源：推荐阅读

阅读材料一

据中国台湾媒体 2017 年的报道，“台湾对外贸易发展协会”秘书长表示，企业奖励旅游商机大，平均消费为一般旅游的 6.5 倍；针对东北亚与东南亚企业 2017 年进行的一次奖励旅游调查，旅游目的地中国台湾地区名列前三位。

① 旅游流指在一个或大或小的区域，由于旅游需求的近似性引起的旅游者集体性空间移位现象。

据报道，第 4 届“亚洲超级团队（Asia Super Team）竞赛”在 2017 年导入大数据营销模式，针对东北亚、东南亚商务旅客进行在线调查，取得 4 364 份有效问卷，其中 3 696 名受访者将中国台湾地区评为最向往的亚洲奖励旅游目的地，日本及韩国次之。东北亚及东南亚企业 2017 年举办国外奖励旅游的地点，东北亚企业多选中国台湾、中国香港及日本的一些城市，东南亚企业则选择以中国台湾、新加坡与中国香港居多。其中 16.9%受访者最近一次奖励旅游地点是中国台湾，为全亚洲最高，更有 13.6%受访者表示，公司已规划近年内访台奖励旅游活动，显示台湾地区有关部门鼓励企业访台奖励旅游活动有一定成效。

此外，该秘书长表示，奖励旅游食宿多由公司支付，公司员工在旅程中消费金额会较一般旅游高，平均达一般旅游的 6.5 倍，最高甚至可达 9 倍，商机不可小觑。

阅读材料二

教育部 2016 年发布了《关于推进中小学研学旅行的意见》，2017 年又颁布了《中小学综合实践活动课程指导纲要》，综合实践活动课程、研学旅行已经成为当下教育部门的热门话题。2017 年 8 月教育部印发的《中小学德育工作指南》特别强调，把研学旅行纳入学校教育教学计划，促进研学旅行与学校课程德育体验、实践锻炼有机融合，利用好研学实践基地，有针对性地开展多种类型的研学旅行活动。2017 年 11 月，教育部公布了第一批研学旅行示范基地，包括 204 家研学旅行综合实践基地和 14 家全国性营地，一共 218 家。中国的研学旅行、营地教育已经有了“准生证”，具备了合法性。

研学旅行与营地教育在中国起步比较晚，而在美国、加拿大等国家已经有 100 多年的历史，所以从组织形式到活动设计、人员培训等已经有很多经验可以供我们借鉴。

在美国，营地教育主要集中在夏令营，时间主要集中在暑假的两个月内。美式营地讲究“简单、纯粹、做自己”，即有目的地玩和深入地探索自己。美国很自由，很个性，既崇尚个人英雄，也强调团队合作，追求使自身变得更强大。美式营地里面有很多项目让孩子去锻炼和经历，去学会一些技能。美式营地有一个非常棒的价值观，叫做“鼓励你成为一个受欢迎的人”。美式营地会告诉孩子怎么样朋友才会多，怎么样成为一个受欢迎的人。美式营地强调的并不是课程为主，而是强调社交，强调“不是你不行，是你还没有准备好”。美式营地培养孩子的独立生存能力、独立思考能力，使其成为一个真正独立的人。

美国基本上是家长，即消费者端用户直接报名，而日本和澳大利亚更多的是学校组织孩子们去参与营地活动，一个班级又一个班级地去。在日本，孩子们都会参与修学旅行，政府拨出大量资金支持孩子们修学旅行，孩子们参与修学旅行时的交通、营地、餐饮等费用都有特别优惠价或者完全免费。

在英国，寄宿营地的市场规模已经达到 3 亿美元，研学教育已经达到 5 亿美元。英国的营地教育有不同的类型。一日营活动，学生可以和同学们一起探索享受学习的乐趣，并且学习一些实用的科学；夏令营活动，学生们可以广交朋友；时间较长的营地活动，学生可以和班级同学一起进行一些探险项目；时间更长的营地活动，学生们常常是去海外进行游学。这些营地教育很多并不是在校园内进行的，而是在户外进行的，这既可以打破学校教学的限制，又可以将学校课程和营地教育相结合。同时学生们也可以通过这些营地活动提高自信心，并且对学习更加有激情。英国的一项调查证明，参与过营地教育的学生中有 70%~80%的学生认为与同龄人的关系变得更好，80%~90%的学生认为自己更加自信，60%~70%的学生认为自己能够更好地解决问题。另一项调查也显示，这些营地教育帮孩子们塑造的品格，会让他们在未来的收入及未来发展方面比同龄人更强，他们可能会在未来每一年比同龄人多收入 55 000 美元。在德国，各大州的营地数量非常多，拥有超过 10 000 家的营地，而德国营地协会在册的被认证的营地只有 2 000 多家。整个德国有一套安全管理体系，还有各种认证，想成为国家级协会的一个认证单位是非常困难的。

阅读材料三

蔡家成. 2000. 试论我国出境旅游管理体制改革问题[J]. 旅游学刊.（3）：13-18.
吴必虎，黄潇婷，等. 2013. 旅游学概论（第二版）[M]. 北京：中国人民大学出版社.
张杰，刘焱，李莉，等. 2017. 旅游学概论（第二版）[M]. 上海：格致出版社.

本 章 小 结

旅游学的研究对象是旅游活动的内在矛盾，旅游学的任务就是要通过研究来认识这种矛盾的性质及其发生原因、形态结构、运动规律和它所产生的各种外部影响。实际上，从逻辑学的角度出发，旅游学的研究对象就是旅游活动，根据旅游活动延伸出众多旅游学研究的内容。旅游学是一门交叉学科，现有的管理学、地理学、经济学、心理学等对旅游学的研究都有理论和概念方面的贡献。

旅游现象是当今社会普遍存在的经济、文化、社会现象之一。旅游是一种休闲行为，是在自由时间里完成的，旅游者旅游的目的是获取愉悦性的休闲体验，特征是异地性和暂时性。随着时代的进步和旅游业的发展，旅游活动的构成要素已经由原来的“吃、住、行、游、购、娱”转变为“商、养、学、闲、情、奇”，随着旅游活动的不断升级，今后还会拓展出更新、更多的旅游发展要素。旅游活动的分类可以依照地理范围、旅游目的、旅行距离、活动形式、费用支付特点、停留时间长短、主要交通工具等不同的分类方式划分为不同类型。现代旅游活动呈现出旅游活动的普及性、地域的集中性、游客数量的持续增长性、出游的季节性等特点，充分认识并理解这些特点，有助于旅游业更好、更持续、更健康的发展。

思 考 题

1. 名词解释

旅游　国际旅游　国内旅游

2. 简答

（1）请分析旅游的“艾斯特”定义。

（2）试阐述旅游活动的基本特征。

（3）旅游活动的构成要素有哪些?

（4）现代旅游活动有哪些特点？认识这些特点的意义何在?

第4章

旅游者

4.1 旅游者的概念及界定

旅游是人的活动，是人们离开日常生活的惯常环境，暂时到另一个地方进行的一种特殊的社会实践活动。这部分人群规模不断扩大，形成一定的市场规模，于是出现了满足这部分人群需求的服务行业——旅游业。旅游者是旅游活动的主体，其数量和消费水平是决定旅游业发展的基本因素。

什么样的人才算是旅游者？这个问题涉及旅游者的概念定义。在现实生活中甚至在学术界，对这个特殊群体的称谓五花八门，如旅游者、游客、观光客、旅行者，甚至有些从接待角度给予的称呼也掺杂其中，如宾客、旅客、顾客、住客等。目前旅游学术界用得较多的英文词汇是“tourists”。

对旅游者的科学认识和标准确定有一个发展过程。从汉字的字面解释，旅游者是指旅行游览的人。但“旅游者”一词最早出现于 1881 年英国的《牛津词典》，英文是“tourists”，意思是“以观光为目的的外来旅客”。1876 年瑞士出版的一部字典上出现了“the history of tourism（旅游的历史）”这一条目，其中将旅游者解释为：旅游者就是出于一种好奇心，为了得到愉悦而旅行的人。这些解释显然还比较简单，没有将消费性旅游包括进去，属于概念性定义。

20 世纪以来，不断有人对“旅游者”提出新的见解。例如，英国的奥格威尔在 1933 年出版的《旅游活动》中，从经济角度对“旅游者”定义为，“从经济目的来看，旅游者是指具备两个条件的人：第一，离开自己的惯常居住地到外面任何地方去，时间不超过一年；第二，离开久居地期间，把他们的钱花在他们所到的地方，而不是在其所到的地方去挣钱”。

伴随着社会经济的繁荣，参与旅游活动的人越来越多，旅游的类型也日益多样化。随着旅游经济的发展和旅游研究的深入，制定一个比较符合实际、便于旅游统计和科学研究共同认可的标准定义就成为旅游学的一个重要研究课题。从国际联盟（The League of

Nations）到联合国组织（United Nations，UN）、联合国世界旅游组织乃至国际各国政府的有关部门，都曾为旅游者的界定做了大量的工作。对于国际旅游者的定义，目前世界各国在理论上基本已经有了统一的认识，并研究和制订了共同的定义。

4.1.1　国际旅游者的定义

1. 国际联盟专家统计委员会的定义

为了统计和研究上的方便，国际联盟专家统计委员会（The Committee of Statistics Experts of the Short-lived League of Nations）在 1937 年对“外国旅游者”进行如下定义：“离开自己的居住国到另一个国家访问超过 24 小时以上的人。”国际联盟专家统计委员会特别界定下列人员为旅游者：①为了消遣、家庭事务及身体健康方面的目的而出国旅行的人；②为出席会议或作为公务代表而出国旅行的人（包括科学、管理、外交、宗教、体育等会议或公务）；③为工商事务原因而出国旅游的人；④在海上巡游过程中前来访问的人员，即使其停留时间不足 24 小时，亦视为旅游者（停留时间不足 24 小时者应分开作为一类，必要时可不管其长居何处）。

不能列为旅游者的人员包括：①抵达某国就业任职，不管是否订有合同或者在该国从事营业活动者，均不能列为旅游者；②到国外定居者；③到国外学习，膳宿在校的学生；④凡属边境地区居民及落户定居而又越过边界去工作的人；⑤临时过境而不停留的旅行者，即使在境内时间超过 24 小时也不算旅游者。

不难看出，上述解释的目的是规范各国的旅游统计口径，但是它所针对的只是由外国来访的旅游者。国际联盟专家统计委员会对“国际旅游者”的这一定义和规定，对旅游者的统计和市场的研究都起过重要作用。

2. 国际官方旅游组织联盟的定义

1950 年，国际官方旅游组织联盟（The International Union Office Travel Organization，IUOTO）对上述定义做了修改，包括将修学形式旅游的学生视为旅游者，以及界定了一个新的旅游者类型“international excursionists”（通常译为“短途国际旅游者”或“当日往返国际旅游者”）。“短途国际旅游者”是在另一个国家访问不超过 24 小时的人。另外，IUOTO 还定义了过境旅行者，他们是路过一个国家但不作法律意义上的停留的人，不管其在该国逗留多久。

3.“罗马会议”的定义

随着第二次世界大战结束后现代旅游业的迅速发展，统一世界各国旅游统计口径的问题开始真正得到世界各国和有关的国际组织的重视。在国际官方旅游组织联盟（今联合国世界旅游组织的前身）的积极推动下，1963 年，联合国在罗马举行的国际旅行和旅游会议（又称罗马会议），又对上述定义做了修改和补充。出于统计工作的需要，会议提出采用“游客”这一总体概念，然后按逗留时间超过 24 小时的旅游者与逗留时间不足 24 小时的游客加以区别。这种划分对应于IUOTO在1950年所做的旅游者和短途旅游者的划分方法，只是用词有所不同，并继续承认国际联盟专家统计委员会规定的不属于旅游者的五种人。具体定义如下：游客是指除为获得有报酬职业以外，出于任何原因到一个不是自己常住国家去访问的人。这一概念有三个重要特征：第一，清楚地区别了游客与到某国永久定居或就业的人，在对过夜旅游者进行解释时，具体规定了消遣和工商事务两种目的；第二，确定了对游客的分类不是以游客的国籍，而是以其访问的居住国而定；第三，根据停留时间是否超过24小时，将游客划分为旅游者和游览者。

1991年联合国统计委员会专家小组建议将游览者改为“一日游游客”，将“游客”分为两类：旅游者和短程游览者。旅游者指到一个国家做短期访问至少逗留24小时的游客，其访问目的为消遣（包括娱乐、度假、疗养保健、学习、宗教、体育活动等）或工商事务、家庭事务、公务出使、出席会议。短程游览者指到一个国家做短暂访问，逗留不足24小时的游客（包括海上巡游旅游者）。

联合国的上述规定得到了国际上的承认。各国基本采用这一标准来统计外国旅游者或其他观光者数目。不过在执行中又有许多不一致的地方，如美国劳工统计局把离开本州一个晚上为了度假而旅行的人也计算进去，但不包括为业务和会议旅行的人。西班牙1978年接待外国游客4 000万人次，90%来自欧洲国家，其中不少是当天往返的游客，也被统计了进去。

4. 联合国有关机构的定义

1967年，联合国统计委员会专家小组采纳了1963年罗马会议对游客的定义。1968年，该委员会与国际官方旅游组织联盟（联合国世界旅游组织前身）都通过了这个定义。1970年，欧洲经济与发展组织旅游委员会也采纳了这个定义。1967年，联合国统计委员会第19次会议通过了关于国际旅游者暂时性准则方案，对国际旅游者做了更为明确的规定，认为国际旅游者可分为：一是从外国到某特定国访问的人（来自外国旅游者）；二是从某特定国去国外访问的人（出国旅游者）。1981年，联合国世界旅游组织将该定义纳入当年出版的《国际和国内旅游信息收集和反映技术手册》中，向世界各国推广。

1991年，联合国世界旅游组织在加拿大举行的“国际旅游统计大会”上，对国际游客、国际旅游者的基本概念进行了再次修订，并以《国际旅游统计大会建议书》向联合国推荐，经联合国统计委员会1995年通过后在全球推广使用。目前，世界大多数国家都接受1995年联合国世界旅游组织和联合国统计委员会的定义，从而初步实现了有关国际游客、国际过夜游客和国际一日游游客的较为统一的规范性定义。

国际游客不包括下列人员：意图向目的地国移民或在该国谋求就业的；以外交官身份或军事人员身份进行访问的；上述人员的随从人员；流亡者、流浪者或边境上的工作人员；打算停留一年以上者。

可以计算为国际游客的包括以下人员：为了娱乐、医疗、宗教仪式、家庭事务、体育活动、会议、学习或过境进入另一国家者；外国轮船船员或飞机机组成员中途在某国稍事停留者；停留时间不足一年的外国商业或公务旅行者，包括为安装机械设备而到达的技术人员；负有持续时间不足一年使命的国际团体雇员或回国进行短期访问的旅行侨民。

国际游客又分为国际过夜旅游者和国际不过夜旅游者两类，前者指在目的地国家的接待设备中度过至少一夜的国际游客，后者指利用目的地国家的接待设施少于一夜的国际游客，包括那些居留在巡游船上只上岸游览的乘客。国际不过夜旅游者中不包括那些虽然落脚于他国但未在法律意义上进入该国的过境游客（如乘飞机在某国中转的乘客）。

5. 中国旅游统计中的界定

我国一般将来华旅游入境人员称为“海外游客”，包括外国人、华侨、港澳台同胞。海外游客是指来我国内地（大陆）观光、度假、探亲访友、就医疗养、购物、参加会议，或从事经济、文化、体育、宗教活动，连续停留时间不超过 12 个月，且其主要目的不是通过所从事的活动获取报酬的外国人、华侨和港澳台同胞。

不能列为海外游客的人员包括：应邀来我国进行访问，由部长以上人员率领的党、政、议会、军队代表团成员；各国驻华使馆官员及其随行人员；驻期达一年以上的外国专家、留学生、记者、商务机构人员等；乘国际班机直接过境，不需要通过护照检查进入我国口岸的中转旅客与机组人员；因日常工作和生活在边境地区往来的居民；归国定居的华侨、港澳台同胞；到我国定居的外国人和原已出境又返回我国定居的外国侨民；归国的我国出国人员。

世界各国基本上对罗马会议的定义表示赞同，由于罗马会议的定义针对的是国际旅游，可以说，世界上目前对于国际旅游者的界定原则上已经有了统一的认识。

4.1.2　国内旅游者的定义

对于在统计国内旅游发展情况时应如何界定国内旅游者的问题上，目前世界各国所使用的标准还远远没有统一，人们的看法一直存在差异。

1. 北美国家的界定

加拿大：离开居住地边界到至少 50 英里以外的地方去旅行的人。

美国：基于工作上下班之外的其他任何原因而离家外出旅行至少 50 英里的人，而不管其在外过夜还是当天返回。

2. 欧洲国家的界定

英国：基于上下班之外的任何原因，离开居住地外出旅行过夜至少一次的人。

法国：基于消遣、健康、会议、商务或修学目的，离开自己的主要居所，外出旅行超过 24 小时但未超过四个月的人。

3. 联合国世界旅游组织的界定

联合国世界旅游组织把国内游客区分为国内过夜旅游者和国内不过夜旅游者。

国内过夜旅游者是指在某一目的地旅行超过 24 小时但少于一年的人，其目的是休闲、度假、运动、商务、会议、学习、疗养、宗教、探亲访友等，不包括外出就业者。

国内不过夜旅游者是指基于以上任一目的并在目的地逗留不足 24 小时的人。

4. 中国旅游统计中的界定

凡纳入国内旅游统计范围的人员统称为国内游客。

国内游客是指任何因休闲、娱乐、观光、度假、探亲访友、就医疗养、购物、参加会议或从事经济、文化、体育、宗教活动而离开常住地到我国境内其他地方访问，连续停留时间不超过六个月，并且访问的主要目的不是通过所从事的活动获取报酬的人。

国内游客分为国内旅游者和国内一日游游客两类。

国内旅游者：在旅游住宿设施内至少停留一夜，最长不超过六个月的国内游客；国内一日游游客：离开常住地外出距离在 10 千米以上，时间超过六小时但不足 24 小时，未在旅游住宿设施内过夜的国内游客。

我国在国内旅游统计中还规定，下列人员不在国内游客统计之列：到各地巡视工作的部级以上领导；驻外地办事机构的临时工作人员；调遣的武装人员；到外地学习的学生；到基层锻炼的干部；到其他地区定居的人员；无固定居住地的无业游民；到外地务工的农民。

国内游客中也包括在我国境内住满一年之后，离开常住地到我国其他地方去旅游的外国人、华侨和港澳台同胞。

4.2 旅游者类型及特点

旅游者是指旅游产品的最终消费者，包括购买旅游产品的个人或家庭，如观光旅游者、度假旅游者、商务旅游者、会议旅游者等。旅游者购买旅游产品是为了满足个人或家庭物质和精神需要，并无牟利动机①。

4.2.1 旅游者的特点

1. 异地性

对于旅游者而言，其旅游目的地均为异地他乡，正是异地性这一特征满足了旅游者求新、求奇、求异、求真，避免“审美疲劳”的旅游心理需求。

2. 暂时性

对于旅游者而言，前往异地他乡进行参观游览具有暂时性的特点，不可导致永久性居留（移民或就业），这是旅游者和迁徙者的重要区别。

3. 愉悦性

愉悦性是旅游者的最终目的。无论观光旅游是寻幽探奇、博览风采、增长见识、开阔

① 谷慧敏（2010）。

眼界，还是体育运动、度假疗养、品尝美食、文化交流等，其最根本的追求是满足一种心理或生理的需要，使身心得到愉悦的感觉，这也是旅游者和一般旅行者的根本区别①。

4. 消费性

旅游是现代社会人们的一种特殊的生活方式。旅游者通过消费得到享受，这不仅要求旅游者具备一定的经济能力，还要求旅游目的地能够为旅游者提供相应的旅游服务，以迎合旅游者的消费要求。同时，消费层次也决定了旅游层次。

5. 业余性

旅游者是在工作之余进行旅游活动的。所以，闲暇时间的有无及长短，直接影响旅游者的旅游决策和旅游行为。

6. 地域性

由于所处的自然环境、经济水平、社会制度、文化修养和风俗习惯等的不同，旅游者具有明显的地域性。这不仅导致了各地旅游者旅游动机的差异，而且直接关系到旅游目的地旅游影响的辐射范围。

4.2.2　旅游者的类型

在旅游研究和许多具体的工作中，人们经常需要对旅游者进行分类。例如，我国对欧美地区的旅游宣传和接待方式与阿拉伯地区相比差别极大。世界不同地区、不同类型的旅游者的旅游需求存在显著差异，而同一类旅游者在需求方面则有许多共性。

目前，各国对旅游者类型划分的标准并不统一，就像对旅游活动的类型划分一样，人们往往出于各自的需要，采取不同的划分标准对旅游者进行类型划分。常见的划分标准和类型有以下七种②。

1. 以国界为标准

以国界为标准是根据旅游者在旅游时是否跨越国界来进行划分的，可以把旅游者分为国际旅游者和国内旅游者。二者的主要区别是游客是否跨越国界（关境），国际旅游者要征得旅游目的地国家的许可，才可以实施旅游。一般跨越国界（关境）游客要进行旅游签证，但欧洲联盟（European Union，EU）内的一些国家不需要进行签证。国内旅游者的旅游活动，一般不必征得旅游目的地景区的同意。

2. 以目的地为标准

以目的地为标准是按照旅游者所要到达的目的地的地理区域或所处的地理位置来划分的，可以把旅游者分为邻近国旅游者、洲际旅游者和世界旅游者三种。邻近国旅游者

---

① 周亦波等（2007）。
② 臧良运等（2009）。

在本大洲内的国家旅游，如日本旅游者到中国旅游。洲际旅游者是到其他洲参观游览的旅游者，如美国旅游者到亚洲、欧洲旅游就是洲际旅游者。世界旅游者是指以全世界作为目的地，也叫环球旅游者，这类旅游者的目的地更远、更多。

按照旅游者目的地的地理位置来划分，联合国世界旅游组织把旅游者分为欧洲旅游者、美洲旅游者、非洲旅游者、中东旅游者、南亚旅游者、亚洲及太平洋旅游者等类型。

2015 年世界各区域的国际旅游者接待情况如图 4-1 所示。2015 年我国出境旅游目的地分布图见图 4-2。

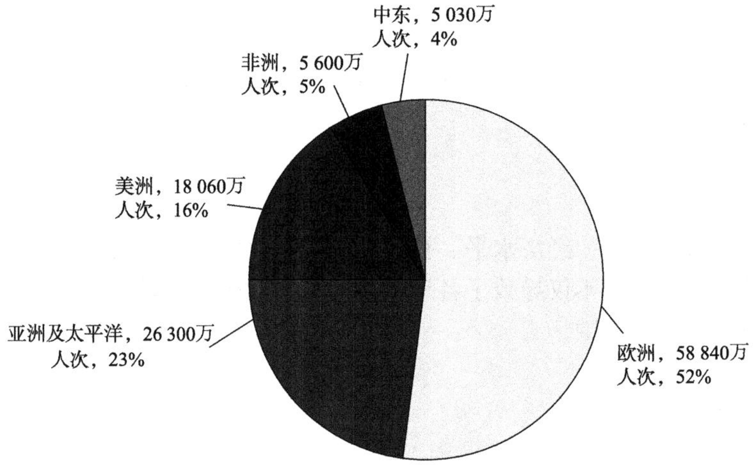

图 4-1　2015 年世界各区域的国际旅游者接待情况

资料来源：中国旅游研究院

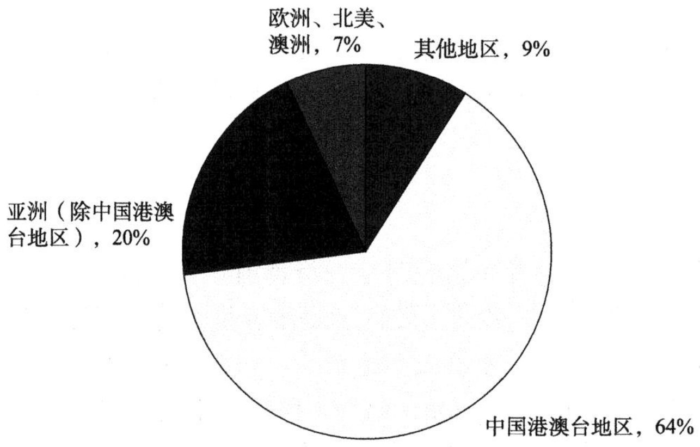

图 4-2　2015 年我国出境旅游目的地分布图

资料来源：中国旅游研究院

3. 以费用来源为标准

按照旅游者旅游费用的来源一般可将旅游者分为四种类型。

1）自费旅游者

自费旅游者是指由自己支付全部旅游费用的旅游者。随着经济的快速发展，我国自费旅游者已经成为国内旅游者的主力军。

2）公费旅游者

公费旅游者是指旅游费用全部由国家、单位承担，自己不必支付任何费用的旅游者。我国政府对公务旅游有着严格的规定，禁止任何形式的公费旅游，公费旅游多是对有贡献人员的奖励性旅游。

3）社会旅游者

社会旅游者是指享受社会福利补贴的旅游者。这种类型的旅游者在国外很常见，如在欧洲发达国家中较多见。瑞典是一个高福利的国家，瑞典人十分喜欢旅游，尽管人口只有 900 万人，但是每个上班族每年享受五周的法定带薪假期，每当这时他们就会选择到国外去旅游，瑞典是世界上外出旅游人数最多的国家之一。

4）奖励旅游者

奖励旅游者是指在工作中或因参加某种活动而得到以外出旅游为奖品的旅游者。例如，奖励劳动模范的旅游，组织获得“五一劳动奖章”“青年五四奖章”的人员登天安门参加国庆观礼，奖励优秀学生的科技夏令营的旅游等。

4. *以组织形式为标准*

按照旅游者外出旅游的组织形式可将旅游者分为三种类型。

1）团体旅游者

团体旅游者是一定数量的来自同一单位、组织的旅游者，通过旅行社的统一安排、组织和精心策划，由旅行社对整个旅游团体实行统一管理和统一服务，并一次性地交纳旅游费用的旅游者。团队人数一般不低于 10 人，也叫团体包价旅游者。旅游线路、活动内容固定，旅游者的自由度较小，但是不需要自己安排行程，旅行社和其他旅游企业均有合作协议，费用一般都比较低，旅游者省心、省钱。2016 年全国旅行社组织的出境旅游人数超过 5 000 万人次，旅游者以跟团旅游为主。在 1.22 亿人次出境旅游者中，团体旅游者占比达 40%[①]。

2）个体旅游者

个体旅游者平常也叫散客，是指以单个个体的形式参与旅行社组织的旅游活动的旅游者，是相对于团体旅游者而言的。旅行社把散客组成一个旅游团后，其提供的服务就与团体旅游者一样。

3）自助游者

自助游是近年来兴起的一种旅游方式，就像自选商场，所有产品（服务）均明码标价，由旅游者根据自身条件（包括时间、预算、身体状况等）自由选择服务组合，是不完全依赖旅行社套装行程的旅游类型。随着家庭汽车拥有量的激增，“自驾游”比例增加很快，但是费用比较高昂。还有一类自助游类型是大学生背包客。寒暑假期间一些大学

---

① 中国旅游研究院、携程旅游发布的《向中国游客致敬——2016 中国出境旅游者大数据》。

生结伴而游，摆脱了旅行社预先安排好的行程模式，行程更加随心所欲、自由自在，充满了多元化的个性元素。但是，自助游操作起来比较烦琐辛苦，安全保障也低。2016年，根据中国旅游研究院分析，国内、入境、出境旅游三大市场的自助游者比例分别为93%、82%、61%，国内自驾游形式成为出游常态。

5. 以旅游目的为标准

根据旅游活动的目的和内容一般可将旅游者分为六种类型。

1）商务旅游者

商务旅游者是指以经济、商务为主要目的和内容的旅游者。他们既是旅游史上最早的旅游者，也是现代旅游中最多的客源之一。我国正逐步成为世界商务旅游的新热点。

2）公务旅游者

公务旅游者是指以公务出差、会议等为主要旅游活动内容的旅游者。他们出游的目的都是为公办事，其规模和消费水平仅次于商务旅游者，其行程主要依靠旅行社安排。

3）休闲度假旅游者

休闲度假旅游者是指参与一些为了达到旅游观光、休闲娱乐、养生保健等目的的旅游活动的旅游者。他们是近些年来最常见、最普遍的旅游者，与传统的观光客相比，他们更注重身心的调整修养，不注重观赏价值。

4）文化旅游者

文化旅游者是指以促进文化交流、了解民俗风情、求学、考察、考古、探险等为主要内容的旅游者。他们出游的目的是领略异国他乡的新奇文化、乡俗，以及不同文化之间的冲突、渗透、融合，以此来扩展视野，增长见识。伴随我国高等教育水平的提高，文化旅游者的数量和关注的范围方面都有很快的提升。

5）宗教旅游者

宗教旅游者是指那些以宗教朝圣为主要目的的旅游者。他们有自己的观点、态度、信仰和追求，为了这些他们可以不惜一切代价，甚至付出自己毕生的精力。世界三大宗教——佛教、基督教和伊斯兰教，都有大量的信众，宗教信仰激发了他们的朝圣旅游愿望。

6）体育旅游者

体育旅游者是指以参加或观看体育活动为主要旅游内容的旅游者。奥运会、世界杯足球赛每四年举办一次，各类其他项目的国际、洲际、国家体育赛事每年都有，从第23届洛杉矶奥运会首次盈利后，各国、各地都热衷于争办各类大型体育赛事，以促进和提高当地旅游业的发展。人们对自身极限的挑战、对健身的关注、对体育的热爱，使得体育旅游者异军突起。

2016年我国入境外国旅游者旅游目的的占比分布见图4-3。

6. 以消费水平为标准

根据旅游者外出消费的情况一般可将旅游者分为三种类型。

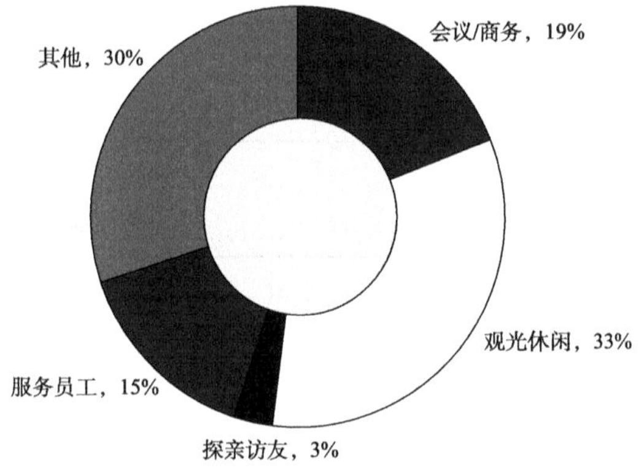

图 4-3　2016 年我国入境外国旅游者旅游目的占比分布

1）经济型旅游者

经济型旅游者是指具有一般收入的工薪阶层形成的旅游者。他们收入较低，外出旅游消费水平也相对较低。他们一般都乘坐价格比较低廉的汽车、火车出游，住宿多选择招待所、普通宾馆。

2）大众型旅游者

大众型旅游者消费水平中等，比较大众化，相对而言，他们对旅游条件比较讲究。他们通常选择快速火车、飞机出游，住宿要求星级宾馆，对导游服务要求较高，相对比较挑剔。

3）豪华型旅游者

豪华型旅游者是指那些经济条件优越、生活富有情趣的旅游者。他们出游就是为了享乐，为了舒适，对旅游要求相当高。他们乘火车时选择软卧，坐飞机时选择商务舱，常住四星、五星级高档酒店（hotel），但对旅游中的购物十分反感。

2015 年受访入境旅游者的人均消费见图 4-4，1995~2016 年部分国家和地区的境外旅游者消费总额走势见图 4-5。

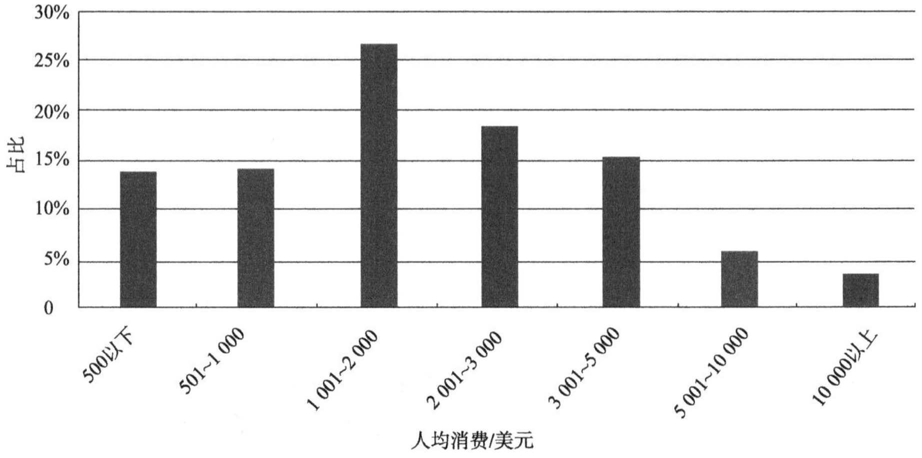

图 4-4　2015 年受访入境旅游者的人均消费

资料来源：中国旅游研究院

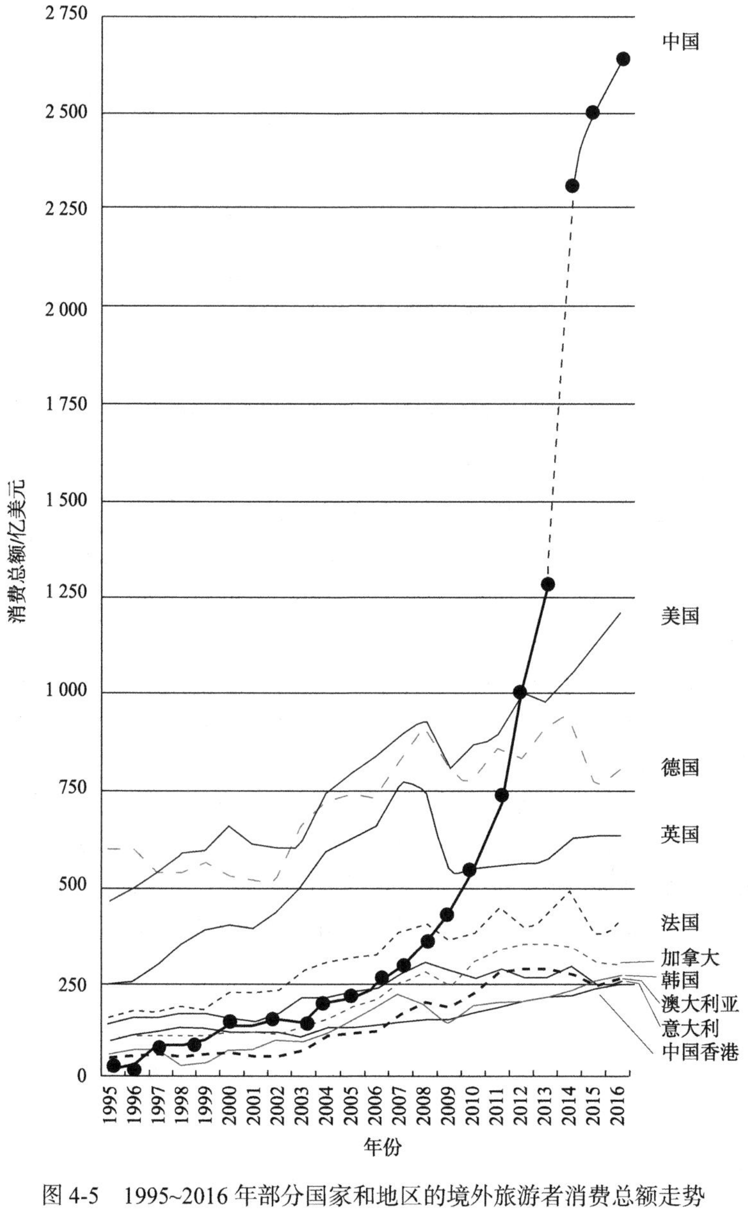

图 4-5 1995~2016 年部分国家和地区的境外旅游者消费总额走势

资料来源：联合国世界旅游组织

7. 以交通工具为标准

以交通工具为标准是根据旅游者外出旅游时所选择的交通工具为标准来进行划分的，一般可分为飞机、火车、轮船、汽车、自行车、徒步旅游等。实际上，一次旅游可能要乘坐几种交通工具，此标准主要指从常住地到旅游目的地城市选择的主要是什么交通工具。

事实上，各种类型的旅游者之间会有交叉，划分的目的是更好地满足不同类型旅游者的需要，方便旅游服务和旅游经营管理，而非人为地把旅游者分类。

2016 年我国上半年入境旅游者入境方式分布见图 4-6。

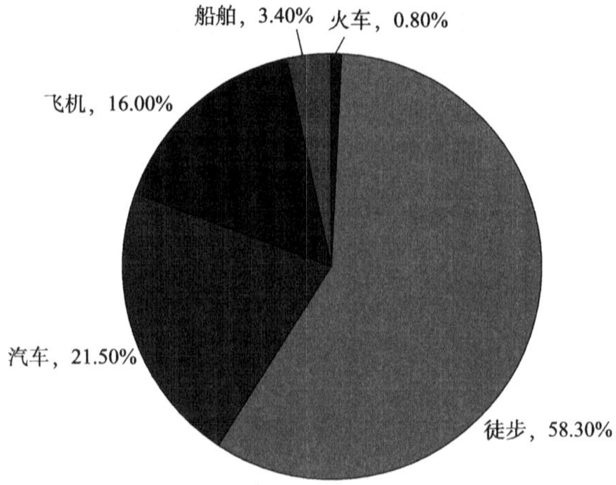

图 4-6 2016 年我国上半年入境旅游者入境方式分布

资料来源：中国旅游研究院

4.2.3 旅游者的特点

根据旅游目的的分类，我们讨论几种主要类型旅游者的需求特点。

1. 商务、公务旅游者

商务、公务旅游者旅游的主要目的不是观光休闲，由于公务在身，其目的明确。商务、公务旅游者的主要特点是：

（1）人数少，但次数较频繁，重游率高。普通人可能一生都不能到纽约看自由女神像，可是，如果是外交人员，可能一年要多次去联合国参加会议，看自由女神像则不足为奇。

（2）没有季节性。旅游不受闲暇时间、季节、气候的限制，很多时候工作时间本身就是其旅游时间。

（3）目的地选择自由度小。目的地明确，不能自由选择。

（4）消费水平较高。出于工作需要，他们对吃、住、行等要求高，要与身份相适应。

（5）对价格不太敏感。由于费用不是自费，他们通常不会关注旅游费用的高低。

（6）对服务要求高。他们对入住酒店服务的要求高。

（7）属于连带旅游。公务结束，他们会立即返回，一般不会在目的地延期逗留。

2. 休闲度假旅游者

休闲度假旅游者的主要目的是旅游观光、休闲娱乐、养生保健等。休闲度假旅游者的主要特点是：

（1）在全部外出旅游人数中所占的比例最大。

（2）季节性强。如果到哈尔滨观看冰灯、雪雕，时间只能选择在冬季；学生外出旅游时间多选择在寒暑假期间。

（3）对目的地、方式、时间选择方面有较大的自由度。他们一般会选择多个旅游景点游玩，很少选择一个目的地，出行方式也比较灵活，飞机、火车、轮船、汽车等均可，外出的时间主要是根据自己的闲暇时间和景区的最佳接待时间确定。

（4）停留时间一般较长。他们多利用节假日出游，逗留时间一般较长。

（5）对价格较敏感。由于是自费旅游，他们对交通、住宿的要求不太高，注重经济实惠。

（6）重游率低。已经去过的景点，对其吸引力会大大降低。

3. 文化旅游者

文化旅游者以促进文化交流、了解民俗风情、求学、考察、考古、探险等为主要目的，通过领略异国他乡的新奇文化、乡俗，以及不同文化之间的冲突、渗透、融合，以此来扩展视野，增长见识。文化旅游者一般具有以下几个特点。

（1）对时间、价格不敏感。这类旅游者具有较高的文化修养，对文化有着浓厚的兴趣，一般具有较高的文化水平，其中不乏专家、学者，兴趣、爱好排在第一位。

（2）消费水平高，但对旅游条件不过分追求。文化旅游者受教育水平高、收入多，对价格不敏感，消费水平较高，由于以追求精神享受和文化交流为目的，对交通、住宿的要求以达到目的为主。

（3）重游率高。他们对旅游线路的科学性比较敏感，可能会多次到一个地方旅游。这类旅游者对旅游线路的选择，主要是看其文化内涵的连续性和整体性，如果一次不能了解其全貌，他们可能会重游。

4. 宗教旅游者

宗教旅游者旅游的主要目的是宗教朝拜，他们主要通过这种旅游方式达到精神上的满足。宗教朝拜旅游者的主要特点是：

（1）目的地十分明确。例如，我国是一个多宗教信仰的国家，宗教旅游者数量较多，市场规模较大，四大佛教名山等，旅游者常年络绎不绝。

（2）出行时间比较固定。他们一般都是根据宗教教义的规定，按时进行朝拜活动。

（3）重游率高。他们一般会年复一年地前往宗教圣地进行朝觐活动。

（4）对价格不太敏感。他们对教义规定的香烛、纸、鞭炮等有特殊消费和要求。

（5）对接待服务有特殊要求。对宗教旅游者的接待，也要根据宗教教义的规定，以相应的宗教形式加以接待，使宗教旅游者在精神上和形式上获得归属感。

5. 体育旅游者

体育旅游者是以参加或观看体育活动为主要旅游目的的旅游者，其主要特点是：

（1）时间、地点固定。大型体育比赛的时间、地点是事先确定的，几乎不能更改，体育旅游者别无选择。

（2）对价格不敏感。青年人是这一群体的主力，尽管收入不高，但由于对体育的热爱，往往不计代价。

（3）重游率低。许多大型体育活动不是每年都举行，地点也是每届都会更换，因此同一地点的重游率低。但是有些体育爱好者，对某一特定比赛，往往是每届必看。

（4）对旅游条件要求不高。他们不刻意追求舒适。

4.3 实现个人旅游需求的条件

4.3.1 旅游需求理论

1. 需求

当人缺乏某种东西时，就会产生一种对于这种东西的渴望，也就是说需要是人们对某种目标的渴求或欲望，反映在个人的头脑中就形成了需求。管理心理学中将需要定义为：当个体缺乏某种东西或期待某种结果时所产生的一种主观状态，是客观需求的反映。

需求对人来说是很核心的东西，是人们生存、发展不可缺少的内在动力，是人的活动的基本动力。关于需求对于人的重要性的理解可以从两个角度来理解。首先，如果没有需求会怎么样。对于个人来说，如果没有需求，他将对所有的事物失去兴趣，就没有了生命、生活的原动力，也就没有了生命。对于人类来说，如果没有需求，人类就没有发展、前进的渴求或欲望，就没有了创造事物去满足各种需求的动力，社会就会停滞不前，也不会发展。其次，如果不被需求会怎么样。我们存在某种需求的同时，也被其他事物需求，被需求是自身需求实现的保障。如果不被需求，自身的需求就不能得到满足，人类也不会发展，不会前进。因此，需求是人的活动的基本动力，是生命、生活的原动力。

2. 旅游需求

旅游需求是指人们为了满足外出旅游的欲望所发生的对旅游产品的需求量。它分为现实旅游需求和潜在旅游需求。旅游需求又指在一定时期内，旅游者愿意并能够以一定货币支付能力购买旅游产品的数量。简言之，就是旅游者对旅游产品的需求。旅游需求的含义可以从以下几个层次来理解和把握：旅游需求表现为旅游者对旅游产品的购买欲望，表现为旅游者对旅游产品的购买能力，表现为旅游市场中的一种有效需求。

现实旅游需求是指人们在实际购买旅游产品的行为中所表现的需求，是同时具备了旅游欲望、支付能力和闲暇时间的旅游需求。对现实旅游需求还可以根据其实现情况分为已实现旅游需求和未实现旅游需求（亦称非意愿性潜在旅游需求）。未实现旅游需求是指，可能是交通条件没有保障、住宿接待设施缺乏、不利的天气条件、恐怖活动猖獗等旅游目的地的供给环境的原因，也可能是客源地政府对出境旅游携带外汇等方面的限制等原因，使得旅游者的现实旅游需求没能最终实现。这种未实现旅游需求被称为非意愿性潜在旅游需求。

现实旅游需求=非意愿性潜在旅游需求+符合意愿的旅游需求（指无论数量、质量、构成和时空分布等方面都已得到旅游供给保障的那部分旅游需求）+强制替代旅游需求（指受供求非均衡的制约，有一部分现实旅游需求只能通过非意愿性或强制替代的方式实现）。

潜在旅游需求是指人们对旅游产品的一种购买倾向，亦称意愿性潜在旅游需求。这种倾向既有可能发展成现实的购买，从而变成现实旅游需求，也可能只停留在倾向本身，继续成为一种潜在需求。潜在旅游需求是一种未来需求，表现为未来旅游市场的一种潜力。因而，对于旅游企业而言，现实旅游需求规模的大小具有现实的意义，而潜在旅游需求具有市场发展的战略意义。

虽然潜在旅游需求和现实旅游需求都属于旅游需求的范畴，但它们在旅游经济活动中有着不同的意义。它们的区别在于：首先，潜在旅游需求是一种未来旅游需求，表现为未来旅游市场的一种潜力，在较短的时间内不可能形成有效的市场需求；而现实旅游需求是人们实际购买旅游产品的行为，反映了旅游市场的现实需求状况，是一种有效的市场需求。其次，潜在旅游需求反映市场的扩容潜力，表明旅游市场的发展趋势，在短时间内不构成旅游经济活动的内容；现实旅游需求则反映市场的扩大潜力，对今后的旅游经济活动产生直接的影响，是旅游经济活动的重要组成部分。

因此，对于旅游企业来说，现实旅游需求规模的大小具有现实的意义，潜在旅游需求则具有市场发展的战略意义。两者的关系表现为：潜在旅游需求是现实旅游需求的基础，现实旅游需求是潜在旅游需求的发展。旅游需求分解图见图 4-7。

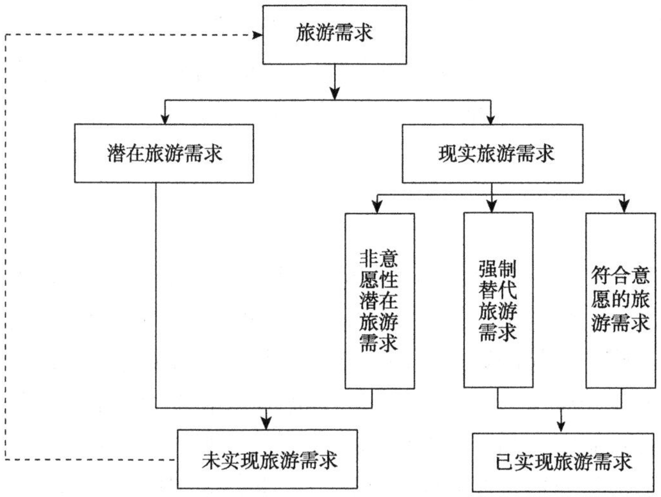

图 4-7　旅游需求分解图[①]

无论是已经实现的旅游需求还是潜在的在未来可能实现的旅游需求，均具有以下特征。

① 参考李肇荣和高元衡（2006）。本书作者有修改。

1）指向性

旅游需求的指向性包括旅游需求的时间指向性和旅游需求的地域指向性。旅游需求的时间指向性是指旅游需求在时间上具有较强的季节性。旅游需求的地域指向性是指旅游需求在空间上具有较强的冷热性。

2）整体性

旅游需求的整体性是指人们对旅游活动的需求具有多面性或系列性，即吃、住、行、游、购、娱等多个方面的需要。

3）敏感性

旅游需求的敏感性是指人们对出游环境发生变化所做出的敏感反应，这种环境变化既包括政治社会环境也包括自然经济环境。

4）多样性

旅游需求的多样性是指人们在旅游目的地选择、旅游方式、旅游等级、旅游时间和旅游类型等方面存在的差异性。

4.3.2 实现个人旅游需求的客观条件

1. 足够的支付能力

1）可支配收入和可随意支配收入

可支配收入是指个人或家庭收入中扣除应缴纳所得税之后的剩余部分。可随意支配收入亦称可自由支配收入，是指个人或家庭收入中扣除应缴纳所得税、社会保障性消费（即按规定应由个人负担的养老保险、失业保险、医疗保险等社会保障费用的支出，这些费用通常在发放工资时扣除）及日常生活必需消费部分（衣、食、住、行等）之后所剩余的部分。

根据上述界定，我们不难理解，所谓可随意支配收入，意味着可供人们随意地选择其用途，因而也是家庭收入中真正可用于旅游消费的收入部分。所以，严格地讲，拥有足够的可随意支配收入是个人或家庭能够实现旅游需求的首要物质条件。

2）可随意支配收入的水平对旅游消费的影响

收入水平意味着支付能力。可随意支配收入的水平决定着个人或家庭的旅游支付能力。它影响一个人能否成为现实的旅游者，影响旅游者的消费水平，影响旅游者在外旅游期间的消费构成，甚至还会影响旅游者对出游目的地及旅行方式的选择。在这个意义上，可随意支配收入的水平是决定个人旅游需求的重要的物质基础。但是，值得指出的是，并不是说可随意支配收入的水平很高的人都会选择外出旅游。

按世界银行公布的数据，2017 年的最新收入分组标准为：人均国民总收入低于 1 005 美元的为低收入国家，1 006~3 955 美元的为中等偏下收入国家，3 956~12 235 美元的为中等偏上收入国家，高于 12 236 美元的为高收入国家[①]。

国家统计局网站数据显示，2014 年我国人均国民收入为 7 400 美元，已经属于中等

---

① The World Bank. World Bank Country and Lending Groups. https://datahelpdesk.worldbank.org/knowledgebase/articles/906519#High_income，2017-07-01.

偏上收入国家①。2016 年，我国人均国民收入为 8 280 美元，世界排名第 73 位。

2014 年，我国的人均 GDP 已达到 4.66 万元，休闲旅游已日益成为人们首选的旅行方式。表 4-1 给出了 2016 年人均 GDP 世界排名前五位的国家。从国际经验来看，当人均 GDP 达到 1 000 美元时，观光旅游激增，旅游消费会出现较快的发展；当人均 GDP 达到 2 000 美元时，休闲旅游开始起步；当人均 GDP 达到 5 000 美元以上时，该国将进入休闲时代，休闲旅游将进入爆发式增长阶段（表 4-2）。

表 4-1　2016 年人均 GDP 世界排名前五位国家一览表

国家	人均 GDP/美元	所在大洲
挪威	82 330	欧洲
瑞士	81 240	欧洲
卢森堡	76 660	欧洲
冰岛	56 990	欧洲
丹麦	56 730	北欧

表 4-2　人均 GDP 与旅游需求关系一览表

人均 GDP	旅游需求	主要旅游形态	出行方式
1 000 美元	国内旅游需求增长期，有出境游动机	观光旅游	团队
2 000 美元	出国旅游增长期	休闲旅游	散客、家庭自助游、自驾游比例增加
3 000 美元	旅游需求爆发性增长，出现出国旅游井喷行情	度假旅游	散客、家庭自助游、自驾游比例增加
5 000 美元	休闲游进入爆发式增长阶段	成熟的度假经济时期	休闲需求与消费能力日益增强并多元化

资料来源：中国产业信息网

图 4-8 给出了 2013~2016 年我国国内旅游人数随城乡居民人均可支配收入同步增长图。

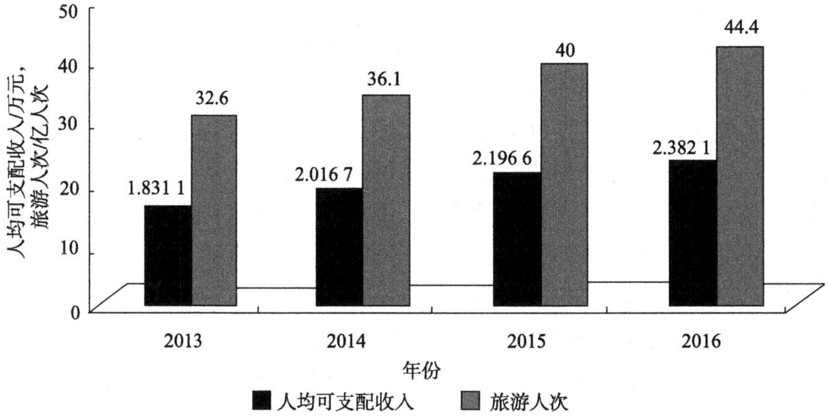

图 4-8　2013~2016 年我国国内旅游人数随城乡居民人均可支配收入同步增长

① 国家统计局. 国际地位显著提高 国际影响力明显增强——十八大以来我国经济社会发展状况的国际比较. http://www.stats.gov.cn/tjsj/ sjjd/201603/t20160309_1328611.html，2016-03-09.

2. 闲暇时间

1）闲暇时间的概念

在现代社会生活中，人生时间大致可分为以下五个部分：法定的就业工作时间、必需的附加工作时间、用于满足生理需求的时间、必要的社交活动时间、闲暇时间，如表4-3所示。

表 4-3 时间类别与活动类别的关系表

时间类别	活动类别	
	限制性活动	自由活动
工作时间	法定的就业工作时间、必需的附加工作时间	（工间休息）
非工作时间	用于满足生理需求的时间、必要的社交活动时间、闲暇时间	休闲时间

综上，我们将闲暇时间定义如下：除在日常工作、学习、生活及其他方面所必须占用的时间外，可供个人自由支配、用于个人开展消遣娱乐及自己所乐于从事的任何其他活动的时间。

2）闲暇时间的类型与分布

对于闲暇时间的类型，我们可做如下划分：每日闲暇、周末闲暇、公共假日、带薪假期。由于每日闲暇时间短且分散，难以用做旅游时间，只有周末闲暇、公共假日和带薪假期对实现旅游活动有贡献。由于旅游活动的开展需要可以利用的闲暇时间，这意味着一个人需要拥有足够数量且比较集中的闲暇时间，才有可能实现外出旅游。

为了集中旅游消费，促进旅游需求，也为了拉动国内经济，1999 年 9 月 18 日国务院发布了《国务院关于修改〈全国年节及纪念日放假办法〉的决定》，规定春节、劳动节、国庆节和新年为全体公民放假的节日，其中春节、劳动节和国庆节放假三天，新年放假一天；还规定全体公民放假的节日如果适逢星期六、星期日，应当在工作日补假。该办法还对国庆、春节和劳动节这三个节日的休假时间进行了统一调整，移动节日前后的两个周末四天和法定假期三天集中休假，这样共计七天时间。自实行这种休假制度以后，每逢这三个节日的休假称为“长假”，通常前面冠以节日名称。

在 1999 年我国实施的第一个国庆节长假中，出游人数七天内达 2 800 万人次，旅游综合收入达 141 亿元。1999 年全年，我国旅游人数猛增一倍，超过 7 亿人次，旅游收入增加四倍，之后每年都有双位数增长。七天长假从此就因其经济成果，被新闻媒体形象地比喻为“黄金周”。2008 年，国务院将“五一”法定假期由三天改为一天，并增加清明、端午、中秋三个小长假。目前，我国每年的国家法定假日为 11 天①。

全球酒店预订专家 Hotels.com 好订网在 2013 年调查统计了全球 30 个国家和地区的最低带薪年假及国定假日天数，结果显示各国假期天数总和存在明显差异。2013 年，俄罗斯以 40 天的带薪年假及国定假日总和高居调查榜首位，墨西哥则名列最后，仅有 13 天假期（表 4-4）。

① 见 2007 年 12 月 14 日《国务院关于修改〈全国年节及纪念日放假办法〉的决定》。

表 4-4 2013 年国外部分国家带薪假期和国定假日天数一览表[①]

国家/地区	带薪年假	国家法定假日	天数总和
俄罗斯	28	12	40
意大利	24	12	36
瑞典	25	11	36
芬兰	25	10	35
法国	25	10	35
挪威	25	10	35
巴西	30	5	35
丹麦	25	9	34
西班牙	22	12	34
哥伦比亚	15	18	33
新西兰	20	11	31
澳大利亚	20	10	30
阿根廷	10	19	29
德国	20	9	29
瑞士	20	9	29
英国	20	8	28
日本	10	16	26
美国	10	10	20
新加坡	7	11	18
加拿大	10	15	25
墨西哥	7	6	13

我国除了 11 天国家法定假日外，法律也规定了劳动者的带薪年休假权利。1994 年颁布的《中华人民共和国劳动法》第四十五条规定：国家实行带薪年休假制度。劳动者连续工作一年以上的，享受带薪年休假。具体办法由国务院规定。

2007 年 12 月 7 日，国务院颁布了《职工带薪年休假条例》。该条例第二条规定：机关、团体、企业、事业单位、民办非企业单位、有雇工的个体工商户等单位的职工连续工作 1 年以上的，享受带薪年休假（以下简称年休假）。单位应当保证职工享受年休假。职工在年休假期间享受与正常工作期间相同的工资收入。该条例自 2008 年 1 月 1 日起施行。

3. 其他因素

拥有足够的可随意支配收入和足够的闲暇时间是实现个人旅游需求的两项重要基础条件。但这并不等于说，一个人只要具备了这两项条件就肯定能实现旅游活动。实际上

① 各国带薪年假及国定假日调查结果出炉 俄罗斯居首位.http://www.cntour2.com/viewnews/2013/03/26/53dY4xYvkSyO6Eg1uTCh0.shtml，2013-03-26. 本书笔者有删减。

一个人能否成为现实的旅游者，除了这两项条件之外，可能还会受到很多其他方面因素的影响和制约。

1）社会方面

旅游目的地和旅游客源国的政治、经济、文化及安全等社会方面的因素在一定程度上影响着旅游需求。经济条件是产生一切需求的基础，没有丰富的物质基础和良好的经济条件，旅游需求便不可能产生。因此，国民经济发展水平、国民收入分配、旅游产品价格、外汇汇率等都直接或间接地影响着旅游需求的规模及结构。世界上不同国家具有不同的文化背景，从而在价值观念、风俗习惯、语言文字、宗教信仰、美学和艺术等方面存在着差异，进而影响到对旅游产品的需求，对旅游活动的感受也有较大的差异。政治稳定性是激发旅游需求、促使旅游需求不断增加的重要因素。旅游接待国的政局稳定，对该国旅游产品的需求量就多；反之，对该国旅游产品的需求量就少。

2）旅游者个人方面

就旅游者自身而言，主要是从人口学特征等方面分析对旅游需求的影响，如性别、年龄、职业、受教育程度、种族等方面。

不同性别的旅游者在对旅游需求方面存在差异。男性和女性旅游者主要的区别首先是在生理上的区别，其次就是社会性的区别，即在思想观念、人生价值等精神和追求方面的差异。男性较女性而言，体力上一般男性更胜一筹，更容易激发旅游需求；就社会性方面，男性一般较为独立，更倾向于知识性、运动型、刺激性较强的旅游活动，公务、体育旅游者较多。女性更注意旅游目的地的选择，注意财产安全因素，喜好购物，对价格敏感。

将旅游者按年龄可划分为少年（14 岁以下）、青年（15~44 岁）、中年（45~64 岁）、老年（65 岁以上）。中年人年富力强，收入稳定，较讲究食宿和享乐条件，以观光、会议、商务旅游者居多。中年人多已结婚成家，对中年人来说，有无小孩及孩子年龄多大，对旅游消费需求影响很大，是旅游业较理想的目标市场。老年人一般有经济积累，又很少再有子女负担，闲暇时间充裕（尤其退休者），无工作压力或压力较小，旅游兴趣较浓，以观光休养、探亲访友者居多。青年人精力、体力都处于最佳状态，时间和金钱上的障碍几乎都不能遏制其旅游的热情。少年一般须由学校组织或成人带领旅游，通常会选择具有教育性、游乐性的旅游项目，注重安全、卫生、便利等条件。

从受教育程度、职业、收入方面来看，旅游是具有审美性质的高层次消费活动，因此，旅游者受教育程度与职业特征直接影响到旅游需求的程度、层次、类型与内容。收入与职业、受教育程度往往又是相互关联的，一般受教育程度越高，收入也越高，旅游需求层次相应也越高，品位越高，其旅游支出较大，要求也较高。

3）家庭状况方面

个人旅游需求的实现同样受到家庭状况方面的限制和影响，主要表现为家庭结构、家庭人口及家庭所处的生命周期等均对个人旅游需求的实现产生影响。

在家庭生命周期的不同阶段，个人旅游需求受出游时间、出游目的地、出游方式等影响。旅游者在各个阶段的旅游需求不同，导致他们针对旅游需求决策行为也有所不同

（表4-5）。

表 4-5　家庭生命周期各阶段特征一览表

家庭生命周期阶段		特征	可自由支配收入	闲暇时间	家庭出游特点
年轻单身		尚未结婚的年轻人	少	少	出游时间集中在节日，出游不喜欢常规路线
年轻夫妻	无孩子	婚后尚未有孩子	较少	少	享受二人世界的蜜月休闲，度假旅游比较受欢迎
	有 6 岁以下孩子	孩子没有入学		很少	由于孩子的拖累很少出游
	有 6 岁以上孩子	孩子已经入学		较少	出游多选在孩子闲暇时间充裕的寒暑假
中年满巢		孩子长到独立	较多	较少	以健康休闲为主的旅游项目渐受青睐
年老空巢就业		年龄超过 50 岁仍就业，孩子已独立	多	较少	以长线旅游为主，出游行程缓慢舒适
年老空巢退休		主要劳动力已退休	多	多	出游多为子女孝敬父母的方式

4.3.3　实现个人旅游需求的主观条件——旅游动机

一个人若能成为现实的旅游者，除了具备必要的客观条件之外，还需要具备主观条件。换句话说，一个人能否成为旅游者，除了受前述客观条件的影响外，还要为自己的主观条件所决定。这里所说的主观因素便是旅游动机。

1. 旅游动机与个人需求

旅游动机是指一个人为了满足自己的某种需求而决意外出旅游的内在驱动力，或者是促使一个人有意外出旅游的心理动因。动机是一个心理学概念。那么动机是如何产生的呢？对于这一问题，不同流派心理学家有着不同的认识和解释。按照有着广泛影响的人本主义心理学派的观点，动机与需求存在密切的关系——动机是需求的反映，而需求则是促使动机产生的原因。

下面我们就来看一看马斯洛的动机理论。

马斯洛需求层次理论的主要内容包括：人有着多种不同的需求，即人的需求多样性；这些不同的需求之间有层次高低之分；对于任何个体而言，只有当较低层次的需求得到满足之后，才会向上一个层次的需求发展，也就是说，才会产生向上一个层次的需求。

马斯洛把人的需求划分为五个层次：①生理的需求：食物、饮水、氧气等；②安全的需求：治安、稳定、秩序、受保护；③爱的需求：情感、归属感、（亲友间的）感情联系；④受尊重的需求：自尊、声望、成功、成就；⑤自我实现的需求：指最大限度地发挥个人潜力的需要。

这五个层次的需求由低到高的排列关系如图 4-9 所示。

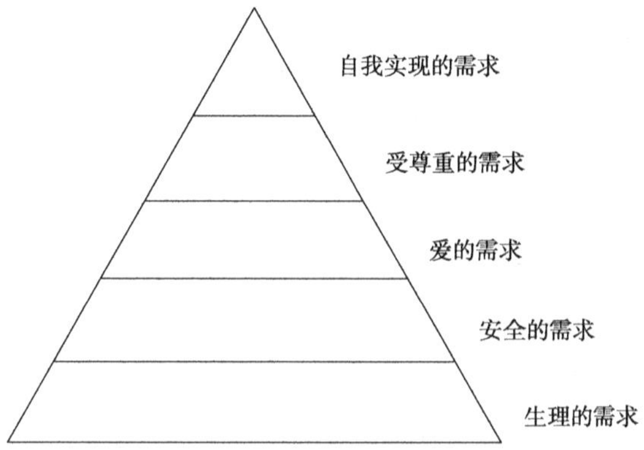

图 4-9　马斯洛需求层次理论图

2. 基于经验的观察与分析

1）探索的需要

随着教育的普及和信息技术的不断进步，越来越多的人都增加了对异国他乡事物的兴趣，从而使人们更加希望能有机会前往他乡游历，因为单凭阅读书报或听取他人介绍等间接手段去了解和想象外面世界的情况已不能满足自己的好奇心。人们更希望能够亲眼看见和亲身体验外面世界的新奇。

2）解脱压力的需要

在现代社会中，特别是在那些高度工业化、城市化的社会中，人们的生活不分季节，公式化且缺乏变化。并且，迫于竞争和对效率的追求，人们的生活节奏不断加快。生活内容的单调和生活节奏的紧张势必会使人们的身心蒙受压力，造成身体疲惫和精神怠倦。为了消除紧张和怠倦，人们不得不寻机解脱和设法逃避，以便能够为自己的身心“充电”，旅游就成为人们的首要选择。

3. 旅游动机的基本类型

1）身体方面的动机

身体方面的动机所反映的需求包括度假休养、参加体育活动、海滩消遣、娱乐活动，以及其他直接与身体保健有关的活动。属于这方面的旅游动机都有一个共同点，即通过开展与身体保健有关的活动去消除紧张。

2）文化方面的动机

文化方面的旅游动机所反映的需求特点是旅游者都希望了解异国他乡的情况，包括了解当地的音乐、艺术、民俗、舞蹈、绘画及宗教等。

3）人际（社会交往）方面的动机

这是人们出于满足自己开展社会交往并保持同某些异域人群的接触这方面的需求而产生的一种旅游动机类型，包括希望深入异国他乡去接触当地民众、探亲访友、逃避惯常的微社会环境、结识新朋友等。

4）地位和声望方面的动机

这方面的旅游动机主要涉及追求个人成就和个人发展的需求，如洽谈商务、出席会议、考察研究、追求业余爱好及外出修学等。旅游者希望通过这类旅游活动的开展实现自己被人承认、引人注意、受人赏识、获得好名声等愿望。

4. *旅游者购买动机的影响因素*

在影响旅游者购买动机的诸多内在因素中，除了上述个人需要的动机外，还包括学习、态度、知觉及人格等心理因素。

1）内在因素

（1）学习。这里所谓的学习是指旅游者获取旅游经验的途径，其中既包括旅游者来自于自己过去外出旅游过程中的亲身经历，也包括取自于他人对有关旅游经历的介绍。在这一学习过程中，旅游者会建立起自己对有关的旅游目的地及有关旅游产品的看法。这些看法会形成基本的习得标准，供自己日后外出旅游时，用做选择出游目的地或者选择旅游产品的依据。

（2）态度。这里所谓的态度是指一个人由于受其所处成长环境及社会文化的熏陶和影响，在谈及某一人或某一事物时，在思想情感上对该人或该事物的反映。简单地说，态度就是一个人对某一事物（如某一旅游目的地或某种旅游活动）持有的根深蒂固的看法。例如，当谈及美国的拉斯维加斯这一旅游目的地时，有人可能会充满向往，有人可能会表示厌恶。

（3）知觉。知觉又称感知，是一个人将感官所受刺激转化为有意义的信息的一个认知过程，换言之，是一个人通过对自己接触到的信息进行筛选，从而形成对某一事物的看法的认知过程。知觉具有主动性，因而难免会受到个人偏爱等因素的影响。

（4）人格。人格是一个人内心自我的反映，指的是会对其个人行为产生影响的个性心理特征。通常表现为，一个人的性格会决定其个人偏好，从而会影响他的行为。在影响旅游者购买动机的个人内在因素中，一个人的个性心理特点起着非常重要的作用。有些学者根据不同的个性心理特点，结合心理类型分析去研究旅游者的类型划分，借以研究不同心理类型对出游动机及对选择出游目的地的影响。其中最具代表性的是帕洛格所做的旅游者心理类型研究。

帕洛格依据旅游者所属的心理类型，将其划分为若干类别，如图 4-10 所示。其中最主要的三种心理类型分别是：

（1）依赖型。属于这种心理类型的人所共有的人格特征主要包括：思想上封闭而保守、谨小慎微、多忧多虑、缺乏自信、不爱冒险；行为上表现为喜欢循规蹈矩的生活方式，愿意听从公众人物的意见或效仿他们的行为，偏好购买流行品牌的消费品，喜欢熟悉的氛围和活动。因此，这种心理类型的人外出旅游时往往倾向于选择距离比较近、自己对该地情况比较熟悉的旅游目的地，特别是倾向于选择那些传统的旅游热点地区，对自己喜欢的旅游目的地会经常故地重游。

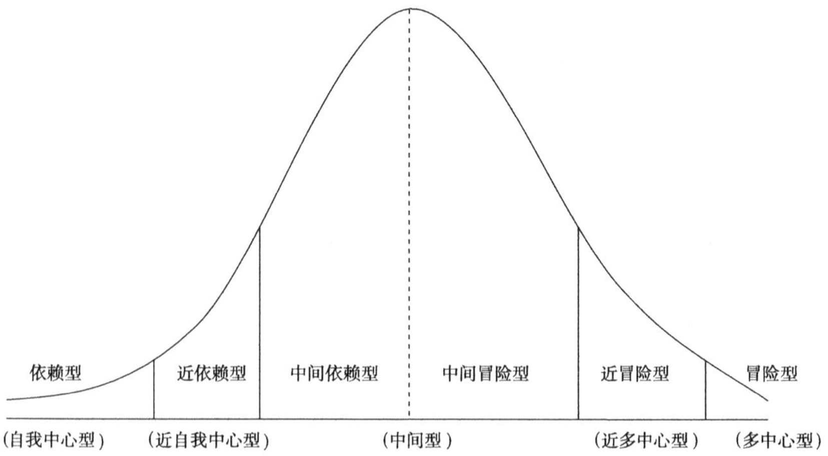

图 4-10　旅游者的心理类型简图

（2）冒险型。属于这种心理类型的人所共有的人格特征主要包括：思想上天生好奇、喜欢探险、充满自信、喜欢挑战、对待生活有个人主见；行为上多表现为喜新奇，好冒险，活动量大，不喜随大流，喜欢与不同文化背景的人打交道。因此，这种心理类型的人外出旅游时强烈偏好于那些环境独特、尚未充分开发、依然保留原始魅力的旅游目的地，特别不喜欢去那些旅游热点目的地。除了睡觉之外，他们大部分时间都用于考察和探访，而不是整天躺着晒太阳。他们偏好入乡随俗，乐于接受那些条件虽差，但非一般类型的住宿设施。为了增加自己的阅历，他们经常外出旅游，每年都会寻找新的旅游目的地而不愿故地重游。

（3）中间型。这种心理类型的人介于上面两种极端类型之间。根据帕洛格的这一理论，对于一个新开发的旅游目的地来说，最初所能吸引来访的旅游者主要是那些属于冒险型心理类型的旅游者，因为，此时去该地旅游，在很大程度上意味着冒险，而这种心理类型的旅游者寻求的恰恰是“冒险—探索”类的旅游活动。继他们之后，随着时间的推移，其他心理类型的旅游者会陆续跟进。当该旅游目的地步入成熟期，特别是形成利益热点时，所能吸引来访的旅游者则会转为那些心理类型偏向于依赖型的旅游者。在这一过程中，冒险型心理类型的旅游者会逐渐失去对该地的兴趣，转而去寻找那些尚未充分开发、依然保留原始魅力的旅游目的地。

2）外在因素

（1）文化水平与受教育程度。一个人的文化知识水平通常与他受教育的程度有关，受教育的程度在很大程度上影响着一个人的知识水平和对外界信息的了解和兴趣，从而影响其追求的需要和动机。这主要是因为，一方面，文化知识的提高有助于增加对外界事物的了解，从而更容易诱发对外界事物的兴趣和好奇心；另一方面，文化知识的增多有助于克服对他乡陌生环境的心理恐惧感。

（2）年龄。年龄对旅游者购买动机的影响主要表现在两个方面：一是年龄不同往往决定了人们所处的家庭生命周期阶段不尽相同，从而制约人们的需要和动机。以年轻已婚的双职工家庭为例，夫妻二人虽然具备外出旅游的条件和意愿，但由于家中婴儿的拖累，有可能会决定不外出旅游。二是年龄不同往往会影响人们的体力，从而也会制约人们的需要和动机。

（3）性别。性别本身不会直接对旅游者的购买动机产生影响。性别差异对一个人的需要及对其行为动机的影响主要出于两个方面的原因。第一，性别差异意味着男女生理特点（如体力）不同。第二，性别差异导致男性和女性在家庭中扮演的角色不同。很多旅游调查结果表明，在外出旅游者中，男性旅游者多于女性旅游者，而且探险性旅游活动的参加者更是多为男性，其根本原因即在于此，而不是在于性别本身。

（4）社会阶层。作为一种普遍规律，一个人或一个家庭的实际收入水平越高，就越有可能参加外出旅游活动。

（5）微社会群体。微社会群体是指一个人在日常生活和工作中经常接触的人际环境或人群。这一因素的作用也会影响个人的需求和动机。例如，一个原本无外出旅游计划的人，在朋友的鼓动下可能会改变主意外出旅游。

实际上，影响旅游需求的其他因素还有很多，以上只是择要介绍而已。需要注意的是，上述对每一个因素的介绍，都是在假定不考虑其他因素作用的情况下进行的。在现实中，这些因素都是在起综合作用，共同影响着旅游需求。

4.4 旅游者统计

旅游者是旅游活动的主体，对旅游者进行相关的统计能够根据统计数据反映相关的问题，为旅游更好地发展提供较为科学的依据。对旅游者的统计，各个国家用不同的统计标准及统计方法进行分析。我国主要在旅游者的人数、停留时间、消费等方面进行统计。

4.4.1 国内旅游者统计

1. 旅游者人数指标

旅游者人数指标是旅游统计中最基本、最重要的资料。旅游者人数指标反映的是旅游目的地在一定时期内接待旅游者的数量状况。旅游者人数指标又可分为以下两个指标。

1）旅游者人数

旅游者人数指旅游目的地在一定时期内所接待的旅游者总人数，主要用来衡量旅游者对旅游产品的需求总量状况。

2）旅游者人次数

旅游者人数指标一般以旅游者人次数来衡量。旅游者人次数指一定时期内旅游者在某一旅游目的地旅游的人次总数。这一指标除了能反映旅游需求的总规模及水平外，还可以根据旅游者的人员构成、需求内容、需求规模及时间等进行分组分析，可以更好地掌握旅游需求的状况及趋势。旅游者人次数一般高于旅游者人数。

2. 旅游者停留时间指标

一个国家或地区旅游活动的规模，一方面表现在旅游者人数的多少上，另一方面则表现在旅游者停留时间的长短上。旅游者停留时间的长短，可以反映出一个国家或地区旅游活动规模的大小。旅游者停留时间的长短决定着旅游者消费支出的多少，从而影响旅游业的经济收入。

1）旅游者停留天数

旅游者停留天数指在一定时期内旅游者在某一旅游目的地停留的总天数，即旅游人次与人均停留天数的乘积，其中，停留天数通常是以旅游者在一国或一地的过夜天数来表示的。因为对于旅游者来说，只有过夜才涉及饭店、旅馆设备的使用，其所在的饭店、旅馆才会因其消费而有相应的经济收入，所以在实际工作中，往往把停留时间直接称为“过夜天数”。旅游者停留天数从时间角度反映了旅游者的需求状况及水平，通过这个指标可以看出旅游产品对旅游者吸引力的强弱及旅游接待能力的大小。因此，在利用旅游人次衡量旅游市场需求情况的同时，还要充分考虑旅游者停留天数，这样才能更加全面地反映旅游需求的总体情况。

2）旅游者人均停留天数

旅游者人均停留天数指在一定时期内平均每一个旅游者在某一目的地的停留天数，即旅游者停留天数与旅游者人次数之比。这个指标从平均数的角度反映旅游产品的需求状况，不但反映了旅游市场对旅游目的地旅游产品的需求状况，而且反映了旅游需求的变化趋势。我们可以从这一指标的变化情况来分析产生变化的原因，同时也对研究旅游者消费行为有着重要意义，并据以制定相应对策。

3. 旅游者消费指标

旅游者消费支出是衡量旅游需求的最有意义的一把尺度，它是用货币来反映一定时期内旅游的需求量，其大小可以说明旅游者在价值上的需求规模，从价值形态上反映了地区居民对旅游的需求程度。

1）旅游者消费总额

旅游者消费总额指一定时期内旅游者在旅游活动过程中支出的货币总额，包括在旅游活动中购买的各种商品和各项服务的开支，如交通花费、游览花费、住宿花费、购物花费、娱乐花费、饮食花费等。它从价值形态上反映旅游者对旅游产品的需求总量，也是该时期内旅游目的地提供旅游产品的总价值量。从另外的角度看，这一消费总额则构成同时期内旅游目的地的旅游收入。一般来说，旅游消费总额随旅游者人次数而变化，但两者之间并不是完全呈正相关关系，也有可能随着旅游者人次数的增加，旅游消费总额反而下降，这其中涉及旅游者的消费层次、消费结构和旅游目的地供给因素对消费构成的影响等多方面的问题。

2）旅游者人均消费额

旅游者人均消费额指一定时期内旅游者在旅游目的地的旅游活动中，平均每一个旅游者支出的货币量，即旅游者消费总额与旅游人次数之比。这一指标是从平均数的角度在价值上反映某一时期内旅游者对旅游目的地旅游产品的需求情况。通过这个指标，人们可以了解旅游者消费支出的变化情况，这对于了解旅游者的消费水平、确定相应的旅游目标市场和旅游营销策略具有重要的参考作用。

3）旅游消费率

旅游消费率指一定时期内一个国家或地区的出境旅游消费总额与该国或该地区的居民消费总额或国民收入的比值。它从价值的角度反映一定时期内某一国家或地区的居民对出境旅游的需求程度。

总体来看，我国的旅游统计一直是依据联合国世界旅游组织推荐的旅游定义进行调查统计的，在主要方法上采用的也是联合国世界旅游组织和联合国统计委员会推荐的方法，符合国际惯例。我国的旅游统计方法以定期报表和抽样调查为主、重点调查为补充。全面调查（定期报表）主要包括出入境人数及客源市场分布统计、旅游供给要素统计、分地区的旅游接待统计等。抽样调查包括海外旅游者花费调查、过夜旅游者的比例调查、国内居民的国内旅游调查等。重点调查包括抽选一些有代表性的旅游接待单位，对其接待和经营情况进行重点统计调查。

4.4.2 国外旅游者统计——以澳大利亚为例

目前，澳大利亚两个联邦政府部门负责澳大利亚旅游方面的主要数据统计工作。一个是澳大利亚统计局，另一个是澳大利亚旅游研究院。澳大利亚统计局主要负责海外入境和出境及旅游住宿方面的调查，澳大利亚旅游研究院则主要负责国际游客和国内游客的调查工作。同时，国际游客和国内游客的调查数据成为澳大利亚旅游卫星账户（tourism satellite account，TSA）的组成部分（朱红兵和 Scott，2016）。表 4-6 描述了澳大利亚主要旅游统计数据类型与特征。

表 4-6 澳大利亚主要旅游统计数据类型与特征①

数据类型	数据调查单位	数据主要特征
海外入境和出境调查	澳大利亚统计局	该类数据采用普查形式，在机场和港口让游客填写旅客信息卡，调查所有通过澳大利亚国际边境的人员相关信息，包括短期入境游客和居民短期出境人员；调查内容包括职业、国籍、逗留的主要目的等；该类数据信息每月发布一次
旅游住宿调查	澳大利亚统计局	该类数据采用普查形式，对拥有 15 间及以上数量客房的酒店、度假区、酒店式公寓等商业住宿单位进行普查；调查内容包括客房出租率、床位出租率、住宿收入等信息；住宿单位管理者被要求按照澳大利亚法律提供相关数据信息；该类数据信息每年发布一次
国际游客调查	澳大利亚旅游研究院	该类数据采用抽样调查，对大约 4 万名年龄在 15 岁及以上的短期国际游客进行面对面的调查；调查地点在澳大利亚 8 个主要国际机场候机厅，调查主要使用英语、汉语、日语、韩语 4 种语言；调查内容包括游客国籍、旅行目的、旅行花费、人口学特征等；该类数据信息每季度发布一次
国内游客调查	澳大利亚旅游研究院	该类数据采用抽样调查，对大约 12 万名年龄在 15 岁及以上的澳大利亚居民进行电话调查；调查对象为随机选择，访谈他们在过去一周（不过夜短途旅行）及三个月（出境旅游）的旅行活动；调查内容包括旅行目的、花费、交通方式等；该类数据信息每季度发布一次

① 朱红兵和 Scott（2016）。

澳大利亚对旅游统计数据的应用主要可划分为以下四个不同的方面。一是大量的行业人员（如运营商），他们对旅游数据的需求通常仅仅是访问非常有限的一部分核心数据。许多这样的用户被公认为在如何获得所需数据方面需要予以指导。这些用户希望能够找到相关信息，以此来帮助他们衡量业务的相对绩效（基准化分析）。二是不同的政府部门，他们需要时时了解旅游业的增长情况，对数据类型的要求有时可能是很广泛的。三是一些数量不多的顾问机构和研究人员，他们对旅游研究数据的需求具有持续性和广泛性。四是还有一些数量很少的机构对特殊旅游数据存在相应需求，如政府财政部门对游客花费数据的需求。

扩展教学资源：推荐阅读（一）

旅游卫星账户

旅游卫星账户（TSA）是当前联合国和联合国世界旅游组织等国际机构积极推广的一种测度旅游业经济影响的方法体系。旅游卫星账户作为一种新型、权威、有效的衡量工具应运而生，成为联合国世界旅游组织和联合国统计委员会推选的国际标准，并成为各国政府部门制定旅游经济发展政策的有力工具。

20 世纪 90 年代中期，旅游卫星账户核算方法一经出现就受到世界有关经济学家和统计学界的推崇。2000 年 3 月联合国统计委员会正式批准了联合国世界旅游组织提交的《旅游附属账户：建议的方法框架》（以下简称“框架”），使旅游业成为第一个拥有获得联合国首肯的国际性标准来测量和计量的产业。旅游卫星账户又称为旅游附属账户，是一种宏观统计计量方法。它是以国民经济核算为统计基础，按照国际统一的国民账户的概念和分类标准，在国民经济核算总账户下单独设立的一个子系统。通过编制这一账户可以把由旅游消费引发的国民经济各行业中的直接和间接的旅游产出，从相关行业中分离出来单独进行核算，从而达到在国际统一的统计框架下对旅游经济进行全面测量和分析比较的目的。旅游卫星账户区别于传统的旅游统计体系，为各旅游发展国家提供了一个国际统一标准的计量方法，不仅大大提高了旅游统计数据的可信度和区域间的可比性，还能够准确、全面地测度旅游经济在整个国民经济中的地位和作用，实现国与国之间的可比和对旅游业经济影响的量化分析。

20 世纪 90 年代初，世界贸易组织（World Trade Organization，WTO）、经济合作与发展组织（Organization for Economic Co-operation and Development，OECD）就旅游业对社会经济的重要性做了大量的研究工作，着力解决了如何描述旅游经济及如何测度旅游对经济的影响等难题，这对后来旅游卫星账户的设立发挥了重要的作用。WTO、OECD、欧共体统计局（Eurostat）和联合国统计司合作进行编制“旅游卫星账户：推荐方法框架（Tourism Satellite Account：Recommended Methodological Framework（TSA：RMF）”。联合国统计委员会同意了此框架，于 2000 年 3 月批准采纳此框架。旅游卫星账户为政策制定者提供了对旅游部门的概览，以及与其他经济部门的比较。“框架”遵守国民核算原则，设置了一系列全球标准和定义来测量旅游对 GDP、就业、资本投资、税收等的贡献，以及旅游业在国家收支平衡中的重要作用。

旅游卫星账户遵循 SNA（system of national accounts，国民经济账户体系）93 要求进行核算。但由于旅游业涉及国民经济中众多经济行业，如何将所有涉及旅游的行业中旅游活动引致的产出部分剥离出来，科学地界定旅游需求和旅游供给的内容，是旅游卫星账户需要解决的难题。为此，联合国世界旅游组织在其提供的《旅游卫星账户：基本体系》中，分别对旅游卫星账户的旅游需求和旅游供给的统计度量和分类标准做出了具体规定。

（一）旅游需求方法

由于国民账户中没有对旅游消费的明确划分,因此必须定义旅游消费的概念和范围，具体包括以下几方面内容：明确将旅游经济划分为入境旅游、出境旅游和国内旅游三种类型；明确定义游客概念和范围，并将游客划分为入境游客、出境游客和国内游客，其中又进一步区分为过夜旅游者和一日旅游者；定义旅游消费的概念和范围，包括细化入境旅游消费、出境旅游消费和国内旅游消费的具体内容和范围；按照国民账户核算方法统计旅游总消费（或总需求）。

（二）旅游供给方法

由于国民账户中未单独列出旅游业和旅游产品内容，就需要对旅游业的组成和旅游产品的范围进行统计标准定义，具体包括以下几方面内容。

（1）确定旅游业所提供的旅游产品。按照联合国世界旅游组织规定，旅游产品由两方面组成，一是具有旅游性质的商品与服务，即如果没有旅游消费则对这类商品和服务的供给将明显减少；二是与旅游相关的商品和服务，即旅游者对这类商品和服务的消费占旅游者消费总支出的比例较大。

（2）参照国民账户标准产业分类方法确定旅游业。尽管有许多行业都可以生产和提供旅游产品，但只有那些真正在旅游中起重要作用的行业才能够被纳入旅游业的范围，即被纳入旅游业的行业必须是若没有旅游消费收入则其将停业，或者是其生产规模将大幅度缩小的行业。

（3）按照上述界定及国民账户核算方法统计旅游业的增加值和就业人数。根据以上定义和分类方法，我们就可以参照国民账户体系建立表格，进行旅游经济核算和分析。

2001 年 5 月，加拿大旅游委员会、联合国世界旅游组织、世界旅游及旅行理事会（World Travel and Tourism Council，WTTC）和 OECD 在温哥华主办了“旅游卫星账户（TSA）——为良好决策提供可靠数据”的国际会议。温哥华会议确认了旅游卫星账户作为一种国际标准，用以测量一个经济体系之内的旅游对其他产业和其他经济体系产生的直接经济影响，承认以往开发和实施旅游卫星账户的努力遵循了多样化的方法；承认各国可以根据各国自己的情况，在旅游卫星账户标准之内对分类进行调整。目前，加拿大、澳大利亚、西班牙、法国、新西兰、瑞士、美国等国相继进行了旅游卫星账户编制的实践。他们以“框架”为基础，并根据本国的实际情况进行了相应的调整和补充。许多发达国家通过旅游卫星账户的成功编制，为制定旅游业发展政策和规划提供了决策依据。在对旅游卫星账户的界限与分析中，许多国家从中受益。

我国之所以先后在厦门、秦皇岛、桂林、江苏等地区建立区域旅游卫星账户进行试点工作，这主要是因为我国旅游卫星账户在建立过程中还存在以下几点问题：一是成本高昂，搜集旅游相关的详细数据任务艰巨，尤其是在数据收集方面存在数据不够全面和数据落后等问题，极度影响我国旅游卫星账户的建立和账户数据的准确性；二是旅游卫星账户所依赖的统计数据并不能经常更新，原因是成本高昂；三是旅游卫星账户所采用的一些定义和结论形式与旅游传统上所采用的并不一致，这就可能造成一些误用和无用，或者无法理解和无法使用；四是我国在旅游卫星账户的建立上虽然有外国的经验可以借鉴，但是我国旅游卫星账户的建立也要从本国的实际出发。2002 年 9 月，江苏省旅游卫星账户编制试点工作组完成了《江苏旅游卫星账户体系构建》，较为系统地提出了江苏区域旅游卫星账户的构想。2006 年国家旅游局和国家统计局联合组成工作组，正式启动国家级旅游卫星账户的研究编制工作。2007 年 3 月 1 日，“中国国家级旅游卫星账户”项目工作组召开了汇报鉴定会，由国家统计局和国家旅游局有关专家组成的研究小组，经过长期的研究工作，以联合国统计委员会批准的《旅游附属账户：建议的方法框架》为基本原则，利用 2004 年全国第一次经济普查和国民经济核算的相关资料，初步编制完成“中国国家级旅游卫星账户”的部分账户表。

扩展教学资源：推荐阅读（二）

古德尔 T，戈比 J. 2004. 人类思想史中的休闲[M]. 成素梅，马惠娣，季斌，等译. 昆明：云南人民出版社.

郭少棠. 2005. 旅行：跨文化想像[M]. 北京：北京大学出版社.

李肇荣，高元衡. 2006. 旅游经济基础[M]. 北京：旅游教育出版社.

刘纯. 2004. 旅游心理学（第二版）[M]. 北京：科学出版社.

罗明义. 2001. 旅游经济分析——理论·方法·案例[M]. 昆明：云南大学出版社.

纳什 D. 2004. 旅游人类学[M]. 宗晓莲译. 昆明：云南大学出版社.

皮珀 J. 2005. 闲暇：文化的基础[M]. 刘森尧译. 北京：新星出版社.

史密斯 V L. 2002. 东道主与游客：旅游人类学研究（中译本修订版）[M]. 张晓萍，何昌邑，等译. 昆明：云南大学出版社.

王宁. 2001. 消费社会学——一个分析的视角[M]. 北京：社会科学文献出版社.

尤瑞 J. 2009. 游客凝视[M]. 杨慧，赵玉中，王庆玲，等译. 桂林：广西师范大学出版社.

臧良运，孙悦，王永倩. 2009. 旅游学概论[M]. 北京：电子工业出版社.

周晓红. 2005. 现代社会心理学[M]. 上海：上海人民出版社.

Smith S L J. 2006. 旅游决策分析方法[M]. 李天元，徐虹，黄晶译. 天津：南开大学出版社.

本 章 小 结

旅游者是旅游活动的主体，是旅游活动服务的对象，理清旅游者的相关概念及掌握旅游者形成的条件有利于刺激旅游需求，促进旅游活动更好地开展，从而使旅游活动的主体、客体、媒介体等三大主体取得效益最大化。

旅游者形成的条件主要受主观因素和客观因素的影响。旅游者形成的主要客观条件是足够的支付能力及相对集中的闲暇时间。主观因素主要与旅游者个人行为有关，虽然不能直接帮助旅游者进行旅游决策，但是通过掌握大多旅游者的行为特征，企业可以通过营销手段间接引导旅游者进行决策，发展潜在旅游者及将潜在旅游者转化为现实旅游者，从而促进旅游需求。

掌握旅游者的相关概念和旅游者的形成条件才能够更好地为旅游统计服务，以便更好地分析旅游发展情况，了解旅游发展动态，从而制定相应的旅游政策方针，更好地刺激和引导旅游需求。

思 考 题

1. 名词解释

国际旅游者　国内旅游者　旅游需求　旅游动机

2. 简答

（1）旅游者的划分依据和类型有哪些？

（2）简述马斯洛需求层次理论。

（3）简述旅游者的形成条件。

（4）旅游动机的基本类型有哪些？

（5）我国旅游者的主要统计指标有哪些？

（6）试述休闲度假旅游者的特点。

（7）试述公务和商务旅游者的特点。

（8）试给出三种以上旅游者类型的划分标准，并指出划分旅游者类型有何意义。

第5章

旅游资源

5.1 旅游资源定义与界定

5.1.1 资源的定义

从词义本源看,《现代汉语词典》将“资源”解释为“生产资料或生活资料的天然来源”，并引用了“地下资源”“旅游资源”作为运用实例;《牛津高级词典》将“resource”界定为：①能为一个国家或个人带来财富的原材料；②可利用的；③应变能力，智力。

5.1.2 旅游资源的定义

旅游资源的内涵十分丰富，由于学术背景、研究角度的不同，不同的学者对旅游资源的界定有不同的侧重点。

（1）旅游资源是在现实条件下，能够吸引人们产生旅游动机并进行旅游活动的各种要素的总和（陈传康，1990）。

（2）旅游资源是指对旅游者具有吸引力的自然存在和历史文化遗产，以及直接用于旅游目的的人工创造物（保继刚，1993）。

（3）旅游资源是指客观地存在于一定的地域空间并因其所有的审美和愉悦价值而使旅游者为之向往的自然存在、历史文化遗产或社会现象（谢彦君，2001）。

（4）旅游资源是指凡能激发旅游者旅游动机的，能为旅游业所利用，并由此产生经济效益的自然和社会的实在物（孙文昌，1989）。

（5）凡是对旅游者产生吸引力，并具备一定旅游功能和价值的自然与人文因素的原材料，统称为旅游资源（卢云亭，1988）。

（6）凡是能够造就对旅游者具有吸引力环境的自然事物、文化事物、社会事物或其他任何客观事物，都可构成旅游资源（李天元，1993）。

（7）2017 年发布的《旅游资源分类、调查与评价》（GB/T 18972—2017）中对旅游资源定义为：自然界和人类社会凡能对旅游者产生吸引力，可以为旅游业所开发利用，并可产生经济效益、社会效益和环境效益的各种事物和因素。此定义充分考虑了我国旅游界多年来对旅游资源的研究成果，为很多学者所认同。

5.1.3 旅游资源定义的三个基本点

虽然不同学者对于旅游资源定义的出发点和强调的侧重点均有所不同,但总结起来，都是围绕现代旅游活动的三个基本要素来阐明旅游资源定义的三个基本点的，即一大属性和两大功能。

1. 旅游资源具有作为现代旅游活动客体的基本属性

旅游资源的客观存在性已被大家公认，但当具体划定旅游资源范畴时，大家尚存在以下争议。

1）“物质”和“精神”的争议

第一种观点认为，只有客观存在的实在物（湖光山色、阳光海滩、花草树木、变幻天象、文物古迹、园林建筑、民族风情等物质）才可被称为旅游资源，“非物质”的东西不是旅游资源。

第二种观点认为，“精神”的东西也应属于旅游资源，因为其实质是由物质产生的，并依附于物质，所以同物质景物结合的“精神”应属于旅游资源，况且“精神”的东西往往是物质景物的灵魂所在。这种观点已被人们广泛接受。

2）“自然”和“开发”的争议

第一种观点认为，旅游资源是指未经开发的自然的物质条件，即原始地理环境，已经开发的不应被列入旅游资源范畴。

第二种观点认为，旅游资源必须经过开发，才能成为有吸引力的事物，因此，那些能够为旅游业所利用并产生经济、社会、生态效益的事物才是旅游资源。

第三种观点综合了前两种观点之长，认为无论是未经开发或已经开发的，只要有旅游吸引力的事物，均可称之为旅游资源，因其范畴广，被称为广义的旅游资源。旅游资源的范畴，随着时代和经济的发展不断扩大，因此，该观点被人们广泛接受。

2. 旅游资源的最大特点就是吸引旅游者的“吸引功能”

在旅游资源概念中，所有学者均强调对旅游者的“吸引功能”。旅游资源和其他资源相比，其最大的差异是它能“激发旅游者的旅游动机”，吸引旅游者到异地进行旅游活动。旅游资源的最大特点是“吸引功能”，旅游资源的核心是“吸引功能”，只有对旅游者产生吸引力的客体，才被称为旅游资源，才会产生效益功能。

“吸引功能”是指能满足旅游者的精神需求，吸引旅游者来旅游的功能。各类旅游者的精神需求有差异，同一客体对不同旅游者吸引力也有不同，随着社会经济的发展，人们的需求也在发生变化，因此，旅游资源的范畴也在变化。“吸引功能”大的旅游资源，能吸引更多的旅游者，能获得较大的经济、社会、生态效益。

3. 旅游资源具有“效益功能”

“资源”一词本身属于经济学范畴，离开资源的经济价值谈资源毫无意义。旅游资源是一个国家或地区旅游业的发展基础，不能为旅游业所利用并产生经济效益的资源不能被称为旅游资源。那些对旅游者有吸引力，但因条件限制尚未利用的资源，是潜在的旅游资源。

旅游资源的效益功能，不能以牺牲社会效益为代价，也不能以牺牲生态环境效益为代价超负荷运行。

综上所述，旅游资源是指自然界和人类社会中能对旅游者产生吸引力，可以为旅游业所开发利用，并可产生经济效益、社会效益和环境效益的各种事物和因素。旅游资源具有客体的基本属性；旅游资源的最大特点是具有吸引旅游者“吸引功能”，旅游资源具有经济、社会、生态的“效益功能”。

5.2 旅游资源分类原则及分类方法

5.2.1 旅游资源分类原则、依据

1. 旅游资源分类原则

旅游资源分类的关键点是有利于旅游资源和旅游点的开发、建设和保护。根据不同的目的，旅游资源可以有不同的分类标准和分类方法，一般遵循以下几个原则对旅游资源进行分类：①以旅游资源定义为出发点，确定分类的范围和内容；②以旅游资源的属性为分类的主要标准；③分类应考虑旅游资源成因、特点、形式、年代等特征；④分类应尽可能系统化、规范化。

2. 旅游资源分类依据

1）根据成因分类

成因指旅游资源的基本成因与过程，如人文旅游资源主要是人为原因形成的，自然旅游资源则是自然原因形成的。自然旅游资源中的地貌旅游资源按成因可分为流水作用的旅游地貌、风力作用的旅游地貌、溶蚀作用的旅游地貌等。

2）根据属性分类

依据旅游资源的基本属性，首先，可以将旅游资源分为自然旅游资源和人文旅游资源两大类；其次，依据旅游资源的属性异同可以将旅游资源划分为若干基本类型；最后，依据旅游资源其他标准可以将旅游资源细分为具体类型。

3）根据功能分类

功能指旅游资源能够满足开展旅游与休闲活动需求的作用和效能。根据功能的不同，

可以把旅游资源分为不同的类型，如观光游览型旅游资源、参与体验型旅游资源、商品购物型旅游资源、保健疗养型旅游资源、文化教育型旅游资源和感情寄托型旅游资源等。有的旅游资源可以满足开展多种旅游活动的需求，因而具有多种旅游功能。

4）根据时间分类

根据旅游资源形成的不同时间，可以将旅游资源分为不同的类别。例如，依据时间因素，可以把建筑旅游资源区分为原始建筑、古代建筑、现代建筑，甚至后现代建筑。

5）其他

旅游资源的分类方法还有很多，如根据旅游资源的开发规划、旅游资源的保护规划，以及旅游者的心理体验等来划分。根据旅游资源的保护规划可以将旅游资源划分为以科学研究为主的严格保护地区、以自然景观和重点历史文物古迹景观为主的重点保护区和一般保护区等。总之，基于不同的目的或视角，旅游资源可以有不同的分类标准和依据。

5.2.2 旅游资源分类方法

1. 按旅游资源的成因分类

这是根据旅游资源形成的不同原因，即由在旅游资源形成过程中占主导地位的因素决定的具体分类方法。

1）自然赋存形式的旅游资源

自然界因素是这类旅游资源形成的主导因素。这类旅游资源与地球各圈层有直接的关系，是各种自然要素相互联系、相互制约及规律运动的结果，是一种以大自然造物为吸引力源泉的旅游资源，如山岳、河海、湖泊、森林、野生动物栖息地等。

2）人类历史形成的旅游资源

这类旅游资源是人类历史上各种社会文化的结果，是在人类历史漫长的形成过程中逐步积累沉淀而成的，其形成与分布受历史、民族、意识形态等方面因素的影响，并具有明显的地域性、民族性和历史性，如古人类遗迹、帝王陵寝、古代宫殿建筑、历史纪念地、社会风情、宗教文化等。

3）天然和人工相结合的旅游资源

这类旅游资源是由自然要素和人工要素相互结合、相互作用形成的，有着自然和人工双重主导因素，具体是指对原有自然要素的重新组合，并经过一定的人类创新所形成的旅游资源，具有人为的痕迹。例如，野生动物园是在原有动植物资源的基础上，将其原有的生态环境进行一定的范围划分，投入一定的人力、物力、财力等对其进行经营和管理，进而形成对旅游者具有吸引力的旅游资源。又如，在2008年5月12日四川汶川8.0级地震遗址上建立的映秀漩口中学地震遗址公园内保存了大量震迹旅游资源和震记旅游资源[①]（傅广海，2018）。

---

① 震记是为记载、纪念地震而保存下来的影像、照片、文献、碑记、石刻及纪念建筑物、展览实物等，分为文献型（含照片、影像）、碑刻型、纪念型和展览型等类型。震迹是由破坏性地震以突然暴发形式造成的自然景观，分为陷落型、古建筑遗址型、现代建筑遗址型、山地构造断裂型和河流堰塞型等类型。

4）人工创造的旅游资源

人工创造是这类旅游资源形成的关键要素。人工创造的旅游资源是指由可获得的人力、物力、财力和信息资源的重新组合加工创造出来的旅游资源，具有明显的人为痕迹，如享誉全球的迪士尼乐园正是人工创造的典范。人类科技的发展、思维的创新是这类旅游资源不断创新与发展的源泉。

2. 按旅游资源基本属性分类

按景观属性可以将旅游资源分为两大类，即自然旅游资源和人文旅游资源。这是一种较为传统的分类方法，也得到了大多学者、专家的认同。

1）自然旅游资源

自然旅游资源是指以大自然造物为吸引力本源的旅游资源。具体而言，自然旅游资源包括地质旅游资源、地貌旅游资源、水体旅游资源、生物旅游资源、气象气候旅游资源等。

2）人文旅游资源

人文旅游资源是以社会文化事物为吸引力本源的旅游资源。具体而言，人文旅游资源包括古人类遗址旅游资源、古陵墓旅游资源、伟大工程旅游资源、城镇风貌旅游资源、古典园林旅游资源、宗教旅游资源、民俗风情旅游资源等。

在两个大类的基础上还可以划分出各自不同的基本类型，以及进一步列出不同类型中具体旅游资源种类，详见表 5-1。

表 5-1　旅游资源分类表（按景观属性分类）

大类	基本类型	种类
自然旅游资源	地文景观类	山岳、洞穴、海岸、特异地貌等
	水域风光类	海、江、河、湖、瀑、泉等
	气象气候类	宜人气候、冰雪雾凇、天象奇观等
	生物景观类	动物、植物
人文旅游资源	古迹和建筑类	遗址、古都名城、古建筑、陵墓、石窟、园林等
	现代景观类	大型工程、博物馆、公园、游乐场、娱乐康体设施等
	民俗风情类	节会庆典、民间工艺、习俗、服饰等
	文化艺术类	宗教文化、文学、曲艺、书法碑楹等
	购物饮食类	特产、著名店铺、佳肴等

3. 按《旅游资源分类、调查与评价》（GB/T 18972—2017）分类

《旅游资源分类、调查与评价》（GB/T 18972—2017）依据旅游资源的性状，即现存状况、形态、特性、特征等将旅游资源分为 8 个主类、23 个亚类、110 个基本类型，见表 5-2。

表 5-2 旅游资源基本类型释义

主类	亚类	基本类型	简要说明
A 地文景观	AA 自然景观综合体	AAA 山丘型景观	山地丘陵内可供观光游览的整体景观或个别景观
		AAB 台地型景观	山地边缘或山间台状可供观光游览的整体景观或个别景观
		AAC 沟谷型景观	沟谷内可供观光游览的整体景观或个体景观
		AAD 滩地型景观	缓平滩地内可供观光游览的整体景观或个别景观
	AB 地质与构造形迹	ABA 断裂景观	地层断裂在地表面形成的景观
		ABB 褶曲景观	地层在各种内力作用下形成的扭曲变形
		ABC 地层剖面	地层中具有科学意义的典型剖面
		ABD 生物化石点	保存在地层中的地质时期的生物遗体、遗骸及活动遗迹的发掘地点
	AC 地表形态	ACA 台丘状地景	台地和丘陵形状的地貌景观
		ACB 峰柱状地景	在山地、丘陵或平地上突起的峰状石体
		ACC 垄岗状地景	构造形迹的控制下长期受溶蚀作用形成的岩溶地貌
		ACD 沟壑与洞穴	由内营力塑造或外营力侵蚀形成的沟谷、劣地，以及位于基岩内和岩石表面的天然洞穴
		ACE 奇特与象形山石	形状奇异、拟人状物的山体或石体
		ACF 岩土圈灾变遗迹	岩石圈自然灾害变动所留下的表面痕迹
	AD 自然标记与自然现象	ADA 奇异自然现象	发生在地表一般还没有合理解释的自然界奇特现象
		ADB 自然标志地	标志特殊地理、自然区域的地点
		ADC 垂直自然带	山地自然景观及其自然要素（主要是地貌、气候、植被、土壤）随海拔呈递变规律的现象
B 水域景观	BA 河系	BAA 游憩河段	可供观光游览的河流段落
		BAB 瀑布	河水在流经断层、凹陷等地区时垂直从高空跌落的跌水
		BAC 古河道段落	已经消失的历史河道现存段落
	BB 湖沼	BBA 游憩湖区	湖泊水体的观光游览区与段落
		BBB 潭池	四周有岸的小片水域
		BBC 湿地	天然或人工形成的沼泽地等带有静止或流动水体的成片浅水区
	BC 地下水	BCA 泉	地下水的天然露头
		BCB 埋藏水体	埋藏于地下的温度适宜、具有矿物元素的地下热水、热汽
	BD 冰雪地	BDA 积雪地	长时间不融化的降雪堆积面
		BDB 现代冰川	现代冰川存留区域
	BE 海面	BEA 游憩海域	可供观光游憩的海上区域
		BEB 涌潮与击浪现象	海水大潮时潮水涌进景象，以及海浪推进时的击岸现象
		BEC 小型岛礁	出现在江海中的小型明礁或暗礁
C 生物景观	CA 植被景观	CAA 林地	生长在一起的大片树木组成的植物群体
		CAB 独树与丛树	单株或生长在一起的小片树林组成的植物群体
		CAC 草地	以多年生草本植物或小半灌木组成的植物群落构成的地区
		CCD 花卉地	一种或多种花卉组成的群体

续表

主类	亚类	基本类型	简要说明
C 生物景观	CB 野生动物栖息地	CBA 水生动物栖息地	一种或多种水生动物常年或季节性栖息的地方
		CBB 陆地动物栖息地	一种或多种陆地野生哺乳动物、两栖动物、爬行动物等常年或季节性栖息的地方
		CBC 鸟类栖息地	一种或多种鸟类常年或季节性栖息的地方
		CBD 蝶类栖息地	一种或多种蝶类常年或季节性栖息的地方
D 天象与气候景观	DA 天象景观	DAA 太空景象观赏地	观察各种日、月、星辰、极光等太空现象的地方
		DAB 地表光现象	发生在地面上的天然或人工光现象
	DB 天气与气候现象	DBA 云雾多发区	云雾及雾凇、雨凇出现频率较高的地方
		DBB 极端与特殊气候显示地	易出现极端与特殊气候的地区或地点，如风区、雨区、热区、寒区、旱区等典型地点
		DBC 物候景象	各种植物的发芽、展叶、开花、结实、叶变色、落叶等季变现象
E 建筑与设施	EA 人文景观综合体	EAA 社会与商贸活动场所	进行社会交往活动、商业贸易活动的场所
		EAB 军事遗址与古战场	古时用于战事的场所、建筑物和设施遗存
		EAC 教学科研实验场所	各类学校和教育单位、开展科学研究的机构和从事工程技术试验场所的观光、研究、实习的地方
		EAD 建设工程与生产地	经济开发工程和实体单位，如工厂、矿区、农田、牧场、林场、茶园、养殖场、加工企业及各类生产部门的生产区域和生产线
		EAE 文化活动场所	进行文化活动、展览、科学技术普及的场所
		EAF 康体游乐休闲度假地	具有康乐、健身、休闲、疗养、度假条件的地方
		EAG 宗教与祭祀活动场所	进行宗教、祭祀、礼仪活动场所的地方
		EAH 交通运输场站	用于运输通行的地面场站等
		EAI 纪念地与纪念活动场所	为纪念故人或开展各种宗教祭祀、礼仪活动的馆室或场地
	EB 实用建筑与核心设施	EBA 特色街区	反映某一时代建筑风貌，或经营专门特色商品和商业服务的街道
		EBB 特性屋舍	具有观赏游览功能的房屋
		EBC 独立厅、室、馆	具有观赏游览功能的景观建筑
		EBD 独立场、所	具有观赏游览功能的文化、体育场馆等空间场所
		EBE 桥梁	跨越河流、山谷、障碍物或其他交通线而修建的架空通道
		EBF 渠道、运河段落	正在运行的人工开凿的水道段落
		EBG 堤坝段落	防水、挡水的构筑物段落
		EBH 港口、渡口与码头	位于江、河、湖、海沿岸进行航运、过渡、商贸、渔业活动的地方
		EBI 洞窟	由水的溶蚀侵蚀和风蚀作用形成的可进入的地下空调
		EBJ 陵窟	帝王、诸侯陵寝及领袖先烈的坟墓
		EBK 景观农田	具有一定观赏游览功能的农田
		EBL 景观牧场	具有一定观赏游览功能的牧场
		EBM 景观林场	具有一定观赏游览功能的林场
		EBN 景观养殖场	具有一定观赏、游览功能的养殖场
		EBO 特色店铺	具有一定观光游览功能的店铺
		EBP 特色市场	具有一定观光游览功能的市场

续表

主类	亚类	基本类型	简要说明
E 建筑与设施	EC 景观与小品建筑	ECA 形象标志物	能反映某处旅游形象的标志物
		ECB 观景点	用于景观观赏的场所
		ECC 亭、台、楼、阁	供游客休息、乘凉或观景用的建筑
		ECD 书画作	具有一定知名度的书画作品
		ECE 雕塑	用于美化或纪念而雕刻塑造、具有一定寓意、象征或象形的观赏物和纪念物
		ECF 碑碣、碑林、经幢	雕刻记录文字、经文的群体刻石或多角形石柱
		ECG 牌坊牌楼、影壁	为表彰功勋、科第、德政及忠孝节义所立的建筑物，以及中国传统建筑中用于遮挡视线的墙壁
		ECH 门廓、廊道	门头廓形装饰物，不同于两侧基质的狭长地带
		ECI 塔形建筑	具有纪念、镇物、标明风水和某些实用目的的直立建筑物
		ECJ 景观步道、甬路	用于观光游览行走而砌成的小路
		ECK 花草坪	天然或人造的种满花草的地面
		ECL 水井	用于生活、灌溉用的取水设施
		ECM 喷泉	人造的由地下喷射水至地面的喷水设备
		ECN 堆石	由石头堆砌或填筑形成的景观
F 历史遗迹	FA 物质类文化遗存	FAA 建筑遗迹	具有地方风格和历史色彩的历史建筑遗存
		FAB 可移动文物	历史上各时代重要实物、艺术品、文献、手稿、图书资料、代表性实物等，分为珍贵文物和一般文物
	FB 非物质类文化遗存	FBA 民间文学艺术	民间对社会生活进行形象的概括而创作的文学艺术作品
		FBB 地方习俗	社会文化中长期形成的风尚、礼节、习惯及禁忌等
		FBC 传统服饰装饰	具有地方和民族特色的衣饰
		FBC 传统演艺	民间各种传统表演方式
		FBE 传统医药	当地传统留存的医药制品和治疗方式
		FBF 传统体育赛事	当地定期举行的体育比赛活动
G 旅游购品	GA 农业产品	GAA 种植业产品及制品	具有跨地区声望的当地生产的种植业产品及制品
		GAB 林业产品与制品	具有跨地区声望的当地生产的林业产品及制品
		GAC 畜牧业产品与制品	具有跨地区声望的当地生产的畜牧业产品及制品
		GAD 水产品及制品	具有跨地区声望的当地生产的水产品及制品
		GAE 养殖业产品与制品	具有跨地区声望的养殖业产品及制品
	GB 工业产品	GBA 日用工业品	具有跨地区声望的当地生产的日用工业品
		GBB 旅游装备产品	具有跨地区声望的当地生产的户外旅游装备和物品
	GC 手工工艺品	GCA 文房用品	文房书斋的主要文具
		GCB 织品、染织	纺织及用染色印花织物
		GCC 家具	生活、工作或社会实践中供人们坐、卧或支撑与贮存物品的器具
		GCD 陶瓷	由瓷石、高岭土、石英石、莫来石等烧制而成，外表施有玻璃质釉或彩绘的物器
		GCE 金石雕刻、雕塑制品	用金属、石料或木头等材料雕刻的工艺品
		GCF 金石器	用金属、石料制成的具有观赏价值的器物
		GCG 纸艺与灯艺	以纸材质和灯饰材料为主要材料制成的平面或立体的艺术品
		GCH 画作	具有一定观赏价值的手工画成作品

续表

主类	亚类	基本类型	简要说明
H 人文活动	HA 人事活动记录	HAA 地方人物	当地历史和现代名人
		HAB 地方事件	当地发生过的历史和现代事件
	HB 岁时节令	HBA 宗教活动与庙会	宗教信徒举办的礼仪活动，以及节日或规定日子里在寺庙附近或既定地点举行的聚会
		HBB 农时节日	当地与农业生产息息相关的传统节日
		HBC 现代节庆	当地定期或不定期的文化、商贸、体育活动等
8	23	110	

注：如果发现本分类没有包括的基本类型时，使用者可自行增加。增加的基本类型可归入相应亚类，置于最后，最多可增加 2 个。编号方式为：增加第 1 个基本类型时，该亚类 2 位汉语拼音字母+Z、增加第 2 个基本类型时，该亚类 2 位汉语拼音字母+Y

5.2.3　旅游资源类型

1. 按基本成因和属性划分

（1）自然旅游资源。自然旅游资源主要是天然赋存的具有游览观光、休憩疗养、娱乐体育等吸引力的地理要素，这些要素或以单体和单体组合，或以某种要素为主，辅以其他要素组合构成旅游资源。其包括地文景观——山岳形胜、岩溶景观、风沙地貌、海滨沙滩、特殊的地质现象和地貌类型等；水域风光——河流、湖泊、瀑布、泉水、溪涧、冰川、滨海等；生物景观——森林、草原、珍稀树种、奇花异草、珍禽异兽等；气候与天象景观——适宜于避暑避寒疗养治病的气候及特殊的天象景观，如泰山日出、庐山云瀑、黄山云海及可遇而不可求但出现频率较多的峨眉佛光、沙漠海市蜃楼、极地极光等。

（2）人文旅游资源。人文旅游资源是指能够吸引人们进行旅游活动的古今人类所创造的物质实体或以其为载体的神话传说、名人轶事等。其包括历史文物古迹——历史遗迹、建筑遗址、石窟石刻等；民族文化及其载体——主要包括可视、可感、可参与的特殊民俗礼仪、习俗风情、节日庆典、民族艺术和工艺等。

（3）宗教文化资源。宗教文化资源主要包括两类，一类是参观游览型的宗教建筑艺术，如坛、庙、寺、观、带有人格神色彩的大型塑像，以及赋予其中的装饰、雕塑、壁画、楹联、碑刻等；另一类是这些宗教建筑和艺术本身营造的宗教活动场所，如各种宗教的神职人员布道求法，现代旅游者中也有大量旅游者专为求神拜佛光顾宗教寺庙和道观的。

（4）城乡风貌。城乡风貌是指具有视觉形象的历史文化名城、独具特色的现代都市风光，清新质朴的田园风光、古镇村落等。

（5）现代人造设施。现代人造设施是指富有特色、具有规模、某种特殊意义和影响力的大型工程及文化设施，有影响的国际性体育和文化事件。

（6）饮食购物资源。饮食购物资源包括各种富有特色的地方风味美食、特产名品、特色市场与著名店铺等。

2. 按旅游活动内容划分

（1）游览鉴赏型。这类旅游资源以优美的自然风光、著名古代建筑、遗址及园林、现代城镇景观、山水田园、以揽胜祈福为目的的宗教寺庙等为主。

（2）知识型。这类旅游资源以文物古迹、博物展览、科学技术、自然奇观、精湛的文学艺术作品等为主。

（3）体验型。这类旅游资源以民风民俗、社会时尚、节庆活动、风味饮食、宗教仪式等为主。

（4）康乐型。这类旅游资源以文体活动、度假疗养、康复保健、人造乐园等为主。

5.3 旅游资源的特点

5.3.1 旅游资源的特征分析

旅游资源是一种极为特殊的资源，它不仅具有其他资源的一些共性，更重要的是它还具有自己的特性。旅游资源的开发利用，与其他资源的开发利用相比，有类似的地方，更多的是不同的地方。旅游资源是地理环境的一部分，故其具有地理环境组成要素所具有的时空分布特征和动态分布特征，这种时空分布特征和动态分布特征对旅游资源而言又具有表现形式的特殊性。旅游资源是旅游活动的客体，作为旅游业必不可少的组成部分，具有和其他资源相似及其特有的经济特征；旅游现象的文化属性又使旅游资源具有其他自然资源所不具有的文化特征。

1. 旅游资源的空间特性

（1）广泛性。旅游资源的客观存在极为广泛。由于旅游者社会组成和心理特点的多样性及由此决定的旅游需求的多样性，旅游资源的组成要素也比较多。例如，《中国旅游资源普查规范》中对旅游资源的划分共有 74 种；中国科学院地理研究所 1990 年制作的“中国旅游资源普查分类表”将旅游资源分为 8 个大类，108 个小类；《旅游资源分类、调查与评价》（GB/T 18972—2017）将旅游资源分为 8 个主类、23 个亚类、110 个基本类型。这些种类繁多、内容丰富的旅游资源在空间存在上极为广泛，可以说，地球上的任何地域都存在相对意义上的旅游资源，只是必须把它放在一定时间、空间和条件下来分析。故此，从本质上讲，地球上各区域不存在有没有旅游资源的问题，而只存在旅游资源的时空分布结构问题。

（2）区域性。从旅游资源的分布来看，旅游资源具有明显的区域性特征，即不同的旅游资源具有其存在的特殊条件和相应的地理环境。区域性也是旅游资源最本质的特征，它决定了旅游资源本身的存在和旅游流的存在。正是由于不同区域的旅游资源之间存在差异性，才形成了旅游者的空间流动，也正是由于一个地方的自然景物或人文风情具有吸引异地旅游者的功能，这些自然景物或人文风情才成为旅游资源。

例如，当前世界旅游活动最吸引人的“3S”[①]景观，主要分布在中低纬度基质砂岩海岸，如地中海沿岸、孟加拉湾沿岸、中国南部沿海、夏威夷群岛和加勒比海沿岸。岸溶山水景观主要分布在热带和亚热带石灰岩发育的地区，如我国的广西、云南、贵州、广东、四川等地。佛教自两汉之际传入我国后，汉族地区佛教、藏传佛教、云南傣族等地区的部派佛教三大派系使我国佛教名胜旅游点各具特色。我国园林有南方类型、北方类型和岭南类型，三者明显不同，南方造园有许多有利条件，可利用的河、湖较多；丘陵地带靠近城市，圆石到处可寻；南方气候温和，常绿阔叶树种多，但南方城市人口密集，可以用来造园的用地狭窄，盆景式的私家园林较多，园林特点是明媚秀丽，淡雅朴素，曲折幽深，但使人略感局促；北方造园有许多不利条件，地形较平坦单调，可利用的河川湖泊很少，圆石、常绿树种少，但北方园林多为皇家园林，其特点是富丽堂皇，但秀丽妩媚略显不足；岭南由于地处亚热带，造园条件比北方、江南地区都好，具有明显的亚热带风光特色。我国幅员辽阔，自然环境复杂多样，各地社会文化均具鲜明的特性，形成的旅游资源也各具特色。

（3）组合性。旅游资源的组合性特征是指孤立的景物要素很难形成具有吸引力的旅游资源，在特定的地域中，总是由复杂多样、相互联系、相互依存的各个要素共同形成资源体。例如，一条河流要形成一条风景走廊，是由其两岸的远山近木、水势峰情、民风民俗、飞桥高阁共同作用的结果。长江作为我国的一条“黄金旅游线”，不仅具有江涛滚滚、银光闪闪的水色美，游客泛舟江上，可以领略惊险、雄伟而秀丽的峡谷景观，可以探访巴楚古代遗址、古建筑、古战场，可以游览河网稠密、湖凼棋布的水乡泽国、鱼米之乡，可以体验葛洲坝水利工程的雄伟壮观，游客犹如在一条自然景观和人文景观都极其丰富的风景走廊和知识宝库里漫游。

旅游资源的组合形式是多样的。例如，山与其他旅游资源要素的组合形式有如下几种：①山水组合。“山为水之筋骨，水为山之血脉”“山因水活，水随山转”，或是江水映山形，形成一幅山水画；或是一湖秋水，三面环山，形成秀丽的湖光山色；或是山与瀑、潭、溪、泉组合，后者以其声、色、姿彩使山有了韵律和节奏；或是山与冰雪的组合，形成一个洁白的神奇世界。②山树组合。植被为山之肌肤，山为植被之载体。“峨眉天下秀”是因为峨眉山山脉绵亘曲折如眉，海拔 3 000 多米，且地处亚热带，植被垂直带谱长，热带、亚热带、温带、寒带植物都可生长，茂密葱郁且种类繁多的植被构成了秀丽的自然风光。“青城天下幽”是峡谷与植被共同作用的结果，山形使视线不开阔，植被的葱郁又加深了人们的这种感觉。③山与人文景观的组合。一些人文景观，如大的建筑群往往与山势相协调，构成一个风景区的主体景点，如八达岭、十三陵等景点，其风景的主体是由建筑、工程和山势相结合形成的。长城本身建在八达岭山脊上，蜿蜒曲折、随山形而走，成为一个奇迹；明十三陵分布在距北京城约 50 千米的军都山南麓台地上，这里三面环山，正面为北京平原，龙虎两座小山对峙。尽管墓群本身建筑庞大，但若无三面环山衬托，也不会形成威严雄伟的皇家建筑气派。

---

① 3S 景观是用 3S 技术评定的景观。3S 技术是遥感技术（remote semsing，RS）、地理信息系统（geography information systems，GIS）和全球定位系统（global positioning systems，GPS）的统称。

（4）地域固定性。一部分旅游资源经过开发，或以其自身，或以其产品，可以输往各地以供利用。例如，在深圳由原生旅游资源和文化根据市场需求，嫁接或植入文化，进而由文化衍生出项目和产品，形成了旅游吸引物——深圳世界之窗和锦绣中华主题公园。但是，将某些旅游资源迁移也会改变它某些固有的特性，由于旅游资源组合性的特点，一项旅游资源的存在必须依赖其他资源和环境要素的衬托和协调。深圳的微缩景观公园当然不可和原物相比，但它已变成一项新的资源种类。民族歌舞可以在大都市上演，却失去在其故乡的浓郁风情。从旅游开发角度看，旅游资源的地域固定性并不等于不可以根据旅游者的需求去移植或创造资源，只是在这样的情况下必须充分考虑资源存在的环境条件。

2. 旅游资源的时间特性

（1）季节变化性。旅游资源的季节变化性指景物有随季节变化的特征，并且影响到旅游活动和旅游流的季节变化。旅游资源的季节变化性主要是由自然地理条件，特别是气候的季节性变化决定的，同时也受人为因素的影响。首先，有些自然景色只在特定的季节和时间里出现。例如，吉林的树挂只能在入冬时才能产生，洛阳的牡丹花在四月中旬观赏最好，黄山的云海和瀑布只在夏季多雨的时候才有。其次，同样的景物在不同季节里表现出不同的特征，如同样一座山，春夏秋冬四时之景不同。实际上，许多景物的命名就包含了一定的气候变化景象，如西湖十景中的苏堤春晓、曲院风荷、平湖秋月、断桥残雪等。此外，由于人们的社会活动的节律性决定了人们外出旅游所被允许的时间，也对旅游资源的季节性有一定影响。

由于旅游资源的季节性，形成了旅游明显的“淡季”、“旺季”和“平季”之分。例如，东部季风地区的城市多在一年内出现春、秋两个高峰期；西北干旱地区，如乌鲁木齐和呼和浩特，全年只有八月一个高峰期；而哈尔滨的冰灯、潍坊的风筝会、洛阳的牡丹花会都会引起突发的旅游高峰。同时，游客的心理感受及旅游活动的内容和效果也深受旅游资源季节性的影响。

（2）时代性和变异性。在不同的历史时期、不同的社会经济条件下，旅游资源的含义是不同的。现代旅游业向多样化、个性化方向发展，旅游资源的含义也越来越丰富，原来不是旅游资源的事物和因素，今天也可以成为旅游资源。因此，旅游资源具有时代性的特征。

随着时间的推移，由于人类旅游活动对环境的影响及人们旅游需求的变化，原有的旅游资源会对游客失去吸引力，同样也会由于自然和社会文化的原因形成新的旅游资源。

3. 旅游资源的经济特性

旅游资源开发的目的是为旅游业所利用，并产生相应的经济效益、社会效益和生态环境效益。因此，旅游资源的确定、评价、开发、管理等都应考虑旅游市场需要这一重要因子，甚至可以在一定程度上在具备了市场条件时创造出旅游资源，或是质量因素相似的资源客体在不同的市场条件下表现出不同的价值，而质量因素及类型不同的资源客体在一定的市场条件下表现出可替代性。

在具备良好的区位条件及区域经济发展条件的地区，由于市场条件良好，可以根据市场需要及环境背景条件，创造相应的旅游资源，如深圳的锦绣中华微缩景区就是如此。换句话说，旅游资源和旅游者之间形成双向吸引模式，不仅旅游资源可以吸引旅游者，旅游者及市场在一定条件下也可以对旅游资源的创造、移动产生吸引作用。云南丽江玉龙雪山是我国南端的现代冰川区，主峰扇子陡海拔 5 596 米，目前还是处女峰，在离丽江古城仅 15 千米的坝区拔地而起，异常壮观，在雪山景观中很有特色。玉龙雪山又是一座植物宝库，仅药材就有 800 多种，是云南有名的高山药库和花圃。但丽江距昆明 600 多千米，300 千米半径内只有大理和攀枝花两座城市，客源市场较远。尽管玉龙雪山本身资源价值很高，但是接待的游客量依然有限。与我国的风景名山庐山、黄山、泰山、峨眉山等相比，由于市场条件及其他条件的差异，玉龙雪山在资源的开发利用上表现出不同的价值特征。

（1）价值的不确定性。旅游资源的价值是不可以用数字来计算的。这是由于某一风景区内有若干个风景点，很难说某个风景点值多少钱。但是，对于其他资源，我们一般可以计算出它们的价值。例如，人们可以根据铁矿资源的地质储量、探明储量、可采储量及品位、开采条件等计算出它的价值。旅游资源价值的不确定性更重要的原因是旅游资源的价值是随着人类的认识水平、审美需要、发现迟早、开发能力、宣传促销条件等众多因素的变化而变化的。当地人司空见惯的事物，在外地人眼中就可能是一项很有价值的旅游资源；在一般人眼中不足为奇的东西，对一些专业旅游层次的游客而言，可能正是他们苦苦寻求的目标。不同的人可以从不同的角度评估旅游资源的价值。旅游资源价值会由于资源开发利用方式及开发利用外部条件的不同而不同。例如，同样一个湖泊用于观光、度假、体育或疗养，其经济价值的大小显然有明显的差异。因此，旅游资源的价值只存在于一定的时间、开发条件及方式、游客市场等条件下。

（2）开发利用的永续性和不可再生性。有些资源（如矿产资源）在利用过程中将被消耗掉或是需要通过自然繁殖、人工饲养、栽培和再生产来补充（如森林资源），但大多数旅游资源是不会被游客的旅游活动消耗掉的，游客只能在旅游活动中使用这些资源获得自身需要的美好的感受。观光、泛舟、滑冰、登山都是如此，游客只能带走个人对旅游经历的感受，而不能带走旅游资源本身。也正因为如此，旅游业形成了投资见效快、收益大等特点。但是，在旅游资源的开发利用中，不仅要看到其永续性的一面，也要看到其不可再生的一面。旅游资源一般不存在耗竭的问题，但的确存在因利用不当而使旅游资源质量下降，甚至完全被破坏的问题。无论是自然景观或是历史遗存一经破坏就无法恢复，即使进行了人工复原，也不再是原貌，这样的例子不胜枚举。因此，在开发旅游资源的同时，尤其要重视旅游资源和旅游环境的保护。

（3）开发利用方式的多样性和增值性。前已述及，旅游资源开发利用方式是多种多样的，和其他资源的开发利用一样，这种多样性不但取决于资源本身的提高，而且取决于对资源的需求，并由此产生旅游资源价值含义的差异。

旅游资源价值可分为有形价值和无形价值，现时价值和潜在价值。旅游资源的价值有如下几个方面的内容：①各种形式的观赏、娱乐、休憩、康复价值；②人们对自然、社会、文化、民族等的认识，具有科考、探险、交流价值；③来往于各旅游目的地的各人群、各种族、各地区、各国人们之间相互理解、相互尊重的文化价值；④旅游业提供各种服务获得的劳务收入；⑤销售各种旅游产品带来的商业收入；⑥借助于著名旅游目的地和专门旅游活动，为非旅游产业提供商务活动，促进地方产业的发展。

前三项价值存在于旅游资源、旅游目的地本身，随着旅游主体素质的提高，旅游价值会逐步被体现，这是一种自然客观价值，属文化、精神层次上的内容。后三项价值存在于与旅游活动相关的事物，是旅游资源开发后所产生的商贸文化价值，属服务、商业、贸易层次上的内容，也是旅游业发展的表现。合理有效的旅游资源开发可以促进这两类价值的实现，促进旅游业的全面发展。旅游资源可以在这种合理有效的开发方式中增值，即超出其自身而存在于与之相互发生作用的服务、商业、贸易等客体中。

4. 旅游资源的文化特性

旅游资源具有文化属性。对于各类旅游资源，人们可以通过观光、游览等旅游活动获得美的享受，获取知识，调节身心，得到人们所需求的各种精神乐趣。这种文化属性的体现是多方面的，蕴含的内容也是很丰富的。文化属性的体现有以下几个特点。

（1）感知决定性。旅游资源给旅游者的感受并不仅仅取决于旅游资源客体本身，还取决于旅游者主体的审美水平、性格爱好、年龄性别等因素，也取决于旅游者和旅游资源之间联系的方式，如宣传、交通、服务等环节。使旅游者得到精神享受的旅游资源，在某种意义上并不是客观存在的资源体，而是经过旅游者自身和旅游媒介作用以后形成的主观感知的资源体。在旅游资源开发时尤其要考虑这一点。

（2）内涵丰富性。旅游资源的文化内涵是十分丰富的。它既可以满足人们对美的事物的欣赏，又可以使人们通过旅游获得丰富的知识，增加人的阅历；既可以满足人们休闲疗养、松弛身心的需要，也可以给人以猎奇探险、发现自身潜能的经历；既可以从辉煌的古代建筑、历史遗存中追寻古老的文化，又可以从身边的一点一滴、平凡生活中体验民风民俗。因此，在开发旅游资源时尤其要独具慧眼，善于发现，巧妙利用资源。

（3）民族性和地域性。一般说来，某一地区或某一类型的旅游资源，都具有自己的特征或民族特色，这种特色是旅游吸引力和竞争力的关键。因此，保持和发挥旅游资源民族和地方特色是认识旅游资源文化属性的一个重要方面。

（4）需求的多样性。旅游者对旅游资源文化属性体现的需求是多样的。就旅游动机来看，有观光旅游、登山旅游、海洋旅游、采风旅游、地质旅游、历史旅游、文艺旅游、宗教旅游、探险旅游、渔猎旅游、保健旅游、度假旅游、动植物观赏旅游、寻根旅游、修学旅游、购物旅游、体育旅游等多种类型，这给我们开发旅游资源的文化属性提供了丰富的想象空间。

5.3.2 自然旅游资源的独立特性

1. 物质实体性

自然旅游资源往往是有形的物质客体，或高山飞瀑，或林海雪原，或鱼虫鸟兽，或细沙白浪，都存在于自然界的岩石圈、水圈、大气圈、生物圈之中，旅游者的旅游活动直接作用于水、岩石、大气、生物这些实实在在的自然地理要素。“经天秋风”“荼磨松风”，看不见、摸不着的风，人们也可以通过感官直接感受其美。这与许多人文旅游资源，如社会风俗、宗教、历史、语言、民族风情、传说掌故等存在形式的相对不具体化形成了对比。自然旅游资源的物质实体性要求我们要对资源客体本身做深入、细致、精确的研究，并将其量化对比，才可以对资源做出切合实际而又有效的评价。例如，黄果树瀑布落差 67 米，水帘宽 20~40 米，最大洪峰可达 2 000 立方米/秒，是我国第一名瀑。近年来新发现的 18 个体态万千的瀑布和 4 个地下瀑布群，以及 30 多个玲珑剔透、幽深清绝的岩溶洞穴和面积约 10 公顷①的丰富多采、美不胜收的石笋山，使贵州安顺成为我国最大的瀑布之乡。但是自然旅游资源的物质实体性并非意味着我们只需对资源本身作机械的理解，我们也需要赋予它更深刻、广泛的科学和文化的内涵，并提高旅游资源的开发层次。

2. 地带性

构成自然旅游资源的物质要素为地质、地貌、水文、气象气候、植物和动物等自然地理要素，因此，必然受地球景观地带性分异规律的制约。地球上太阳辐射及由此决定的热量条件在纬向上的分异形成纬度地带性；由于大的地势起伏，山地气候条件（水热及其对比关系）随高度发生垂直变化，形成的自然地理综合体和它的组成部分大致沿等高线方向延伸，随山势高度发生带状更替，即垂直带性。由自然地理综合体和它的组成部分的纬度地带性、垂直带性决定了自然旅游资源也具有地带性的特点。以河川风景为例，地处热带湿润气候下的河川，如南美洲的亚马孙河、非洲刚果河等，由于受热带气候和自然景观带的影响，一般水量大，大部分河段河面开阔、水质澄碧，两岸密林森蔚，河汊复杂，巨流漫漫，犹如林中“长海”；位于亚热带湿润气候下的河川，四季分明，水色秀美，水量浩大，与周围的亚热带常绿阔叶林相映成趣；位于暖湿带季风气候下的河流，流量四季变化很大，枯水期、汛期水量、水色相差悬殊，旅游者可以利用不同季节观赏不同的江河风光；中温带至北温带的河流，受寒凉湿润气候的影响，水量丰沛，江水泥沙大减，水色变白，两岸以针阔混交林为主的森林密布，夏季一片葱绿，冬季白雪茫茫，呈现一派北国林海雪原风光；位于寒带的河川，则是一番寒带和极地风光，暖季河水漫漫，冷季银冰成带，两岸配以泰加林和极地沼泽景观，给旅游者以原始、粗犷之感。某些人文景观虽然也受到自然地带性因素的影响，如云南西双版纳位于北纬 23.5°线以南，气候炎热、多雨，当地多竹林，为了避热、避湿，因而形成了杆栏式建筑，当地居民往往搭“傣家竹楼”而居，平日饮食也喜清淡带酸食物，迥异于北方民族。但地

① 1 公顷=10 000 平方米。

带性因素只是对人文旅游景观施加影响，人文旅游景观本身并不具有地带性分异特点。

3. 时间变化性

许多自然旅游资源要素随时间变化表现出不同的组合关系。气象要素在一日之内往往发生很大变化，如早晨的日出景、傍晚的日落景。山区往往一日之内由山脚至山顶可见阳光灿烂下的山景和烟雨蒙蒙下的山景。园林中一日之内的风景也是不同的，清晨露珠滚落，夜晚明月当空，花影、树影婆娑。有些造型地貌一日之内由于光影变化也会呈现不同形态，如雁荡山的合掌峰，到了夜幕降临时又成了夫妻峰。

由气候条件的变化及植被的季相变化所决定，自然旅游资源也表现出季相变化的特点。例如，我国亚热带以北的山地，春季往往山花烂漫，夏季浓荫滴翠，秋季色彩斑斓，冬季则满目萧条。自然界中许多景物变化还有随机的特点，如佛光、蜃景等。

4. 生态性

自然旅游资源和其他自然资源一样是地球客观物质环境的组成部分，需要遵循自然界客观性、整体性、运动性的规律。自然界是客观存在的物质世界，人类活动及人类的主观能动性离不开自然界提供的舞台；自然界的各个组成要素相互联系、相互依存、相互制约形成一个整体系统，其中一环发生变化，都会引起其他要素及整个系统的变化；自然界各个组成要素都是在不断运动变化的，只能形成一种动态的平衡。因此，对自然旅游资源的开发利用如果违背了生态规律，只会造成对资源乃至整个生态环境的破坏，旅游资源也将荡然无存。例如，旅游洞穴具有丰富的可供人们观赏和进行科学研究的价值，包含各种洞穴堆积、沉积物、地下水景、洞穴形态、生物种群、古人的艺术品、人类活动的遗迹、古人类和古生物化石等，是一项重要的旅游资源，但洞穴景观一经破坏就很难恢复。在洞穴旅游发展的同时，许多地方的经济效益却是以牺牲洞穴景观和洞穴生态环境为巨大代价取得的。例如，北京石花洞曾建造了一条 100 多米长的出口隧道，这使得 80 米长的景观遭受风化；云南的路南石林继白龙洞开放后，洞穴中的鹅管、石枝、石花和方解石晶体均遭折断、崩落和污染；贵州镇宁犀牛洞因抽取洞中湖水而使洞底塌陷、石柱折断。因此，在自然旅游资源开发利用、保护中尤其要考虑生态性的特点。

5. 不可再造性和不可移置性

自然旅游资源是大自然赋予的杰作，它们都是在一定自然地理条件下形成的，无论其形态特征、生态环境或是旅游功能都是独有的、不可复制和不可移置的。所谓“泰山雄、黄山奇、华山险、雁荡秀、青城幽”，它们给人们的总体感受是其是不可以被仿造的。匹练垂空的瀑布、汹涌澎湃的江河、潺潺流转的溪涧、汩汩喷涌的山泉，以及流云飘烟、雰霓蒸腾、飞翠流丹、鱼游碧潭所带来的生气和活力更是绝对的天然自成。青海湖粗犷、富饶的景象展现在广阔的青藏高原草场上；纳木错湖海拔 4 718 米，是世界上海拔最高的大湖，湖滨水草丰茂，是藏北的天然牧场，野牦牛、黄羊、狼、野兔等野生草原动物很多，是良好的狩猎场所；察尔汗盐湖湖面为白色结晶盐所覆盖，耀眼夺目，青藏铁路及与铁路平行的公路横跨盐湖，形成“万丈盐桥”；“八月湖太平，涵虚混太清。气蒸云梦泽，波撼岳阳城”是唐代诗人孟浩然笔下的洞庭美色；滇池群山环抱，登西山龙门瞰滇池，堤岬岛屿若隐若现，万顷波光，风帆点点，气象万千。这些湖泊的资源特色怎么可以被移置呢?因此，自然旅游资源的这种不可移置性，保障了其在旅游业发展中的绝对垄断地位。

5.3.3 人文旅游资源的独立特性

1. 精神文化性

相对自然旅游资源具有一定的物质实体形态而言，人文旅游资源在相当大程度上包含着精神文化的内容，这些精神文化内容可以以一定的物质实体为载体，如古建筑、宗教寺观、壁画、民居、服饰、风物特产、陵墓、园林等，也可以是一些纯粹的人类精神文化的东西，如历史事件、传说典故、文学人物、诗词书画、民族风情等，有形的载体和无形的精神文化内容相互依赖、相互渗透，共同形成独具吸引力的资源。井冈山成为风景名胜区不仅是由于其风景如画，更因为它是中国革命的第一个农村根据地，留下了许多革命斗争故事和革命家的斗争遗迹；孟姜女哭长城的故事家喻户晓，这使一座平常的姜女庙到旅游旺季时便人山人海；从秦始皇封禅泰山开始有摩崖题刻的做法，以后相沿而成习尚。题刻的作者多为帝王、名流、高僧、文人、墨客，不少题刻已成为传颂一时的篇章、书法艺术的珍品；《岳阳楼记》《滕王阁序》《登黄鹤楼》使这些名楼、名阁流传千古，正所谓“文因景名、景借文传”。人文旅游资源的精神文化性要求我们在开发旅游资源时不仅要重视有形的实体，还要挖掘其丰富的精神文化内涵，并且开阔思路，发现、形成和创造独具特色的旅游资源。

2. 可创造性

人文旅游资源是人类创造的精神和物质财富，它不同于自然旅游资源，人们是可以不断创造、形成及改造其存在形式的。随着人类社会的发展和对旅游需求的扩大及旅游需求的多样化，更多的可以满足各类人群多种多样需求的人文旅游资源及和自然旅游资源相互融合的多样化的资源必将出现。相对于自然旅游资源的不可移置性而言，某些人文旅游资源可以被移置或复制。例如，被称为“万园之园”的圆明园实际上浓缩了江南园林和北方园林的各种风格；美国于1955年在洛杉矶市建造了“迪士尼乐园”，现在世界许多国家的城市都修建了类似“迪士尼乐园”的游乐园；云南的民族风情是对中外旅游者最具吸引力的一项旅游资源，它遍布云南省的山山水水、村村寨寨，在滇池畔兴建的民族文化风景旅游度假区，荟萃了26个少数民族村寨及云南各民族优秀的人文景点和自然景观的缩微景观，吸引了无数的中外旅游者，已成为旅游者赴昆明旅游的必到之地；民族服饰、民族歌舞、绘画雕刻更是可以离开它的故乡在其他地方展示它的美丽。位于德国科隆市的巧克力博物馆，这座造型优美的船型建筑物拔地而起，馆前大门口有一个巨大的巧克力液体“喷泉”，旅游者只要把饼干往里一浸，即可吃到尚带余温、美味可口的巧克力饼。进入馆内，旅游者首先通过一条长长的温室过道，那里种植着开满白花的可可树。再往里走，展厅里陈列着各种干可可豆，工作人员将它们烧煮和碾磨后，再将可可粉抬到馆后的现代化车间里，加入牛奶和糖，在旅游者面前制成各式各样的巧克力。馆内还通过图文向旅游者详细介绍有关巧克力的知识。登上二楼，旅游者还可通过有近百年历史的巧克力自动售卖机，品尝各种巧克力。这个例子告诉我们，反映物质、精神财富的人文旅游资源是丰富多彩的。

人文旅游资源的可创造性并不等于可以任意地照搬异地的景观资源，再造民族的、历史的事物，在某种程度上，迁移或是复制的景观仍有别于原物，更不用说不切实际的生搬硬套了。

3. 历史文化性和社会时代性

人类固然可以创造更多的人文旅游资源，但是真正对旅游者产生强烈而永久吸引力的仍然是那些悠久的历史文化和浓郁的异域文化，一般说来，人文旅游资源的历史越悠久，所蕴含的文化内涵越丰富，旅游价值就越大。外国旅游者到我国旅游，最渴望了解的还是我国的历史文化。目前在各风景名胜区最具吸引力的还是其中的历史文化资源。我国的万里长城、陕西的秦始皇兵马俑、古埃及的金字塔都是永存的宝贵的历史文化资源。“长城之旅”“黄河之旅”“长江三峡游”“丝绸之路游”“佛教名山朝圣游”等这些蕴含了丰富的历史文化内涵的旅游路线，都是我国在国际市场上最具吸引力的专项旅游路线。

同时，人文旅游资源又具有鲜明的社会时代性。不同社会形态和不同时代下，人们对人文旅游资源的审美要求是不同的，这种审美要求的差异可以表现在不同时代、不同地域、不同社会形态下人们的审美思想和志趣两个方面。人文旅游资源鲜明的社会时代性决定了不同社会时代的人文旅游资源的含义和开发利用程度、方式、特点的不同。

5.4 旅游资源评价

旅游资源评价是在旅游资源调查的基础上，对旅游资源类型、规模、分布、质量、等级、开发条件等进行科学分析和可行性研究，为旅游资源的开发规划和管理运营提供决策依据。旅游资源评价直接关系到旅游目的地的发展方向和旅游资源的开发利用潜力。

5.4.1 旅游资源价值

旅游资源价值是指旅游资源自身的品质和丰优程度。旅游资源价值的评价指标体系有以下几个方面。

1. 美学观赏价值

美学观赏价值主要指旅游资源能提供给旅游者的美感种类及强度。它是自然景观和人文景观完美结合构成的空间综合体，既能体现自然美，又蕴含着人文美。自然美通过山体、河流、湖泊、草原、森林、日光、月影、云雾、雨雪等构景要素的总体特征来体现。人文美主要包括艺术美和社会美，它通过寺庙、陵墓、殿堂、亭台楼阁、石窟造像、摩崖石刻、民俗风情等来体现。具体来说，旅游景观的美包括形态美、形式美、色彩美、韵律美、嗅味美、动态美、意境美等。凡是吸引力较大的旅游资源，首先必须具有较高的美学观赏性，如桂林山水、长江三峡、壶口瀑布、敦煌莫高窟、西南少数民族风情，无不给人以美的享受。

2. 历史文化价值

历史文化价值主要指旅游资源包含的历史文化内涵。一方面，它包括旅游资源是否与重大历史事件、历史人物有关，以及其遗存文物古迹的数量与质量；另一方面，它包括旅游资源是否具有或体现了某种文化特征，是否与某种文化活动有密切关系，或者是否有与之直接相关的文学艺术作品、神话传说等因素。前者如西安秦始皇兵马俑、北京故宫、曲阜孔庙、南京雨花台；后者如因《枫桥夜泊》而闻名的寒山寺、佛教四大名山等。一般而言，旅游资源类型越多，产生年代越久远，规模越宏大，保存越完好，越是珍贵稀有，越是出自名家或与名人相关，其历史地位就越高，文化价值就越大。许多风景胜地往往有许多匾额、题名、楹联、景记、诗画、碑刻等，这些既是旅游观赏的内容，同时又是宝贵的历史艺术珍品。

3. 科学考察价值

科学考察价值主要是指旅游资源的某种研究功能，是在自然科学、社会科学和科普教学方面具有什么样的特点，以及能为科学工作者、探索者和追求者提供什么样的研究场所。这些场所通常是自然保护区、特殊的自然环境区域、博物馆、纪念地等。例如，陕西太白山自然保护区自然条件复杂独特，至今仍保留着千姿百态的第四纪冰川遗迹，被誉为第四纪冰川地貌的“天然博物馆”，同时它还是大熊猫、金丝猴、羚牛等珍稀动物的天然乐园，且植物的垂直分布规律表现得最为明显，是进行多种科学考察研究和教学实习的重要基地。周口店北京猿人遗址是世界上发现直立人化石、用火遗迹和历史遗存最丰富的古人类文化遗址，对研究古人类史有重要的科学价值。各类博物馆、纪念地（堂、馆）对培养参与者科学兴趣、扩大视野、增长知识、进行思想道德教育等具有重要意义。对于自然保护区、特殊自然环境区域、地质地貌类旅游资源、历史古迹类旅游资源、历史文化名城类旅游资源、古典园林类旅游资源、宗教文化类旅游资源、民族民俗风情类旅游资源，我们特别要注意对其科考价值的评价。

4. 个性特色价值

所谓旅游资源的特色、个性，也就是“与众不同”“唯我独有”“人有我优”“人优我特”的特征。具体而言，它一方面是指旅游资源相对于非旅游资源的差异程度，表现为特异性；另一方面它是指旅游资源唯我独有，有别于其他或不与其他旅游资源重复，表现为新奇性。旅游资源的奇特性越是突出，其旅游吸引力也就越大，从而具有越高的旅游价值。凡是能够产生奇特感的客体景观，或因其稀少难遇，或因其特色显著，或因其互相配合构成出乎预料的情景，从而具有较高的旅游价值。享有“中国第一奇山”美誉的黄山，因兼具奇松、怪石、云海、温泉“四绝”而名扬四海；“甲天下”的桂林山水亦因其奇秀，使桂林这个中等城市成为闻名中外的旅游热点城市。

5. 规模与组合价值

旅游资源的规模是指景观对象数量的多少、占地面积的大小等。旅游资源的组合状况，一是指自然旅游资源与人文旅游资源的结合与补充情况；二是指各要素的组合及协调性；三是指景观的集聚程度。只有在一定区域内，旅游资源密度较大，类型丰富，搭配协调，形成一定规模的旅游资源才具有较高的旅游价值。杭州西湖当属这方面的典范，论自然风景要素，它有山、湖、泉、树木、花草；论人文风景要素，它有亭、庙、园林、建筑、历史人物。而且，自然景观与人文景观相得益彰，宛如天造地设。桂林山水亦是此中范例，其风景精华“四绝”“八胜”“十六景区”地域集中，又有清如玉带的漓江环绕，组成浑然一体的景区。人们泛舟顺江而下便可饱览桂林山水的主要景致，其风景如同一幅画卷展现在人们眼前，让人目不暇接，心旷神怡。

6. 经济价值、社会价值与生态环境价值

经济价值是指旅游资源开发利用后所能带来的经济收入，以及由此产生的经济效益；社会价值是指旅游资源开发利用对人们在智力开发、知识增长、眼界开阔、思想教育、科技文化交流、友好往来等方面的功能和作用；生态价值是指旅游资源开发和利用在环境保护和生态建设方面的影响和作用。旅游业是经济型产业，必须进行投入产出分析。对旅游资源开发后的经济效益进行评估，不仅应估算投资量、投资回收期等直接的经济指标，还应评估因关联带动作用而由乘数效应带来的综合经济效益。经济效益与社会效益、环境效益是相互关联、相互影响的，评价时应综合分析，权衡利弊，以得出科学的结论。

5.4.2 旅游资源评价的理论依据

1. 价值判断统计学评价

不同个体对同一事物的评价，由于其价值观和人口社会学特征的不同，会产生不同的结果。但从实验统计学规律得出，不同人群或个体对同一事物的评价最终趋向于一个相同的结论，在对多个个体或人群进行统计的情况下，这一趋同的结论会清晰地显示出来。因此，在对旅游资源进行评价时可依据价值判断的统计性规律，选取不同专业背景和足够数量的人员来工作，以提高评价的权威性和可信性。

2. 人类认知比较学评价

人类对事物的认知比较具有较大的差异，这是由不同人群或个体的本身差异引起的，但若让随机抽取的大量人群或个体对不同的旅游资源就其质量进行比较，得到的比较结果的分布呈现出的是围绕某一中心值的正态分布，最终我们应选择人数最多的评价作为评价结果。

3. 美学评价

审美活动是人类的基本精神需求之一，旅游活动就是某种意义上的一种审美活动，包含对美的追求和享受。从审美学判断旅游资源，主要评价旅游资源的形态美、色彩美、动态美、幽静美、古悠美、心灵感悟美、新特美、愉悦美、文化感情美。实际上各种审美元素的最高级审美是文化审美，也可认为文化审美涵盖了各种审美。

5.4.3 旅游资源评价方法

1. 定性评价方法

定性评价是通过人们的感性认识，对旅游资源做出定性的评价或分级，一般无具体数量指标。

1）一般体验评价

一般体验评价是评价者根据亲身体验对一个或一个以上的旅游资源就其整体质量进行定性评估。通常是由旅游者在问卷上回答有关旅游资源的优劣顺序，或统计旅游资源在报刊、旅游书籍、旅行指南上出现的频率，或邀请各方面的专家讨论评议，从而确定一国或地区最出色的旅游资源。这种评价多是由传媒机构或传媒管理机构发起。例如，1985 年《中国旅游报》发起的“中国十大名胜”和 1991 年中国旅游报社与国家旅游局资源开发司共同主办的“中国旅游胜地四十佳”等的评选，运用的就是这种方法。这种方法常局限于少数知名度较高的旅游资源，无法用于一般类型或尚未开发的旅游资源。

2）美感质量评价

旅游资源美感质量评价一般是基于对旅游者或专家体验的深入分析，建立起规范化的评价模型，评价的结果多是具有可比性尺度或数量值。其中，对自然风景质量的视觉美评价已经较为成熟，目前较为公认的有四大学派，即专家学派、心理物理学派、心理学派（认知学派）及现象学派（经验学派）。

专家学派的代表人物是林顿（R.B.H.Litton）。该学派认为，凡是符合形式美原则的自然风景就具有较高的风景价值。对风景的分析基于线条、形体、色彩、质地四个元素，强调多样性、奇特性、协调统一性、多样化形式美在风景资源分级中的主要作用，并根据有关的生态学原则，突出地表现一系列分类分级过程。

心理物理学派的代表人物为施罗德（H.W.Schroeder）、丹尼尔（T.C.Daniel）和布雅夫（G.J.Buhyoff）。该学派把风景与风景审美理解为一种刺激—反应的关系，将心理物理学的信号检测方法引用到风景质量评价中，通过测量公众对风景的审美态度获得一个反映风景质量的量表，然后将该量表与风景组成成分之间建立起数学关系。其操作过程为：首先，测量公众平均审美态度，以照片和幻灯片为工具获得公众对所展示的风景美感评价；其次，确定所展示风景的基本要素；再次，建立就质量与风景的基本要素间的相关模型；最后，将建立的数学模型用于同类风景的质量评估。

心理学派（认知学派）的代表人物为卡普兰（S.Kaplan）、吉布利特（Gimblett）、布朗（T.Brown）。该学派侧重研究风景对人的认识作用在情感上的影响，试图用人的进化过程及功能需要来解释人对风景的审美过程。

现象学派（经验学派）的代表人物为洛温撤尔（Lowenthal）。该学派把人在风景审美评判中的主观作用提到了绝对高度，把这种评判看做人的个性与文化历史背景、志向与情趣的表现。研究方法一般是考证文学艺术家关于风景审美的文学、艺术作品、名人日记等，以此来分析人与风景的相互作用及各种审美判断所产生的背景。同时，该学派也通过心理测试、调查、访问等形式，记叙现代人对具体风景的感受和评价。

3）"三三六"评价法

"三三六"评价法是由北京师范大学卢云亭教授提出的"三大价值"、"三大效益"和"六大开发条件"的评价体系。其中，"三大价值"指旅游资源的历史文化价值、艺术欣赏价值和科学考察价值；"三大效益"指旅游资源开发后带来的经济效益、社会效益、环境效益；"六大开发条件"指旅游资源所在地的地理位置和交通条件、景物或景类的地域组合条件、景区旅游容量条件、施工难易条件、投资能力条件、旅游客源市场条件等六方面内容。

4）资源及环境综合评价法

上海社会科学院黄辉实从旅游资源本身和旅游资源所处环境两个方面对旅游资源进行定性评价。对旅游资源本身的评价，采用美、古、名、特、奇、用六个标准进行衡量；对旅游资源所处环境的评价，采用季节、污染、联系、可进入性、基础结构、社会经济环境、旅游市场七个标准进行评价。

2. 定量评价方式

定量评价是根据一定的评价标准和评价模型，以全面系统的方法，将旅游资源的各评价因子予以客观量化处理。

1）技术性单因子定量评价标准

技术性单因子定量评价是指在旅游资源评价过程中考虑某些典型的关键因子，对其进行技术性的适宜程度或优劣评价。这种评价一般只限于自然旅游资源的评价，对于开展专项旅游活动，如登山、滑雪、游泳等尤为适用。目前较为成熟的有海滩和海水浴场的评价、旅游湖泊的评价、地形适宜性评价、康乐气候分析、滑雪旅游资源评价和溶洞评价。在此仅对海水浴场评价标准进行介绍（表 5-3）。

表 5-3　海水浴场评价标准（日本）

序号	资源项目	符合要求的条件	附注
1	海滨宽度	30~60m	实际总利用宽度 50~100m
2	海底倾斜	1/10~1/60	倾斜度愈低愈好
3	海滩倾斜	1/10~1/50	倾斜度愈低愈好
4	流速	游泳对流速要求 0.2~0.3m/s，极限流速 0.5m/s	无离岸流之类的局部性海流
5	波高	0.6m 以下	符合游泳要求的波高为 0.3m 以下
6	水温	23℃以上	不超过 30℃，但愈接近 30℃愈好
7	气温	23℃以上	
8	风速	5m/s 以下	
9	水质	透明度 0.3m 以上，COD[1)] 2μg/g 以下，大肠菌数 1 000MPN[2)]/100ml 以下，油膜肉眼难以辨明	
10	地质粒径	没有泥和岩石	
11	有害生物	在游泳区域内不接触身体	
12	藻类	无	
13	危险物	无	
14	浮游物	无	

1）COD：chemical oxygen demand，化学需氧量；2）MPN：most probable number，最大可能数

资料来源：保继刚和楚义芳（2000）

2）综合因子定量评价

综合因子定量评价方法是在考虑多因子的基础上，运用树立建模分析，对旅游资源及其环境和开发条件进行综合定量评价，评价结果为数量指标，便于对不同资源评价结果进行比较。目前，这类评价方法非常多，如层次分析（analytic hierarchy process，AHP）法、指数表示法、模糊数学评价法、价值工程法、综合价值评价模型法和旅游地综合评价模型等。这里只选择以下几种方法加以介绍。

（1）层次分析法。层次分析法是美国匹兹堡大学运筹学家塞蒂（T.L.Saaty）于 20 世纪 70 年代中期提出的一种多层次权重分析决策方法。它将复杂问题中的各种因素通过划分出相互联系的有序层次，使之条理化，再根据对一定客观现实的判断，就每一层次指标的相对重要性给予定量表示，利用数学方法确定各因子重要程度的定量结果（权值），并通过排列结果分析和解决问题。这种方法增强了评价的客观性，已被世界各国广泛采用。其特点是具有高度的逻辑性、系统性、简洁性和实用性。

运用 AHP 法进行评价分为三步。

第一步，建立旅游资源定量评价的指标体系。评价因子分为三方面，即资源价值、景点规模、旅游条件。对各个评价因子进行归类和层次划分，解析出属于不同层次和不同组织水平的各因子之间的相互关系，建立旅游资源定量评价模型树（图 5-1）。

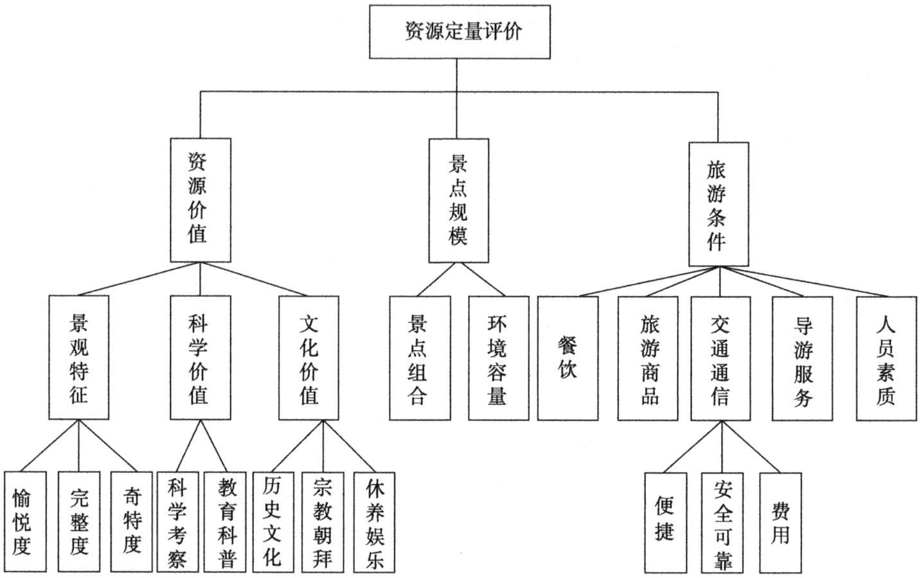

图 5-1　旅游资源定量评价模型树

第二步，确定各评价因子的权重。模型树中每一个评价因子对评价目标的重要性程度不一样，在评价过程中，先要对这些指标的重要性进行排列，确定其权重。各因子两两比较的标度通过特尔菲法（又称专家征询法）获取，再经过层次分析计算，得到旅游资源评价因子权重值（表 5-4）。

表 5-4　旅游资源评价因子权重值

评价综合层	权重	评价项目层	权重	评价因子层	权重
资源价值	0.72	景观特征	0.44	愉悦度	0.20
				奇特度	0.12
				完整度	0.12
		科学价值	0.08	科学考察	0.03
				教育科普	0.05
		文化价值	0.20	历史文化	0.09
				宗教朝拜	0.04
				休养娱乐	0.07
景点规模	0.16	景点组合	0.09		
		环境容量	0.07		
旅游条件	0.12	交通通信	0.06	便捷	0.03
				安全可靠	0.02
				费用	0.01
		餐饮	0.03		
		旅游商品	0.01		
		导游服务	0.01		
		人员素质	0.01		
合计	1.00		1.00		

第三步，获得各评价因子的评估值，得到综合结果。综合得分按照下面的数学模型计算，即

$$A=\sum_{i=1}^{n} S_i \bullet W_i \tag{5-1}$$

式中，A 表示旅游资源价值综合得分；S 表示某个评价因子的得分值；W 表示某个评价因子的权重值；i 表示第 i 项因子。

（2）综合评分法。综合评分法是将评价对象分解为若干评价项目，然后将评价项目进一步细分为若干因子，根据每个项目和因子的重要性赋以相应的分值，全部因子评价赋值分数加总构成旅游资源评价得分[①]。

《旅游资源分类、调查与评价》（GB/T 18972—2017）就是采用综合评分法，利用“旅游资源共有因子综合评价体系”对旅游资源单体进行评价。其评价项目有三项：资源要素价值、资源影响力、附加值。其中，资源要素价值包括观赏游憩使用价值；历史文化科学艺术价值；珍稀奇特程度；规模；丰度与几率；完整性等五项评价因子；资源影响力包括知名度和影响力、适游期或使用范围两项评价因子；附加值包含环境保护与环境安全一项评价因子。

根据对旅游资源单体的评价，得出该单体旅游资源共有综合因子评价赋分值。再依据旅游资源单体评价总分，将其分为五级，从高级到低级依次为：五级旅游资源，得分值域≥90 分；四级旅游资源，得分值域为 75~89 分；三级旅游资源，得分值域为 60~74 分；二级旅游资源，得分值域为 45~59 分；一级旅游资源，得分值域为 30~44 分。此外还有：未获等级旅游资源，得分≤29 分。

其中，五级旅游资源称为“特品级旅游资源”；五级、四级、三级旅游资源被统称为“优良级旅游资源”；二级、一级旅游资源被统称为“普通级旅游资源”。

旅游资源评价赋分标准见表 5-5。

表 5-5　旅游资源评价赋分标准

评价项目	评价因子	评价依据	赋值
资源要素价值（85 分）	观赏游憩使用价值（30 分）	全部或其中一项具有极高的观赏价值、游憩价值、使用价值	30~22
		全部或其中一项具有很高的观赏价值、游憩价值、使用价值	21~13
		全部或其中一项具有较高的观赏价值、游憩价值、使用价值	12~6
		全部或其中一项具有一般观赏价值、游憩价值、使用价值	5~1
	历史文化科学艺术价值（25 分）	同时或其中一项具有世界意义的历史价值、文化价值、科学价值、艺术价值	25~20
		同时或其中一项具有全国意义的历史价值、文化价值、科学价值、艺术价值	19~13
		同时或其中一项具有省级意义的历史价值、文化价值、科学价值、艺术价值	12~6
		历史价值，或文化价值，或科学价值，或艺术价值具有地区意义	5~1

① 马勇和周霄（2004）。

续表

评价项目	评价因子	评价依据	赋值
资源要素价值（85分）	珍稀奇特程度（15分）	有大量珍稀物种，或景观异常奇特，或此类现象在其他地区罕见	15~13
		有较多珍稀物种，或景观奇特，或此类现象在其他地区很少见	12~9
		有少量珍稀物种，或景观突出，或此类现象在其他地区少见	8~4
		有个别珍稀物种，或景观比较突出，或此类现象在其他地区较多见	3~1
	规模、丰度与几率（10分）	独立型旅游资源单体规模、体量巨大；集合型旅游资源单体结构完美、疏密度优良级；自然景象和人文活动周期性发生或频率极高	10~8
		独立型旅游资源单体规模、体量较大；集合型旅游资源单体结构很和谐、疏密度良好；自然景象和人文活动周期性发生或频率很高	7~5
		独立型旅游资源单体规模、体量中等；集合型旅游资源单体结构和谐、疏密度较好；自然景象和人文活动周期性发生或频率较高	4~3
		独立型旅游资源单体规模、体量较小；集合型旅游资源单体结构较和谐、疏密度一般；自然景象和人文活动周期性发生或频率较小	2~1
	完整性（5分）	形态与结构保持完整	5~4
		形态与结构有少量变化，但不明显	3
		形态与结构有明显变化	2
		形态与结构有重大变化	1
资源影响力（15分）	知名度和影响力（10分）	在世界范围内知名，或构成世界承认的名牌	10~8
		在全国范围内知名，或构成全国性的名牌	7~5
		在本省范围内知名，或构成省内的名牌	4~3
		在本地区范围内知名，或构成本地区名牌	2~1
	适游期或使用范围（5分）	适宜游览的日期每年超过300天，或适宜于所有游客使用和参与	5~4
		适宜游览的日期每年超过250天，或适宜于80%左右游客使用和参与	3
		适宜游览的日期超过150天，或适宜于60%左右游客使用和参与	2
		适宜游览的日期每年超过100天，或适宜于40%左右游客使用和参与	1
附加值	环境保护与环境安全	已受到严重污染，或存在严重安全隐患	–5
		已受到中度污染，或存在明显安全隐患	–4
		已受到轻度污染，或存在一定安全隐患	–3
		已有工程保护措施，环境安全得到保证	3

资料来源：中华人民共和国国家标准《旅游资源分类、调查与评价》（GB/T 18972—2017）

3. 旅游地综合评价模型

对旅游地的综合性评价，是着眼于旅游地旅游资源的整体价值评估或旅游地的开发价值评价。旅游资源的综合性评价结果对旅游地的综合性评价结果起决定作用。对于旅游地综合评价，事实上有一个潜在的认定，就是旅游消费决策意向和出游行为同旅游地的综合性评估之间呈正比例关系。旅游者的消费决策和行为规律是旅游地综合评价的理论基础。从罗森伯格（M. Rosenberg）和菲什拜因（M. Fishbein）开始，逐渐形成了基于消费者决策模型的罗森伯格–菲什拜因模型。旅游地综合评价模型就是在罗森伯格–菲什拜因模型基础上建立的，公式为

$$E=\sum_{i=1}^{n}Q_iP_i \tag{5-2}$$

式中，E 为旅游地综合评价结果值；Q_i 为第 i 个评价因子的权重；P_i 为第 i 个评价因子的评估值；n 为评价因子的数目。

世界上许多国家都是采用此模型对旅游地进行综合性评价，只是侧重点各有不同。

5.5 旅游资源开发

5.5.1 旅游资源开发的概念

旅游资源开发是指以发展旅游业为前提，以市场需求为导向，以旅游资源为核心，以发挥、改善和提高旅游资源对旅游者的吸引力为着力点，运用适当的经济和技术手段对旅游资源加以利用，从而实现经济效益、社会效益和环境效益的技术经济过程。

旅游资源是发展旅游业的基础，但不是所有旅游资源都具有现实的旅游价值，无论多么优越的旅游资源，如果没有被开发，那么对旅游业的发展是没有任何价值的，只有经过开发才能体现旅游资源本身的价值。

5.5.2 旅游资源开发的内容、工作

旅游资源开发的内容，不仅包含旅游资源本身的开发、利用，还包括旅游配套设施建设、相关外部条件的开发与改造、旅游环境的建设等。具体来说，包括以下七方面的内容。

1. 景点或风景区的规划和建设

这项工作是旅游资源开发的核心部分，也是整个旅游开发工作的出发点。绝大多数资源本身是与旅游活动没有直接联系的，因而缺乏旅游活动开展的基本条件，这也就对旅游资源开发和建设提出了客观要求。这种开发和建设，从内容、形式上说，既可以是对尚未利用的旅游资源的初次开发，也可以是对已经利用的景观或旅游吸引物的深度开

发，或进一步的功能发掘；既可以是对现实存在的旅游资源的归整和加工，也可以是从无到有建造的一个新景点。从其性质来看，既可以是以开发和建设为主的活动，也可以是以保护和维护为主的开发活动。从动态来说，开发活动的内容、性质也是在发展变化的。

2. 提高旅游资源所在地的可进入性

可进入性问题主要是指交通、通信条件，包括交通线路、交通设施、交通方式及现代化的通信设施等。特别是在现代旅游业中，旅游者的出游范围越来越大，远距离旅游已渐成规模。这对可进入性条件的具体指标，如交通线路的通达性、交通方式的舒适性与便捷性等，都提出了较高的要求。如果某地的旅游资源十分丰富且特色突出，但交通状况恶劣，可进入性较差，就会极大地减弱旅游者选择到该地旅游的动机。景区内部的交通状况同样重要，通常需要做到“进得来、散得开、出得去”。在满足现代旅游者需求的前提下，还要建设良好的通信设施。因此，重点解决可进入性问题，可使旅游资源开发的目标得到保障，使旅游者选择旅游目的地时没有顾虑。

3. 建设和完善旅游配套设施

旅游吸引物是旅游者到达旅游目的地后的主要目标，但在游览过程中旅游者仍有基本的生活需要，这就决定了旅游目的地必须要建设向旅游者提供相关服务所必需的旅游配套设施。旅游配套设施包括旅游服务设施和旅游基础设施两种。旅游服务设施主要是供外来旅游者使用的，一般包括住宿、餐饮、交通及其他服务设施，其中一部分也为本地居民的生活需要提供服务。旅游基础设施是为了满足旅游目的地居民生产、生活需要而提供给大家共同使用的设施，如水、电、热、气的供应系统，废物、废水、废气的排污处理系统，邮电通信系统，安全保卫系统等，它们并不直接为旅游者服务，但在旅游经营中是直接向旅游者提供服务的部门和企业必不可少的设施。旅游配套设施一般投资大、周期长，因此，对其建设规模、布局、数量必须严格论证和审批，做到适度超前发展，避免设施的不足或浪费，从而为旅游目的地创造良好的投资环境和开发条件。

4. 完善旅游服务

旅游服务是旅游产品的核心。旅游者购买并消费旅游产品，除了在餐馆和旅游生活中消耗少量有形物质产品外，大部分是接待和导游服务的消费。因此，旅游资源只是旅游活动的吸引物和旅游产品的基本条件，其开发必须注重旅游服务的完善。从旅游供给的角度来看，旅游服务包括商业性的旅游服务和非商业性的旅游服务。前者一般是指当地旅行社的导游和翻译服务、交通部门的客运服务、饭店业的食宿服务、商业部门的购物服务，以及其他部门向旅游部门提供的营业性接待服务；后者一般包括当地为旅游者提供的旅游问询服务、出入境服务，以及当地居民为旅游者提供的其他义务服务。旅游管理部门和旅游企事业单位必须通过各种方式，根据客源市场的变化及旅游业发展的要求，对从业人员不断进行提高性培训，以提高服务水平和质量，达到完善旅游服务的目标。

5. 加强宣传促销，开拓客源市场

发展旅游业，就是开发旅游目的地本身所具有的旅游资源，利用一切有利条件，满足市场的旅游需求，发展完善的产业结构，获得预期的经济效益和社会效益。因此，旅游资源的开发并不仅仅是简单地将目标集中于旅游资源本身进行景点开发和配套设施建设等，还必须进行市场开拓工作，二者相辅相成，缺一不可。市场开拓工作，一方面是将景点建设及旅游活动的设置与旅游需求趋向联系起来，即根据旅游者消费行为特征，进行旅游资源开发的具体工作；另一方面是通过多种媒介加强宣传促销，将旅游产品介绍给旅游者，不断开拓市场、扩大客源，实现旅游资源开发的目的。

6. 重视旅游资源的保护

旅游资源的开发者和经营者在经济效益的驱动下会积极投资开发，但在这种思路引导下往往会忽视旅游资源的保护。那些被自然或人为因素破坏或损害的旅游资源若不及时加以整治和修复，就会继续衰退，有些会完全消失，无法恢复。因此，一方面，要在旅游从业者和当地群众间树立资源保护的观念，把开发与保护并重的思路融入旅游目的地的每一个角落；另一方面，要建立科学保护旅游资源的机制，定期进行检查、维护，及时发现问题并合理解决，从而有效地保护旅游资源，保证旅游资源开发工作的顺利进行。

7. 营造良好的旅游环境

旅游目的地的旅游环境，可以充分展示旅游资源的地域背景，包括一个国家或地区的旅游政策、出入境管理措施、政治动态或社会安定状况、社会治安、风俗习惯，以及当地居民的文化修养、思想观念、好客程度等，从而直接或间接地对旅游者产生吸引或排斥作用，进而影响旅游资源开发的效果。因此，营造良好的旅游环境既可突出本地旅游资源的特色，又可提高旅游者对旅游资源的认可度和满意程度。该项工作主要包括：制定有利于旅游业发展的旅游政策；制定方便外来旅游者出入境的管理措施；保持稳定的政治环境和安定的社会秩序；提高当地居民的文化修养，培养他们的旅游观念，使其养成文明礼貌、热情好客的习惯等。

5.5.3 旅游资源开发的可行性和必要性

1. 旅游资源开发的可行性分析

旅游资源开发的可行性分析，实质上是一项科学论证工作，是决策过程的开始。通过收集有关资料和进行考察，初步分析项目的可行性，主要是对市场和产品情况进行评估并做出判断。如果不可行，应该终止项目。其具体的分析内容主要包括以下几个方面。

1）旅游资源价值分析

旅游资源是开发活动的标的物，因而其赋存状况和特色将决定开发价值的大小。一般来说，旅游资源数量越多、越丰富，具备的开发潜力就越大；旅游资源在空间上集中程度越高，开发后的影响效果就越大；旅游资源蕴含的文化底蕴越深厚，开发后对旅游者的吸引力就越大；旅游资源特色越明显，资源开发后该地旅游业的竞争实力就越强。由此可以看出，对旅游资源的价值进行分析、评价，可以大致估算出旅游资源开发后的效果，这对于研究旅游资源开发的可行性将提供至关重要的评价依据。

由于对旅游资源进行评价受评价人的经历、价值观等主观因素的影响较大，分析的结果也可能会因人而异，一般采用专家评议的方式来进行。也就是由专家在进行亲身体验的基础上根据规范化的评价模型为待开发的旅游资源打分，然后根据分数的高低来确定旅游资源价值的大小。

2）旅游区位分析

旅游产品通常是一些不可移动的景观、娱乐设施及服务，其消费特征是广大旅游者离开其常住地，到达旅游目的地进行购买和消费，因而距离阻抗成为旅游产品销售的重要影响因素。从空间尺度上看，旅游目的地的客源市场一般随距离增加呈现衰减的迹象。旅游项目的市场空间为向心集聚而不是网络扩散，导致旅游资源开发的区位选择具有高度重要的意义。

在对旅游区位进行分析时，除了客观、真实地反映该旅游资源所处的地理位置和交通条件以外，我们还要充分考虑自然因素（水源条件、地形地貌条件、气候条件等）、市场因素（客源市场位置、靠近潜在市场的程度、可进入性、设施条件、是否有竞争对手等）及社会因素（土地费用、扩建因素、地方政策条件、民意人情条件、人力资源的可用性、生态环保等）对该资源区位条件的影响，从而得出比较客观的结论。

3）区域经济文化背景分析

区域经济文化背景分析是指分析旅游资源开发地的宏观经济状况、金融市场的开放性和融资成本、利率水平的高低、政府对开发是否有指导性的优惠政策；分析旅游资源所处的地理位置、气象、水文、地质、地形等自然环境条件和旅游资源开发地的交通运输状况、供水、供电、供热、供气等市政基础设施配置条件；分析旅游资源开发地的人口特征、生活习惯、思维方式、生活水平、消费方式、对资源开发所持态度等人文环境条件。一般来说，投资环境和建设环境越优，人们对资源开发的欢迎程度越大，旅游开发的成本就越低，资源开发的可行性也就越高。

4）客源市场分析

旅游资源开发的最终目的是获取经济利益，而经济利益的实现必须发生在市场中。因此，分析旅游资源的开发是否可行，应对其相应的旅游市场进行调查、分析，看旅游开发所预期的利益在市场中有无实现的可能。该项分析内容主要是调查类似旅游产品的客源市场特点、市场需求、发展规律和市场容量，并预测该地进行旅游资源开发后旅游市场对其产品与服务的需求量，以确定开发的规模和程度、特色，乃至可能提供的产品和服务。

5）环境影响分析

虽然我们一再强调旅游开发应该是在保护的前提下进行，但在追求利益的过程中，难免会出现一些盲目性，会对生态环境及社会造成一定的不良影响。因此，在进行可行性分析时，我们要充分考虑旅游资源开发对环境、周围地区的影响及应采取的相应措施，充分发挥旅游资源开发带来的积极影响，抑制和减少旅游资源开发造成的消极的负面影响，避免对旅游资源造成破坏性开发。

6）经济与社会效益分析

旅游资源开发需要进行大规模的资金和人力投入，一个重要的目标就是为旅游目的地获取经济效益。因此，在开发活动开始之前，我们需要对可能产生的经济效益进行充分论证，计算出大致的投资成本、投资回收期、每年净收益、内部收益率、所能占有的旅游市场份额等经济指标，以期通过对旅游资源开发的经济效益分析，为开发的可行性提供最优的支撑。但是，经济效益并不是开发的唯一目标，旅游资源开发的最高目标是实现“生态—经济—社会”三维复合系统整体的良性互动和可持续发展，谋求社会、经济、生态三个方面的最终综合效益。因此，还应对该经济行为可能产生的社会效益进行客观且全面的综合评估，包括开发对旅游目的地的社会与文化可能带来的正面及负面影响，哪些负面影响是可以通过一定的措施和手段加以规避的，哪些是目前暂时无法解决的，这些都是旅游资源开发是否可行的重要分析内容之一。

2. 旅游资源开发的必要性

旅游资源开发的方式包括兴建、利用、提高和改造四种。兴建是指创造性地建设新的旅游吸引物。受自然条件和历史因素的影响，旅游资源的分布并不均衡，有的地方原本缺乏价值高的旅游资源，为了发展旅游业便需要兴建旅游资源，这是一个从无到有的旅游资源开发过程。有的地方虽有旅游资源，但因某些条件，如交通的限制，无法被旅游者利用，旅游功能严重欠缺。有些资源，由于人们旅游需求发生变化，成为人们新的旅游兴趣，如大学校园、工厂等，这些潜在的旅游资源也需要变得能为旅游业所利用。提高和改造则是针对那些已经被利用过的旅游资源。由于旅游者需求特征变化，旅游吸引力下降，或是由于自然或历史的原因遭到破坏，或是现有的旅游设施无法满足旅游业发展的需要等，旅游目的地都需要对业已开发利用的旅游资源加以提高和改造，以增加其吸引力，满足市场需要，提高效益。

5.5.4　旅游资源开发原则

旅游资源必须经过开发才能成为旅游吸引物，旅游资源开发正是把旅游资源加工改造成具有旅游功能的吸引物的技术经济过程。旅游资源本身的特性和存在的地域形式的不同，旅游资源开发的需求内容也不相同，使得旅游资源的开发、利用具有多向性的特点。不同的开发利用思想、目的和手段会有不同的社会经济效果。因此，按照科学规律、遵守一定的开发行为规范就显得尤为重要。在现实的旅游资源开发实践中一般应该坚持以下原则。

1. 独特性原则

与众不同是旅游资源能够对旅游者产生吸引力的根本所在，一般来讲，旅游目的地与客源市场所处环境的差异性越大，其吸引力就越大。因此，突出旅游资源本身原有的特点，特别是针对该地区旅游资源独有的特征进行开发，突出旅游产品的独特性对于旅游资源开发来讲具有十分重要的意义。

2. 市场导向原则

市场导向原则，是指旅游资源在开发之前一定要进行市场调查和市场预测，准确掌握市场需求及其变化规律，结合旅游资源特色，确定开发的主题、规模和层次。该原则要求旅游资源开发必须首先了解和掌握旅游市场的需求状况，包括需求的内容、满足程度、发展趋势及潜在需求状况和整个市场的规模、结构及支付能力，其次要根据这些因素进行旅游资源开发的筹措工作。

3. 保护性开发的原则

开发过程中，旅游资源一旦遭受破坏，一部分会自然恢复，但需要耗费很大的人力、物力及较长的时间，如植被的恢复；另外有一部分则根本不可能恢复，如山体、洞穴、古生物化石及文物古迹。一旦遭到破坏，旅游资源乃至该区域的旅游业将遭受致命的打击。因此，必须坚持保护性开发的原则，在开发过程中要将保护工作放在首要地位，切实加强保护措施，通过开发有力地促进旅游资源的保护。

4. 游客参与原则

游客参与原则，要求在旅游资源开发过程中创造更多的空间和机会，便于游客自由活动。我们可以采用渗入、延伸或扩大视野等方法，将各种旅游服务设施设置于旅游资源所处的大环境中，使游客在整个游览娱乐活动过程中有广阔的自主活动空间、主动接触大自然的机会及充分展示自我意识的环境，真正使游客体验人与环境协调统一、和睦相处、融为一体的感受。

5. 经济效益、社会效益和环境效益相统一的原则

旅游资源开发的目的是发展旅游业，从而达到赚取外汇、回笼货币、解决就业、发展地区经济等目的，即实现一定的经济效益。这就需要我们对开发项目投资的规模、建设周期的长短、对旅游者的吸引力、回收期限及经济效益等方面，进行投入—产出分析。但经济效益只是旅游资源开发所追求的目标之一，与此同时，开发活动也不能超过社会和环境的承载力，否则会造成资源破坏、环境质量下降、社会治安混乱等负面影响，不利于当地旅游业的持续发展。

6. 美学原则

旅游资源开发要把握旅游者爱美的心理，应用美学原理，注重景观的形态美、色彩美、听觉美、嗅觉美、结构美与质感美。自然资源开发要尽量体现自然美，包括原始美、纯朴美、纯净美、神秘美、壮阔美、纤巧美等；人文和社会旅游资源开发要尽量体现社会美和艺术美。

7. 综合开发的原则

某一区域在突出能代表旅游目的地形象的重点旅游资源的同时，对其他各类资源也要根据情况逐步进行开发。要使一个具有特色或某一主题的旅游目的地能吸引各种类型的旅游者，综合开发是必不可少的。旅游活动的综合性使得旅游资源开发往往包含多种类型的开发，尤其对于一个地域范围较大的旅游目的地，开发中应考虑旅游者吃、住、行、游、购、娱等多方面的需要，做好设施和服务的配套工作。

8. 成本最优化原则

旅游资源开发的重要目的之一是获取经济效益，因此，开发必须做到投资省、见效快、效益高。成本最优化原则要求旅游开发时慎重评价旅游资源所在地的条件，安排好开发重点、规模和顺序。对于资源条件好但所需投资额大，开发后难以在短期内收回投资的项目应该分批进行，优先开发地理位置和周围基础设施条件好的旅游资源。切忌不分轻重缓急，一哄而上，造成投资分散、效益下降。

5.6 旅游资源保护

5.6.1 旅游资源保护的原则

1. 旅游开发建设与资源、环境保护协调发展的原则

不可否认，经济开发与资源保护之间是存在一定矛盾的，但这并不意味着对旅游资源开发利用与保护的取舍就必须走向“绝对开发”或“绝对保护”两个极端，即片面追求经济利益、忽视对资源及环境的合理保护，甚至以牺牲资源和环境为代价来换取一时的经济效益；或者是离开经济建设和旅游资源开发，脱离国家和地方现有的条件、水平和需要，单纯强调旅游资源及环境的保护。事实上，只要做到科学规划、合理布局、有序开发，是有可能在开发和保护这对矛盾中找到相对平衡点的，从而可以化对立为统一，以科学的开发利用促进资源及环境的保护。显然，这一目标的实现，必须树立“以开发带保护、以保护促开发”“开发与保护协调发展”的开发观，加强对旅游资源开发、利用的管理，尽量把旅游开发中将会发生危害的可能性减至最小，以谋求旅游资源“用”中取“保”、“保”中取“用”，从而推动旅游资源实现“持续利用”。

2. 全民参与的普遍保护与专业部门的重点保护相结合的原则

旅游资源是具有艺术观赏价值、历史文化价值、科学研究价值等多种旅游价值的自然、人文环境精华要素，从这一角度上看，旅游资源及环境的保护与开发关系到对国家和民族的自然、文化遗产的继承与发展，涉及亿万人民的切身利益。因此，保护旅游资源及环境，绝不是一部分人或少数人的事，而是需要全民参与的大事。全民参与旅游资

源及环境的保护包含两层意思：一是指广大群众把旅游资源及环境的保护变成一种普遍的自觉行为，从个人做起，珍惜资源、爱护环境、尊重传统，以文明的行为达到保护的目的；二是指发动全社会力量，宣传立法、募捐集资、义务植树、防火防盗，以弥补国家人力、财力的不足。同时，为了保障旅游资源及环境得到科学的保护和管理，在全民参与、普遍保护的基础上，还必须依靠专业部门，建立专业技术队伍，对重点资源进行重点保护。

3. 综合保护、防治结合的原则

所谓综合保护的原则，就是对旅游资源及环境的保护不能持狭隘、孤立的观点，不能只顾眼前而不考虑长远，不能只注意局部和个体而忽略了全局和整体。为此，不但要保护旅游资源本身，保护与旅游资源有关的内容，还要保护与旅游资源形成、发展起相互作用的全部要素。这是因为任何一个旅游目的地都是由包括旅游资源在内的、相互依存、相互渗透、相互制约的诸要素构成的，只有综合保护才能协调并理顺它们之间的关系，使其内在结构联系保持稳定，并从根本上体现出保护的综合效应，使旅游目的地始终处于良性发展中。

此外，在综合保护的前提下，还要坚持“以防为主、防治结合”的保护方针，不可重蹈一些发达国家“先污染、后治理”的覆辙。对已造成的破坏与污染应及时制止，坚决治理；对有可能发生的资源损毁，应积极采取防范措施；对保护良好的资源，应认真做好质量监控，防止破坏发生。

4. 依法保护的原则

随着我国法治建设逐步深入，利用法律武器保护旅游资源及环境已成为保护工作中的一项重要内容。众所周知，法律、法规具有强制性，它不但对保护旅游资源及环境的行为规范做出了具体的规定，而且还对于那些损毁、破坏旅游资源及环境的人员、单位具有极大的威慑作用。因此，在旅游资源及环境的保护工作中，应做到“有法可依、有法必依”，根据法规条令依法办事、制定章程、遵纪管理。另外，经过审批的城市规划和旅游区规划也是具有一定法律效力的重要依据,在旅游资源及环境保护中也可引为准绳，严格贯彻实施。

5.6.2 旅游资源保护对策

旅游资源衰败的原因可以分为自然破坏和人为破坏两个方面。因此，应用持续发展理论、人与自然共生理论，对旅游资源采取相应的以防为主、以治为辅、防治结合的保护措施。虽然灾难性的自然破坏不可避免，但可以采取措施减弱自然风化的程度，延缓其过程；对于人为破坏，可以通过法律、政策、宣传和管理途径予以治理，对于已遭到破坏的旅游资源，应视其破坏轻重程度和恢复的难易程度，采取一定程度的培修和重建措施。

1. 减缓旅游资源自然风化的对策

旅游资源自然风化的起因是自然界大气中光、热、水环境的变化，存在自然风化问题的旅游资源主要是历史文物古迹。出露于地表的旅游资源要完全杜绝自然风化是不可能的，但一定范围内改变环境条件使风化过程减缓是完全有可能的。例如，将裸露的风吹日晒下的旅游资源加厚或在其上修建房屋予以保护。乐山大佛曾建有 13 层的楼阁（唐代名为大像阁，宋代名为天宁阁，后楼阁毁于战火）覆罩其上，既金碧辉煌，又保护了神像。类似的建筑应予以恢复和建设。

2. 杜绝旅游资源的人为破坏的对策

透过旅游资源的人为破坏原因的表面看本质，旅游资源的人为破坏的根源主要是广大群众保护旅游资源的意识不强，不少人不知道旅游资源的价值；法制不够健全；旅游资源保护理论研究不成熟；旅游资源开发和旅游管理不善等。只有解决根源上的问题，才能真正杜绝旅游资源的人为破坏。

（1）加强旅游资源保护意识和知识的宣传教育。从旅游资源的人为破坏的种种原因，我们可以看出上至建设决策者，下至旅游者保护旅游资源的意识不强，或者根本就没有这一意识，这是旅游资源的人为破坏的根源所在。旅游资源的保护要解决的是广大群众的旅游资源保护意识问题，让群众了解旅游资源是千百年的自然造化和人类文化遗产的精髓，是人类精神需求的宝贵财富，保护旅游资源是对自己负责，也是对子孙后代负责；让群众清楚地认识到，旅游资源是脆弱的，一旦被破坏，难以复原。

同时，在旅游资源的人为破坏中，有相当多的情况是群众对旅游资源价值的无知造成的。这就要求我们通过各种途径大力宣传旅游资源的价值和对旅游资源保护的知识，提高全民素质，使宝贵的旅游资源免遭无知的摧残。

（2）大力开展旅游资源保护的研究和人才培养。旅游资源的保护，不仅要有良好的愿望，更应建立在科学的基础之上，旅游资源保护的研究是一项重要的科研项目。旅游资源类型多、分布广、引起破坏的原因多种多样，故旅游资源的保护涉及多门学科、多种技术。但是，在我国，旅游资源保护的研究几乎刚刚开始，许多现存问题和随着旅游业进一步发展出现的诸如旅游资源保护方法论、旅游资源保护政策、旅游资源保护工程等新问题都在等待系统的保护理论和技术措施来解决。

近年来，随着旅游业的迅猛发展，旅游业的人才培养重视的是旅游业开发人才和管理人才，而对保护人才的培养可以说重视不够。“保护”一词只是挂在嘴边的一种宣传，缺少具体人员的关心和实施。这样，即使有了理论和政策也难以落到实处，故在旅游业发展的今天，对旅游资源保护专门人才的培养迫在眉睫。

（3）健全旅游资源法治管理体系。旅游资源的保护问题已经引起世界各国决策者的重视，1972 年联合国教育、科学及文化组织（United Nations Educational，Scientific and Cultural Organization，UNESCO，以下简称联合国教科文组织）通过了《世界文化和自然遗产保护公约》，强调保护自然文化珍品对人类的重要性。我国也由全国人民代表大会和国务院分别颁发了《中华人民共和国文物保护法》、《中华人民共和国风景名胜区条例》

（以下简称《风景名胜区条例》），2013 年还颁布并实施了《中华人民共和国旅游法》，将保护旅游资源这一问题提到法律的高度，对旅游资源的保护起到极为重要的作用。但是，就在这些法律出台后，旅游资源仍然还在遭受人为破坏。究其原因，一是相关保护法律的宣传普及不深入、不广泛，许多人根本不知道自己做的事违反了法律条例；二是许多人即使知法，也因执法不严，或只顾眼前经济利益，选择置法于不顾。这就向我们提出了既要有法，还要宣传法，并严格执法，真正健全旅游资源法治管理体系。

（4）完善风景名胜区保护系统。在世界范围内的自然生态系统遭到破坏、生物物种迅速消亡、濒临灭绝的情况下，世界各国、各地区纷纷建立自然保护区，我国各地区也逐步建立了自然保护区，形成了自然保护区系统。经过 60 多年的发展，截至 2017 年，我国的自然保护区已经占国土面积的 14.8%，是世界上规模最大的保护区体系之一。另外，我国自 1982 年起，先后审定并批准了九批 244 处国家级风景名胜区。其中，第一批至第六批原称“国家重点风景名胜区”，2007 年起改称“中国国家级风景名胜区”。这九批逐次分别是：第一批于 1982 年 11 月 8 日发布，共 44 处；第二批于 1988 年 8 月 1 日发布，共 40 处；第三批于 1994 年 1 月 10 日发布，共 35 处；第四批于 2002 年 5 月 17 日发布，共 32 处；第五批于 2004 年 1 月 13 日发布，共 26 处；第六批于 2005 年 12 月 31 日发布，共 10 处；第七批于 2009 年 12 月 28 日发布，共 21 处；第八批于 2012 年 10 月 31 日发布，共 17 处；第九批于 2017 年 3 月 21 日发布，共 19 处。各省（区、市）也建设了省级风景名胜区，并在全国形成了风景名胜区系统。这些风景名胜区应严格贯彻执行《风景名胜区条例》，政府和有关部门也应进一步从政策、理论、技术、管理等方面对风景名胜区的保护再加以充实，风景名胜区保护系统将得以完善，旅游资源的保护将出现一个崭新的局面。

（5）在旅游业发展中把旅游资源保护放在首位。良好的旅游资源是旅游业生存和发展的保证，而旅游资源的人为破坏很多是在旅游业的资源开发和管理中出现的。旅游资源开发的目的是利用旅游资源而不是破坏旅游资源，在旅游资源开发的同时，一定要注意保护旅游资源，开发后交付使用的旅游资源要有相应的一套保护措施。在旅游资源管理中，宏观上严格按法律法规执行，微观上还得有一套适合当地特点的保护管理措施，真正做到把旅游资源保护纳入旅游业的议事日程，把旅游资源保护落到实处。

3. 已破坏的旅游资源恢复对策

绝大多数旅游资源，一旦遭到破坏就难以恢复，有的历史古建筑的文化价值和旅游价值都相当高，虽然已经衰败，甚至不复存在，但仍可以采用治理恢复措施重现其风采。

（1）培修复原，整旧如故。历史建筑因经历了上百年甚至上千年的自然风化和人为破坏，出现了影响原有特色的破损、变色。我们可以采用复原培修的办法，采用原材料、原构件，或在必要时用现代构件进行加固，以保持原貌为准则，即整旧如故，但切忌“翻新”而失去“古”的特色。例如，西安荐福寺的小雁塔的修复较为成功，修复后仍保持其苍劲古朴的面貌。

（2）仿古重修。历史上一些著名的建筑物，由于自然或人为原因在地面上已经消失，但具有很高的文化旅游价值，在旅游业迅速发展的今天，为了满足人民文化生活的需要，应进行重修，以重现古建筑的风貌。例如，武昌的黄鹤楼为天下名楼，无论在中华民族的文化价值方面，还是在国外的影响力都很大。历史上，黄鹤楼曾因战争频繁被毁多次，中华人民共和国成立后，1954 年修建武汉长江大桥时原址又被南岸桥头堡所占。在原楼址南侧 1 000 米处重修的黄鹤楼，保留原有的塔式阁楼造型和风格及江、山、楼三位一体的意境，不乏为重修成功的一例。

扩展教学资源：辅助学习网站

1. 全国自然保护区名录 http://www.mee.gov.cn/stbh/zrbhq/qgzrbhqml/
2. 中华人民共和国住房和城乡建设部-中国世界自然遗产事业发展公报（1985—2015）http://www.mohurd.gov.cn/zxydt/201510/t20151026_225374.html
3. 中国林业网 http://www.forestry.gov.cn/
4. 世界地质公园网 http://cn.globalgeopark.org/
5. NPS.gov Homepage（U.S.National Park Service）https://www.nps.gov/index.htm

扩展教学资源：推荐阅读

保继刚，楚义芳. 2000. 旅游地理学（修订版）[M]. 北京：高等教育出版社.
保继刚. 1993. 旅游地理学[M]. 北京：高等教育出版社.
陈传康，刘振礼. 1990. 旅游资源鉴赏与开发[M]. 上海：同济大学出版社.
窦志萍，邓清南. 2003. 中国旅游地理[M]. 重庆：重庆大学出版社.
傅广海. 2018. 十年重建："5.12" 汶川特大地震遗址区旅游开发研究及震后旅游的社会经济效应分析[M]. 成都：西南财经大学出版社.
李天元，王连义. 1993. 旅游学概论[M]. 天津：南开大学出版社.
李晓琴，朱创业. 2013. 旅游规划与开发[M]. 北京：高等教育出版社.
卢云亭. 1988. 现代旅游地理学[M]. 南京：江苏人民出版社.
马勇，周霄. 2004. 旅游学概论[M]. 北京：旅游教育出版社.
孙文昌. 1989. 应用旅游地理[M]. 长春：东北师范大学出版社.
吴国清. 2010. 旅游资源开发与管理[M]. 上海：上海人民出版社.
谢彦君. 2001. 基础旅游学[M]. 北京：中国旅游出版社.
杨桂华，陶犁. 1999. 旅游资源学[M]. 云南：云南大学出版社.
袁小凤，何方永. 2007. 中国旅游地理[M]. 成都：电子科技大学出版社.
朱创业. 2010. 旅游地理学[M]. 北京：科学出版社.

本章小结

本章主要从旅游资源的定义、分类、特点、评价、开发和保护六个方面进行了系统的讨论。旅游资源的定义由于学术背景、研究角度的不同，不同的学者对其的界定有不同的侧重点。2017年发布的《旅游资源分类、调查与评价》(GB/T 18972—2017)中对旅游资源的定义“自然界和人类社会凡能对旅游者产生吸引力，可以为旅游业所开发利用，并可产生经济效益、社会效益和环境效益的各种事物和因素”是为很多学者所共同认同的。旅游资源分类的关键点是有利于旅游资源和旅游点的开发、建设和保护。根据不同的目的，旅游资源可以有不同的分类标准和分类方法。旅游资源是一种极为特殊的资源，既有一般资源的一些共性，还具有许多自己的特性。旅游资源评价是在旅游资源调查的基础上，对旅游资源类型、规模、分布、质量、等级、开发条件等进行科学分析和可行性研究，为旅游资源的开发规划和管理运营提供决策依据。旅游资源评价直接关系到旅游目的地的发展方向和旅游资源的开发利用潜力。旅游资源开发是指以发展旅游业为前提，以市场需求为导向，以旅游资源为核心，以发挥、改善和提高旅游资源对旅游者的吸引力为着力点，运用适当的经济和技术手段对旅游资源加以利用，从而实现经济效益、社会效益和环境效益的技术经济过程。由于自然破坏和人为破坏两个方面的原因，旅游资源的衰败日益呈现，因此，实现可持续发展就必须对旅游资源进行保护。

思考题

1. 名词解释

旅游资源　旅游资源评价　旅游资源开发

2. 简述

(1)《旅游资源分类、调查与评价》(GB/T 18972—2017)中对旅游资源是如何定义的，旅游资源分为哪几个主类、亚类、基本类型?

(2)针对两种旅游资源分类方法，指出它们的分类原则有何不同，并思考不同的分类各有什么优点和不足。

(3)《旅游资源分类、调查与评价》(GB/T 18972—2017)中旅游资源评价赋分标准包括哪些评价因子？简要阐述其评价依据。

(4)简述旅游资源开发的可行性，并举例说明。

(5)简述旅游资源开发的原则。

(6)简述旅游资源的保护对策。

第6章

旅游业

6.1 旅游业的概念、特征及作用

6.1.1 旅游业的概念

旅游活动的规模化发展是需求和供给两个方面联合作用的结果，需求方是旅游者，供给方是旅游业。关于旅游者，前面第4章已有详细论述。旅游业是以旅游资源为基础，以旅游设施为条件，以旅游者为服务对象，为旅游者的旅游活动、旅游消费创造便利条件并提供其所需的商品和服务的产业集群。可见，对于旅游业定义的理解，有必要明确以下四点。

第一，旅游资源是一个国家或地区发展旅游业的前提和基础，旅游业是以旅游资源为依托的。

第二，旅游者是旅游业生存的基础，旅游业是为满足旅游者的需求而提供产品和服务的，旅游业的服务对象并不全是旅游者，也包括当地的居民，但它的服务对象应该是以旅游者为主体的，没有旅游者就谈不上旅游。

第三，旅游业是由吃、住、行、游、购、娱等多种行业共同构成的，旅游业是一项综合性的产业。各个行业通过提供各种旅游产品和服务来满足旅游者的旅游需求，为旅游者的旅游活动提供便利条件。

第四，旅游业作为一个综合性产业并不是“主要业务或产品大体相同的企业类别的集合”，它不符合传统产业的定义，旅游业并非由同类企业构成，并且，绝大多数旅游企业实际上都隶属于某个传统的标准产业。旅游业作为一个产业，其界定标准是服务对象——旅游者，而不是业务或产品。旅游业是以旅游者为对象，为其旅游活动创造便利条件并提供其所需的商品和服务的综合性产业。

6.1.2 旅游业的特征

1. 综合性

旅游者的需求多种多样，为满足旅游者需求，必然需要多种不同类型的企业来共同为旅游者提供产品和服务。旅游业的存在和发展就是为了满足旅游者进行旅游活动的需求。因此，旅游业必然涉及国民经济中的多个行业和部门，如交通运输、住宿、餐饮、娱乐业、旅游景区等不同类型的企业为旅游者提供服务。旅游业因为涉及各行业的联动与集合，所以，旅游业是集吃、住、行、游、购、娱等为一体的综合性产业。

2. 依托性

由于旅游业的综合性，旅游活动涉及面广，旅游业的发展需要依托相关行业的发展，具有高度的依托性。首先，旅游业以旅游资源为依托，旅游资源是旅游业发展的物质基础，一个地区旅游资源的特点及其丰富程度决定了该地区旅游业的发展水平。如果旅游资源匮乏，就会限制旅游业的发展。其次，旅游业依赖国民经济的发展。国民经济的发展决定了人们可支配收入的多少和闲暇时间的长短，从而决定了旅游者的数量和消费水平。国民经济发展水平还决定着旅游供给水平，表现为旅游资源开发和设施建设的投入能力。最后，旅游业的发展还依托于各有关部门和行业的合作与协调发展，其中任何一个行业的脱节都会影响旅游业的正常发展。

3. 涉外性

旅游是一种跨地区甚至跨国界的人际交往活动。旅游业务按照业务范围可以分为国内旅游业务、入境旅游业务和出境旅游业务，其中后两项业务属于国际旅游的范畴，具有涉外性质。国际旅游活动既有文化的交流又有经济的交流，一个国家既可以是旅游接待国，又可以是旅游客源国。发展旅游，尤其是国际旅游，在扩大旅游目的地的国民收入、外汇收入的同时，还可以促进各国人民的相互交流，增进相互了解。同时，各国的社会制度、社会文化、生活方式等方面存在较大差异，因此，发展国际旅游的政策性也较强。旅游业的涉外性要求旅游从业人员在完成国际旅游接待任务时，必须掌握必要的涉外知识，了解相关的对外政策，具备一定的外语交流能力，尊重各国文化和生活方式，自觉维护国家形象和民族尊严。

4. 敏感性

旅游业依托于其他产业部门，各产业的变化都会在旅游业上得到反映，旅游业具有高度的敏感性或脆弱性。旅游业的经营随时会受到多种因素的影响和制约。从旅游业的内部情况看，其各组成部分之间是高度依赖的，其中某一部分出现问题，就会引发一系列连锁反应，都会造成整个旅游目的地旅游供给的失调，从而影响整个旅游目的地旅游业整体经济效益的实现。从外部因素看，自然的、政治的、经济的、社会的、文化的、法律的因素出现变化，都可能对旅游业的经营产生影响，其中有些因素的变化，如自然灾害、经济危机、恐怖活动等，可能会造成严重的影响。例如，2008 年 5 月 12 日四川汶川 8.0 级地震使四川九寨沟景区的旅游人数呈现断崖式下跌（图 6-1）。

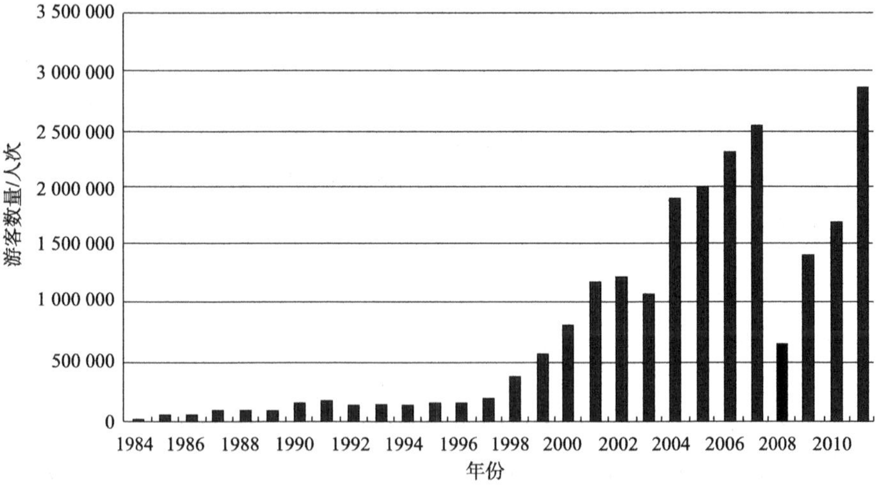

图 6-1 1984~2011 年九寨沟景区历年接待游客数量

5. 劳动密集性

判定一个企业或行业是否属于劳动密集型的标准并非其雇用员工的多少，而是其员工工资成本在全部营业成本或产品价值构成中所占比例的高低。旅游业的劳动密集性，主要表现在旅游业的工资成本在其全部营业成本和费用中所占比例较高。旅游业的产品是以提供劳务为主的旅游服务，许多服务必须依靠人工完成，在旅游业中，旅行社、住宿接待业、旅游商店等都属于劳动密集型。同其他行业相比，旅游业的设备投资和销售费用较低。旅游业被公认为是劳动密集型产业，世界上很多国家都把发展旅游业作为扩大就业人口、缓解就业压力的重要途径。

6. 季节性

由于受到旅游目的地气候、旅游资源的特点及旅游者的闲暇时间分布不均等因素影响，旅游业具有较强的季节性特点，或者叫旅游淡季、旺季。在旅游旺季，旅游企业往往是供不应求，接待能力不足，接待设施和服务人员都处于超负荷运转状态，旅游资源损耗严重；而淡季则表现为旅游企业供过于求，接待能力过剩，造成接待设施闲置和服务人员空闲。这造成了旅游企业经营上的压力和经济上的损失，旅游企业只有采取必要措施缩短旅游淡季、旺季的差别，才能更有效地提高旅游业的经济效益。

6.1.3 旅游业在国民经济中的作用

1. 旅游业的经济作用和社会作用

发展旅游业具有回笼货币，赚取外汇，促进市场繁荣，促进就业，保证国民经济稳定发展的作用。联合国世界旅游组织多年来对中国旅游产业发展的测算显示，中国旅游产业对国民经济综合贡献和社会就业综合贡献均超过 10%，高于世界平均水平。原国家旅游局数据中心测算，2017 年全国旅游业对 GDP 的综合贡献为 9.13 万亿元，占 GDP 总量的 11.04%；国内旅游 50.01 亿人次，全年实现旅游总收入 5.40 万亿元，旅游直接就业 2 825 万人，旅游直接和间接就业 7 990 万人，占全国就业总人口的 10.28%。2017 年全年，国际旅游收入 1 234 亿美元，比上年同期增长 2.9%。其中，外国人在华花费 695 亿美元；香港同胞在内地花费 301 亿美元；澳门同胞在内地花费 83 亿美元；台湾同胞在大陆花费 156 亿美元[①]。

2. 旅游业的促进其他产业发展，改善国民经济结构的作用

旅游业的发展建立在一定物质资料生产发展基础上，促进了经济部门的发展，起着改善国民经济的作用。这是因为旅游业的发展能刺激旅游者的消费，从而可以形成和扩大新的消费市场。要满足因旅游业的发展而扩大的消费，就要增加生产，扩大服务。由旅游刺激的消费，是一种较高水平的消费，其对消费品和服务的要求，无论是从质量上还是从数量上来说都比较高。在更新换代方面，某些旅游消费品的周期更短，这就对生产和服务部门提出了更高的要求。因此，旅游消费这种新形式就成为推动生产发展的新动力，为其他部门、行业开辟新的生产方式提供了可能。

旅游业既是综合性产业，也是一个平台性产业，旅游业本身不仅涵盖多种行业，也是集聚各种要素、各种消费、各种业态的平台性产业。旅游业对财政贡献来说，除了旅游消费领域和投资环节的直接贡献，更多体现在旅游业带动相关产业和配套服务业的发展，产生了大规模的相关税收，带动了其他消费。据统计，2017 年全年，旅游业对住宿、餐饮、民航、铁路客运业的贡献率超过 80%。

同时，旅游业的发展还会促进各种经济信息的交流，为新产业的产生提供条件。国内旅游业的这些作用都能促进国民经济结构的调整和改善。

3. 旅游业的促进文化交流、精神文明建设，提高国人生活品质的作用

首先，发展国内旅游是满足人民日益增长的物质文化需要的重要途径。随着经济的发展，人民生活水平的提高，人民群众旅游的愿望越来越强烈，出门旅游的人数与日俱增，发展国内旅游业就成为满足人民群众日益增长的物质文化需要的不可缺少的途径。

其次，发展国内旅游业对于激发人民的爱国主义热情，增进人民的身体健康，提高人民的生活质量具有较大的作用。旅游者游览祖国的锦绣山河和名胜古迹，对其开阔眼界，陶冶情操，扩大信息交流，增进身心健康都有积极的作用。尤其是在青少年中开展爱国主义教育，国内旅游发挥的作用更为明显。过去开展的“夏令营”“学习周”等活动，寓思想教育和传授知识于旅游之中，使青少年学到了书本上学不到的知识，激发了青少年振兴中华的热情，这些形式可以为相关部门发展国内旅游所借鉴。

最后，发展国内旅游还可以促进思想观念的更新，从而提高人民的素质。国内旅游

---

① 《2017 年全年旅游市场及综合贡献数据报告》。

发展所形成的游客流是信息流、观念流的载体。这些信息、观念、思想、生活方式的传播，可以起着打破当地封闭保守思想、引发思维观念更新的作用。中国社会经济落后的一个重要原因，是闭塞、愚昧的观念阻碍了社会的进步。通过发展国内旅游业，可以强化人们之间的思想文化交流，更新思想观念，其意义比发展旅游所获得的经济效益要深远得多。国内旅游业对精神文明建设的作用，已经越来越为人们所认识。联合国世界旅游组织前主席阿瑟霍洛德认为:“我们必须尽一切努力把旅游维持在最高文化水准和精神水准上，我们必须把旅游组织起来，使它不仅成为不错的经营，而且成为一个创造更加文明、更加和平的世界的良机。”

4. 旅游业的其他贡献

旅游业的贡献是综合的，旅游业不仅具有经济贡献，还具有外交贡献、文化贡献、社会贡献、传播文明的贡献、促进开放的贡献、促进民族融合团结的贡献、促进人的全面发展的贡献等。

6.2 “互联网+”与旅游业

6.2.1 “互联网+”定义

“互联网+”指的是依托互联网信息技术实现互联网与传统产业的联合，以优化生产要素、更新业务体系、重构商业模式等途径来完成经济转型和升级。简单地说就是“互联网+××传统行业=互联网××行业”，虽然实际的效果绝不是简单的相加。

这样的“互联网+”的例子绝不是什么新鲜事物。例如，传统集市+互联网有了淘宝网，传统百货卖场+互联网有了京东商城，传统银行+互联网有了支付宝，传统红娘+互联网有了世纪佳缘，传统交通+互联网有了滴滴快车……“互联网+”对传统产业不是颠覆，而是换代升级。

在通信领域，通信+互联网有了即时通信，现在几乎人人在用即时通信 APP（application，应用程序）进行语音、文字甚至视频交流。传统运营商在微信这类即时通信 APP 诞生时简直是如临大敌，因为其会导致语音和短信收入大幅下滑，但随着互联网的发展，来自数据流量业务的收入已经大大超过语音收入的下滑，可以看出，互联网的出现并没有彻底颠覆通信行业，反而促进运营商进行相关业务的变革升级。在交通领域，过去没有移动互联网，车辆运输、运营市场不敢完全放开，有了移动互联网以后，过去的交通监管方法受到很大的挑战。从国外的 Uber、Lvft 到国内的滴滴快车，移动互联网催生了一批打车、拼车、专车软件，虽然它们在全世界不同的地方仍存在不同的争议，但它们通过把移动互联网和传统的交通出行相结合，改善了人们出行的方式，增加了车辆的使用率，推动了互联网共享经济的发展，提高了出行效率，减少了二氧化碳的排放，对环境保护也做出了贡献。

在金融领域，余额宝横空出世的时候，银行觉得其风险不可控，也有人怀疑二维码支付存在安全隐患。随着国家对互联网金融的研究越来越透彻，中国银联股份有限公司对二维码支付也出台了相关标准，互联网金融得到较为有序的发展，也得到国家相关政策的支持和鼓励。

在零售、电子商务等领域，过去这几年都可以看到其和互联网的结合，正如马化腾所言，“它是对传统行业的升级换代，不是颠覆掉传统行业”。在“互联网+”的进程中，我们又可以看到“特别是移动互联网对原有的传统行业起到了很大的升级换代的作用”。

事实上，“互联网+”不仅正在被全面应用到第三产业，形成诸如互联网金融、互联网交通、互联网医疗、互联网教育等新形态，而且正在向第一产业和第二产业渗透：工业互联网正在从消费品工业向装备制造和能源、新材料等工业领域渗透，全面推动了传统工业生产方式的转变；农业互联网也在从电子商务等网络销售环节向生产领域渗透，为农业带来了新的机遇，提供了广阔的发展空间。

6.2.2 “互联网+”特征

1. 跨界融合

“+”就是跨界，就是变革，就是开放，就是重塑融合。只有敢于跨界，创新的基础才会更坚实；只有融合协同，群体智能才会实现，从研发到产业化的路径才会更垂直。融合本身也指身份的融合、客户消费转化为投资，或伙伴参与创新等，不一而足。

2. 创新驱动

中国经济增长方式必须转变到创新驱动发展这条正确的道路上来。这正是互联网的特质，用互联网思维来求变、自我革命，也更能发挥创新的力量。

3. 重塑结构

信息革命、全球化、互联网业已打破了原有的社会结构、经济结构、地缘结构、文化结构。权力、议事规则、话语权不断在发生变化。“互联网+社会治理”、虚拟社会治理会有很大的不同。

4. 尊重人性

人性的光辉是推动科技进步、经济增长、社会进步、文化繁荣的最根本的力量，互联网强大的力量也来源于对人性的最大限度的尊重、对人性的敬畏、对人的创造性发挥的重视。例如，UGC（user generated content，用户原创内容）、卷入式营销、分享经济。

5. 开放生态

关于“互联网+”，生态是非常重要的特征，而生态的本身就是开放的。我们推进“互联网+”，其中一个重要的方向就是要把过去制约创新的环节化解掉，把孤岛式创新连接起来，让研发由人性决定的市场驱动，让创新并努力者有机会实现自身价值。

6. 连接一切

连接是有层次的，可连接性是有差异的，连接的价值是相差很大的，但是连接一切是“互联网+”的目标。

6.2.3 “互联网+”对旅游业的影响

1. 改变了传统旅游方式

“互联网+旅游”进程中，传统跟团游受到的冲击最大。随着“互联网+旅游”的深入发展，旅游业将实现各个细分领域的互联网预订，旅游者可以根据个人需求自主选择旅行内容。同时，伴随着信息透明化程度的增加，深度游将是大势所趋。专业旅游平台的建立，让更多的旅游者对旅游目的地的概况一目了然。旅游者在旅行前会在相关旅游信息平台获得关于旅游目的地景点的信息，选择适合自己的旅行计划，并通过各类短租平台进行特色民宿预定，实现旅行吃、住、行三要素的预订网络化。

2. 改变了传统旅行社的地位

“互联网+旅游”使传统旅行社的地位受到威胁。传统旅行社作为旅游实体与旅游者之间的中介，它既是客户服务中心，也是后期串联旅游实体服务的中心。随着互联网去中介化的效应，旅游实体销售业务由在线平台实现，旅游者的入口也随之转移到互联网，这导致旅行社地位下降，转变为线上平台的线下服务中心。以前，旅游者出门旅游更多的是通过旅行社安排行程，随着互联网的广泛应用，旅游者通过网络就可以了解旅游目的地信息，自主安排出游行程，并通过网络直接在旅游目的地购买旅游产品。据了解，国内现有多个旅游目的地的在线旅游平台接收的团队旅游者数量已超过各大传统旅行社，国内游市场正在迅速地向互联网和移动端转移。

3. 推动了旅游“碎片化”趋势

在信息透明程度逐渐增加的今天，旅游信息网络查询与预订变得更加方便快捷，旅游碎片化程度加强。同时，旅游者需求呈现个性化，拥有个性旅行欲望的旅游者逐渐增加，旅行中各环节的互联网化效应使一次预订逐渐被拆分，并被细分到各个领域，个性化定制将是新的旅游突破口。旅游者出游方式由以往的旅行社统一安排转变为自由选择，甚至自己制定个性化旅游线路。与传统旅行社的预订不同，这种新的“零售”模式的各个环节是分散的、独立的，旅游“碎片化”趋势加强。

4. 扩大了散客旅游

在旅游“碎片化”的影响下，散客旅游越来越受到人们推崇。此种散客旅游并不意味着是完全的自助游，实际上散客会借助旅行社或在线旅游平台预订半自由行产品。团购模式恰恰适用于散客旅游，通过散客提供需求到在线平台，联动线下旅行社或者旅游实体，实现旅行方式的个性化定制。定制旅游方式一方面迎合了旅游者的个性化需求，另一方面也易于实现旅游实体盈利。因此，在需求与利润的双重刺激下，在线平台及线下旅游实体将会推出更多定制服务，促进旅游散客化进程。

5. 旅行心理需求发生变化

移动互联网的普及使得社交软件的使用频率增加，通过社交软件“晒生活”已成为现代人生活内容的一部分。用马斯洛需求层次理论可以解释为，当人们的基本生活需求得到满足后，就会逐渐转向更高层次的心理需求。通过互联网社交软件“晒生活”能够得到来自熟人、朋友的认可，实现人们的“受尊重的需求”。而旅行带给人们不一样的生活体验，所以“晒旅行”成为人们在“晒生活”时的主要内容，这既是人们获得认同感的需求，又是追求“个性感”的需求。

6.3 旅行社

6.3.1 旅行社的概念

2009 年 5 月 1 日起施行的《旅行社条例》对旅行社做了界定，旅行社指从事招徕、组织、接待旅游者等活动，为旅游者提供相关旅游服务，开展国内旅游业务、入境旅游业务或者出境旅游业务的企业法人。《旅行社条例》还对外商投资旅行社做了界定，外商投资旅行社包括中外合资经营旅行社、中外合作经营旅行社和外资旅行社。

旅行社可以设立分社和旅游服务网点等分支机构。旅行社分社和服务网点均不具有法人资格，是以设立分社的旅行社的名义从事《旅行社条例》规定的经营活动，其经营活动的责任和后果，由设立社承担。

旅行社分社的设立不受地域限制，即分社可以在设立社所在行政区域内设立，也可以在全国范围内设立。旅行社设立分社的数量不受限制，由旅行社根据经营服务的需要决定，但其经营范围不得超出设立社的经营范围，即经营出境旅游业务的旅行社可以根据市场发展需要来设立分社，既可设立只经营国内旅游业务和入境旅游业务的分社，也可设立只经营出境旅游业务的分社，还可以设立经营国内、入境和出境旅游业务的分社。

服务网点是由旅行社设立的，为旅行社招徕旅游者，并以旅行社的名义与旅游者签订旅游合同的门市部等机构。服务网点应当在设立社的经营范围内，招徕旅游者，提供旅游咨询服务，不得从事招徕旅游者和旅游咨询以外的其他业务。旅行社设立服务网点的区域范围，只能在设立社所在地的设区的市的行政区划内。服务网点应当设立在方便旅游者认识和出入的公众场所，其名称、标牌等应当包括设立社名称、服务网点所在地地名等，不得含有使消费者误解为是旅行社或旅行社分社的内容，也不得使用易使消费者误解的简称。

6.3.2 旅行社的分类

1. 欧美国家对旅行社的分类

欧美国家往往根据旅行社的业务特点，将以旅行社为代表的旅游中介分为旅游批发商（tour wholesaler）、旅游经营商（tour operator）和旅游零售商（travel agent）三大类。

旅游批发商是指从事旅游产品批发业务的旅行社。它将航空公司或其他交通运输业的产品与旅游目的地旅游企业的地面服务和产品组合成整体旅游产品，然后通过一定的销售渠道推向广大旅游者。旅游批发商通过大量采购旅游交通、旅游景点、饭店、餐饮、娱乐等单项产品，并将这些产品编排成不同时间、不同价格、不同类型的包价旅游路线产品，然后再批发给旅游零售商，通过旅游零售商出售给最终旅游者。

旅游经营商与旅游批发商在性质和经营业务上基本相同，其差别在于旅游批发商一般不直接销售旅游路线产品，也不服务于最终旅游者；而旅游经营商则自己拥有自己的零售网络，在组合整体旅游产品的同时，不但通过旅游零售商出售其旅游产品，还通过自己的零售网点直接向广大旅游者出售旅游产品，直接服务于最终旅游者。

旅游零售商是直接与旅游者打交道的旅行社，向旅游者宣传和推广旅游产品，承担旅游者决策顾问与旅游产品推销员的双重角色。旅游零售商的典型代表是旅游代理商。旅游代理商在其所在地区代理旅游批发商和旅游经营商提供的旅游产品，其零售业务包括为旅游者提供旅游咨询、代客预订和代办旅行票据、证件，向提供产品的旅游企业反馈旅游者意见，代为发放旅游企业的宣传品，为旅游者购买旅游保险和外汇兑换等。旅游代理商不向旅游者收费，其收入主要来自被代理旅游企业支付的佣金。旅游零售商多为小企业，大都坐落在繁华地段，便于旅游者的咨询与购买活动。

2. 中国对旅行社的分类

中国对旅行社的分类方法与欧美国家不同，《旅行社条例》取消了旅行社的类别划分，只保留旅行社的业务划分。申请设立旅行社时，申请人应当向省、自治区、直辖市旅游行政管理部门提交申请及相关文件。旅行社在取得经营许可证后就可以经营国内旅游业务和入境旅游业务，取得经营许可后满两年，且未因侵害旅游者合法权益受到行政机关罚款以上处罚的，可以申请经营出境旅游业务。

经营国内旅游业务的旅行社，其业务范围包括向国内旅游者宣传促销、招徕国内旅游者、安排国内旅游者行程、提供导游服务和行李服务、代订和代办交通票据和其他事宜等。

经营国际旅游业务的旅行社的经营业务范围又分为两种情况，一种是既可经营出境旅游业务，又可经营入境旅游业务，还可以经营国内旅游业务；另一种是只能经营入境旅游业务和国内旅游业务。

旅行社申请经营边境旅游业务的，适用《边境旅游暂行管理办法》的规定；申请经营赴中国台湾地区旅游业务的，适用《大陆居民赴台湾地区旅游管理办法》的规定。

6.3.3 旅行社部门设置

1. 直线职能式

直线职能式是指按照职能划分部门的旅行社组织结构模式,在这种组织结构模式中,旅行社的业务部门和管理部门按照内部生产过程划分和设立。其中产品设计与开发、产品销售、旅游团体接待部门、散客旅游和旅游服务采购等业务部门被称为“一线部门”,负责旅行社的日常经营活动;管理部门包括办公室、人力资源开发、财务管理等部门,它们不直接参与旅行社的业务活动,而是直接为一线部门服务。这是目前我国大部分旅行社采用的组织结构模式。

直线职能式组织结构各业务部门的分工情况如下。

(1)市场部,也称市场营销部。其主要业务就是根据旅游市场发展情况及把握旅游市场的前瞻性,根据旅行社的客源情况,设计旅行社的旅游产品和销售策略,并通过一系列的宣传和公关活动来拓展旅行社的客源市场,提高旅行社的声誉。

(2)外联部。其主要业务是如何把旅行社的旅游产品成功地向旅游者或外地旅行社(中间商)等旅游客户推荐,主要包括入境旅游接待业务、国内异地旅游团的地接业务和当地团队(单位包价旅游团)的组团业务等。

(3)计调部。其全称是计划调度部,是旅行社接待业务的调度核心部门,主要职责是按照计划向有关旅游企业购买相关服务组合成旅游产品,并将旅游者已购买的旅游产品(计划)具体落实,以保证旅游活动的正常进行。

(4)接待部。它由导游人员组成,主要负责按旅游合同的要求具体落实旅游团(者)已购买的旅游产品(接待计划),为旅游团(者)提供符合标准的导游和陪同服务。

(5)营业部。它是旅行社一个重要的对外窗口,主要承担散客旅游接待业务、旅游咨询和票务销售等工作。许多旅行社还把营业部作为旅游俱乐部活动场所、旅游宣传及拓展旅游业务的阵地。

2. 事业部式

事业部式是在直线职能式基础上发展而来的,已成为当今企业组织结构的主要类型。事业部式是一种分权式的组织结构,即在总公司之下按产品类型、细分市场、地域等标准划分多个事业部或分公司。这些事业部或分公司具有相对独立的自主权,是独立的利润中心。事业部式组织结构最终成为发达国家大型企业标准的组织结构模式,这种模式同样极大地促进了旅行社的发展。旅行社事业部式组织结构是指按照地区或语种划分部门的组织结构,它是旅行社对于具有独立的产品和市场、独立的责任和利益的部分实行分权管理的一种组织形态。

6.3.4 “互联网+”对传统旅行社发展的影响

传统旅行社是一个提供包价旅游产品的的中介服务企业,主要为旅游者提供固定旅游路线的旅行服务。

传统旅行社的模式是“价差、共享、固定、冲量、密集”。

价差是指将景点、住宿、餐厅等旅游商品包装成产品，赋予其一个产品售价，用更多人购买同一产品所造成的订单量来跟供货商议价。共享是指交通部分，即尽可能将交通工具（大、小巴士）的使用最大化。固定是指旅游者集体行动，以利于游程的顺畅安排。冲量是指路线变化少，以利于将旅游者的数量集中在几个供货商上，维持产品跟供货商之间的议价空间。密集是指尽可能排入更多著名景点，这可使旅游者觉得旅程安排超值，而且著名景点容易在旅游者的需求中获得最大共识。

在互联网时代到来之前，信息的封闭性导致旅游者的搜索成本较高。传统旅行社的营销模式相对落后，它的主要功能大致包括为旅游者提供旅行咨询服务、为其安排车票及住宿等相关事宜、由导游提供专门的讲解及引导服务。

在网络时代，信息更加透明，人们的需求也变得多样化、精品化，人们的时间也越来越碎片化。因此，如何针对人们的这种现状提供服务，如何打造更多“小而精”的产品或服务，是传统旅行社亟待思考和解决的问题。传统竞争中那种一味搞同质化竞争、打价格战、不为客户着想的做法，其最终结果是导致旅行社输的都很惨，并且也损害了旅游者的利益，增加了旅游者与导游或旅行社的冲突。从长远来看，这对旅行社的形象和品牌会造成非常负面的影响。

互联网的存在和发展扩宽了人们获取信息的渠道，使交流沟通变得异常简单迅速。相对于传统的交流沟通方式，互联网使旅游者成为最佳受益者，随着时代的发展，互联网也在不断改进，呈现出更好的互动性、特色性、便捷性和共享性。

互联网的普及对传统旅行社的产品整合销售能力必然会产生巨大影响。现阶段人们越来越追求个性化的旅游服务，网络信息的快速、及时、共享性为旅游者提供了更大的获取信息的平台，网络成为旅游者进行旅游预定方式的首选。对年轻人来说，普通的旅游行程对他们的吸引力越来越小，他们追求更加个性化和特色化的服务，渐渐抛弃游览旅行的方式，转向探险旅游、休闲旅游等更加个性化的旅游方式。在网络中，旅游者可以搜集有关旅游目的地的详尽信息及各种旅友提供的旅游攻略，还可以把自己的旅游计划进行拆分，在不同的地点整合出自己喜欢的不同的旅游行程，满足个性化需求。

综上，“互联网+”对传统旅行社发展的影响主要表现在以下几个方面。

1. 削减了信息不对称的影响，威胁到咨询代理业务

在过去，由于消费者对信息的不完整掌握造成了信息的不对称性，旅行社更多的是为旅游者提供业务咨询，在旅游者的旅行计划和旅行社的建议不统一的情况下，旅游者更倾向于接受旅行社的旅行路线，由此看来，在传统模式下，旅行社的影响还是很大的，他们的决定会改变旅游者对于住宿和出行方式的选择，而旅游顾问则起到了答疑解惑的作用，他们会根据旅游者的需求提出合理的建议。在整个消费过程中，旅游者只能扮演一个纯粹的接受者来接受信息。

互联网时代的到来给这种纯粹的接受信息带来很大的影响，如今，旅游者只需要在百度或者谷歌等搜索引擎输入关键字，就可以找到自己想去的地方的相关信息，信息的

内容丰富齐全，信息中有很多其他人的旅游攻略可以选择。旅游者也可以按照自己的兴趣点去缩小搜索范围，在适合自己经济条件的情况下，挑选自己喜欢的旅游地点、旅游方式。这样看来，互联网时代的到来对旅行社来说可能是一个很大的机遇。

近几年的调查数据显示，旅游者对旅游资源所在地的旅游局信息的检索次数明显下降，同时下降的还有航空公司的咨询次数，对其他的旅行预定中心的咨询量也有所下降，旅游者开始使用搜索引擎进行搜索。

Concierge 公司在 2000 年对旅游者的旅游方式进行了全面调查，结果显示，美国的互联网在当时已经开始风靡全国，逐渐代替旧的模式，人们开始使用互联网作为最便捷的搜集资讯的方式。而在 1997 年以前，使用互联网的人数还不到 2000 年人数的 1/5，可见互联网的出现和普及发展对美国旅游者的旅游方式产生了很大的影响。互联网的发展也会导致这样一个现象发生，即由于信息获取的便捷性提高，旅游者开始比专业的旅行社人员更加有经验，他们对自己想要的服务也会更加坚持。这样看来，旅行社的咨询代理服务及决定性的建议就削减了很多。

2. 拓宽了获取信息渠道，增加了交流机会

互联网自诞生之初，就以其创新性、广泛性、及时性和便利性深受人民群众喜爱，并影响人们生活的方方面面，当然也包括旅游业。互联网的存在扩宽了人们获取信息的渠道，使交流沟通变得异常简单迅速，相对于传统的交流沟通方式，互联网的存在使旅游者成为最佳受益者。随着时代的发展，互联网也在不断改进，从而呈现出更好的互动性、特色性、便捷性和共享性。

在互联网普及的时代，人们进入了一个信息全面、传播迅速、资源共享的时代，逐渐养成“有事问度娘”的习惯，旅游者开始渐渐摆脱对旅游目的地的零了解。旅游者在进行旅游行为之前，需要对吃、住、行、游、购、娱有全面详细的了解，他们会对此进行全面详尽的了解，选择自己喜欢的和适合自己的旅游产品，做好出行前的准备，并且在进行消费行为之后，还会进行相互分享，把自己的消费体验进行共享，通过互联网便捷的共享平台进行沟通，在沟通中达到旅游者之间的相互影响。在这个过程中，旅游者的身份是双重的：传播者和被传播者。在这种形势下，信息的传播速度是非常迅速并逐渐扩大的，而不是之前传统模式下的信息传递递减过程。由此可见，互联网时代下，电子商务的低成本、高效率和大范围等特点与旅游业相结合后，旅游业的迅速发展和扩大将势不可挡。

3. 旅行社的代理职能开始削弱

旅行社作为服务业，其主要功能是招徕、服务、接待旅游者等，它能够为旅游者提供与旅游行程相关的各类服务，在开展国内旅游业务、入境旅游业务或出境旅游业务中担任企业法人的角色。在传统旅行社的经营模式下，它为旅游者提供有偿的代办出入境等相关手续，通过实体店铺经营的方式来服务旅游者，为旅游者安排食宿等，其经济来源包括为景区、航空公司、酒店和租车公司等旅游供应商推销产品而收取的佣金。

在上述的这种服务模式下，旅行社发挥了桥梁和纽带作用。对于旅游者来说，旅行社就是提供旅游服务信息的总代理，而对于旅游供应商来说，旅行社扮演了旅游大客户的角色。

互联网时代的到来，传统旅行社的代理职能受到很大的冲击，并直接导致旅行社代办收入的减少。近年来，全球各地的航空公司也开始在互联网技术的支撑下，逐渐建立起配套完善的网络预订系统，定期推出一定的打折促销产品吸引旅游者，各地区的住宿酒店和景区、游乐场等也在跟随互联网的脚步，利用各种平台建立和完善自己的网络预订。在这种情况下，旅游者只需要登录相关网站，输入关键字，就可以轻松找到需要和喜欢的各类资讯，预定也变得轻松快捷，这对于供应商和旅游者来说是互惠互利的，但对旅行社来说是不利的，其传统代理桥梁功能开始减弱，即使也有一些预定的方式，但是相较于直接在航空公司或者酒店预定来说，还是过于烦琐，这也导致一些专门做网络旅游代理的网站开始壮大，如途牛网、携程网、去哪儿网等，它们在削弱传统旅行社的影响力，也在挑战旅行社的代理地位。

4. 产品整合功能受到冲击

传统旅行社能够在旅游业中独占鳌头，与其对旅游资源的整合是息息相关的。在保证自己利益最大化的前提下，按照大多数旅游者的需求，传统旅行社将旅游产品进行有效整合以后再投入市场进行销售，然而，互联网的普及对这种传统旅行社的产品整合销售能力必然会产生巨大影响。现在的人们越来越追求个性化的旅游服务，而网络平台信息的快速、及时、共享性为旅游者提供了更多的获取信息的选择机会，网络成为旅游者进行旅游方式预定的首选。除此之外，旅游供应商会通过网络及时更新和发布各旅游目的地的地理位置、人文风貌、天气情况等各类详细信息，由于信息多种多样、图文并茂，旅游者对传统旅行社的依赖越来越小，并且也能够做到满足自己的个性化旅游需求。

6.4 住宿业和餐饮业

6.4.1 住宿业、餐饮业的概念

1. 住宿业的概念

住宿业是指有偿为顾客提供临时住宿及相关服务的行业，包括旅游饭店、一般旅馆、家庭旅馆等住宿服务场所。

商务部曾在 2009 年推出《住宿业业态分类（征求意见稿）》。在该征求意见稿中，住宿业中现代饭店企业的定义为：向消费者提供住宿、饮食及相关综合性服务的企业，包括酒店、宾馆、大厦、中心、旅馆、旅店、旅社、度假村等。但该征求意见稿至今未见正式公示。

2010 年国家旅游局颁布的《旅游饭店星级的划分与评定》（GB/T 14308—2010）将旅游饭店定义为："以间（套）夜为单位出租客房，以住宿服务为主，并提供商务、会议、休闲、度假等相应服务的住宿设施，按不同习惯可能也被称为宾馆、酒店、旅馆、旅社、宾舍、度假村、俱乐部、大厦、中心等。"

《旅游饭店星级的划分与评定》(GB/T 14308—2010)第八条规定:“凡在中华人民共和国境内正式营业一年以上的旅游饭店,均可申请星级评定。经评定达到相应星级标准的饭店,由全国旅游饭店星级评定机构颁发相应的星级证书和标志牌。星级标志的有效期为三年。”第三十四条规定:“本办法于2011年1月1日起开始实施。”

参照国际惯例,我国对旅游饭店实行星级认证和管理。用星的数量和颜色表示旅游饭店的星级。旅游饭店星级分为五个级别,即一星级、二星级、三星级、四星级、五星级(含白金五星级)。最低为一星级,最高为五星级。星级越高,表示饭店的等级越高。星级标志由长城与五角星图案构成,用一颗五角星表示一星级,两颗五角星表示二星级,三颗五角星表示三星级,四颗五角星表示四星级,五颗五角星表示五星级,五颗白金五角星表示白金五星级。其中,一星级、二星级、三星级饭店是有限服务饭店;四星级和五星级(含白金五星级)饭店是完全服务饭店。

2. 餐饮业的概念

餐饮业是指在一定场所,对食物进行现场烹饪、调制,并出售给顾客,主要供现场消费的服务行业,包括正餐服务、快餐服务、饮料及冷饮服务、其他餐饮服务。城镇的餐饮业不仅为本地居民服务,也为旅游者服务。而旅游景区和旅游度假区的餐饮业则主要为旅游者服务。

6.4.2 住宿业、餐饮业的类型

1. 住宿业的类型

1)客栈

客栈这个名词最早是用来指为旅行者或当地居民提供房间、食物和娱乐的场所。经过多年的发展,现在这个词主要用来描述下列三种企业:①小型住宿企业,通常建在乡村,可能不提供食物;②稍大的住宿企业——以前在人们心目中甚至是一个酒店的形象——只不过现在想让公众改变对它的认识,树立一种小巧温馨、关怀备至的企业形象;③不提供住宿的餐厅或酒吧。

2)酒店

从传统意义上讲,酒店是一个至少拥有两个楼层的住宿企业,为客人提供住宿及其他服务。

3)汽车旅馆

最早的汽车旅馆(motel)建于20世纪50年代,通常都是一些一层楼的建筑,为过夜的旅行者提供简单的住宿场所。

4)旅舍

传统上来说,旅舍(lodge)是指某一为野外活动提供住宿的场所,如滑雪或狩猎活动,这样的旅舍一般比较小,通常设在乡村,为那些从事野外活动的顾客提供住宿。

5）早餐加床位的家庭旅馆

私家房子的主人把空房间出租给客人居住，还为客人提供早餐，餐费包含在房租里。这类早餐加床位（bed-and-breakfast）的家庭旅馆既比一般的酒店和汽车旅馆便宜，又小巧别致，富有亲切感。

6）青年旅馆

青年旅馆（hostel）一般比较便宜，客源往往是短期居住的年轻人。

7）公寓旅馆

公寓旅馆（condominium）是指家具齐备，带有厨房、起居室、卧室和浴室的一套住房，它与其他形式的住宿房屋的不同之处是它不归个人所有。

8）会议中心

会议中心（conference center）的设计主要是为了接纳各类会议和商业活动的。它们往往坐落在郊区或乡村地区，能为与会者提供一个安静无干扰的环境，有利于与会者集中精力开会、学习等。

9）健康疗养地

健康疗养地（health spa）用来指那些只提供关于健康方面服务的营利性住宿企业。

10）疗养院

疗养院（nursing home）是为那些需要护理服务及类似的看护性服务的客人提供住宿和饮食的场所，住在疗养院的人多数都是一些临时性或永久性身体上或精神上不健康的人。

11）其他形式的住宿设施或场所

其他形式的住宿设施或场所包括旅游观光轮船、游艇、露营车、水上旅馆、树上旅馆、冰旅馆等。

2. 餐饮业的类型

（1）综合餐饮类。综合餐饮类餐饮业是为人们提供进行宴请和广泛社交场所的餐饮业。该类餐饮业的特点包括：食品原料多为初始状态，品种多，处理量大；加工工艺传统、烦琐、复杂，多为手工操作出品，餐具使用的品种多，数量大；废弃物量大；被动式服务；消费者滞留时间长。

（2）快餐类（中式、西式、自助、食堂等）。快餐类餐饮业是以进餐为主要消费目的的餐饮业。该类餐饮业的特点包括：销售几种米、面食、糕点制品等主食和几种蔬菜及动物性菜肴；中式食品工艺多为手工操作，西式食品工艺多为机械生产；菜品品种不多，数量较大；食品废弃物量不大；快捷的自助式服务；客流量大。

（3）风味小吃类。风味小吃类餐饮业是以加工、销售各种特色风味小吃食品为主的餐饮业。该类餐饮业的特点包括：食品原料简单，多为半成品；加工工艺简单；设备不复杂；出品量不大；消费者的消费目的是品尝各式特色风味小吃。

（4）饮食休闲吧类。饮食休闲吧类餐饮业是以为消费者提供幽雅舒适的交流环境为主的餐饮业。它以销售茶、咖啡、可可、饮料、果汁、低度酒类饮品和成品糕点及小包装食品为主，辅以小巧的设备进行简单加工。

6.4.3 “互联网+”对住宿业、餐饮业的影响

随着信息技术的发展，互联网成为传播旅游信息资源的重要渠道，是大部分潜在旅游者出行和购买旅游服务前搜寻信息的主要参考源。

1. “互联网+”对住宿业的影响

1）重构酒店行业产业链

前瞻产业研究院《2016–2021年中国酒店行业发展前景与投资战略规划分析报告》指出：互联网对酒店行业的渗透目前主要体现在行业整体链条的销售环节，未来酒店行业“互联网+”的企业转型升级的一个潜在机会点是在用户服务体验环节——酒店客房、用餐、娱乐及相关配套设施的互联网化；另一个潜在机会点是酒店在运营过程中同酒店周边行业的商家在商业合作模式上的创新，并打造出以酒店为中心的新生态圈①。

如今，互联网深刻地影响着人们的生活，同时也深刻地影响着酒店运营的模式，并且酒店及酒店服务消费者又因互联网工具的使用而相互影响。为了顺应市场的发展趋势，酒店在经营过程中必须拥抱“互联网+”，充分考虑互联网的优势及能够为酒店的经营带来哪些方便，利用互联网来提高酒店的经营效率。

2）智能化体验

人们旅行、出差不再需要四处寻找酒店，只需打开智能手机，就可实现微信预定、自助选房、微信支付、开锁退房、呼叫客服等多项功能。这一切不再是科幻小说，人们只需在智能手机上轻轻一点，这些功能即可实现，这也是互联网酒店赠送给每一位消费者最好的智能化体验。不经意间，智能化时代已经来临。

3）O2O购物体验

抓住人们出行的消费诉求，通过互联网，酒店可以推出“网上+网下”（Online+Offline，O2O）的购物体验。人们在酒店住宿时，对于印有二维码的酒店单品，都可以通过微信一键扫描，进行付款交易。此外，酒店大堂内设有U-shop礼品选购区，各种创意礼品、当地特产，应有尽有，旅游者可以在繁忙的旅途中尽情享受为亲朋挑选礼品的惬意。当旅游者回到家中的时候，喜欢的礼品已经通过快递寄至家中。

4）娱乐化享受

当前，社交软件已经成为人们日常生活中不可或缺的休闲娱乐项目之一。基于这一点，酒店可以与多种社交型网站长期合作，通过线上U-Party社交圈，聚集特定需求与相同爱好的入住者，在酒店多功能大厅不定期举办线上、线下互动主题Party，免去出行的枯燥乏味，增添旅途中的乐趣，让旅游者的旅途更加精彩。

随着互联网的不断发展，其与生活的联系也愈加密切。对于传统酒店而言，这是一个挑战，如果不能在互联网的大潮中及时转变思维，就会失去发展的先机。

5）网络预订便捷

互联网与酒店业的完美结合极大地发挥了互联网作为新兴技术带来的便捷作用。据

---

① http://www.sohu.com/a/68023747_115559.

中国饭店协会发布的《2017 中国住宿业绿色发展白皮书》，移动互联网的普及极大地方便了消费者出行，消费者预订周期缩短，当天预订并当天入住的比例达到 41.6%，与 2016 年同期对比提升 3%，提前一周以上预订比例为 18.6%，同期对比下降 1.5%[①]。另据易观在线的监测，2017 年第 1 季度，我国在线住宿预订市场交易规模达到 372.02 亿元，同比增长 43.24%。2016 年在线住宿预订总额达到 1 251.42 亿元，每个季度的在线住宿预订额见表6-1[②]。

表 6-1　2016 年第 1~4 季度我国在线住宿预订额统计

项目	第 1 季度	第 2 季度	第 3 季度	第 4 季度
在线预订额/亿元	259.71	309.81	354.30	327.60
同比增长	54.19%	58.71%	41.82%	31.51%

2. “互联网+”对餐饮业的影响

1）促使餐饮业降低成本

快餐业、集体配送餐、中央厨房是对互联网技术反应最敏锐的现代餐饮业，大部分的餐饮负责人都希望通过电子商务降低成本，提高利润。随着技术、配方、设备和人才的引进，餐饮业每年的营业额以 20% 的速度递增。技术革新的财富效应对众多传统餐饮企业的刺激很大，大家都在寻求一种安全、稳定、绿色、快捷的增值方式。

2）传统营销逐渐过渡为绿色营销

绿色营销作为一种新型的营销观念，是电子商务的重要特征，也逐渐为现代餐饮业有识之士所接受和重视。绿色营销要求餐饮企业在加强技术改造、引进环保设备的同时，积极开展餐饮电子商务，充分发挥电子商务的绿色环保、受众面广及与其他旅游服务配套的特点，达到环保效益、社会效益与经济效益的统一。

3）为消费者提供高质廉价的选择平台

餐饮业是既大又小的行业。大就大在“民以食为天”，小就小在它的门店遍及大街小巷。电子商务提供的是一种人性化定制、个性化服务的经营方式，消费者可以根据自己的喜好进行个人或参团定制。经营广泛、品种齐全、质优价廉、特许经营、连锁店、品牌效应、电子物流配送等都是电子商务的强项。餐饮经营受区域和经营品种的限制，更加适合网络的传递聚集，因此，餐饮业不仅适合发展电子商务，而且有可能成为最先盈利的行业。

6.5 旅游交通业

现代旅游大规模发展的一个重要原因就是现代交通运输的发展。旅游交通为旅游活动的开展提供了必要的手段，是旅游者实现空间转移的重要载体和工具。旅游交通是否

① http://finance.ifeng.com/a/20171129/15828100_0.shtml.

② http://www.sohu.com/a/146889060_769242.

顺畅客观上决定了旅游活动能否顺利实现，可以毫不夸张地说，旅游交通业是旅游业的重要支柱。

6.5.1 旅游交通的定义

旅游交通是指旅游者为了实现旅游活动，借助交通工具，实现从一个地点到另一个地点的空间转移的过程，既包括旅游者在常住地与旅游目的地之间的往返过程，也包括旅游者在旅游目的地之间、同一旅游目的地内各景点之间的转移过程。从经济学角度看，旅游交通是交通供应商和旅游目的地景区为旅游者提供直接或间接交通服务产生的经济活动，为旅游者由客源地到旅游目的地的往返，以及在旅游目的地各处的旅游活动提供的交通设施与服务。换句话说，旅游交通是指为旅游者的旅游活动提供便利条件，将其从一个地点带到另一个地点,实现往返于旅游客源地和旅游目的地之间的空间转移过程，以及由此引起的各种现象和关系的总和。

6.5.2 旅游交通业在旅游业中的地位和作用

近现代旅游发展历史表明，旅游业的发展与旅游交通业的繁荣存在着密切的关系，每一次交通技术的革新，都会促进旅游业向前迈进一大步，可以说旅游交通业在旅游业中具有至关重要的地位与作用。

1. 旅游交通业是旅游业产生和发展的基础

第一次工业革命后，交通发展始终是旅游活动的先导。当今，凡是交通运输业走在世界前列的国家，都是旅游业发展最早和最发达的国家。就国内而言，无论是国际旅游还是国内旅游，旅游业也都是在交通发达的口岸或中心城市首先发展起来的。受交通工具的影响，旅游活动的形式和内容也发生了巨大变化，火车、轮船的问世促使近代旅游业的诞生，汽车的发明和普及推动旅游活动和旅游业的不断壮大。

旅游业发展的大量事实证明，旅游交通良好且健康发展是一个国家和地区旅游业稳步发展的前提和保证。

2. 旅游交通是连接旅游客源地与旅游目的地的重要纽带

交通业是旅游业的大动脉，一个地区的可进入性在某种程度上决定着其旅游业的发展程度，交通发达、可进入性好，旅游目的地就有充足的客源，旅游服务、设施和资源才能得到充分利用，并获得良好的经济和社会效益；反之，则严重制约当地旅游业的发展和进步。因此，旅游交通承担着输送旅游者的任务，是连接旅游客源地与旅游目的地的重要纽带。

3. 旅游交通是旅游创收的重要来源

旅游交通是旅游者实现旅游的先决条件，旅游交通费是基础性的旅游消费，属于旅游收入中的重要构成部分。因此，旅游交通费在旅游业总收入中占有相当大的比重（30%~40%），是旅游业经济收入的重要的和稳定的来源。

4. 交通工具本身就是一项宝贵的旅游资源

随着经济和科技的飞速发展，旅游交通工具日新月异。从某种意义上来说，旅游交通工具本身也是旅游目的地一个重要的吸引因素，飞机、汽车、轮船、火车，从外观造型到内部设施和装饰，都成为一项独特的旅游资源，乘坐不同交通工具也会给旅游者带来别样的体验。此外，各具特色和文化内涵的竹筏、滑竿、乌篷船、牦牛、热气球、缆车、轿子等，其本身就是一项富有魅力的旅游吸引物。

5. 旅游交通促进旅游目的地的快速发展

旅游目的地的可进入性决定着一个地方旅游业的发展程度，可进入性取决于旅游交通的发达情况，交通越发达，可进入性就越高，就越能促进旅游资源的开发利用。便利的旅游交通，有助于吸引更多的旅游者前往参观游览，旅游者在旅游目的地的各种消费可以促进旅游业的发展。

6.5.3　主要旅游交通工具及其特点

现代旅游交通由交通线路、交通工具、交通通信设施和交通管理四部分构成。就交通工具来说，主要有火车、汽车、轮船、飞机四大类。2014 年在线旅行预订用户出行经常选择的交通方式统计显示：国内旅游的旅游者选择飞机的占 38.8%；选择高铁的占 29.3%；选择动车的占 15.0%；选择其他交通方式的用户占 16.9%。在国际旅游交通方式的选择方面，2017 年联合国世界旅游组织公布的统计报告显示，2016 年，全球国际旅游者出行选择乘坐飞机的占 55%，选择汽车交通工具的占 39%，选择火车交通工具的占 2%；选择轮船等水路交通工具的占 4%（图 6-2）。

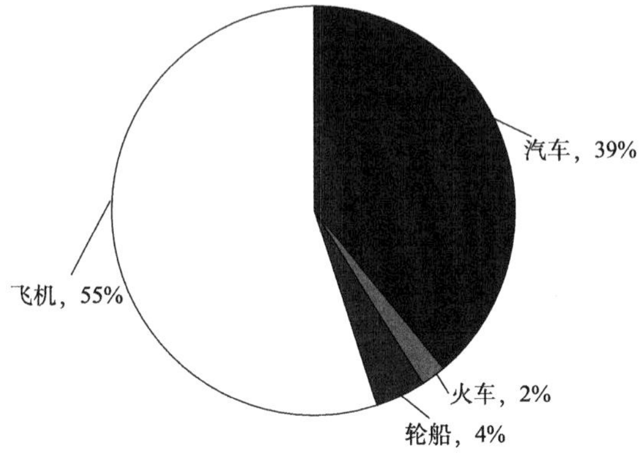

图 6-2　2016 年全球国际旅游者出行选择交通方式统计

1. 火车——铁路运输工具

自从 1814 年乔治·史蒂芬发明了世界上第一辆蒸汽机车，此后的很长一段时间内，火车一直是人们外出旅游的主要交通工具。在现代社会，随着技术的不断进步，高速铁路开始普及，为人们进行远距离出行提供了极大的便利。与其他交通工具相比，火车的优点是客运量大、费用低、污染小、安全可靠、舒适方便、远距离连续行驶能力强、受天气变化影响小。缺点是灵活性差、建设投资成本高、回收期长、耗能大。

我国列车旅行在各类运输工具中居主体地位，特别是对于长途旅行，火车的运载能力更强。除与一般的客车共运旅客外，铁路部门还专门加开了一些专项旅游列车，著名的有北京—八达岭—康庄，北京—承德，南昌—九江，桂林北—南宁，成都—峨眉，南京西—上海—杭州。另外，在旅游旺季时许多地方还会临时加开旅游列车。

2. 汽车——公路运输工具

汽车是最普通也是应用最广泛的短途运输工具，主要从事短程、中程的旅游客运，是目前世界上使用最多的旅游交通工具之一。第二次世界大战以后，随着私人汽车数量的不断攀升，以及公共汽车、长途客运汽车的广泛使用，人们普遍喜欢选择乘坐汽车进行旅游活动，汽车逐渐成为主要的旅游交通工具。汽车之所以深受旅游者的青睐，主要是因为乘坐汽车旅游具有很多优势，如普及性广、适应性强、自由度高、灵活方便等，可随时随地停留和自由选择旅游地点。但汽车旅行也存在一些缺点，如载客量小、能量消耗大、安全性差、易造成环境污染、受天气影响大、舒适度偏低、不适宜长距离旅游等。

3. 轮船——水路运输工具

轮船是人类最古老的交通工具之一，是水上客运的主要工具。在各种旅游交通工具的价格中，乘坐轮船的价格最为低廉，且运载量远远超过大型飞机。轮船运输也有其突出的优缺点。优点是客运量最大、运行自由、能耗小、运输成本低、价格便宜（除豪华游轮外）、活动空间大、舒适度高、生活设施齐全。缺点是速度慢、灵活性差、易受气候和水域情况影响、准时性与连续性相对较差。

4. 飞机——航空运输工具

飞机是现代长途旅行的最主要交通工具，主要承担中程、远程旅游运输，广泛适用于洲与洲、国与国、大中城市之间及各大旅游区之间的旅游活动。航空运输虽然起步最晚，却发展最快，是给旅游者带来更多方便、舒适和快捷的现代交通方式。一个国家或地区的航空运输能力和机场吞吐量是衡量其旅游发展水平的一个重要标志。航空运输的优点有以下几个方面。

1）快速省时

飞机不受地面障碍物限制，在空中直线飞行，大大节省了时间。飞机的飞行速度远高于火车、轮船和汽车，具有先进性能的民航飞机时速都在 1 000 千米以上。据相关统计，飞机的平均速度是火车的 6~7 倍，是轮船的 20 倍。

2）舒适安全

飞机旅行的安全系数很高，事故发生率远低于汽车旅行和火车旅行。另外，飞机设施、设备先进齐全，飞机上提供的服务热情周到，机舱内还提供餐饮、视听娱乐服务，航行时还可以欣赏空中和地面的美景。

3）航程远、灵活性大、受地域限制小

飞机被称为“空中桥梁”，能跨越各种地面障碍，大型喷气式客机最远航程可超过 1 万千米，加上飞行路径短，因此，飞机是远程旅游最主要的交通工具。

飞机运输也存在一定的局限性，如载客量少、耗能大、噪音大、成本高、票价贵、易受气候条件限制，只能实现点对点运输，需要与其他交通工具配合才能共同完成旅游交通服务。

6.5.4　现代旅游业的非主要交通工具及设施

除了上述四大主要交通工具外，还有其他交通工具和设施在旅游活动中起着辅助作用。这些交通工具各具特色，有较强的技术含量和更高的娱乐性、享受性，但活动范围小，常被称为“特殊/特种旅游交通工具”。例如，索道、热气球、飞艇、观光直升机、观光潜水艇、轿子、马车、滑竿、竹筏、畜力车、自行车等。这些交通工具在辅助人们旅游的同时，还增强了旅游者的观赏娱乐性和旅游体验，提升了旅游价值（刘婷，2017）。有些特种旅游交通方式（如索道）会对环境产生破坏，且与景区的自然美景不协调。下面介绍几种具有代表性的特殊旅游交通工具[①]。

1. 索道

索道又称吊车、缆车、流笼，通常用于在崎岖的山坡上运载乘客或货物上下山。索道是利用悬挂在半空中的钢索，承托及牵引客车或货车，多用于城市或风景游览区的交通运输。除缆车站台外，一般在中途每隔一段距离建造承托钢索的支架。有的索道没有吊车，乘客只能坐在开放于半空的吊椅上，这种索道在滑雪区最为常见。

2. 热气球

热气球由球囊、吊篮和加热装置三部分组成，球皮由强化尼龙或涤纶制成，重量很轻却很结实，球囊不透气。热气球具有航空体育比赛、探险、休闲、空中摄影、高空作业、游览观光、气象探测、空中广告和青少年科普教育等多种功能。

3. 观光潜水艇

观光潜水艇是一种可以让人们在水下观察水中动植物和水下世界的交通工具，可在水深 0~45 米的范围内任意潜浮，一般可承载 2~50 人。民用观光潜水艇的潜水深度一般不超过 50 米，通过观光窗口可以近距离观赏海域富有特色的珊瑚、热点鱼、海胆、海星和贝壳等，让旅游者畅享畅游海洋的快乐（刘婷，2017）。

---

① 刘婷（2017）。

4. 皮筏

皮筏是用牛羊皮制成的充气的筏子。例如，羊皮筏是黄河上游兰州、西宁一带民间保留下来的一种古老的摆渡工具，它是将整张羊皮加工处理后缝制成袋，再充气成为皮囊，然后以十几只或数百只皮囊纵横排列，上用坚硬木架绑扎而成，可载重数百千克至数十吨，它简易轻便、不怕碰撞，适用于流急、礁多、滩浅的河道。

6.6 旅游景区

在旅游业的构成要素中，旅游景区（景点）是吸引旅游者的核心部分，也是旅游业的重要组成部分，其主要功能是对旅游者产生吸引力，使其前来参观。旅游景区在旅游目的地的旅游产品供给中处于中心地位，是旅游业存在和发展的基础。因此，应对旅游景区的建设与管理予以高度重视。

6.6.1 旅游景区的概念与特点

1. 旅游景区的概念

关于旅游景区，国外更多地采用旅游吸引物这个概念来代表旅游景区概念[①]。

韦伯大词典关于旅游景区的定义："旅游景区是国内和国外的游客通常访问的地方，包括著名的历史名胜，动物园，博物馆和艺术画廊，植物园，建筑物和构筑物（如城堡、图书馆、以前的监狱、摩天大楼、桥梁等），国家公园和森林，主题公园、嘉年华会，少数民族社区，历史悠久的火车，文化活动和罕见的古怪事物等。"

英国萨里大学市场学家梅德尔敦（Middleton，1988）认为，旅游景区是"一个指定的、长久性的，由专人管理经营的，为出游者提供享受、消遣、娱乐、受教育机会的地方"。

我国旅游学者邹统钎对旅游景区的定义是："旅游景区是依托旅游吸引物从事旅游休闲经营管理活动的有明确地域范围的区域。"

由上述几个关于旅游景区的定义可知，国内外缺乏权威的定义，学者们从自己认为合理的角度对旅游景区的定义给出解释。

我国《旅游区（点）质量等级的划分与评定》（GB/T 17775—2003）将旅游景区的定义为：旅游景区是指具有参观游览、休闲度假和健身娱乐等功能，具备相应旅游服务设施并提供相应旅游服务的独立管理区，是以旅游及相关活动为主要功能或主要功能之一的空间或地域。

旅游景区应有统一的经营管理机构和明确的地域范围，包括风景区、文博院馆、旅游度假区、自然保护区、寺庙观堂、主题公园、游乐园、森林公园、地质公园、动物园、

---

① 邹统钎（2004）。

植物园，以及工业、农业、经贸、科技、军事、体育、文化艺术等各类旅游景区。

旅游景区一般包括以下四个构成条件。

（1）旅游吸引物。旅游景区内的旅游吸引物可以是自然的，也可以是人文的，还可以是人工专门建造的，但要对旅游者具有吸引力，这是旅游景区存在的前提条件。

一般来说，旅游景区的原始旅游吸引物就是旅游资源。

根据《旅游资源分类、调查与评价》（GB/T 18972—2017），旅游资源可分为8个主类、23个亚类、110个基本类型。其中8个主类分别是：A地文景观、B水域景观、C生物景观、D天象与气候景观、E建筑与设施、F历史遗迹、G旅游购品、H人文活动。

（2）边界、设施与服务。旅游景区有明确的地域范围和固定的经营场所，并提供相应的旅游设施和服务。

旅游景区内的旅游设施又分为基础设施（水电气设施、金融、通信设施、公共环境卫生设施等）和服务设施（接待设施、娱乐设施、旅游安全设施、购物设施等）。

旅游景区内的旅游服务包括旅游从业人员服务、当地居民服务及志愿者服务。

（3）旅游功能。旅游景区必须具备旅游功能。旅游景区可以满足旅游者观光性的参观游览，也可以是度假性的休闲康乐，还可以是专项性的教育和求知等。旅游景区的主体功能取决于景区的旅游资源类型。

一般来说，旅游景区具有以下功能：①游憩功能（recreation）。其以良好的生态环境或历史文化为旅游者提供各种愉悦体验。②教育功能（education）。其为旅游者提供审美教育、自然教育、历史教育和爱国主义教育。③生态功能（ecology）。其可以发挥基因库、氧吧、保护区的功能。④科考功能（research）。其具有科学研究、自然课堂和实验室的功能。⑤经济功能（economy）。其可以创造经济效益（门票经济与产业链经济）。

（4）管理机构。每个旅游景区都有且只有一个管理机构，对景区内的资源开发、经营服务进行统一管理。

2. 旅游景区的特点

根据《旅游区（点）质量等级的划分与评定》（GB/T 17775—2003），不同类型的旅游景区呈现出以下共同特点。

1）完整性

一个旅游景区应包括旅游吸引物、明确的边界和基本的服务设施、一定的旅游功能、统一的管理机构。我国的国家标准明确给出了旅游景区的四个必要条件，体现了旅游景区的完整性。

2）地域性

旅游景区的地域性是指任何旅游景区都要受到当地的自然、社会、历史、文化、环境的影响和制约。景观特色、饮食特色、宗教和民族特性等方面都体现了地域差异性，而这种差异形成了不同地域的特色。

3）专用性

旅游景区是供旅游者参观、游览、娱乐、度假、康乐、求知和接受教育等各种休闲活动的场所，这种专用性的指定或出于商业性决策，或出于政府相关部门的公益性决策，其游憩功能不可发生改变。

4）可控性

旅游景区必须由相关机构和人员进行专门的管理，并且能够对旅游者的出入行使有效的控制，否则，从旅游业经营的意义上来看，其便不属于真正的旅游景区，而只能是一般的公众性活动场所。

5）长久性和可创造性

长久性是指旅游景区必须有长期固定的地址，并利用这一地址发挥旅游景区固有的游憩功能。可创造性是指旅游景区并不是一成不变，而是可以根据人们的意愿和自然规律进行创造、制作，从而再生、再现，这是旅游景区的重要特征。例如，古典园林、现代主题公园和一些著名的现代建筑等都是典型的人工创造的旅游景区（景点）。

6.6.2 旅游景区在旅游业中的地位和作用

旅游景区是旅游业的重要基础和核心要素，是旅游产品的主体部分，在旅游产业链中处于中心环节，是旅游消费的吸引中心和旅游产业的辐射中心。同时，它也是旅游业持续发展的重要载体。因此，在旅游业发展过程中，旅游景区有非常重要的地位和作用，其地位和作用主要体现在以下三个方面。

1. 旅游景区是旅游业的核心要素

旅游景区是旅游业发展的基础，是旅游者进行旅游的空间凭借，在旅游产业的吃、住、行、游、购、娱六大要素中居于核心地位。旅游景区是旅游吸引力的根本来源，也是旅游活动的直接动因。人们外出旅游，首先考虑的就是旅游景区的吸引力，其次才是交通及其他配套设施的完善程度。因此，旅游景区是其他支撑要素存在的基础与前提，它们之间相互配合，共同促使旅游者完成整个旅游过程。

2. 旅游景区的消费是旅游经济新的增长点

作为吸引力的根本来源，旅游景区是旅游者的终极目的地，其经营管理是旅游业可持续发展的着力点，其消费力是旅游经济新的增长点。我国到2020年建成世界旅游强国的目标若要实现，有赖于培育和建设一批具有世界影响力与竞争力的精品旅游景区。为加快旅游开发与建设，国家还设立了资源开发与保护基金，大力扶持旅游景区的开发，重点支持旅游景区的基础设施建设。可以预见，随着旅游基础设施和配套功能的完善，旅游景区在旅游业发展中的核心地位与作用将凸显出来，旅游景区消费也将成为新时期旅游经济的主要增长点。

3. 传播地区旅游形象和提高区域知名度

旅游景区是传播社会文明和地方形象的窗口和载体，在促进地区经济发展中发挥着重要作用。旅游景区往往比单一的地名更容易被人记住，有着先声夺人的传播效果，因此能对区域经济产生很强的市场影响力。例如，“张家界”取代“大庸”更名为张家界市，

“香格里拉”取代“中甸”改名为香格里拉县等。

另外，旅游景区还是集中展示民族风情和历史文化的平台。优秀的旅游景区就是一张名片，它代表了旅游目的地的旅游形象，如黄山、长城、东方明珠、杭州西湖和承德避暑山庄等。

6.6.3 旅游景区的类型

从全国范围来看，截至 2017 年底，我国景区（景点）有三万多个（其中 A 级景区 10 340 个，包括 5A 级 249 个、4A 级 3 034 个）[①]。旅游景区按照不同的划分标准能够被分成不同的类型，主要有以下几种分类。

1. 按照景区的资源类型分类

1）自然类旅游景区

自然类旅游景区内的吸引物以自然景观或自然旅游资源为主，主要包括风景名胜、奇洞异石、阳光海滩、飞瀑流泉等自然景区，气象气候、生物景观旅游景区，以及自然保护区、森林公园、湿地公园等，如美国的黄石国家公园和我国的张家界风景名胜区。

2）人文类旅游景区

人文类旅游景区是以人类在长期的历史演进中留下的遗迹、遗址为代表的景区，其吸引物以人文景观或人文旅游资源为主，如世界文化遗产——长城、秦始皇陵及兵马俑等历史遗迹，以及民族风情、城乡风光、旅游商品及特色美食等。

3）人工类旅游景区

人工类旅游景区是指依托现有的高科技技术，根据一定的需要建造的工程或各类主题公园，是人类现代科学技术和智慧的结晶，如三峡大坝景区、深圳锦绣中华、上海迪士尼乐园、合肥徽园、杭州宋城景区等主题公园。

4）社会类旅游景区

社会类旅游景区是传统概念的发展和延伸，如工业旅游、观光农业旅游、科教旅游、军事旅游景区等，如美国宾夕法尼亚州的葛底斯堡国家军事公园和我国成都的东郊记忆。

2. 按照旅游景区的功能分类

1）观光游览型旅游景区

观光游览型旅游景区是以观光游览为主要内容的旅游景区，主要以风景优美的自然景观为主，也可以是人造景观，具有较高的审美价值。例如，广西桂林山水、湖南张家界、四川九寨沟等景区。

2）休闲度假型旅游景区

休闲度假型旅游景区拥有高等级的旅游度假环境和服务设施，通常以气候、温泉、

---

① 李金早在 2018 年全国旅游工作会议上《以习近平新时代中国特色社会主义思想为指导　奋力迈向我国优质旅游发展新时代》的报告。

矿泉、沙滩、海水为条件，为旅游者提供度假、康体和休闲等服务功能。例如，欧洲阿尔卑斯山度假区、厦门鼓浪屿景区、海南三亚亚龙湾景区、黑龙江亚布力滑雪度假区等。

3）风情体验型旅游景区

风情体验型旅游景区主要是向旅游者展示不同文化背景下形成的民风民俗、生产方式和语言习惯等，为旅游者提供一种接触异质文化的平台，并带给他们一种全新的体验与感受。例如，西双版纳傣族村寨丽江纳西族村、贵州苗族寨等景区。

4）科考探险型旅游景区

科考探险型旅游景区是以科学考察和开展探险活动为主要内容的景区，这类景区的旅游资源具有科学考察价值，或是坐落在地势比较险要的地方。例如，雅鲁藏布大峡谷探险区、恩施大峡谷云龙河地缝景区等。

3. 按照景区的使命分类

按照景区的使命是以保护为主还是以娱乐休闲为主，我们可以把形形色色的景区划分为两大类，即开发型旅游景区和遗产型旅游景区。开发型旅游景区，如旅游度假区，突出其旅游休闲度假功能和经济功能；遗产型旅游景区，如世界自然遗产区，突出其保护功能。

1）开发型旅游景区

旅游度假区和主题公园属于开发型旅游景区。其主要使命是通过为游客提供旅游休闲服务产品而盈利。《旅游度假区等级划分》（GB/T 26358—2010）对旅游度假区的定义是：具有良好的资源与环境条件，能够满足游客休憩、康体、运动、益智、娱乐等休闲需求的，相对完整的度假设施聚集区。建立旅游度假区的目的就是满足大众日益增长的休闲度假需求。

2）遗产型旅游景区

遗产型旅游景区属于《全国主体功能区规划（2010）》（以下简称《规划》）中的禁止开发区域（傅广海，2014）。《规划》基于不同区域的资源环境承载能力、现有开发强度和未来发展潜力将我国国土空间按开发方式分为优化开发区域、重点开发区域、限制开发区域和禁止开发区域等四类区域。根据《规划》，国家级自然保护区、世界文化自然遗产、国家级风景名胜区、国家森林公园、国家地质公园均属于禁止开发区域。这些区域是有代表性的自然生态系统、珍稀濒危野生动植物物种的天然集中分布地、有特殊价值的自然遗迹所在地和文化遗址等，需要在国土空间开发中禁止进行工业化、城镇化开发的重点生态功能区。

禁止开发区域要依据法律、法规规定和相关规划实施强制性保护，严格控制人为因素对自然生态和文化自然遗产原真性、完整性的干扰，严禁不符合主体功能定位的各类开发活动，引导人口逐步有序转移，实现污染物“零排放”，提高环境质量。

此外，国家文物保护单位（cultural heritage preservation unit）和历史文化名城/镇（historical and cultural city/town）也属于遗产型景区的范畴。

由于遗产资源具有独特的经济学特性（遗产的公共性和公益性，遗产的文化价值和经济价值，遗产的稀缺性、不可再生性、不可替代性等），这类景区承担多重使命：遗产保护、遗产展示、公众游憩、社区参与和促进地方经济发展等。其中首要的使命是遗产保护。

我国现有的遗产型旅游景区在保护、管理和旅游开发方面存在管理体制障碍。长期以来，我国的国家级自然保护区、风景名胜区、森林公园、城市湿地公园、重点文物保护单位、湿地公园、地质公园和矿山公园等自然与文化遗产地保护区分别由国务院各部、委、局管辖，并且同时实行属地管理。建立国家公园的构想和国家公园体制在我国的试点，有利于破解这种“九龙治水”局面，纠正过分偏重旅游开发以推动地方经济发展而忽视遗产和环境保护的倾向。

2017 年 9 月，中共中央办公厅、国务院办公厅印发的《建立国家公园体制总体方案》（以下简称《方案》）明确提出，“国家公园是指由国家批准设立并主导管理，边界清晰，以保护具有国家代表性的大面积自然生态系统为主要目的，实现自然资源科学保护和合理利用的特定陆地或海洋区域”，“国家公园是我国自然保护地最重要类型之一，属于全国主体功能区规划中的禁止开发区域，纳入全国生态保护红线区域管控范围，实行最严格的保护。国家公园的首要功能是重要自然生态系统的原真性、完整性保护，同时兼具科研、教育、游憩等综合功能”，“建立国家公园的目的是保护自然生态系统的原真性、完整性，始终突出自然生态系统的严格保护、整体保护、系统保护，把最应该保护的地方保护起来。国家公园坚持世代传承，给子孙后代留下珍贵的自然遗产”。

《方案》还就建立国家公园体制给出了原则性建议，“改革分头设置自然保护区、风景名胜区、文化自然遗产、地质公园、森林公园等的体制，对我国现行自然保护地保护管理效能进行评估，逐步改革按照资源类型分类设置自然保护地体系，研究科学的分类标准，理清各类自然保护地关系，构建以国家公园为代表的自然保护地体系。进一步研究自然保护区、风景名胜区等自然保护地功能定位”，“国家公园建立后，在相关区域内一律不再保留或设立其他自然保护地类型。国家公园设立后整合组建统一的管理机构，履行国家公园范围内的生态保护、自然资源资产管理、特许经营管理、社会参与管理、宣传推介等职责，负责协调与当地政府及周边社区关系。可根据实际需要，授权国家公园管理机构履行国家公园范围内必要的资源环境综合执法职责”。

6.6.4 旅游景区的发展趋势

1. 盈利模式多元化

随着经济、社会的发展，以往单纯的门票经济已开始变化，外部环境的改变使旅游景区走向多元化盈利模式。例如，通过信息化手段创新销售渠道，通过组建配套酒店和旅行社等多种方式实现多元化盈利模式。

2. 开发理念转型

倡导环境友好和生态文明建设环境友好型社会、倡导生态文明是当今社会的热点，尤其是对旅游业这种环境依托型和资源损耗型的产业来说，其重要意义不言而喻。旅游业曾一度成为“环境杀手”的代名词，开发者和管理者应该反思，自觉地保护环境和减少资源浪费，促进构建人与自然和谐发展的社会。

3. 营销方式网络化

全民网络化和散客潮双重时代的来临，对旅游景区的管理和服务工作提出了挑战，传统媒体营销模式已经不能满足旅游者的大量信息需求。随着信息技术的进步和互联网的普及，网络营销逐渐被应用到旅游领域，越来越多的旅游景区开始与在线网络平台运营商合作，推出各种优惠促销活动来迎合旅游者的需求，通过网络化营销，降低了旅游景区的营销成本，有效获得了大批散客市场。

4. 服务和管理智慧化

互联网具有即时性、实效性和互动性的特点，能将有关信息及时发布，可以使旅游者及时掌握与旅游目的地相关的各类资讯信息，对树立良好的旅游景区形象，提高旅游者的满意度具有重要作用。为了跟上全球经济发展的步伐，旅游景区也必须实现服务和管理的智慧化和现代化。通过搭建网络互动平台，增强旅游者的参与感；通过及时安排和调整旅游计划，使流程安排进入触摸时代，将解说系统也融入智慧化的因素，使旅游者通过扫描二维码或语音导览，即可知晓景区的具体信息。

以下是一则典型案例。

20 世纪 80 年代以来，源于发达国家的互联网技术开始在全球普及，世界进入信息高速公路时代，紧接着又进入新媒体时代。20 世纪 90 年代中期，美国国家公园管理局（National Park Service）高度重视在国家公园系统内使用新媒体，其将最新研发的通信工具——互联网，运用到公园服务中。自那时开始，美国国家公园管理局在互联网方面取得了巨大的进步。每个公园、项目和办公室都拥有自己的网站。公众通过一台电脑和鼠标的点击即可访问成千上万的网页。激增的和易于获取的信息推动着国家公园的管理者必须改变其管理、沟通和工作方式。而博客的出现，社交网站（如 Facebook、Twitter）和其他流行的网站（如 YouTube、Flickr）的广泛使用，还有智能手机和移动手机技术（如 iPhone）的普及，又增强了人们查找所需信息的能力。表 6-2 显示的是美国黄石国家公园的多媒体科普解说系统。

表 6-2 美国黄石国家公园的多媒体科普解说系统

多媒体类型	特点	典型案例
可视平面媒体	传播快，受众多，画面感强，可视平面多媒体多为动态画面配合文字，直观感强	奥尔布莱特游客中心
三维立体虚拟多媒体	三维模式能使人从平面感官转为立体感官，尤其对地形不熟的旅游者，三维模式能更清晰地体现景观特点并将景观生动还原。三维模式充分利用现代技术，提高国家公园高科技景观，增加游览趣味性	老忠实泉游客教育中心
互动交流式多媒体	展示的同时增加互动交流功能，与旅游者同频，增加旅游者游览参与度，提高游览质量	互动式地图《怎样进入黄石公园》

5. 旅游产品特色化

旅游产品是旅游景区的核心和灵魂，但当前旅游景区互相模仿的现象严重，导致旅游景区特色不明显，对旅游者吸引力减弱。

因此，旅游景区的旅游产品必须具有独特性，旅游景区只有深入挖掘文化内涵，创造文化旅游精品，才能增强旅游产品的吸引力。

6.7 全域旅游

6.7.1 全域旅游产生的时代背景

2010 年以后，我国的大众旅游出现了几个新的趋势。

1. 类型由观光向休闲发展

人们刚开始旅游时都是为了追求新奇、观赏风光，为了换一个角度看世界。随着旅游经历的增加和旅游体验的逐步深化，人们不再满足“走马观花”式的旅游方式。人们希望走出常住地，换一个角度看世界，在一定的时间里换一种环境和生活方式，使由长期紧张压抑的现代生活形成的心理压力得以释放，从而得到身心的放松和愉悦。于是，传统的观光旅游正逐渐向以休闲娱乐为主要目的和内容的新的旅游方式转变。

2. 目的地由城市向乡村发展

人们过去的旅游一般是从一个城市到另一个城市，从国内旅游城市到国外旅游城市，观赏的是城市间的差异，较为关注人类创造文明的成果和建设的成就，尤其是各种博览会和不同的城市建筑。随着城市化进程的加快、现代物流的高度发展、大众文化的广泛传播，城市间趋同的共性增加，个性的差异越来越小，到哪个城市旅游都大同小异。人们开始把目光投向郊区和乡村，纷纷涌入乡村旅游，与大自然进行亲密的接触，在大自然里放飞自己的心情，感受“天人合一”的美妙。乡村天地广阔，“十里不同风，百里不同俗”，为旅游者提供了更多的差异化目的地的选择自由。乡村旅游的发展，改善了农村的产业结构，增加了农民的经济收入，促进了城乡一体化的发展。

3. 方式上由听从安排向自我掌控发展

随着人们可自由支配收入和闲暇时间的增多，一年中旅游次数的增多和旅游需求的丰富化和个性化意识逐渐增强，现代旅游者更喜欢张扬个性、突出自我，在旅游方式和节奏上也希望能够由自己控制。这样一来，自驾汽车旅游、摩托车自驾游、自行车骑游，甚至徒步旅行就成为现代旅游的新潮。原国家旅游局统计显示，2018 年春节全国（不含港澳台地区）接待旅游者 3.86 亿人次，自驾车出游比例接近 50%。旅游者出游方式呈现散客化趋势，游玩空间呈现全域化趋势，消费需求呈现多样化趋势。与之相对的是，传统的“景区+酒店+旅行社”供给结构已无法满足大众旅游时代旅游者的需求，全域旅游已然成为转变旅游发展思路、变革旅游发展模式、创新旅游发展战略的突破口。

4.“快行慢游”和“深度体验”成为旅游时尚

现代社会的生活方式高速度、快节奏，人们在有限的闲暇时间里总想尽可能地减少旅游空间移动所花费的时间，希望搭乘的交通工具快捷、安全、方便，而在旅游目的地却愿意多花费一些时间慢慢品味和细微体验。因此，过去“蜻蜓点水”式的旅游方式已逐渐向深度体验发展。

在这样的时代背景下，一种新的旅游理念和旅游实践——全域旅游在我国一经问世便迅速发展。

6.7.2 全域旅游概述

全域旅游是指在一定区域内，以旅游业为优势产业，通过对区域内经济、社会资源，尤其是旅游资源、相关产业、生态环境、公共服务、体制机制、政策法规、文明素质等进行全方位、系统化的优化提升，实现区域资源有机整合、产业融合发展、社会共建共享，以旅游业带动和促进经济、社会协调发展的一种新的区域协调发展理念和模式。全域旅游的对象是将特定区域（省、区、市、县）作为完整的旅游目的地；全域旅游的目标是实现旅游业全域共建和联动（景区内外、城市和乡村）、旅游成果全域共享（设施和服务主客共享）、旅游景观全域优化、旅游服务全域配套、旅游发展全民参与；全域旅游的做法是进行整体规划布局、综合统筹管理（多部门）、一体化营销推广，促进旅游业全区域、全要素、全产业链发展；全域旅游的本质是以新发展理念为指导的发展思路、发展模式，是发展战略的再定位。全域旅游发展的核心是要从原来孤立的点和线向全社会、多领域、综合性的方向迈进，让旅游的理念融入经济、社会发展全局。

全域旅游是我国大地旅游发展的实践产物，是国人对旅游学理论的贡献。随着旅游业的发展，传统的“旅游景点发展模式”已经不能满足市场需求。2016 年国家旅游局局长李金早在全国旅游工作会议上做了《从景点旅游走向全域旅游，努力开创我国“十三五”旅游发展新局面》的工作报告，并提出我国旅游要从“景点旅游”向“全域旅游”转变。从“景点旅游”向“全域旅游”的发展，是发展理念的创新、发展模式的革命、发展路径的根本转变。

对全域旅游的研究大概可以分为两个阶段。2009~2012 年为概念提出阶段，在这一时期全域旅游的概念还处于朦胧期，学者们只是单纯提到全域旅游这个词语，并没有解释全域旅游的内涵；2013 年至今为地方试点探索阶段和国家示范推进阶段，这一时期全域旅游的研究逐渐丰富。相关学者分别从全域旅游的概念、理念运用等方面提出自己的看法，极大地丰富和推动了全域旅游发展路径的研究（图 6-3）。

阶段	年份	事件
概念提出阶段	2008年	浙江绍兴市委、市政府提出"全域旅游"发展战略，启动全城旅游区总体规划招标，上海奇创旅游咨询运营机构中标
	2009年	江苏《昆山市旅游发展总体规划修编》提出"全域旅游；全景昆山"
	2010年	四川大邑县发展全域旅游的高端形态，启动全域旅游休闲度假战略规划
	2011年	《杭州市"十二五"旅游休闲业发展规划》中，创新性地提出了旅游全域化战略；浙江桐庐提出全域旅游的全新理念；四川甘孜州提出了全域旅游概念
	2012年	四川甘孜州委明确提出，实施全域旅游发展战略；山东一些县域将"全域旅游"确立为发展方向，如蓬莱、日照五莲县等，山东沂水县确定"建设全景沂水发展全域旅游"发展战略；湖南资兴市推进旅游业由"区域旅游"向"全域旅游"转变
地方试点探索阶段	2013年	宁夏回族自治区明确提出要"发展全域旅游，创建全域旅游示范区（省），把全区作为一个旅游目的地打造"；桐庐成为浙江省全域旅游专项改革试点县，诸城市成为山东省全域旅游试点市；重庆渝中区启动《全域旅游规划》
	2014年	五莲县、临沂市、莱芜市、滕州市、沂水县成为山东省全域化旅游改革试点；河南省郑州市人民政府发布《关于加快全域旅游发展的意见》
国家示范推进阶段	2015年	国家旅游局下发了《关于开展"国家全域旅游示范区"创建工作的通知》，同时李金早局长提出："在2 000多个县中，每年以10%的规模来创建。今年要推进200个县实现全域旅游，3年600个县实现全域旅游"
	2016年	2016年2月5日，国家旅游局公布262个市县成为首批国家全域旅游示范区创建单位。2016年3月4日，李金早在《人民日报》发表文章，全面阐述全域旅游的价值和途径

图 6-3　全域旅游发展历程

2012 年以前全域旅游只是出现在各地区规划或报道性论文中，但是对于全域旅游是什么，人们还没有统一的认识。随着研究的不断深入，目前学术界对全域旅游的解读比较丰富且基本观点一致，其中厉新建和吕俊芳奠定了全域旅游的基本内涵。2013 年厉新建等对全域旅游的内涵进行了较为系统的解读，认为全域旅游是指"各行业积极融入，各部门共同管理，居民游客共同享有，充分挖掘目的地的吸引物，创造全过程与全时空的旅游产品，从而满足游客与居民全方位的体验需求"①。吕俊芳解析了全域旅游的三个发展条件：社会条件——全民休闲时代的到来；人口条件——非农人口比重增加；资源条件——旅游资源的全域化。全域旅游的核心是重新整合旅游资源，在空间上、板块上形成特色各异的旅游产品或业态集群②。

对于全域旅游理念的运用主要体现在两个方面。一方面是在具体的旅游规划中的运用。整体上看，目前很多学者、很多地区均关注全域旅游的发展规划，并取得了一定的成效，其空间研究尺度有大有小，从城市、县域到乡村，但只是停留在宏观方面，缺乏微观的具体层面的全域旅游规划。另一方面表现在对区域发展路径的研究。全域旅游是区域发展旅游、实现经济腾飞的有效途径，全域旅游最根本的目标是打破景区（景点）的限制，将整个区域打造成一个旅游目的地。

① 厉新建等（2013）。

② 吕俊芳（2013）。

6.7.3 全域旅游的意义

1. 全域旅游顺应了全民旅游、自助游、自驾游的时代趋势

改革开放给我国经济插上了腾飞的翅膀，经过几十年的发展，我国的综合国力大大增强，城乡居民的可自由支配收入成倍增长。显著的影响是，我国城镇化进程加快，人们的生活方式、旅游方式都发生了很大变化，在出游方式上，自助游超过85%，自驾游超过60%，甚至很多人在体验出境自驾游。现代移动互联网等信息技术的迅猛发展，又进一步加速了人们的生活方式、旅游方式的深刻变革。这就要求在旅游供给方面，要从全域整体优化旅游环境，优化旅游的全过程，配套旅游的基础设施、公共服务体系和旅游服务要素，只有这样才能切实提升旅游者的获得感和满意度，才能将旅游业真正发展成为人民群众更加满意的现代服务业。

2. 全域旅游是我国新时代的旅游发展战略

推进全域旅游是我国新时代旅游发展的战略，是一场具有深远意义的变革。2016年，国家旅游局局长李金早在《全域旅游大有可为》中阐述了全域旅游要实现的九大转变：一是从单一景点景区建设和管理到综合目的地统筹发展转变；二是从门票经济向产业经济转变；三是从导游必须由旅行社委派的封闭式管理体制向导游依法自由有序流动的开放式管理转变；四是从粗放低效旅游向精细高效旅游转变；五是从封闭的旅游自循环向开放的“旅游+”融合发展方式转变；六是从旅游企业单打独享到社会共建共享转变；七是从景区（景点）围墙内的“民团式”治安管理、社会管理向全域旅游依法治理转变；八是从部门行为向党政统筹推进转变；九是从仅是景区（景点）接待国际游客和狭窄的国际合作向全域接待国际游客，全方位、多层次国际交流合作转变，最终实现从小旅游格局向大旅游格局转变[①]。

3. 全域旅游推进我国新型城镇化和新农村建设

旅游业作为资源消耗低、带动系数大、就业容量大、综合效益高的综合产业，已成为优化区域布局、统筹城乡发展、促进新型城镇化的战略支柱产业。通过发展全域旅游，可以加快城镇化建设，有效改善城镇和农村基础设施，促进人口有序地向星罗棋布的特色旅游小城镇转移；可以聚集人气商机，带动生态现代农业、农副产业加工、商贸物流、交通运输、餐饮酒店等其他行业联动发展，为城镇化提供有力的产业支撑；通过发展乡村旅游、观光农业、休闲农业，使农民实现就地、就近就业，就地市民化；通过发展全域旅游，改善农村生态环境，真正建设美丽乡村；实现城市文明和农村文明的直接相融，农民在家就能开阔视野，提升文明素质，加快从传统生活方式向现代生活方式转变。

总体来说，全域旅游对于旅游目的地社区居民、旅游者、旅游投资商、当地政府都有着积极的影响。对于旅游目的地社区居民来说，全域旅游不但产生了新的就业机会与岗位，也带来了新的生活气息，旅游者不会成为“干扰生活”的侵入者，不会成为“待

---

① 李金早：全域旅游大有可为. http:www.xinhuanet.com/travel/2016-02/09/c_128710701.htm，2016-02-09.

宰的羔羊”，而是会成为服务的对象、受欢迎的客人。对于旅游者来说，原来的“看景”转变为“体验一种本地生活，观赏一片本地景观，了解一类本地文化”，真正成为“体验旅游、度假旅游”，真正实现“玩得开心、住得舒心、吃得高兴、消费放心”，真正“融入地方、爱上地方”，实现“长停留、多频次、高消费”。对于旅游投资商来说，旅游项目的投资不再是“独木孤舟”，全域范围的旅游形象提升与旅游项目开发，使得单点项目具备更好的投资环境，带来更多的“附带游客”，项目的投资建设也将成本更低、效益更好。对于当地政府而言，社会气象会发生变化，经济活力会增强，城市形象会不断提升，区域发展可步入良性循环。

总之，发展全域旅游，将一定区域作为完整的旅游目的地，以旅游业为优势产业，统一规划布局、优化公共服务、推进产业融合、加强综合管理、实施系统营销，有利于不断提升旅游业现代化、集约化、品质化、国际化水平，更好地满足旅游消费需求。

6.7.4 全域旅游的特征

全域旅游具备全域配置资源、全域统筹规划、全域协调管理、全域开展“旅游+”、全域共享共建等五个基本特征。

1. 全域配置资源

全域旅游不只局限于景区（景点）、饭店的配置，而是更加注重全社会各类发展资源及公共服务的高效配置，既宜游又宜居，“处处是风景，处处可旅游”。例如，植树造林不仅要满足水土保持、荒山绿化功能，还要有休闲度假功能和审美游憩价值。

2. 全域统筹规划

发展全域旅游，就是要使景区（景点）内外协调一致，以旅游者的体验为重心，以让旅游者满意到极致为目标，按照全区域景区化的建设和服务标准，从整体上优化环境、从全局上优美景观，优化旅游服务全过程，避免出现景区内外“两重天”的现象。

3. 全域协调管理

按照综合执法和综合产业发展需求，创新全域治理体系，提高治理能力，实现全域综合管理。围绕旅游形成发展合力，实施综合改革，让资源要素分属多头管理的瓶颈和制约旅游发展的体制障碍得以破除，充分发挥政府引领作用，充分发挥市场配置资源的决定性功能。

4. 全域开展“旅游+”

促进旅游和相关产业的深度融合，催生新的生产力和竞争力。利用旅游业的拉动力、融合力强的特性，为相关产业的发展提供平台，以产生新的业态，提升其综合价值和发展水平。

5. 全域共享共建

全域旅游的理念是要让全区域的社区居民都成为主人和服务者，使他们从局外人和旁观者变为受益者和参与者。全域旅游既能够让建设方、管理方参与决策，也能让旅游者和社区居民共同参与共建，使社区居民树立人人都代表旅游形象的意识，自觉把自己作为旅游环境建设的一分子，树立主人翁意识，提升整体旅游意识和文明素质。

基于全域旅游的上述特征，全域旅游必须规划先行，从全面性、经济性、可操作性等层面通盘考虑，有序推进，才能形成产品导向明确、产业集聚区功能完善、全域各类设施配套、项目创新性强、全民有序参与的全域旅游开发新局面。

此处需要特别强调指出的是：全域旅游的“全域”体现在三个方面，即空间上超越独立景区的“全域”，参与上超越景区工作人员的“全民”，产业上超越旅游单一发展的“全产业”。

空间上的全域：旅游不再局限于景区（景点），而是要更加注重社会发展的各类资源和公共服务的有效再配置，通过旅游来带动各类资源和产业的发展。将原有的独立的景区建设变更为全域性的、多角度的旅游开发，将城市、乡村、街道的建设和发展与旅游业发展结合起来，一方面满足旅游者的多元化需求，另一方面提升本地社区居民的居住体验，另外还能够提升旅游目的地的整体形象。发展全域旅游，就是要在全域优化配置资源，充分发挥旅游带动作用。

参与上的全民：全民参与发展旅游，旅游业的发展从“政府知道、投资商明白、从业者服从”拓展到“全民皆知旅游发展特色，全民改变服务思路”。全民参与是全域旅游的最大特征，是通过全民共享旅游发展成果，提升全域整体旅游意识和文明素质，形成共建共享美好生活、共建共享基础设施、共建共享公共服务、共建共享生态环境的旅游发展大格局。全民参与的参与者不仅包括旅游工作人员，也包括景区的社区居民和旅游者，而且要实现全民共享发展成果。

产业上的全产业：以“旅游+”的思路去发展旅游。“旅游+”是实现全域旅游的重要方法和路径，通过“旅游+”大力推进旅游业与第一和第二产业融合发展，推动旅游与新型工业化、信息化、新型城镇化、农业现代化及民航交通、体育等行业的融合发展，创新旅游发展新领域，拓展旅游发展新空间。一方面，将旅游发展与产业发展结合起来，加强区域内的农业、工业、文化、体育、商业、房地产等产业与旅游业的融合，用旅游业来改造、提升这些产业的附加值，推动产业的共同发展并形成新的产业形态，提升地区旅游的核心竞争力和发展水平；另一方面，通过旅游业的宣传、推广作用，提升地区品牌，提升产业环境，辅助产业招商，改变以单一旅游形态为主导的产业结构，构建起以旅游为平台的复合型产业结构，推动我国旅游产业域由“小旅游”向“大旅游”转型。

总之，全域旅游是从门票经济向产业经济转变，从粗放低效方式向精细高效方式转变，从封闭的旅游自循环向开放的“旅游+”转变，从企业单打独享向社会共建共享转变，从景区内部管理向全面依法治理转变，从部门行为向政府统筹推进转变，从单一景区（景点）建设向综合目的地服务转变。

发展全域旅游，就是要全域发挥“旅游+”功能。

作为需求旺盛、潜力巨大的产业，“旅游+”有以下四个鲜明特点。

（1）“旅游+”是需求拉动、市场推动的“+”。“旅游+”以巨大的市场力量和市场机制，为所“+”各方搭建巨大的供需对接平台。

（2）“旅游+”是创造价值、放大价值的“+”。“旅游+”不是机械的“+”，不是简单的“1+1”，而是有机融合，会发生化学反应，产生“1+1>2”的效果。这种“+”的魅力就在于，能“+”出新的价值、新的惊喜。

（3）“旅游+”是以人为本、全民参与的“+”。“旅游+”是一个可以广泛参与、广泛受益、广泛分享的“+”，而且，“+”的过程就是一个人力资本开发、创造力激发的过程。旅游是人本经济，“旅游+”的核心是人的发展，实质是通过人来实现“+”，用“+”来服务人。

（4）“旅游+”是可以充分拓展的“+”。旅游业无边界，“旅游+”具有天然的开放性、动态性。“+”的对象、内容、方式都不断拓展，“+”的速度越来越快。经济、社会越进步发展，“旅游+”就越丰富多彩。就此而论，“旅游+”也是我国改革开放发展的重要成果和标志。

原国家旅游局发布的《2017 全域旅游发展报告》显示，随着“旅游+”的持续深化，新产品、新业态不断涌现。“旅游+城镇化、工业化和商贸”，形成了美丽乡村、旅游小镇、森林小镇、风情县城、文化街区、宜游名城等；“旅游+农业、林业和水利”，形成了现代农业庄园、田园综合体、森林人家、沙漠公园、国家水利风景区等产品；“旅游+科技、教育、文化、卫生和体育”，形成了科技旅游、研学旅游、养生养老旅游、体育旅游等业态；“旅游+交通、环保和国土”，涌现了众多自由行产品，如自驾车房车营地、公路旅游区、低空旅游、海洋海岛旅游等；“旅游+互联网”，形成了在线旅游产品，如旅游互联网金融、分享型旅游产品、旅游大数据等。

扩展教学资源：推荐阅读（一）

洪帅. 2010. 旅游学概论[M]. 上海：交通大学出版社.

李金早. 全域旅游　大有可为. 2017-06-20. http://zt.mct.gov.cn/qylyn/ldjh/201708/t20170809_834807.shtml.

李玉华，仝红星. 2013. 旅游学概论[M]. 北京：北京大学出版社.

厉新建，张凌云，崔莉. 2013. 全域旅游：建设世界一流旅游目的地的理念创新——以北京为例[J]. 人文地理，（3）：130-134.

林璧属，等. 2011. 世界知名饭店集团发展模式[M]. 北京：旅游教育出版社.

刘婷. 2017. 旅游学概论[M]. 北京：中国传媒大学出版社.

吕俊芳. 2013. 辽宁沿海经济带“全域旅游”发展研究[J]. 经济研究参考，（29）：52-56.

吴必虎，宋子千. 2009. 旅游学概论[M]. 北京：中国人民大学出版社.

薛秀芬. 2011. 中外酒店集团比较研究[M]. 北京：北京师范大学出版社.

周鹍鹏. 2011. 品牌定位与品牌文化辨析[J]. 山东社会科学，（1）117-120.

邹统钎. 2004. 旅游景区开发与管理[M]. 北京：清华大学出版社.

扩展教学资源：推荐阅读（二）

一、九寨沟景区的网络营销

近年来，九寨沟景区在大力发展旅游市场的同时，越来越注重借助互联网的营销方式，不断提升景区品牌，并通过不断的创新努力，逐步探索出一条具有九寨沟景区特色的互联网营销道路。

（一）九寨沟景区网站营销

网站既是旅游目的地的宣传平台，也是与消费者的互动平台。九寨沟景区建立网站的目的就是吸引潜在消费者关注，并形成互动。自 2004 年其官方网站（www.jiuzhai.com）建立以来，经历了几次升级，旨在为旅游者提供更加人性化的服务。最近的一次网站升级是在 2013 年。升级后的网站在网页内容与形式设计上，首先体现了九寨沟景区童话世界般的唯美，以及四季变化不同的绝美景色，增加了德语、英语、俄语、西班牙语等语种的景区介绍，增加了网络视频、在线实时实景等平台；其次，网站尽量考虑潜在消费者的特征与需求，增加了旅游信息功能，提供景区吃、住、行、游、购、娱的全面介绍和相关信息，并开通腾讯 QQ 在线咨询，使潜在消费者访问页面后，通过观看视频、点击按钮、搜索信息等，发现兴趣点，培养对旅游消费的进一步兴趣，激发潜在消费者的出游愿望。

（二）网络视频营销

网络视频营销指的是通过数码技术将产品视频图像信号传输至互联网上，达到一定宣传目的的营销手段。它既具有电视短片的种种特征，如感染力强、形式内容多样、各种创意等，又具有互联网营销的优势，如互动性、主动传播性、传播速度快、成本低廉等。视频与互联网的结合，让这种创新营销形式具备了两者的优点。

九寨沟景区于 2008 年“九寨沟民俗风情月”期间，开始尝试视频营销，与 PPS 视频网站开展了近半年的合作，将九寨沟景区品牌形象视频上传至 PPS，以“病毒式”营销方式将景区形象广告植入视频缓冲广告及页面弹出广告中，在用户群心中留下了深刻的印象，大大提升了景区品牌形象视频的影响力，增强了整个风情月期间及后续的形象宣传。2009 年首游式①开始尝试与人民网合作，网络在线直播九寨沟景区地震后第一个开年旅游节日，并与 PPS 合作在 PPS 客户端开设九寨沟冰瀑旅游节专题视频，上传了包括冬季九寨沟形象宣传片、旅游节开幕盛况、四季卓玛选秀等专题，让没有参加的终端潜在消费者感受节日的盛况，了解冬季九寨沟之美，激发其出游的愿望。此后，每年九寨沟冰瀑旅游节时景区都会采取网络视频营销方式，与人民网、新浪网、乐途旅游网、中国网合作进行网络视频及图文形式直播。这种方式在展示九寨沟景区旅游节盛况的同时，将景区形象更具象化，更内容化，更具活力，更具感染力，极大地增强了景区品牌的传播速度和覆盖面，对冬季景区的宣传起到了积极作用。

---

① 首游式特指 2008 年汶川大地震后，有一段时间九寨沟封闭，2009 年经过恢复重建后，重新对游客开放。

（三）微博营销

九寨沟景区于2010年先后注册新浪微博、腾讯微博、凤凰微博账号，开始进行微博营销。微博营销前期，景区主要是向终端市场科普九寨沟景区成因、动植物等知识，只是单方面的向旅游者传递其认为重要的信息，而与终端市场客源互动性不强，没有发挥出微博营销的优势，不能完全激发潜在客源对景区的兴趣。自2011年起，九寨沟景区开始转变方式，在微博推广中增加了互动活动，并派专员负责微博维护，在实时传递景区信息的同时，增加了互动性话题，增强了景区与旅游者之间的互动。在节假日期间，除了向旅游者提供咨询外，景区微博还实时向旅游者播报当日的交通、天气、客流量状况等，将微博“短、灵、快”的特点发挥到极致。自2012年开始，九寨沟景区在其官方微博上开始进行全年的主题营销大型微博活动。通过活动，大大增强了潜在客源对景区的关注度，提高了其兴趣，激发了其出游愿望。

（四）微信公共服务平台营销

九寨沟景区于2013年正式启动微信公共服务平台营销，平台搭建初期将微信公共服务平台主要定位在为广大旅游者提供免费的智能化服务。平台分为景区导览、出行须知、景区动态、在线服务、特色旅游、景区介绍、人工服务、在线预定八个功能模块，模块涵盖了大量的服务信息。旅游者通过扫描官方二维码加入九寨沟景区官方微信平台后，通过自主查询、自动回答的智能方式，就能翔实地了解各种有关九寨沟景区的服务信息。

如今，越来越多的旅游者选择景区的这种智能化服务方式，通过手机在来九寨沟景区之前，就能了解到景区的天气状况、道路交通、游览线路、特色旅游、民俗文化、地方美食等实用信息。

九寨沟景区采用“互联网+营销”的方式，运用多种媒介，不仅为旅游者提供了更优质的服务，也促进了当地旅游的持续发展。

二、四川省甘孜州发展全域旅游的实践

2011年11月22日，四川省甘孜州政府提出要发展全域旅游，把全域旅游定义为“四全”——全域资源、全面规划、全境打造、全民参与。

全域资源：整个甘孜州处处是风景，河流、森林、高原和一座座高山、民居建筑和好客的原住民，都是全域旅游的资源。

全面规划：把全州15.3万平方千米作为一个大景区，整体开展全域旅游规划。

全境打造：不是抓一个点的旅游，也不是抓一个县的旅游，而是抓整个甘孜州的旅游。

全民参与：营造全民重旅氛围，人人都是旅游的服务者、经营者、管理者、参与者。

2012年，甘孜州政府出台全域旅游的发展意见和方案，启动了全域旅游，同时明确全域旅游必须把生态放在前面，要坚守规划、人口、土地、建设、生态“五条红线”；管住宅基地、自留地、未建设用地“三块土地”；克服中断传承、割断文脉，破坏生态、牟取暴利，相互杀价、恶性竞争“三种倾向”。

2013年，甘孜州政府在南部区域以备战“稻城机场顺利通航、亚丁景区精彩亮相”为抓手，引领了甘孜州南部旅游，并从中认识到旅游服务要做到“行有保障、住有档次、游有看点、吃有特色、购有产品、娱有品位”；在甘孜州北部区域以成立康巴文化研究院、打造“一园三区”产业带为抓手，开启了北部旅游。甘孜州政府从中总结出：“做旅游是一个过程；做旅游就是做艺术；做旅游就是做文化；做旅游就是做细节；旅游要挣钱，就要有产品；要挣更多的钱，就要有商品。”同年，甘孜州政府提出在全州设立全域旅游示范区的设想。

2014年，甘孜州政府确立“以全域旅游统领经济社会发展”思路，着力实施文旅、农旅、城旅、体旅“四个融合”，在“圣洁甘孜走进浙江、走进广东”系列活动的基础上，成功推出“圣洁甘孜走进北京”系列推介活动，并在全国“两会”上提出《授予甘孜州全国民族地区全域旅游试验区称号的建议》。

2015年，甘孜州政府启动了海螺沟创“5A”，泸定桥、木格措、甲居藏寨创“4A”等系列创“A”活动，用创“A”标准引领全域旅游提档升级，并分批到阿尔卑斯地区考察，将甘孜州旅游精准定位为“全域山地旅游”。同年8月，国家旅游局下发《关于开展“国家全域旅游示范区”创建工作的通知》，全域旅游上升到国家战略层面。

2016年，甘孜州政府全面启动全域旅游示范区创建工作，成立领导机构，制定创建方案，以“A”级景区建设为龙头，内强素质、外树形象，确保旅游基础设施和公共服务体系明显提升，旅游产品开发取得突破，旅游宣传教育深入推进。全年接待游客1260万人次，实现旅游收入125亿元，完成旅游投资25亿元。

三、国务院办公厅《关于促进全域旅游发展的指导意见》

http://bbs1.people.com.cn/post/129/1/2/166786149.html

四、2017年我国全域旅游发展报告

http://www.cnta.gov.cn/zwgk/201708/P020171113427840598043.pdf

扩展教学资源：辅助学习网站

旅游业的国家法规和行业标准（参见文化和旅游部官方网站）

中华人民共和国旅游法 http://zwgk.mct.gov.cn/auto255/201805/t20180510_832126.html?keywords=

旅行社条例 http://zwgk.mct.gov.cn/auto255/201603/t20160302_832130.html?keywords=

导游人员管理条例 http:/zwgk.mct.gov.cn/auto255/201506/t20150610_832128.html?keywords=导游人员管理条例

中国公民出国旅游管理办法 http://zwgk.mct.gov.cn/auto255/201506/t20150610_832129.html?keywords=中国公民出国旅游管理办法

本章小结

旅游业作为一个综合性产业并不是“主要业务或产品大体相同的企业类别的集合”，旅游业并非由同类企业构成，并且绝大多数旅游企业实际上都隶属于某个传统的标准产业。旅游业作为一个产业，其界定标准是服务对象——旅游者，而不是业务或产品。旅游业是以旅游者为对象，为其旅游活动创造便利条件并提供其所需商品和服务的综合性产业。通俗地说，旅游业是由吃、住、行、游、购、娱等多种行业共同构成的服务产业。

旅游业是沟通旅游者和旅游资源的桥梁和纽带。旅游业以旅游资源为凭借，以旅游接待设施为基础，向旅游者提供吃、住、行、游、购、娱等服务，以多样化的旅游产品服务满足旅游者的各种需要。旅游业是综合性产业，由于覆盖众多行业和部门，呈现出综合性、依托性、涉外性、敏感性、劳动密集性和季节性等特点。

旅游业是发展规模最大，对全世界经济贡献最大的产业。旅游业不仅具有经济贡献，还具有外交贡献、文化贡献、社会贡献、传播文明的贡献、促进开放的贡献、促进民族融合团结的贡献、促进人的全面发展的贡献等。

旅行社、旅游住宿业和餐饮业、旅游交通业是旅游业中的三大支柱行业，而旅游景区则是旅游业的重要基础和核心吸引力要素，是旅游产品的主体部分，是旅游业持续发展的重要载体。

“互联网+”指的是依托互联网信息技术实现互联网与传统产业的联合，以优化生产要素、更新业务体系、重构商业模式等途径来完成经济转型和升级。“互联网+”深刻地影响旅游业的发展，促进旅游产品创新，提高旅游服务水平，加深旅游者旅游体验。从“景点旅游”向“全域旅游”的发展，是发展理念的创新，发展模式的革命，发展路径的根本转变。全域旅游是指在一定区域内，以旅游业为优势产业，通过对区域内经济、社会资源尤其是旅游资源、相关产业、生态环境、公共服务、体制机制、政策法规、文明素质等进行全方位、系统化的优化提升，实现区域资源有机整合、产业融合发展、社会共建共享，以旅游业带动和促进经济、社会协调发展的一种新的区域协调发展理念和模式。“旅游+”是实现全域旅游的重要方法和路径。

思 考 题

1. 名词解释

旅游业　旅行社　住宿业　餐饮业　旅游景区　旅游交通　全域旅游

2. 简答

（1）旅游业的性质。

（2）旅游景区的概念。

（3）旅游景区的特点。

（4）试分别从旅游景区的资源类型、功能、使命角度对旅游景区进行分类。

3. 论述

（1）论述“互联网+”对旅行社的影响。

（2）论述“互联网+”对住宿业的影响。

（3）论述旅游景区的发展趋势。

（4）论述全域旅游的意义。

第7章

旅游产品

7.1 旅游产品概念及界定

7.1.1 旅游产品概念

产品是向市场提供的，引起注意、获取、使用或者消费，以满足欲望或需要的任何东西[①]。

消费者购买的不仅是产品的实体，还包括产品的核心利益（即向消费者提供的基本效用和利益）。产品的实体称为一般产品，即产品的基本形式，只有依附于产品实体，产品的核心利益才能实现。期望产品（expected product）是消费者采购产品时期望的一系列属性和条件。

至今，学术界对旅游产品没有一个统一的定义，国内专家提出以下关于旅游产品定义的建议。

“旅游产品是旅游经营者所生产的，准备销售给旅游者消费的物质产品和服务产品的总和。旅游产品可以分解为三个部分：旅游吸引物、交通、接待。其中旅游吸引物的地位和作用是首要的，因为它是引发旅游需求的凭借和实现旅游目的的对象”[②]。

“旅游产品是提供给旅游者消费的各种要素的组合，其典型和传统的市场形象表现为旅游线路”[③]。

“所谓旅游产品，是指旅游者在旅游活动中购买的，他所需要的产品和服务的总和，是旅游者在吃、住、行、游、购、娱等旅游活动过程中所需要的产品和服务的总和”[④]。

“从旅游目的地的角度出发，旅游产品是指旅游经营者凭借旅游吸引物、交通和旅

---

① 吴健安（2011）。

② 肖潜辉（1991）。

③ 魏小安和冯宗苏（1991）。

④ 陶汉军和林南枝（1994）。

游设施，向旅游者提供的用以满足其旅游活动需求的全部服务。旅游产品是个整体概念，它是由多种成分组合而成的混合体，是以服务形式表现的无形产品。具体地讲，一条旅游线路就是一个单位的旅游产品”[①]。

“从旅游需求一方来看，旅游产品乃是旅游者为了获得物质和精神上的满足，通过一定的货币、时间和精力所获得的一个旅游经历。就旅游供给一方而言，旅游产品是指旅游经营者为了满足旅游者在旅游活动中的各种需要，凭借各种旅游设备、设施和环境条件向旅游市场提供的全部服务要素之总和，旅游产品是一个总体概念，它不是为了某个目的而提供的服务，而是指为了实现一次旅游活动所需要的各种服务的组合”[①]。

“所谓旅游商品，是指旅游者在旅游活动中购买的，他所需要的产品和服务的总和，是旅游者在吃、住、行、游、购、娱等旅游活动过程中所需要的产品和服务的总和。因此，旅游商品是相对一次旅游活动而言的综合性概念”[②]。

尽管这些定义在旅游产品应包含的要素、各要素的地位及具体的内容表述等方面有所不同，但是，上述定义仍有以下共同点：①旅游产品是吃、住、行、游、购、娱等方面的实物产品和服务；②旅游产品是有多种要素的；③定义或直接，或隐含地指出，旅游产品是由旅游经营者生产并提供给旅游者的。

旅游产品是个整体概念，它是由多种成分组合而成的混合体，是以服务形式表现的无形产品。具体地讲，一条旅游路线就是一个单位的旅游产品。单项旅游产品指整体旅游产品中的个别单项服务，或称单向旅游产品。整体旅游产品主要从以下三个方面诠释：一是从目的地角度，即旅游经营者凭借旅游吸引物、交通和旅游设施，向旅游者提供的用以满足其旅游活动需求的全部服务；二是从旅游者角度，诠释为旅游者花费时间、费用和精力所换取的一次旅游经历；三是从旅游市场角度，是旅游者和旅游经营者在市场上交换的，主要用于旅游活动中消费的各种物质产品和服务的总和。

7.1.2 旅游产品构成

1. 旅游产品的一般构成

现代市场营销理论认为，一切产品都是由核心产品（core product）、形式产品（formal product）、期望产品、延伸产品（extended product）、潜在产品（potential product）五个层次构成。旅游产品也是由这五个层次构成。

第一个层次：核心产品，是指旅游者真正需要的根本服务或利益，它满足旅游者从事旅游活动最基本的需要，是旅游产品的最基本构成部分。例如，住宿服务、餐饮服务、娱乐服务等。

第二个层次：形式产品，是指旅游产品的载体、质量、特色、风格、声誉及组合方式等，是旅游产品核心价值部分向满足人们生理或心理需求转化的部分。例如，各种旅游接待设施、目的地景点、旅游购物品、旅游线路等。

---

① 陶汉军和林南枝（1994）。

② 罗明义（1994）。

第三个层次：期望产品，是指旅游者购买产品时期望获得的与该产品密切相关的一系列属性和条件。例如，住宿的旅游者期望得到清洁的床位、浴巾、免费 Wi-Fi（wireless-fidelity，无线宽带）等服务。

第四个层次：延伸产品，是指旅游者在购买和消费旅游产品时获得的各种优惠条件和其他附加利益。例如，旅游景区给予的门票折扣优惠、饭店为顾客提供的免费往来于机场的班车、旅游者乘坐游船观光时获赠的一件小礼品等。

第五个层次：潜在产品，是指现有产品可能发展成为未来最终产品的潜在状态。例如，全套家庭式旅馆的出现。

在我国旅游经济和旅游市场研究中，习惯上把旅游产品分为三个层次：核心产品、形式产品及延伸产品。

旅游产品的核心产品是指旅游者通过购买旅游产品所追求的核心利益或是旅游产品所提供的基本效用。消费者购买某项产品并不是为了占有产品本身，而是为了得到产品实体提供的效用和利益，以满足消费者的某种需要。由于旅游产品的特点，大多数旅游产品由无形的服务组成，旅游者既不能占有也不能带走。旅游产品的核心层次是指通过旅游活动所追求的核心体验，而旅游产品的有形的实体和无形的服务都是服从于这种核心体验的。旅游产品的核心产品表现为旅游者通过旅游活动所获得的种种“旅游感受”和“旅游经历”，以至于多年后还会津津乐道，如自然风光带来的视觉冲击，民俗旅游带来的独特文化体验，以及美食游所体味的愉悦。由于旅游者需求的差异、旅游产品中旅游吸引物的差异，旅游者对旅游核心产品的需求也有差异。例如，对以观光为主要目的的旅游产品，旅游者追求的是旅游目的地景点给自己带来的“观赏和享用”；激流探险旅游产品带给人们的是旅游过程的“刺激性体验”；休闲度假游给旅游者带来的是一段身心彻底放松的愉悦性体验。总之，旅游核心产品向旅游者提供的是一段由具体生理和心理效用组成的“旅游体验”，可以满足旅游者“旅游感受”和“旅游经历”的需要。因此，旅游营销人员的根本任务在于向旅游者推销这种旅游体验。同样，它应是旅游产品的促销重点，特别是在激烈的市场竞争中与竞争者的旅游产品相比较时，更应如此。

旅游产品的形式产品是指旅游企业向市场提供的旅游产品的具体构成项目和旅游服务的外在表现形式。旅游产品的形式产品表现为旅游产品呈现在旅游市场上的整体面貌和特征。旅游产品的形式产品可以从以下几个方面加以认识：首先，它作为旅游吸引物所具有的特定形态、特征，如自然风光的特点、名胜古迹的要点描述等，体现出以旅游吸引物吸引力的大小来衡量的旅游产品的质量层次，而旅游吸引物吸引力的大小、质量的高低又以旅游者的主观认识、理解和感受程度为主要标志。其次，通过以旅游对象资源和旅游设施为基础提供给旅游者的具体服务，也具有一定的形态、特征和质量，如旅游产品组合中住宿酒店的星级、饭菜的内容和质量标准、就餐环境，以及旅游从业人员的操作技能、衣着修饰、形态礼仪、语言表达、服务态度和精神风貌等。最后，旅游产品本身具有的品牌也是形式产品的有机组成部分。旅游吸引物本身的吸引力、旅行社本身的知名度、构成该旅游产品的商业合作伙伴的信誉和口碑等，都构成了旅游产品的综合品牌效应。在人们的收入和闲暇时间日趋增多，旅游生产竞争越来越激烈的时代，旅游企业应该为自己的旅游产品设计品牌、塑造名牌，以区别于竞争者。实施名牌战略对提高竞争能力与市场占有率已愈来愈重要。同样，旅游产品也需要包装，这种包装应该是一种“软包装”，或称“市场形象包装”。

旅游产品的延伸产品是指旅游者在购买和消费旅游产品的过程中所获得的附加服务的总和。旅游产品的延伸产品附属于旅游产品的核心产品和形式产品并共同为旅游者提供效用。旅游产品的延伸产品种类很多，可以按时间的进程分为售前服务、售中服务和售后服务等三段。售前服务在旅游者成交前进行，帮助旅游者了解旅游产品和企业，有助于企业与旅游者达成交易，售前服务主要通过旅游咨询服务进行，除解答旅游者提出的各种问题外，还可针对旅游者本身的特殊需求特征，“一对一”地量身定做旅游产品，如专门设计一条旅游线路，提供旅游信贷、保险等服务，还可以对潜在旅游者进行旅游知识的培训；售中服务则在旅游过程中进行，如根据旅游者的特殊需要提供一些个性化的服务，对个别旅游者提供的专门的医护服务、特殊的语言翻译服务，对老年和幼儿等特殊旅游者的专门照顾等；售后服务是消费完成旅游产品后的继续延伸服务，如在旅游消费结束后对旅游者身体状况进行测试、代购旅游纪念品、旅游照片和录像带的制作等。通过这些服务可以培养旅游者对企业的忠诚度，增加重复购买。

2. 按照物理形态划分：供给角度

从旅游经营者的角度看，旅游产品一般由旅游吸引物、旅游的可进入性、旅游设施、旅游服务等多种要素构成。

1）旅游吸引物

旅游吸引物是指在自然和人类社会中一切能够吸引旅游者进行旅游活动，并为旅游业所利用而产生经济、社会、生态效益的事物。它是一个地区旅游开发的前提条件，也是吸引旅游者的决定性因素。

2）旅游的可进入性

旅游的可进入性是指进入旅游目的地的难易程度和时效标准。它是旅游产品能够组合起来的前提条件。旅游便捷性的内容主要包括良好的交通便利条件、通信的方便条件、出入境签证手续的难易、出入境验关程序、旅游效率、当地社会公众对旅游开发的态度、社会治安状况等。

3）旅游设施

旅游设施是指为实现旅游活动而必须具备的各种设施、设备和相关的物质条件，也是构成旅游产品的必备要素。旅游设施分为旅游服务设施和旅游基础设施两大类。它们之间紧密依靠，旅游服务设施是建立在旅游基础设施之上并有效发挥作用的。

旅游服务设施是指旅游经营者直接服务的凭借物，一般包括住宿、餐饮、交通及其他服务设施。住宿服务设施有旅馆、汽车旅馆、野营帐篷、游船旅馆等多种住宿条件以满足不同旅游者的住宿需要。

旅游基础设施是指旅游目的地城镇建设的基本设施，如水、电、热、气的供应系统，废物、废气、废水的排污处理系统，邮电通信系统，交通运输系统，物资供应系统，安全保卫系统，环境卫生系统及城镇街区美化、绿化、路标、路灯、停车场等。这些系统的设施设备可以满足旅游目的地城镇居民的生活需要，同时也可以为旅游者所共同利用。

4）旅游服务

旅游服务是旅游产品的核心，旅游经营者除向旅游者提供餐饮和旅游商品等少量有形物质外，还提供大量各种各样的接待、导游等服务。旅游服务的内容主要包括服务观念、服务态度、服务项目、服务价格、服务技术等无形产品。

旅游服务是旅游产品的核心，决定旅游者是否觉得物有所值或者物超所值，因此，旅游服务质量尤其重要。旅游服务质量不仅仅是产出质量，旅游者还会亲自参与服务质量的形成，他们对旅游服务质量的全面感受是一个复杂的过程。旅游服务质量主要包括以下几个方面[①]。

（1）服务设施和设备质量。服务设施和设备是旅游者到达旅游目的地后看得见、直接享受得到的服务，是旅游目的地提供优质旅游服务的基础，最能体现景区的能力和水平。在为旅游者提供服务的过程中，旅游目的地服务设施和设备的完好度、舒适度及其所体现出的文化艺术性直接或间接地都会对旅游目的地的服务质量产生影响。

（2）服务环境质量。服务环境质量主要包括旅游目的地空间环境、绿化环境、文化氛围、灯光音效、环境卫生、安全保障、设施和场所装饰等方面的质量。服务环境质量既有软件的，也有硬件的。其中，环境的构筑物属于硬件范畴，如绿化、小品、雕塑等；环境的设计理念、氛围、人对环境的审美及其互动等属于软件范畴。

（3）服务用品质量。服务人员使用的各种用品和供旅游者消费的各种产品都属于服务用品的范畴。这些用品和产品的质量必须符合相关类型旅游目的地的国家标准和规范要求，以保障旅游者利益和优质旅游服务的实现。

（4）实物产品质量。实物产品质量主要包括餐饮食品和满足旅游者购物（特产、纪念品等）需要的商品质量。

（5）劳务质量。劳务质量是以劳动力直接参与的形式创造的使用价值的质量，包括服务态度、服务技能、服务方式、办事效率、仪表仪容、言行举止、服务规范、礼貌修养及职业道德等方面。劳务质量是旅游服务质量的主要表现形式，也是最基本的表现形式。

由此可见，旅游硬件质量和软件质量是相辅相成、相互影响的，两者共同构成旅游服务质量的要素。

旅游者通过比较预期服务质量与体验服务质量的差距，形成对旅游服务质量的感知。正如服务营销学家克里斯廷·格罗鲁斯所说，对于服务企业来说，重要的是顾客对质量如何感知，而不是企业对质量如何诠释。可见，旅游服务质量是旅游者感知的服务质量，是旅游者在整个旅游过程中对其接受的旅游服务水平的评价和总结，如图7-1所示。

---

① 杨振之（2009）。

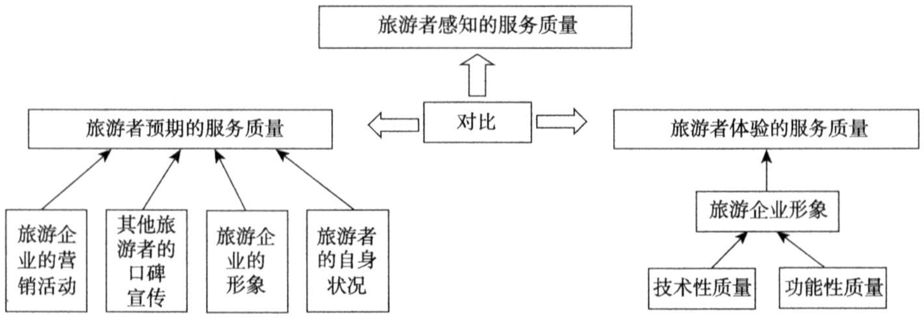

图 7-1　旅游服务质量的形成过程①

旅行者在出游前会通过各种渠道收集有关出游的信息，并结合自己与朋友的相关经验及心理偏好，形成对旅游服务的期望。影响旅游者期望形成的因素包括以下几个方面。

（1）旅游企业的营销活动。旅游企业通过广告宣传、人员推销、公共关系等促销方式与旅游者进行沟通，使旅游者对旅游企业、旅游服务有所了解，从而形成对旅游服务的期望。

（2）旅游企业的形象。形象较好的旅游企业，旅游者对其服务质量的期望也较高，如人们普遍认为五星级酒店的服务质量一定高于四星级酒店。

（3）其他旅游者的口碑宣传。一些有过类似旅游经历的旅游者向亲朋好友或其他人进行的正面或反面的口头宣传，会影响旅游者对服务质量的期望。

（4）旅游者的自身状况。例如，高级商务客人由于经常出入高档的场合，对酒店服务质量的期望会较高。

旅游者体验的质量是旅游者在实际消费过程中对所获得的技术性质量和功能性质量的认知。如果体验的服务质量与预期的质量相吻合或者更高，旅游者就表现为满意，如果体验质量比预期质量差，旅游者则会产生不满意感。

3. 按照生产旅游产品的劳动形态划分

按照生产旅游产品的劳动形态划分，旅游产品主要包括物化劳动形式的旅游产品、活劳动形式的旅游产品和不包含劳动的自然存在物的旅游产品。

以物化劳动形式表现的旅游产品有人文吸引物、经过开发的自然吸引物、旅游服务设施等具体的、有形的实物；以活劳动形式表现的旅游产品有旅游者在整个过程中所接受的服务及旅游开始前和结束后所接受的一切服务，即旅游产品的售前、售中及售后的所有服务；以不包含劳动的自然存在物表现的旅游产品包括纯自然吸引物和社会吸引物，这些吸引物没有人类具体的投入，是自然形成或随着地球的演进而逐渐形成的现象和事物。

4. 按照消费形式划分：旅游者消费内容

按照消费形式划分，旅游产品包括住宿、饮食、交通、游览、娱乐、购物和其他服务

---

① 韩勇和丛庆（2006）。

等七部分产品。通常，饮食、住宿、交通存在一定的消费极限，增加消费的途径是提高饮食质量、增加服务内容和多档次经营。游览、购物和娱乐的需求价格弹性较大，增加消费的方式是尽可能增加游乐项目、丰富游乐内容和大力发展适销对路、品种多样的旅游商品。

5. 按照消费需求程度划分

按照旅游者消费需求程度，旅游产品可以被划分为基本旅游产品部分和非基本旅游产品部分。

1）基本旅游产品部分

基本旅游产品是指旅游者在旅游活动中必须购买的，而且需求弹性较小的旅游产品。例如，住宿、饮食、交通等都是旅游活动中必不可少的基本旅游产品。

2）非基本旅游产品部分

非基本旅游产品是指旅游者在旅游活动中不一定购买的，而且需求弹性较大的旅游产品。例如，旅游购物、医疗保健服务等。

这种划分方式有助于旅游经营者针对不同的旅游消费需求，提供不同内容的旅游产品，满足旅游者的多种消费需求。

6. 旅游拓展产品要素

2015 年，在全国旅游工作会议上，国家旅游局局长李金早提出，如今，激发人们旅游的动机要素越来越多，需要拓展新的旅游要素。他认为，这种新的旅游要素也包括六个方面，即商、闲、养、情、学、奇。这一提法引起社会的广泛关注。

（1）“商”是指商务旅游，包括商务旅游、会议会展、奖励旅游等旅游新需求、新要素。作为世界第二大经济体，我国与国际社会的密切交往带来了规模庞大的会议会展等商务活动。由北京、上海、天津、成都、杭州、昆明、三亚、西安等 15 个城市组成的会奖旅游城市联盟宣布，要打造我国会奖城市整体国家品牌形象，提升我国在国际会奖旅游市场的聚合力和影响力，吸引更多国际会议买家聚焦我国。北京已把会奖旅游作为发展高端旅游的重要内容，把首都文化和皇城文化资源融入会奖旅游，逐步推出特色节庆旅游、文化演出旅游、精品文物旅游等定制旅游产品。

（2）“闲”是指休闲度假，包括乡村休闲、都市休闲、度假等各类休闲旅游新产品和新要素，是未来旅游发展的方向和主体。

经过多年的发展，我国的旅游已从观光游发展到休闲度假。以感受乡土气息、拥抱亲近大自然、探秘古村落为目的的休闲农业游正受到人们的追捧。休闲农业促使大量的农区变景区、田园变公园、农产品变商品。继“农家乐”、“渔家乐”、“花家乐”、“林家乐”及生态观光农业园等业态之后，国家农业公园的出现会为旅游者提供新选择。

此外，一些旅游城市正在向休闲城市转型，旅游者置身城市之中便能享受休闲度假。例如，杭州作为国民旅游休闲示范城市，重点打造的是西湖历史文化体验游、精品民宿游、龙井茶文化旅游休闲示范区、运河水上观光游、香积素斋禅茶游等一批文化休闲体验产品。

（3）“养”是指养生旅游，包括养生、养老、养心、体育健身等健康旅游新需求、新要素。旅游原本就是一件身心愉悦的活动，当养生邂逅旅游，健康旅游应运而生，成为不少人青睐的旅游新模式。其中，中医养生旅游的发展最为强劲。

2014 年，国家旅游局与国家中医药管理局签署了关于推进中医药健康旅游发展的合作协议，标志着发展中医药健康旅游已进入国家旅游发展战略。随后，北京推出首批七条中医养生线路，其中包括接受中医体检、参观中医药博物馆、品尝药膳及学习太极拳等，受到旅游者的热捧。此外，甘肃致力于建设陇东南国家级中医药养生保健旅游创新区。广西也将中医药与旅游、养老等进行有机结合，打造立体本草纲目旅游、壮医药和瑶医药健康养生基地。

（4）“情”是指情感旅游，包括婚庆、婚恋、纪念日旅游、宗教朝觐等各类精神和情感的旅游新业态、新要素。早在 60 多年前，钱钟书就曾说过，结婚以后的蜜月旅行是次序颠倒的，应该先旅行一个月再结婚。时下，以爱情为主题的旅游，尤其受到年轻人的喜爱。

据了解，目前我国与婚庆产业关联的行业已达 40 多个，新婚蜜月市场规模每年约 1.2 万亿元。婚庆旅游、婚纱摄影等业态，对旅游业而言已是“天大机会”。2016 年，北京、天津、河北、安徽、海南五省市组建了婚庆旅游合作组织，培育婚庆旅游目的地、市场、产业和产品，推进婚庆旅游成为旅游经济新的增长点。海南重点向国内外旅游市场推出婚庆旅游产品，促进婚庆产品与海洋、生态、文化、康体、度假等产品的融合，希望从婚庆主题旅游产品突破，打造海南婚庆旅游产业链。

（5）“学”是指研学旅游，它的内容既不是单纯的旅游也不是纯粹的留学，而是介于游与学之间，贯穿了语言学习和参观游览，包括修学旅游、科考、培训、拓展训练、摄影、采风、各种夏令营和冬令营等活动。我国的研学旅游早已走出国门，其目的地遍及亚洲、欧洲、美洲和大洋洲，内容从最初的校园游览、观摩课堂发展到现在的全真插班、家庭寄宿、社会调查、充当志愿者等多种体验。

不只是家长和孩子关注研学，近年来不少职场人士也选择用研学方式给自己充电。目前，国内已有旅游机构提供成人研学产品，涵盖 IT（internet technology，互联网技术）编程、瑜伽养生、高尔夫、品酒、咖啡、潜水、飞行等领域，职场人士通过短期技能类课程，可以获得技能提升、各类证书、职场镀金等。

（6）“奇”是指一些旅游者不满足于旅游过程中的标准服务、豪华服务甚至超豪华服务的舒适和享受，而是青睐探奇旅游，包括探索、探险、探秘、新奇体验等。

7.1.3　旅游产品特征

旅游产品作为一种商品，它同样具有价值和使用价值二重性质。它的价值构成不仅包含人们过去的物化劳动，而且包含人们的实时劳动，其使用价值体现在满足人们的旅游及相伴产生的其他需求上。旅游产品具有一般商品的基本属性，但它又有自身的特殊性，这种特殊性主要体现在以下几个方面。

1. 综合性

从旅游者角度看，一个旅游目的地的旅游产品乃是一种总体性产品，是各有关旅游企业为满足旅游者的各种需求而提供的设施和服务的总和。大多数旅游者计划前往某一旅游目的地进行旅游并做出购买决定时，都不仅仅考虑一项服务或产品，而是将多项服务或产品结合起来进行考虑。例如，一个度假旅游者在选择度假目的地的游览点或参观点的同时，还会考虑该地的住宿、交通、饮食等一系列的设施和服务情况。在这个意义上，旅游产品是一种综合性的群体产品或集合产品。

国外有些经济学家说，旅游业是所有工业的综合。这种说法是有道理的。旅游产品的涉及面比任何经济部门都要广。任何一个部门（即一个环节）出现失误，都会导致整个产品的滞销。例如，旅行社组团的服务质量很好，旅游目的地风景很优美，住宿条件也很好，但路上交通堵塞，或者行车误点，这就成为这条旅游线路（旅游产品）的缺憾。

从旅游业的角度看，各直接旅游企业分别提供的设施和服务也是不同的旅游产品。这些产品可以被以单项的形式出售给旅游者，也可以被以不同的多项组合形式出售给旅游者。虽然饭店的客房和航空公司的舱位，以及旅行社的服务都能称为旅游产品，但严格来讲，它们只是一个旅游目的地的总体旅游产品的构成部分。

2. 无形性

旅游产品是各种旅游企业为旅游者提供的设施和服务。无形的部分在旅游产品中起主导作用。产品的质量和价值是凭旅游者的印象、感受来评价和衡量的。

3. 不可转移性

旅游产品进入流通领域后，其商品仍固定在原来的定位上。旅游者只能到旅游产品的生产所在地进行消费，这一点，一方面补充和完善了传统的国际贸易理论，同时也使交通运输成为实现旅游活动的重要因素。另一方面，旅游者在购买旅游产品后，这种买卖交易并不发生所有权的转移，而只是使用权的转移。换言之，只是准许买方在某一特定的时间和地点得到或使用有关的服务。

4. 不可储存性

旅游者购买旅游产品后，旅游企业只是在规定的时间内交付有关产品的使用权。一旦买方未能按时使用，便需重新购买并承担因不能按时使用而给卖方带来的损失。对旅游企业来讲，旅游产品的效用是不能积存起来留待日后出售的。随着时间的推移，其价值将自然消失，而且永远不复存在。因为，新的一天来临时，它将表现为新的价值，所以，旅游产品的效用和价值不仅固定在地点上，而且固定在时间上。无论是航空公司的舱位还是饭店的床位，只要有一定的闲置，造成的损失将永远无法弥补。因此，旅游产品表现出较强的时间性特点。

5. 生产与消费的同步性

旅游产品一般都是在旅游者来到生产地点时,才会生产并交付给旅游者其使用权的。服务活动的完成需要由生产者和消费者双方共同参与。在这个意义上，旅游产品的生产和消费是同时发生并在同地发生的，在同一时间内，旅游者消费旅游产品的过程，也就是旅游企业生产和交付旅游产品的过程。这种生产与消费的同步性或不可分割性是旅游产品市场营销中的一个至关重要的特点。这并不意味着旅游产品的消费与购买不可分离，事实上，在包价旅游中，绝大部分旅游产品都是提前定购的。

6. 脆弱性

旅游产品脆弱性是指旅游产品价值的实现要受到多方面因素的作用和影响，在这些因素中，如果某一个因素的条件不具备，就会影响旅游产品交换的全过程，导致其全部价值不能实现。例如，旅游产品内部各组成部分之间的比例关系；旅游活动尤其是消遣观光型旅游活动有很大的季节性波动。另外，旅游产品最终的服务对象，即旅游者是一种流动性的群体，其消费购买受收入水平、闲暇时间、性格爱好、流行时尚等因素的影响，这些因素往往是旅游目的地国家或者地区难以控制的；同时，旅游产品还受旅游目的地国家或地区的各种政治、经济、社会及自然因素的影响，这些因素同样难以控制。上述旅游问题均会影响旅游产品的质量，可能导致旅游产品不能完全实现其价值。

7.2 旅游产品分类

7.2.1 旅游产品分类依据

旅游产品的实现主要受旅游者、旅游资源和旅游媒介的影响，因此，旅游产品具有多种不同的分类依据，如旅游产品可以按照产品的性质、旅游产品组成状况、旅游产品发展历程、旅游产品功能及开发程度进行分类，也可以从旅游者角度出发按照旅游者参与程度进行分类。

7.2.2 旅游产品的基本类型

旅游企业将旅游产品进行分类和分析，便于其打造新的产品，可以掌控市场、开阔思路，有利于企业发展。了解各个类型的旅游产品特征有利于更好地为旅游者服务，也能够更好地为旅游企业带来利益。

1. 按照产品的性质划分

旅游产品按照产品的性质可以分为五种类型,以下是 1999 年国家旅游局对旅游产品进行的分类。

1）观光旅游产品

观光旅游产品是指旅游者以观赏和游览自然风光、名胜古迹等为主要目的的旅游产品。这类旅游产品在世界上许多国家又被称为观景旅游产品，是一种传统旅游产品，其构成了现代旅游产品的主体部分，包括自然风光、名胜古迹、城市风光等。

2）度假旅游产品

度假旅游产品关注旅游者休闲、度假、求放松、求安逸的心理需求，可以为旅游者提供一个舒适、优雅、安静、私密的空间。度假旅游产品追求与旅游者互相融入的目标，产品符合旅游者的心理感觉，旅游者投身其中，享用度假旅游产品的各项服务①。度假旅游产品一般有海滨、山地、温泉、乡村、野营等类型。

3）专项旅游产品

专项旅游产品是指某地专门的旅游产品，也指特产一类的产品。例如，近年来越来越受青睐的研学旅游、游学旅游及邮轮旅游等非大众的旅游产品。专项旅游产品主要包括文化、商务、体育健身、业务等方面的旅游产品。

4）生态旅游产品

生态旅游最初作为一种新的旅游形式出现时，其主旨是保护环境、回归自然，改变了以往的旅游发展模式。但如今的生态旅游无论从概念、方式、要求等方面都有很大的创新，成为旅游业可持续发展的核心理论。

5）旅游安全产品

旅游安全产品主要包括旅游保护用品、旅游意外保险产品、旅游防护用品等保障旅游者安全的工具产品。

2. 按照旅游产品组成状况划分

1）整体旅游产品

整体旅游产品是指某一旅游目的地能够提供并满足旅游者需求的全部物质产品和服务，又称为旅游目的地产品，其包括了若干个单项旅游产品和若干条旅游线路产品，如旅行社推出的全包价旅游产品就属于整体旅游产品。

2）单项旅游产品

单项旅游产品是指旅游者在旅游活动中购买和消费的有关住宿、餐饮、交通、娱乐、游览等某一方面或几方面的物质产品或服务②。例如，订购一间客房、享用一顿美餐、游览一次景点等都属于购买和消费单项旅游产品。区分并统计旅游者对单项旅游产品的消费，可以分析旅游目的地内不同景区（景点）、不同接待服务设施单位的经营销售情况和水平。

3）组合旅游产品

组合旅游产品是指旅游企业根据旅游市场的需求，将多个单项旅游产品组合起来提供给旅游者，进而满足旅游者吃、住、行、游、购、娱等多方面需求的物质产品和服务。

---

① 吴殿廷等（2010）。

② 孙靳（2010）。

例如，旅行社提供的包价旅游、专项旅游产品。

3. 按照旅游产品发展历程划分

随着社会的不断进步，旅游者对旅游产品的需求表现的越来越细分化，旅游者越来越追求体验、个性等，因此，各种新兴旅游产品类型逐渐被开发出来。传统的、纯粹的观光旅游产品已经不能满足旅游者的需求，一些新兴的、参与程度较高、主题更加鲜明的旅游产品开始出现，私人定制旅游逐渐发展。旅游产品按照发展历程主要分为传统旅游产品、新兴旅游产品、非主流旅游产品三大类（表 7-1）。

表 7-1 旅游产品一览表

主类	亚类	基本类型
传统旅游产品	观光旅游产品	自然风光、城市风光、名胜古迹
	升级的观光旅游产品	微缩景观、“外国村”或“外国城”、“仿古村”或“时代村”、主题公园、野生动物园、海洋观光和水族馆、城市旅游和都市旅游
	文化旅游产品	一般文化旅游、遗产旅游、博物馆和美术馆旅游、艺术欣赏旅游、民俗与民俗风情旅游、怀旧与历史人物遗迹旅游、祭祖旅游、宗教旅游、文学旅游
	商务旅游产品	一般商务旅游、政务旅游、会议旅游、奖励旅游、大型活动与节事旅游、购物旅游
	度假旅游产品	海滨度假、山地和温泉度假、乡村旅游、度假村与旅游度假区、环城游憩带度假游、休闲旅游、水库与水利旅游、野营旅游
	社会旅游产品	带薪休假旅游
新兴旅游产品	军体健康旅游产品	一般体育旅游、高尔夫运动与高尔夫旅游、体育观战旅游、滑雪旅游、漂流旅游、汽车旅游、军事旅游、医疗保健旅游、疗养保健旅游
	业务旅游产品	修学教育与校园旅游、工业旅游、观光农业与农业旅游、学艺旅游、科学考察与地质旅游、边境旅游
	享受型旅游产品	休闲娱乐旅游、豪华列车旅游、豪华游船旅游、美食旅游、超豪华旅游
	刺激型旅游产品	特种旅游、探险旅游、赛车旅游、秘境旅游、海岛与海底旅游、沙漠旅游、斗兽旅游、狩猎旅游
	替代性旅游产品	生态旅游、国家公园与自然旅游、自然保护区与森林公园旅游、摄影旅游、社区旅游
	活化旅游产品	运动旅游、业余爱好旅游、娱乐活动旅游、制造经历旅游、郊游
非主流旅游产品	博彩旅游	

4. 按照旅游产品功能划分

1）康体型旅游产品

近年来，随着人们生活水平的不断提高，健康养生日益受到社会大众的重视和青睐，在此背景下，一种新兴旅游产业形态——康体养生旅游应运而生。康体养生旅游是指以国际公认的全健康为基本理念，以生态环境、特殊资源、传统文化、现代科技为依托，以改善身体机能、保障心理安适、实现身心和谐为主要动机，以护养身心健康、提升生活质量、激发生命潜能为核心功能的系列旅游活动。

2）享受型旅游产品

享受型旅游产品是指旅游者为了满足享受需要而产生的需求产品。例如，人们消费高级食品、娱乐用品、某些精神文化用品及服务，就是因为这些消费资料能满足人们舒适、快乐的需要。携程网2016年发布的春节期间大数据显示，随着国内旅游者旅游观念的转变，享受型需求正不断增长，春节期间有近七成旅游者选择境外游，超过六成旅游者准备入住高星级酒店。

3）生态探险型旅游产品

生态探险型旅游是目前国际、国内旅游市场新兴起的一种高级旅游形式，它强调观光旅游、自然保护与文化保存相结合，是一种肩负环境责任、具有环境伦理的旅游新项目。生态探险型旅游者的主要目的是经过旅游接触大自然、理解大自然、宣传和保护大自然。

4）特种旅游产品

特种旅游是一种新兴的旅游形式，它是在观光旅游和度假旅游等常规旅游基础上的提高，是对传统常规旅游形式的一种发展和深化，因此，它是一种更高形式的特色旅游活动产品。“特种旅游”这一概念，通常也被称为“专题旅游”、“专项旅游”和“特色旅游”等。特种旅游作为旅游形式的一个类别，它除了与观光旅游、度假旅游都具有为旅游者提供吃、住、行、游服务的共性之外，它的最主要特征是要与旅游者共同参与旅行，并在参与中提供服务和用自己的专业知识指导旅游者实现其旅游目标。例如，登山、考古、潜水等。

5. 按照旅游者参与程度划分

1）观光型旅游产品

观光型旅游产品是指旅游者以观赏和游览自然风光、名胜古迹等为主要目的的旅游产品，是传统旅游的主要产品类型，同时也是其他产品类型的基础。

2）主题型旅游产品

主题型旅游产品是指以历史、文化、宗教、艺术、娱乐等为主题开发出来的旅游产品。例如，北京故宫、迪士尼乐园、鞍山玉佛苑及各种纪念馆、博物馆等，都是典型的主题型旅游产品。

3）参与型旅游产品

参与型旅游产品的实质是为旅游者带来审美和愉悦的感觉，旅游企业以旅游者体验为导向，选择有创意的主题，开发个性鲜明的旅游产品，从而在激烈的市场竞争中立于不败之地。

4）体验型旅游产品

2001年6月，在一份关于澳大利亚旅游业发展报告中首次提到“体验型旅游”这个新概念，随之国外一些学者也给出了相应的概念，但目前国内学者对体验型旅游未给出明确的定义。相关的概念有徐林强（2006）的定义：体验型旅游是一种预先设计并组织的、旅游者需要主动投入时间和精力参与的，对环境影响小、附加值高的旅游方式，旅游者通过与旅游产品间的互动，获得畅爽的旅游体验，实现自我价值。宋咏梅（2007）从旅游供给者和旅游者这两个角度定义体验型旅游：体验型旅游是一种以追求心理愉悦体验为终极目标的旅游，是继观光旅游、休闲旅游后的一种新的旅游方式，是旅游者消费心理走向成熟的结果。

6. 按照开发程度划分[①]

1）改进型旅游产品

改进型旅游产品是指在原有旅游产品的基础上，进行局部形式上改进的旅游产品。这种旅游产品可能是在其配套设施或者服务方面的改进，也可能是旅游项目的增减或服务的增减，但旅游产品的实质在整体上没有多大的改变。例如，长江三峡旅游产品最初的旅游设施只有两艘豪华游轮，为了适应旅游市场需求，游船的数量、等级、规模、路线等方面均做了改进。长江三峡旅游又增加了小三峡及小小三峡等内容，以此来延长旅游者的逗留时间，提高综合服务的档次和规格。

2）仿制型旅游产品

仿制型旅游产品是产品中创新程度较低的一种产品，是指旅游企业对国内外市场上已经存在的旅游产品进行局部微小的改进和创新。这种产品从原理到结构以模仿为主，以改进或创新为辅。

3）换代型旅游产品

换代型旅游产品是对现有旅游产品进行较大改革后生成的产品。例如，我国在原有观光型旅游产品的基础上，推出了红色旅游、乡村旅游和民族风情旅游等主题观光旅游产品。

4）创新型旅游产品

创新型旅游产品是指能够满足消费者一种新的需求的全新产品。对于旅游企业或者消费者而言，它都是新的旅游产品，它可以是新开发的旅游景点，也可以是新开辟的旅游线路，或者是新推出的旅游项目。例如，漂流、探险等旅游项目的出现，在旅游产品的开发上带来了一场新的革命。绿色旅游、森林旅游等专项旅游产品的开发，减轻了人们日常的生活压力，使人们能完全、彻底地回归大自然。这种旅游产品的开发周期较长，所需投资较多，而且风险较大。

7.2.3 旅游产品生命周期

旅游产品既包括无形的服务，又包括有形的产品，也如有形产品一样具有自己的生命周期。旅游者对旅游质量的要求越来越高，已经不再满足某一种单一的旅游产品类型，因此，我们通过对旅游产品周期各个阶段的特征分析，利用波士顿矩阵（matrix：Boston consulting group，BCG Matrix）进行旅游产品的组合，制定出相应的营销策略，从而为旅游企业带来最优的效益组合。

旅游产品生命周期是指一个旅游产品从被开发出来投放市场到最后被淘汰退出市场的整个过程，一条旅游路线、一个旅游活动项目、一个旅游景点、一个旅游目的地开发大多都遵循一个从无到有、由弱至强，然后衰退、消失的时间过程。旅游产品生命周期

---

① 舒伯阳（2008）。

的各个阶段通常是以旅游产品的销售额和利润的变化状态来进行衡量的。

旅游产品生命周期可以划分为推出期、成长期、成熟期、衰退期等四个阶段。处于不同阶段的旅游产品在市场需求、竞争、成本和利润等方面有着明显不同的特点，也决定着供给者的不同营销策略。如果把旅游产品从进入市场到退出市场的整个历程按销售额和时间绘制成图，更能看出旅游产品生命周期的动态全貌（图 7-2）。

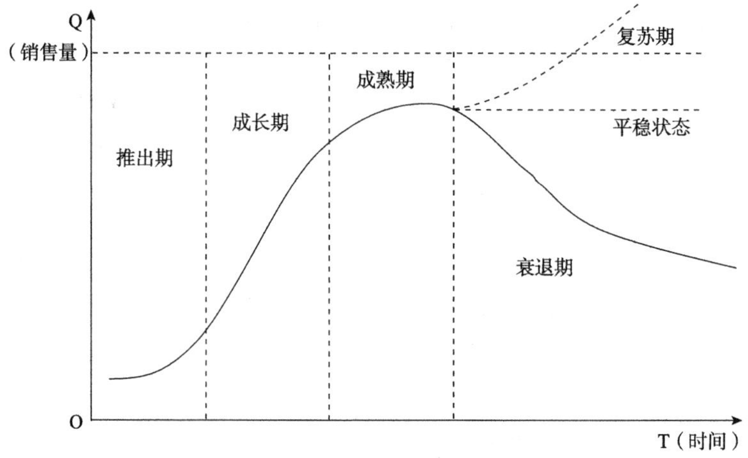

图 7-2 旅游产品生命周期

1. 旅游产品的推出期

旅游产品正式推向旅游市场的表现是旅游景点、旅游饭店、旅游娱乐设施的建成，新的旅游路线的开通，新的旅游项目、旅游服务的推出。推出期具有以下特点：①产品尚未被旅游者了解和接受，销售量增长缓慢且无规律；②旅游企业的接待量很少，投入费用较大，单位经营成本较高；③旅游企业需要做大量的广告和营销工作，产品的营销费用较大；④销售水平低，利润极少；⑤市场上一般还没有竞争者。

2. 旅游产品的成长期

在这一阶段，旅游景点、旅游目的地开发初具规模，旅游设施、旅游服务逐步配套，旅游产品基本定型并形成一定的特色，前期宣传营销开始出现效果。成长期具有以下特点：①旅游产品在市场上拥有一定知名度，产品销售量迅速增长；②旅游者对产品有所熟悉，越来越多的人试验使用这一产品，重复购买的选用者也逐渐增多；③旅游企业的营销费用相对减少，销售成本大幅度下降，利润迅速上升；④市场上开始出现竞争者。

3. 旅游产品的成熟期

在这一阶段，潜在顾客逐步减少，大多属于重复购买的市场。成熟期具有以下特点：①旅游产品的市场需求量已达饱和状态，销售量达到最高点；②在前期销售量可能继续增加，中期处于不增不减的平稳状态，后期的销售增长率趋于零，甚至出现负增长。利润增长也将达到最高点，并有逐渐下降的趋势；③很多同类旅游产品和仿制品都已进入市场，市场竞争十分激烈。

4. 旅游产品的衰退期

衰退期一般是指产品的更新换代阶段，在这一阶段，新的旅游产品已进入市场，正在逐渐替代老产品，旅游企业需要对旅游产品进行重新评估、改进或者转变。衰退期具有以下特点：①旅游者或丧失了对老产品的兴趣，或其兴趣为对新产品的兴趣所取代。原来的产品中，除了少数名牌产品外，其他产品的市场销售量日益下降；②市场竞争突出地表现为价格竞争，价格被迫不断下降，利润迅速减少，甚至出现亏损。

旅游产品的衰退期就是旅游企业转型的关键时期，如果旅游产品不能满足市场要求，旅游企业的这种旅游产品带来的效益就将下降，甚至直至旅游产品最后的消亡。

7.2.4 波士顿矩阵

波士顿矩阵，又称市场增长率—相对市场份额矩阵、波士顿咨询集团法、四象限分析法、产品系列结构管理法等。波士顿矩阵认为，一般决定产品结构的基本因素有两个，即市场引力与企业实力。市场引力包括企业销售增长率、竞争对手强弱及利润高低等[①]。其中最主要的是反映市场引力的综合指标——销售增长率，这是决定企业产品结构是否合理的外在因素。企业实力包括市场占有率，技术、设备、资金利用能力等。其中，市场占有率尤其是相对市场占有率直接显示出企业的竞争实力。图 7-3 为产品相对市场占有率与销售增长率矩阵。

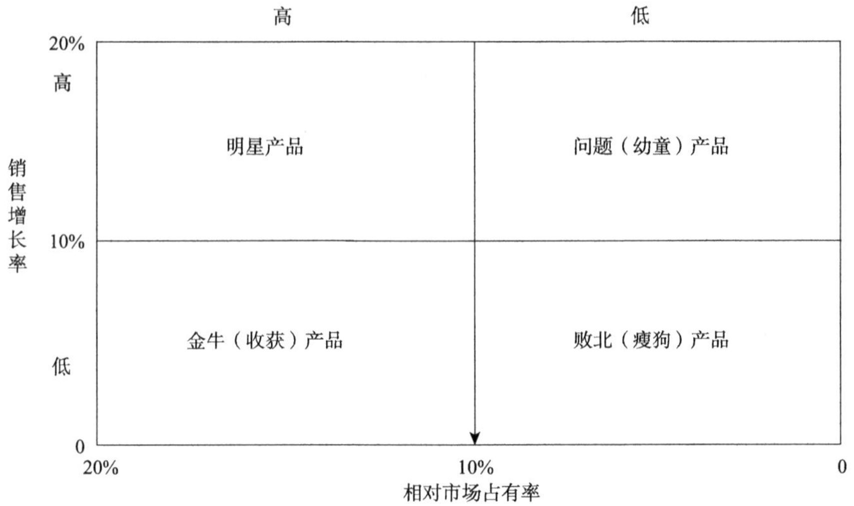

图 7-3 产品相对市场占有率与销售增长率矩阵

① 参考波士顿矩阵详解，http://yejiuqiu.cn/4351.html。

1. 问题（幼童）产品

这是在推出期和成长前期呈高销售增长率、低相对市场占有率的产品，由于这类产品利润低、资金需求量大，在进行投资决策时，要么撤出投资，要么继续加大投资。

2. 明星产品

这是高销售增长率、高相对市场占有率的产品。这类产品可能成为企业的金牛（收获）产品，在进行投资决策时，要加大投资，保持其竞争地位。

3. 金牛（收获）产品

这是低销售增长率、高相对市场占有率的产品。这类产品已进入成熟期，销售量大、利润率高，为企业提供的净现金流量大，是明星产品和问题（幼童）产品投资的后盾。企业可以对这类产品采取收获战略，即所投入资源以达到短期收益最大化为限。

4. 败北（瘦狗）产品

这是低销售增长率、低相对市场占有率的产品，也称衰退类产品。这类产品利润率低、负债率高，处于保本或亏损状态，企业对这类产品应采取撤退战略，即逐渐减少产量，转移资源，淘汰落后产品。

旅游产品同样也可以利用波士顿矩阵原理，结合旅游产品生命周期理论，对各类产品选择最适宜的营销策略，从而达到旅游企业效益最大化（表 7-2）。

表 7-2 不同类型旅游产品在各个生命周期的营销策略一览

营销策略	推出期	成长期	成熟期	衰退期
金牛（收获）产品	强化分销网络	大幅降低价格；强化分销网络；加快新产品推出速度	开发新的细分市场；扩展新的地区市场	控制营销投入，最大限度截取利润；推出部分销售渠道
明星产品	控制广告宣传费用	及时降低价格，以市场份额为主要目标	控制投入，追求效益最大化，可以牺牲一定市场份额	严格控制投入；以利润为主要追求目标；推出部分销售渠道
问题（幼童）产品	强化分销网络；控制广告宣传费用	加大宣传力度；与主要竞争对手相比，定价应该稍微偏低	追求产品差异化和系列化，完善分销渠道	严格控制营销投入；选择时机退出市场
败北（瘦狗）产品	改进产品；强化分销网络；控制生产成本	大幅降低产品价格；增加产品的技术含量和多样性	退出市场	退出市场

7.3 旅游产品组合

7.3.1 旅游产品组合概念

旅游产品组合是指旅游企业通过对不同规格、不同档次和不同类型的旅游产品进行科学的整合，使旅游产品的结构更趋合理，更能适应市场的需求，从而以最小的投入尽可能地占领市场，实现旅游企业最大的经济效益。

7.3.2 旅游产品组合有关指标

从某种程度上来讲，旅游产品组合开发作为一项科学性的工作是有其特定指标的，这些指标主要体现在以下三个方面。

1. 产品组合的广度

所谓产品组合的广度，是指旅游企业开发和经营的旅游路线的多少。旅游企业销售的旅游路线多则为宽产品线，反之，则为窄产品线。宽产品线的组合，由于产品丰富程度较高、适应性强，可以从多方面满足旅游需求，拓宽市场份额，增加销售额，提高经济效益，同时还可以使旅游企业的人、财、物得到有效利用，充分发挥企业的人、财、物等资源的潜力，减少旅游市场变化派生的各种风险，增强旅游企业自身的调节功能和应变能力。相对而言，窄产品线的组合可以使旅游企业集中优势力量，不断提高旅游产品的质量，它有利于促进旅游企业专业化水平的提升，降低经营成本。

2. 产品组合的深度

所谓产品组合的深度，是指某一条旅游路线中旅游活动项目的多少。旅游路线中包含的旅游活动项目多则产品组合较深，反之，则产品组合较浅。一般情况下，较深的旅游产品组合能在旅游市场细分（marketing partitioning）化的基础上扩大旅游市场，满足多种类型旅游者的消费需求，提高市场占有率，在生产上实现批量少、品种多。而较浅的旅游产品组合便于旅游企业发挥自身的特色和专长，以塑造品牌来吸引旅游者、增加销售量，可进行批量生产以求得规模效益。

3. 产品组合的关联度

所谓产品组合的关联度，是指旅游企业在进行各种旅游产品的开发时，诸要素，如宾馆饭店、旅游交通、景区（景点）、娱乐购物等的一致性。一致程度高则关联度就大，反之，则关联度就小。关联度大的产品组合可以使旅游企业精于专业，使旅游企业与产品的市场地位得到提高，使旅游产品的整体形象得以突出，从而有利于经营管理水平的提高。对中小型旅游企业而言，其比较适宜关联度大的产品组合，而对于那些综合实力强的大型旅游企业集团来说，由于关联度小的产品组合具有一定的垄断性，大型旅游企业集团采取这种组合尽管成本昂贵，但足以保持其在该类产品领域的强势地位。

图 7-4 可以反映旅游产品组合的特征状况。

图 7-4　旅游产品组合的特征

由图 7-4 可知，该旅游产品组合在广度上包括历史文化旅游、户外娱乐旅游、节事活动等，在深度上每一类旅游产品又由若干旅游项目组成。这两大类旅游产品及其包含的若干产品项目之间的相互关系与相近程度则体现了产品组合的关联度。

7.3.3　旅游产品组合开发的影响因素

旅游产品组合开发时，需考虑众多背景因素的制约和影响，概括来说，主要包括以下一些因素。

1. 旅游市场的需求倾向

不论何种市场，其需求总是在时间和空间上不断变化的，旅游市场需求也不例外，在不同的时代和地区，旅游者的需求倾向各有特点。这些多样化的旅游需求是旅游企业的旅游产品组合开发的重要依据，由于需求是变化的，产品组合也应该是动态的。

2. 旅游企业的目标市场

进行旅游产品组合开发，就是要使经过组合后的旅游产品系列更具竞争力，更加适销对路，更能以最快的速度占领目标市场，因而对目标市场的准确定位就成为旅游产品组合开发的先期工作，并对旅游产品组合开发产生重要影响。

3. 旅游企业的发展规划

以长远的眼光来看，旅游产品组合开发不能仅停留在对现时旅游市场的过度迎合上，而应符合旅游企业的发展战略，在既定的规划框架内着手开展工作，重在使旅游产品结构科学化、合理化。

4. 竞争对手的现实状况

“知己知彼，百战不殆”，在进行旅游产品组合开发时，还必须对市场上的主要竞争对手有较为深入、透彻的了解，并借鉴竞争对手成功的经验模式，全面比较双方的优势和劣势，扬长避短，才能组合开发出合理而科学的旅游产品。

此外，影响旅游产品组合开发的其他因素还有旅游企业的生产能力、旅游产品生产技术的变动、旅游基础设施状况、政府的态度与政策、其他旅游产品的市场销售情况等。

7.3.4 旅游产品组合开发策略

旅游产品组合开发策略实质上就是针对目标市场，对产品组合的广度、深度及关联度进行选择和决策，以使组合达到最优化。

1. 扩大产品组合的开发策略

扩大产品组合的开发策略即扩大旅游产品组合的广度，依据市场需求适当增加旅游路线的数量，旅游企业尤其要具备敏锐的市场洞察力，注意及时推出那些在市场上已经预热但还未普遍化的旅游新线。该策略可以使旅游企业的经营范围得到延伸，但同时也对其业务能力和服务水平提出更高的要求。

2. 缩小产品组合的开发策略

缩小产品组合的开发策略即缩小旅游产品组合的广度，减少旅游产品的数量使之成为较窄的产品组合。该策略较适合中小型的旅游企业，中小型的旅游企业在业务范围上只求精专，不求广博，注重旅游产品的特色与质量，专业化程度相对较高。在旅游旺季，旅游企业普遍采取此种策略确保产品的质量与企业的声誉。

3. 深化产品组合的开发策略

深化产品组合的开发策略即促使旅游产品组合向纵深方向发展，根据旅游者的偏好及特殊需要增加旅游路线中旅游活动项目的类型与数量，或改变旅游的方式，使产品以新的形式出现在市场上。该策略可以扩大旅游者的参与面，能够增强旅游者的体验程度和满意度，从而提升旅游企业的市场形象和经济效益。

4. 产品组合的差别化开发策略

产品组合的差别化开发策略的“差别化”具有多重内涵，既指与竞争对手产品的形式差别，又指产品系列间的档次差别。对于相同的一些旅游吸引物，可以有众多不同的组合方式，该策略要求旅游企业在组合开发旅游产品时，要注重设计与同类产品的差别特征，并以之为卖点，增强其市场竞争力。此外，该策略还要求旅游企业能够根据实际需要在其产品系列中适当增加高档或低档旅游产品。一般而言，增加高档产品项目，可以提高同类旅游产品的知名度和企业的形象，而增加低档产品项目则可以使旅游产品日益大众化。

7.4 旅游产品开发

7.4.1 旅游产品开发概念

旅游产品开发是根据市场需求，对旅游资源、旅游设施、旅游人力资源及旅游景点等进行规划、设计、开发和组合的活动。

7.4.2 旅游产品开发内容

旅游产品开发主要包括两个方面的内容：一是对旅游地开发；二是对旅游路线开发。

1. 旅游地开发

旅游地是旅游产品的地域载体，是旅游者的目的地。旅游地开发是在旅游经济发展战略指导下，根据旅游市场需求和旅游产品特点，对旅游资源的开发进行规划，建造旅游吸引物，建设旅游基础设施，完善旅游服务，落实区域旅游发展战略的具体措施等。因此，旅游地开发就是在一定地域空间上开展旅游吸引物建设，使之与其他相关旅游条件有机结合，成为旅游者停留、活动的目的地。旅游地开发通常可分为五种形式。

1）以自然景观为主的开发

这类开发以保持自然风貌的原状为主，主要进行道路、食宿、娱乐等配套设施建设，以及环境绿化、景观保护等。一个地区的特殊的地貌、生物群落、生态特征都是可供开发的旅游资源。自然景观只要有特点就可以被开发，不必具备良好的生态环境，如沙漠、戈壁开发完成后都是值得一游的旅游吸引地。但是自然景观式景区（景点）的开发必须以严格保持自然景观原有面貌为前提，并控制景区（景点）的建设量和建设密度，自然景观内的基础设施和人造景区（景点）应与自然环境协调一致。

2）以人文景观为主的开发

这类开发是指对残缺的文化历史古迹进行恢复和整理。例如，对具有重要历史文化价值的古迹、遗址、园林、建筑等，运用现代化的建设手段进行维护、修缮、复原、重建等工作，使其恢复原貌后，自然就具备了旅游功能，成为旅游吸引物。但是人文景观的开发一定要以史料为依据，以遗址为基础，切忌凭空杜撰。人文景观的开发一般需要较多的投资和较高的技术。

3）在原有资源和基础上的创新开发

这类开发主要是利用原有资源和开发基础的优势，进一步扩大和新添旅游活动内容和项目，以达到丰富特色、提高吸引力的目的。例如，在湖滨自然景观旅游中，增添一些水上运动项目，如飞行伞、划艇、滑水等，不仅未破坏原有景观，还可以和原有的湖光山色相映成趣，成为新的风景点。

4）非商品性旅游资源的开发

非商品性旅游资源一般是指地方性的民风、民俗、文化艺术等，它们虽然是旅游资源但还不是旅游商品，本身并不是为旅游而产生，也不仅仅是为旅游服务。这类旅游资源的开发涉及的部门和人员较多，需要各部门进行广泛的横向合作，并与有关部门共同挖掘、整理、改造、加工和组织经营，在此基础上开发出各种旅游产品。应该引起开发者注意的是，这些地区一旦成为旅游目的地，大量旅游者进入景点后，会改变当地居民的生活方式和习俗,同时旅游者带来的外来文化也会对当地的文化生态造成较大的污染。

5）利用现代科学技术成果进行的旅游开发

这是运用现代科学技术所取得的一系列成就，经过精心构思和设计，再创造出颇具特色的旅游活动项目，如“迪士尼乐园”“未来世界”等就是成功的例子。现代科技以其新颖、奇幻的特点，融娱乐、游艺、刺激于一体，大大开拓和丰富了旅游活动的内容与形式。

2. 旅游路线开发

旅游路线是旅游产品的具体表现方式，也是对单个旅游产品进行组合的具体方式，是旅游地向外销售旅游产品的具体形式。旅游路线开发就是把旅游资源、旅游吸引物、旅游设施和旅游服务按不同目标旅游者的需求特点进行特定组合。在旅游路线的组合中，单项旅游产品只是其中的一个组件，开发者并不是对单项旅游产品进行实质性的改动，而是考虑不同旅游者的需求特点、支付能力进行相应的搭配。例如，海南三日游和海南五日游，后者是在前者的基础上增加一些景点和旅游服务项目；如果再适度调整海南五日游的交通、餐饮和住宿的档次，那么也就有了海南五日标准游和豪华游的旅游产品。我们可以把海南游视为一条旅游路线，在这一旅游路线保持海南这一旅游目的地不变的前提下，调整该路线的不同旅游产品要素可以形成不同的旅游品种，可以满足不同类型消费者的需要，如双飞五日游、火车五日游、海南潜水五日游等海南游品种。因此，旅游路线开发实质上是根据不同目标市场旅游者的需求特点对旅游产品进行组合搭配的。

2016 年，由国家旅游局主办，中青旅控股股份有限公司（以下简称中青旅）旗下的遨游网承办，人民网、新华网协办的“中国十大精品旅游线路”评选活动，经网络投票初选、专家投票复评等环节，最终评出“中国十大精品旅游线路”：①丝绸之路精品旅游线路（西安—兰州—西宁—青海湖—茶卡盐湖—柴达木盆地—敦煌—嘉峪关—张掖）；②京杭运河精品旅游线路（北京—天津—沧州—德州—济宁—枣庄—淮安—无锡—苏州—嘉兴—杭州—绍兴—宁波）；③长江精品旅游线路（南京—合肥—武汉—宜昌—重庆—宜宾）；④黄河精品旅游线路（济南—郑州—洛阳—延安—包头—银川—兰州）；⑤珠江精品旅游线路（昆明—曲靖—贵阳—安顺—桂林—广州—韶关—南昌）；⑥北方冰雪精品旅游线路（大连—沈阳—长春—哈尔滨—呼和浩特—赤峰—满洲里—包头—鄂尔多斯）；⑦香格里拉精品旅游线路（昆明—丽江—虎跳峡—香格里拉—德钦—芒康—左贡—波密—林芝—拉萨）；⑧南海风情精品旅游线路（三亚—海口—西沙—东沙—南沙—北部湾）；⑨海上丝路精品旅游线路（上海—宁波—福州—泉州—漳州—广州—湛江—北海—海口—香港—澳门—台湾）；⑩长征红色记忆精品旅游线路

[龙岩(长汀—连城—上杭)—三明(宁化—建宁—泰宁)—何家冲—井冈山—瑞金—遵义—娄山关—泸定—会宁—延安]。

1)旅游路线开发的种类

(1)按照旅游路线的性质分类，我们可以将其划分为普通观光旅游路线和特种专项旅游路线两大类，当然也可以是二者结合的混合旅游线路，如在度假旅游中加入观光旅游。

(2)按照旅游路线的游程天数分类，我们可以将其划分为一日游路线与多日游路线。

(3)按照旅游路线中主要交通工具分类，我们可以将其划分为航海旅游路线、航空旅游路线、内河大湖旅游路线、铁路旅游路线、汽车旅游路线、摩托车旅游路线、自驾车旅游路线、自行车旅游路线、徒步旅游路线，以及几种交通工具混合使用的综合型旅游路线等。例如，中青旅旗下推出的专门的邮轮旅游。

(4)按照使用对象的不同性质分类，我们可以将其划分为包价团体旅游路线、自选散客旅游路线、家庭旅游路线等。

旅游路线开发需考虑四类因素：旅游资源(旅游价值)、与旅游可达性密切相关的基础设施、旅游专用设施和旅游成本因子(费用、时间或距离)。旅游路线是构成旅游产品的主体，包括景点、参观项目、饭店、交通、餐饮、购物和娱乐活动等多种要素。

2)旅游路线开发的基本内容

(1)确定路线名称。名称是路线性质、大致内容和开发思路等内容的高度概括，直接反映的是旅游产品的主题。路线名称应简短(4~10字)，并应突出主题和富有吸引力。例如，“95中国民俗风情游”旅游活动系列就是依托风格独特的民俗节庆活动逐月展开，贯穿全年，基本涵盖了我国各个民族传统文化的特点，产品特点极为鲜明。

(2)策划路线的具体内容。从形式上看，旅游路线是以一定的交通方式将路线各节点进行合理的连接。节点是构成旅游路线的基本空间单元，一般是城市或独立的风景名胜区。策划旅游路线就是设计从始端到终端及中间途经地之间的游览顺序，在路线上合理布局节点。例如，“93中国山水风光游”旅游活动推出了14条旅游路线，针对国际客源市场把全国的山水风光分为五大片，每大片有一个汇合点(黄山汇合点、黄果树汇合点、长白山汇合点、拉萨汇合点、桂林汇合点)，其网络延伸点是张家界、天涯海角、华山、沙湖等风景名胜区。

(3)旅游路线开发的步骤。我们在明确了旅游路线的具体内容后就要对旅游路线进行相应的开发营销，从而使该旅游路线实现效益最大化。旅游路线开发的基本步骤分为四步：第一，确定目标市场的成本因子，它在总体上决定旅游路线的性质和类型。这是在充分掌握市场信息的前提下做出的判断。第二，根据旅游者的类型和期望确定组成路线内容的旅游资源的基本空间格局，旅游资源对应的旅游价值必须用量化的指标表示出来。第三，结合前两个步骤的背景材料对相关的旅游基础设施和专用设施(住宿等)进行分析，开发出若干可供选择的旅游路线方案。第四，选择最优的旅游路线方案(可以有几条)。其中，第三个步骤的工作最富经验性(技术性)，开发中必须对第二个步骤给出的基本空间格局不断进行调整，以形成新的、带有综合意义的空间格局。

7.4.3 旅游产品开发原则

在旅游产品开发中，无论是对旅游地的开发，还是对旅游路线的组合，旅游企业都要对市场需求、市场环境、投资风险、价格政策等诸多因素进行深入分析。旅游企业根据对这些因素的分析和比较，可产生出一系列的旅游产品开发方案和规划项目，旅游企业从中选择既符合旅游者的需要又符合旅游目的地特点的开发方案和规划项目，形成既有特殊的市场竞争力，旅游企业又有能力运作的方案或项目。为此，旅游产品开发中必须遵循下述开发原则。

1. 市场观念原则

旅游产品的开发必须从资源导向转换到市场导向，牢固树立市场观念，以旅游市场需求作为旅游产品开发的出发点。没有市场需求的旅游产品开发，不仅不能形成有吸引力的旅游目的地和旅游产品，而且还会造成对旅游资源的浪费和对生态环境的破坏。

树立市场观念，一是要根据社会经济发展及对外开放的实际状况，进行旅游市场定位，确定客源市场的主体和重点，明确旅游产品开发的针对性，提高旅游经济效益。二是要根据市场定位，调查和分析市场需求和供给，把握目标市场的需求特点、规模、档次、水平及变化规律和趋势，从而形成适销对路的旅游产品。三是针对市场需求，对各类旅游产品进行筛选、加工或再创造，然后设计、开发和组合成具有竞争力的旅游产品，并推向市场。总之，树立市场观念，以市场为导向，才能使旅游产品开发有据有序，重点突出，确保旅游产品的生命力经久不衰。

2. 效益观念原则

旅游业作为一项经济产业，其在开发过程中必须始终把提高经济效益作为主要目标；同时，旅游业又是一项文化事业，因而其在讲求经济效益的同时，还必须讲求社会效益和环境效益。也就是说，旅游业要从整个开发的总体水平进行考虑，谋求综合效益的提高。

树立效益观念，一是要讲求经济效益，无论是旅游地的开发，还是某条旅游路线的组合，或是某个旅游项目的投入，都必须先进行项目可行性研究，认真进行投资效益分析，不断提高旅游地和旅游路线投资开发的经济效益。二是讲求社会效益，在旅游地开发规划和旅游路线产品开发中，要考虑当地社会经济发展水平，要考虑政治、文化及地方习惯，要考虑人民群众的心理承受能力，形成健康文明的旅游活动，并促进地方精神文明的发展。三是要讲求生态环境效益，按照旅游产品开发的规律和自然环境的可承载力，以开发促进环境保护，以环境保护提高开发的综合效益，从而形成“保护—开发—保护”的良性循环，创造出和谐的生存环境。

3. 产品形象原则

旅游产品是一种特殊商品，是以旅游资源为基础，对构成旅游活动的吃、住、行、游、购、娱等各种要素进行有机组合，并按照客源市场需求和一定的旅游路线设计组合的产品。因此，拥有旅游资源并不等于就拥有旅游产品，而旅游资源要开发成旅游产品，还必须根据市场需求进行开发、加工和再创造，从而组合成适销对路的旅游产品。

树立产品形象观念，一是要以市场为导向，根据客源市场的需求特点及变化，进行旅游产品的设计。二是要以旅游资源为基础，把旅游产品的各个要素有机结合起来，进行旅游产品的设计和开发，特别是要注意在旅游产品设计中注入文化因素，增强旅游产品的吸引力。三是要树立旅游产品的形象，充分考虑旅游产品的品位、质量及规模，突出旅游产品的特色，努力开发具有影响力的拳头产品和名牌产品。四是要随时跟踪分析和预测旅游产品的市场生命周期，根据不同时期旅游市场的变化和旅游需求，及时开发和设计适销对路的旅游新产品，不断改造和完善旅游老产品，从而保持旅游业的持续发展。

7.4.4 旅游产品开发策略

旅游产品的开发可以分为旅游地开发和旅游路线组合两个方面，下面分别就具体开发策略进行讨论。

1. 旅游地开发策略

旅游地开发最直接的表现形式就是景区（景点）的开发建设。一个旅游地要进行旅游产品开发，必须凭借其旅游资源的优势，或保护环境，或筑亭垒石，或造园修桥，使之成为一个艺术化的统一游赏空间，让原有风光更加增辉添色，更符合美学欣赏和旅游功能的需要。旅游地开发的策略，根据人工开发的强度及参与性质可分为以下几种。

1）资源保护型开发策略

对于罕见或出色的自然景观或人文景观，我们要完整地、绝对地进行保护或维护性开发。有些景观因特殊的位置而不被允许直接靠近开发，它们只能作为观赏点被人们欣赏，其开发效用只能在周围景区开发中得以体现。对这类旅游地的开发，我们要绝对地保护或维持原样。

2）资源修饰型开发策略

对于一些旅游地，我们主要是对其加以充分保护和展现其原有的自然风光，通过允许的人工手段对其适当加以修饰和点缀，使其风景更加突出。例如，在山水风景的某些地段小筑亭台，在天然植被风景中调整部分林相①，在人文古迹中配以环境绿化等，就属于这类开发。

3）资源强化型开发策略

这类开发是在旅游资源的基础上，采取人工强化手段，烘托优化原有景观景物，以

① 林业术语，指各种植物群。

创造一个新的风景环境与景观空间。例如，在一些自然或人文景点上搞园林造景，修建各种陈列馆和博物馆，以及各种集萃园和仿古园等。

4）资源再造型开发策略

这类开发不以自然或人文旅游资源为基础，仅是利用旅游资源的环境条件或基础设施条件，打造一些人造景点和景观形象。例如，在一些交通方便、客流量大的地区兴建民俗文化村、微缩景区公园等；在一些人工湖泊中打造一些亭台楼阁、旅游设施等。

2. 旅游路线组合策略

旅游路线开发以最有效地利用资源，最大限度地满足旅游者需求和最有利于企业竞争为指导，遵循旅游产品开发的原则，具有以下几种旅游路线产品的组合策略。

1）全线全面型组合策略

全线全面型组合策略即旅游企业将经营的多条旅游产品线，推向多个不同的市场。例如，旅行社经营观光旅游、度假旅游、商务旅游、购物旅游、会议旅游等多种产品，并以欧美市场、日本市场、东南亚市场等多个旅游市场为目标市场，如图 7-5 所示。旅游企业采取这种组合策略，可以满足不同市场的需求、扩大市场份额，但经营成本较高，需要旅游企业具备较强的实力。

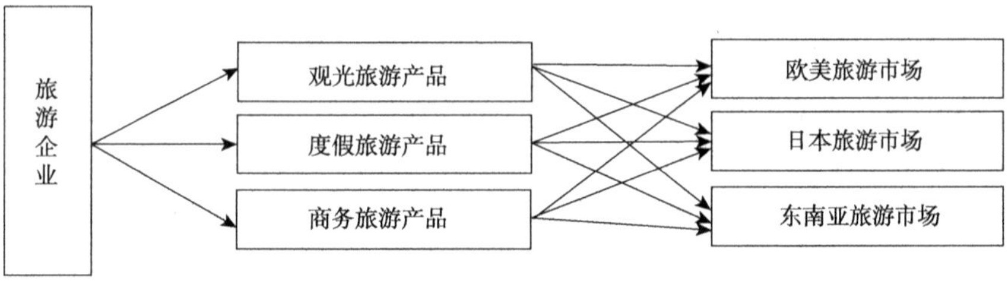

图 7-5 全线全面型组合策略举例

2）市场专业型组合策略

市场专业型组合策略即向某一特定的目标市场提供其所需的旅游产品。例如，旅行社专门为日本市场提供的观光、寻踪、考古、购物等多种旅游产品；或针对青年旅游者市场，根据其特点开发的探险、新婚、修学等适合青年的旅游产品；或针对老年旅游者市场，开发的观光、怀旧、度假、养老旅游产品等，如图 7-6 所示。这种策略有利于企业集中力量对特定的一个目标市场进行调研，充分了解目标市场的各种需求，并开发能满足这些需求的多样化、多层次的旅游产品。因为目标市场单一，市场规模有限，企业产品的销售量也会受到限制，所以，这些旅游产品在整个旅游市场中所占份额较少。

3）产品专业型组合策略

产品专业型组合策略即只经营一种类型的旅游产品来满足多个目标市场的同一类需求。例如，旅行社开发观光旅游产品推向欧美、日本、东南亚等市场，如图 7-7 所示。

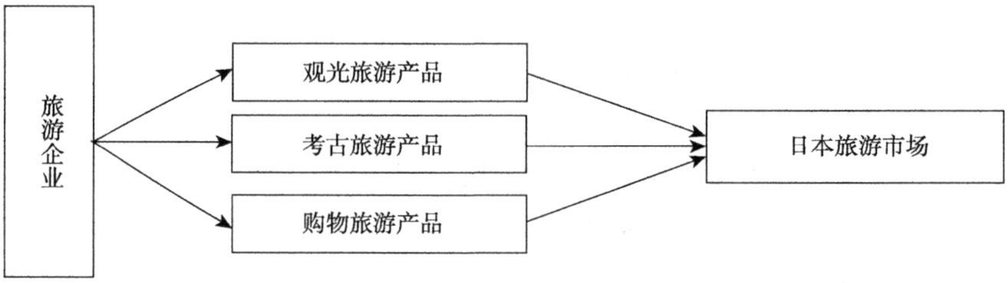

图 7-6 市场专业型组合策略举例

因为产品线单一，所以旅游企业经营成本较少，旅游企业可集中资金开发和不断完善某一种产品，进行产品的深度加工，树立鲜明的企业形象。采取这种策略会使旅游企业产品类型单一，增大旅游企业的经营风险。

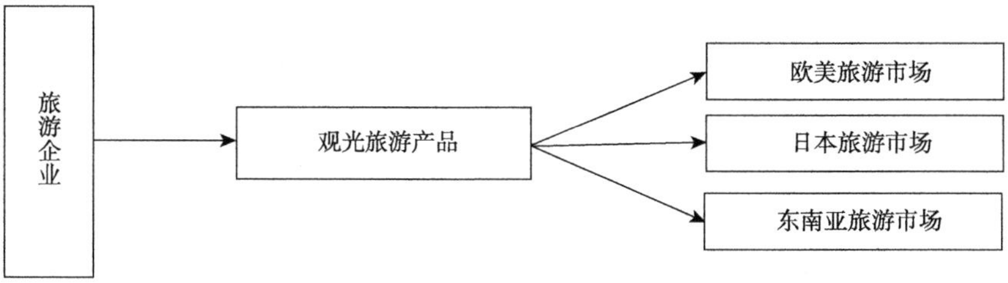

图 7-7 产品专业型组合策略举例

4）特殊产品专业型组合策略

特殊产品专业型组合策略即针对不同目标市场的需求提供不同的旅游产品。例如，对欧美市场提供观光度假旅游产品，对日本市场提供修学旅游产品，对东南亚市场提供探亲访友旅游产品；或者经营探险旅游产品满足青年市场的需要，经营休闲度假旅游产品满足老年市场的需要等，如图 7-8 所示。这种策略能使旅游企业有针对性地开发不同的目标市场，使产品适销对路。旅游企业采取此种策略需要进行周密的调查研究，投资较多，成本较高。

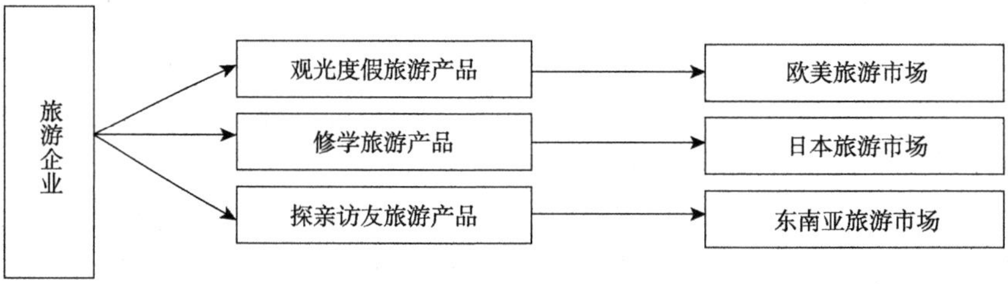

图 7-8 特殊产品专业型组合策略举例

7.4.5 旅游新产品的开发程序

旅游新产品的开发要经历一个漫长的过程，我们可以把旅游新产品从产生创意到试制成功并投放市场的整个过程分为七个步骤。

1. 产生创意

旅游企业可围绕长期的发展战略和市场定位来确定旅游新产品开发的重点，确定旅游新产品的创意和构思。旅游新产品的创意和构思来源有以下几个方面。

（1）旅游者。旅游者的需求是旅游新产品开发的原始推动力，旅游企业可以通过对旅游者进行调查，收集旅游者对旅游新产品的创意建议，然后进行整理和筛选，捕捉有价值的创意。

（2）旅游的从业人员。旅游业的从业人员，包括旅游产品的销售人员、导游，他们处于旅游第一线，与旅游者和竞争者接触密切，最了解旅游者的需求，最能提出旅游新产品的创意。

（3）旅游科研和策划机构。旅游科研和策划机构处于旅游新产品开发第一线，对旅游产品见多识广，加上具备一定的理论功底和职业素养，对旅游业的发展颇具前瞻性，旅游企业应该重视他们的创意。

（4）竞争者。旅游企业可以通过分析其他竞争企业产品的成功与不足之处，对自己的产品进行改良和强化，这就是不错的旅游新产品开发思路。

（5）旅游企业的高层管理人员。旅游企业的高层管理人员也是旅游新产品的创意和构思的重要来源。

2. 创意筛选

收集到若干旅游新产品的创意后，旅游企业应根据自身的战略发展目标和拥有的资源条件对旅游新产品创意进行评审和选择（图 7-9）。

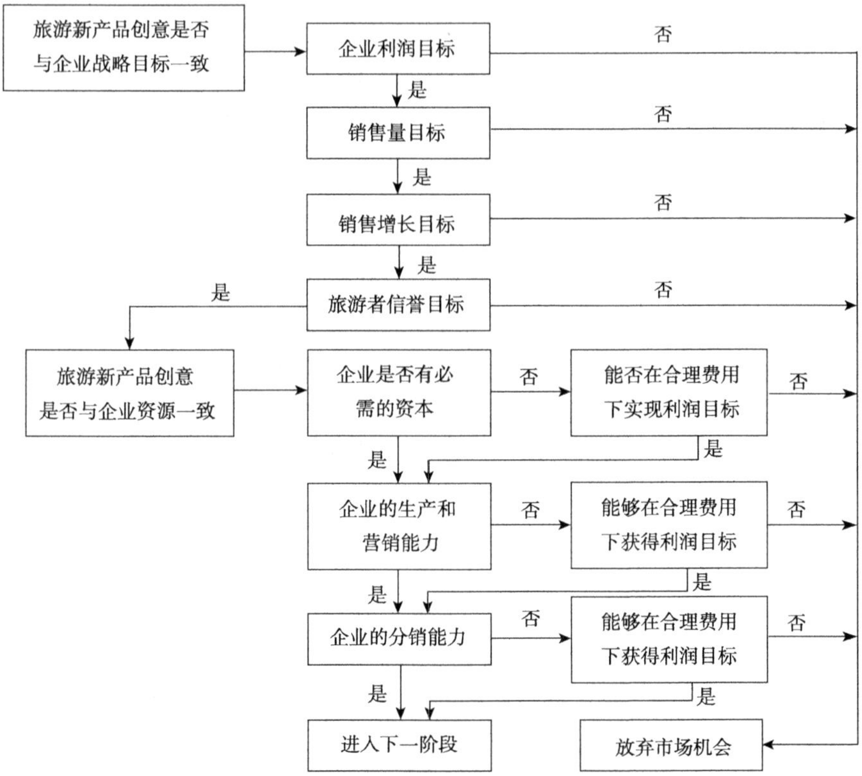

图 7-9 旅游新产品创意筛选程序

3. 旅游新产品概念的发展与测试

将经过筛选后的创意转变为具体的旅游新产品概念。如果创意是提供了产品开发的一个思路，那么新产品概念则是这种思路的具体化。

4. 商业分析

在拟定出旅游新产品概念和营销策略方案后，旅游企业需要对项目进行商业分析。商业分析可以说是经济的可行性分析，商业分析可以从以下几个方面进行。

（1）投资分析。旅游企业需要对旅游新产品所需的投资总额进行测算，规划资金的来源，确定是企业独家投资开发，还是合资开发，抑或是引进新的战略投资者，以及投资的回收方式和投资回收年限。

（2）进行销售量的预测。旅游企业需要确定旅游新产品的旅游目的地，各旅游目的地最乐观的销售量和最悲观的销售量，同时还需进行旅游新产品的生命周期各阶段的预测，尤其是导入期所需的时间。对于一个从业多年的旅游企业来说，是可以以类似旅游产品销售额的历史资料作为参考。

（3）进行新产品的量本利分析。在预测出旅游新产品各时间段的销售额的基础上，旅游企业需要进一步测算旅游新产品的成本和价格，并据此计算出旅游新产品的损益平衡点，以及实现损益平衡的大致时间，预测各阶段的盈亏情况。

5. 产品开发

产品开发阶段是旅游新产品开发计划的实施阶段，大量的资金投入从实质性开发阶段开始，包括旅游新产品具体项目设施的建设、基础设施的建设、员工的招聘和培训、与原有旅游项目的利用和整合等。

6. 旅游新产品的试销

当旅游新产品的开发已初具规模，具备一定的接待能力时，旅游企业不必等到项目完全落成，就可以利用已有的服务项目，组建成一定的旅游产品组合，选择一些典型的目标客源市场进行试销。为减少不完善的负面影响，旅游企业可以邀请一些专家和业内人士提前试用，收集其亲历的感受，整理其意见和建议，适当对旅游新产品进行完善后，再小范围、小规模地向普通旅游者试销产品，以进行改进。

7. 正式上市

通过旅游新产品的试销，旅游企业可以获得旅游新产品上市的试点经验，以帮助对旅游新产品的上市进行决策。在旅游新产品正式上市之前，旅游企业需要对旅游新产品上市的时间、上市的地点、预期旅游客源地和目标旅游者及导入市场的策略等进行决策。

（1）上市的时间决策。对于季节性较强的旅游产品，旅游企业最好选择由淡季转旺季的季节进行上市，这样能使旅游新产品的销售量呈上升趋势。但旅游企业也应避免在旅游旺季进行上市，因为，旅游新产品毕竟不完善，如果旅游者大量涌入会使旅游企业因经验不足而应接不暇，最好是有一个从少到多的适应和完善的过程。

（2）上市的地点决策。企业需要确定推出旅游新产品的客源地，是在所有潜在的客源地市场全面推出，还是由点到面地逐步扩散?各地的经济收入水平不同，消费特点不同，对旅游新产品的接受程度也会表现出较大的差异。因此，应该对不同市场的吸引力做出客观的评价。评价的指标有：市场潜力、企业在当地的声望、产品的分销成本、对其他市场的影响力及市场竞争的激烈程度等。企业可根据有关数据来选择主要的市场，并制定新产品的地区扩展计划。当然旅游企业最好是选择在那些政治、经济、文化中心城市推出新产品，这样也可对周边市场产生较大的辐射影响。

（3）上市的目标旅游者决策。在旅游新产品的市场开拓中，旅游企业应将销售和促销的重点集中于最佳的潜在旅游者。最佳的潜在旅游者群应具备以下特征：愿意最早使用新产品；对新产品持肯定和赞赏态度；乐于传播信息；对周围的消费者有较大的影响力；购买量较大。在这样的目标市场上，旅游企业容易较快地获得高销售额，并有利于调动销售人员的积极性，也能较快地渗透旅游企业的整个市场。

由于旅游产品的生命周期客观存在，旅游企业为保持可持续发展，应有处于成熟期的一代旅游产品，也应有处于成长阶段的一代旅游产品，同时还应有正在开发中的一代旅游产品，只有这样才能保持旅游企业的可持续发展。因此，旅游企业应该未雨绸缪，及时分析外部环境，预测旅游产品的生命周期，具有前瞻性地适时进行旅游新产品的开发。

扩展教学资源：推荐阅读（一）

市场呼唤老年旅游商品

截至 2017 年底，我国 60 岁及以上的老年人口已超过 2.4 亿人，占总人口比例的 17.3%。在未来的很长一段时间内，我国人口的老龄化越来越严重已成为不争的事实。老年人口的增多不仅体现在抽象的数字上，更体现在真实的生活中，周边的老年人越来越多，旅游者中的老年人也会越来越多。老年旅游者在旅游中会购买旅游商品，他们将逐渐成为旅游商品的消费主力。

目前，我国境内的老年旅游商品还很稀少，越来越多的老年人喜欢在出境旅游时大量购买老年旅游商品。尤其在出境的团队旅游中，境外的旅游市场主要向老年人推销适合老年人需求的旅游商品。

有人曾说，“当你非常关注健康，并且常常回忆过去时，说明你老了”。健康是老年人最关注的问题。保护老年人身体健康并不等于让一个健康的老年人每天吃保健品或是吃药。保障老年人拥有健康的心理、健康的生活方式的各类商品，包括老年食品、老年生活用品、老年人玩具，以及保障老年人健康的设施、设备，自然也应是老年旅游商品开发的方向。

根据老年旅游者的需求，老年旅游商品主要体现在安全、卫生、方便、快乐、舒适等方面。

1. 安全类老年旅游商品

不是无毒无害的旅游商品就是安全类老年旅游商品。那些高糖食品、高盐食品、特辣食品、高酸食品、油炸食品、腌制食品、高硬度食品等同样不适合老年人。我们需要开发低糖食品、低盐食品、少辣食品、低酸食品、非油炸食品、轻度腌制食品、松软食品等符合老年人安全需求的旅游商品。

2. 卫生类老年旅游商品

不是干净的旅游商品就是卫生类老年旅游商品。让房间干净、让衣物干净、让身体干净、让用品干净，省事、省力、省时、绿色无污染的各种清洁设备、工具、溶剂等均为卫生类旅游商品。例如，有旅游发达国家的企业开发了清洗不同脏度衣物的囊状洗衣液，人们只需根据衣物脏的程度选择不同的囊状洗衣液，并将衣物一起放入洗衣机内即可，这样的洗衣方式既干净又更加简单。

3. 方便类老年旅游商品

不是使用方便的旅游商品就是方便类老年旅游商品。随着老年人记忆力的衰退，他们经常忘事；随着老年人反应能力的衰退，他们的行动速度减缓。复杂的操作也易导致老年人的烦躁。使用起来简单方便的用品和工具、方便老年人使用的设备和设施就显得很重要。在北京某大商场里，曾经有一位老人一时没看清，把拇指伸入厕所门上把手旁边的夹缝中，等到老人发现想撤回手指时已经来不及了，结果造成老人的拇指严重受伤。商场的负责人给出的解释是，正常视力的人都可以看见这个夹缝，正常人即使不小心将手指伸入夹缝中也会迅速拔出手指。商场的负责人忘记了老年人的行动力、判断力和反应速度是缓慢且滞后的。在一些旅游发达国家，几乎所有台阶和人行坡道都有粗细适度、适合把握的扶手；而国内的很多台阶和人行坡道或是没有扶手，或是有漂亮却粗大抓不住的扶手，或是有摇摇晃晃的扶手。

4. 快乐类老年旅游商品

快乐类老年旅游商品不仅仅是存储歌曲与相声的U盘。在家种花、种蔬菜、养宠物是快乐，打牌下棋是快乐，做各种观察实验是快乐，摄影摄像是快乐，子女与老人的互动活动也是快乐，不同人有不同的快乐要求。国内的旅游商品还缺少适合不同老年人在家种花、种蔬菜的材料、工具，还缺少适合不同老年人做各种观察实验的书籍、刊物、材料、设备，适合老年人的玩具更是寥寥无几。

5. 舒适类老年旅游商品

在安全、卫生、方便、快乐的基础上，精美、精致、高质量、智能化的老年人健康旅游商品才是舒适类老年旅游商品。其中，智能化的旅游商品将弥补老年人因年老带来的不便，智能化将是舒适类老年旅游商品发展的方向。各种机器人将是智能化老年旅游商品中不可或缺的一部分。

每个人都有年老的时候，老年人更需要健康、美好的生活。不要以为用一成不变、陈旧落后的旅游商品就可以敷衍老年人。很多为老年人开发的商品，年轻人和中年人同样需要。对于企业来讲，老龄化既可以是坏事，也可以是好事。数以亿计的老年人及数以亿计的老年旅游者，需要各方面的老年旅游商品，这使得有足够大的和日益增长的市场空间。只要在开发旅游商品时多考虑老年人的需求，不断创新出适合老年人的旅游商品，老年旅游商品是可以做大和做强的。

扩展教学资源：推荐阅读（二）

保继刚. 2003. 旅游开发研究——原理 · 方法 · 实践（第二版）[M]. 北京：科学出版社.

霍洛韦 J C. 2006. 旅游营销学（第四版）[M]. 修月祯，等译. 北京：旅游教育出版社.

厉新建，张辉. 2002. 旅游经济学——理论与发展[M]. 大连：东北财经大学出版社.

罗明义. 2005. 旅游经济学：分析方法 · 案例[M]. 天津：南开大学出版社.

史晓明. 2015. 旅游产品设计与经营实战手册[M]. 北京：中国旅游出版社.

吴国清. 2006. 旅游线路设计（第 3 版）[M]. 北京：旅游教育出版社.

谢彦君. 2005. 旅游体验研究：一种现象学的视角[M]. 天津：南开大学出版社.

谢彦君. 2011. 基础旅游学（第三版）[M]. 北京：中国旅游出版社.

张道顺. 2006. 旅游产品设计与操作手册[M]. 北京：旅游教育出版社.

Goeldner C R. 2008. 旅游学（第 10 版）[M]. 李天元，徐虹，黄晶，译. 北京：中国人民大学出版社.

Kotler P，Bowen J，Makens J. 2002. 旅游市场营销[M]. 谢彦君译. 北京：旅游教育出版社.

本 章 小 结

旅游产品处于核心地位，一个地方的旅游业是否质量高，是否受人欢迎，很大程度上取决于旅游产品的好坏。只有旅游企业开发的旅游产品受到旅游者青睐，企业才能盈利，旅游业才能发展。

另外，旅游产品也是旅游的物质和精神载体。旅游说到底是一种精神上的感受。旅游者到一个地方感受该地的旅游，绝大部分是要通过购买当地的旅游产品来获得感受和享受的。

对旅游产品的界定有一个比较清楚的了解，掌握旅游产品的核心和内涵，才能为旅游者提供更好的服务，为旅游企业创造利益，发挥旅游产品的价值。通过对旅游产品进行比较清晰的分类，有利于旅游企业掌握旅游产品各个类型的特点，进而拓宽旅游产品的市场。

随着社会的发展，旅游者对旅游产品的要求越来越高，有个性、有主题、参与体验性较强的旅游产品受到人们追捧，具有个性化的定制旅游、专项旅游等逐渐成为旅游的发展趋势，传统观光游不再是旅游的主流。旅游产品的组合和开发尤其重要。旅游企业能够组合和开发一些符合旅游市场的产品才能够获得效益，同时，旅游企业还可以通过分析旅游市场存在产品的现状、旅游者的心理需求，掌握旅游市场的趋势，进一步抢占先机引导旅游者未来潜在的需求，从而开发新的旅游市场。

随着市场的发展，旅游产品的有形部分会出现生命周期。熟练掌握旅游产品生命周期每个阶段的特点，有利于旅游企业对现有的旅游产品的发展状况进行科学评估、分析，并制定相应的旅游产品营销策略，从而使得旅游企业持续获得满意的收益。

思 考 题

1. 名词解释

旅游产品　旅游产品生命周期　旅游产品组合　旅游产品开发

2. 简述

（1）简述旅游产品的特征。

（2）简述旅游产品的核心。

（3）简述旅游产品的构成。

（4）简述旅游产品的基本类型。

（5）简述旅游产品生命周期及各阶段的特点。

（6）简述旅游产品组合开发策略。

（7）简述旅游产品开发原则。

（8）简述旅游产品开发内容。

（9）简述旅游产品开发策略。

第8章

旅游市场

8.1 旅游市场概述

8.1.1 旅游市场概念

旅游市场的概念从不同角度来看有不同的定义，其通常是指旅游需求市场或旅游客源市场，即某一特定旅游产品的经常购买者和潜在购买者[①]。广义的旅游市场是指旅游产品交换中所反映的各种经济现象和经济关系的总和。从经济学角度讲，它是旅游产品供求双方交换关系的总和；从地理学角度讲，它是旅游经济活动的中心，属于一般商品市场范畴，具有商品市场的基本特征，包括旅游供给的场所（旅游目的地）和旅游者（游客），以及旅游经营者与旅游者间的经济关系。旅游市场与一般商品市场的区别在于它出售的不是具体的物质产品，而是以劳务为主的旅游服务。同时，旅游供给与消费过程同步进行，具有很强的季节性。旅游市场的定义中有三个要素。

1. 需求

旅游需求包括现实的需求和潜在的需求。旅游市场营销的最终目的是满足旅游者的需求，重点是潜在的需求，因为从消费心理学和旅游消费行为特点来分析，现实的需求是一种已经做出分析、思考和选择的需求，市场营销已经很难对其产生影响。

2. 场所

这里所说的场所包括有形场所和无形场所。旅游市场中的有形场所，主要包括订立契约（合同）的场所，如旅行社门店、营业部、游客服务中心等；实施具体消费行为的场所，如景区、酒店、旅游购物商场等。现实中，很多理论和许多具体营销工作，一直

---

① Filip Kotier 指出，市场由一切具有特定的欲望和需求并且愿意和能够以交换来满足此欲望和需求的潜在顾客组成。

把加强完善有形场所当做非常重要的一项内容，这种做法值得商榷，因为旅游市场中的场所还包括无形场所，在移动互联网迅速发展的背景下，我们应当把如何围绕移动互联网为旅游者创造一个更加便捷的消费方式和场所，作为当前旅游市场营销工作的重点内容。

3. 关系

旅游市场中的关系通常指的是一种在约定时间段和区域内使用关系的交换，而不是产权关系的交换（除具体的旅游商品外），这是旅游市场和其他市场最本质的不同，也是旅游市场概念的核心。企业应当准确地理解和把握这点，进而在开发和设计旅游产品时，把推动这种使用权关系交换的实现放在首位，在包装和宣传旅游产品时，着重突出其使用价值。

8.1.2 旅游市场的特点

旅游市场的特点主要表现为：多样性、季节性、波动性、全球性。

1. 多样性

旅游市场的多样性表现在旅游产品种类、旅游购买形式、旅游交换关系的多样性上。

旅游市场的多样性特点是基于旅游资源的多样化（并且旅游资源是可创造的），使得旅游市场的产品销售及购买的形式也更加多样化。

2. 季节性

旅游闲暇时间的不均衡和旅游目的地国家或地区自然条件、气候条件的差异，造成旅游市场突出的季节性特点。

旅游市场季节性定义为：旅游者的流向、流量集中于一年中相对较短时段的趋势。一年中接待旅游人数明显较多的时期被称为旺季，旅游业因受到自然、社会、突发事件等因素的制约，呈现出明显的季节性特征。季节性被认为是旅游的显著特征之一，也是我国各旅游目的地普遍存在的现象。旅游季节性现象用图形法描述可以分为单峰、双峰、多峰和无峰等四类；用统计指标法描述，可以有淡旺季比、淡旺季差、季节性强度指数和基尼系数等指标。季节性问题对旅游资源、旅游企业、旅游目的地和旅游目的地社区居民及旅游者都造成了负面影响。季节性问题应对策略主要有开发淡季旅游市场、开发淡季和无季节性旅游产品、合理安排旅游节庆活动时间、加强旅游景区集聚开发和区域旅游合作、合理利用价格杠杆、季节性歇业等。从图 8-1 的数据统计可以看出，九寨沟旅游的旺季在夏秋季，而淡季在冬季。

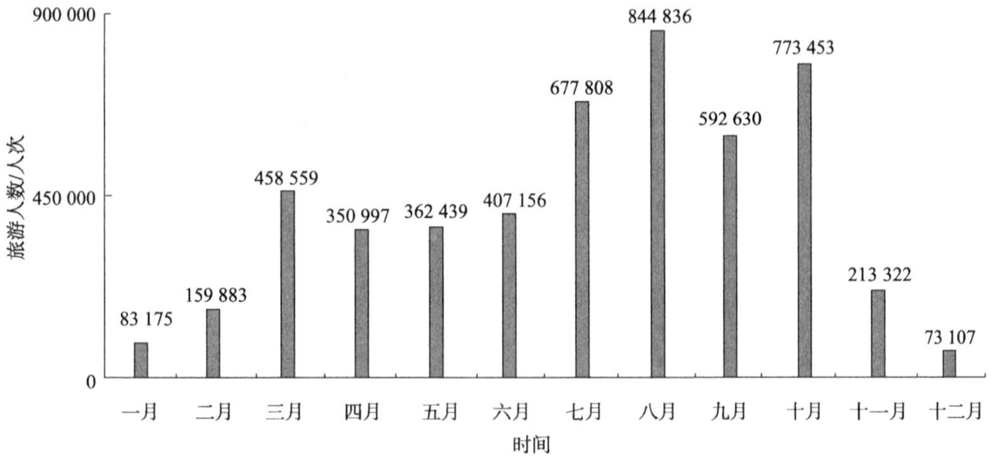

图 8-1 2016 年九寨沟景区各月旅游接待情况统计

3. 波动性

旅游业以需求为主导，影响需求的因素多种多样，从而使旅游市场具有较强的波动性。任一因素的变化都可能引起旅游市场的波动。

旅游市场的发展具有双重特性，一方面，旅游市场容易受法律政策、经济发展、政治局势、环境气候等因素的影响，是个相对敏感和脆弱的市场。另一方面，它有其内在坚定的小波浪形发展规律，平稳向上发展的趋势不会轻易改变。从旅游市场的波动性特点我们可以得到三点启示：一是应当加强对大环境的了解和分析，尤其是政治、经济和文化发展三个方面，及时发现其变化对旅游市场带来的影响，提前研判，及时应对；二是应当想方设法实现客源市场在时间和阶段内的平衡，防止季节性的大起大落对整体旅游市场造成负面的影响；三是应当保持营销战略和策略的持续性，一个旅游消费市场的培育至少需要三年时间才能基本成势，还要考虑各种外来因素的迟滞，因此，不能轻易改变策略，更不能轻易改换既定的目标市场。

4. 全球性

旅游市场是一个开放统一的市场，因此，其具有全球性特点。

全球性主要表现在两个方面：全球化的旅游需求和全球化的旅游供给。这向所有旅游市场营销者提出了两个方面的要求：一是必须及时和比较全面地了解国际旅游市场发展的趋势、规律和特点，做出比较准确的研判；二是立足自身实际条件，着眼国际旅游市场需求和要求，设计、打造和宣传国际化的产品和服务。

8.1.3 旅游市场的功能

旅游市场的功能主要有：旅游产品交换功能、旅游资源配置功能、旅游信息反馈功能、旅游经济调节功能。

1. 旅游产品交换功能

旅游市场是联结旅游产品生产者和旅游产品需求者的纽带。旅游产品生产者通过市场为自己的产品找到买者，旅游产品需求者通过市场选择并购买自己感兴趣的产品。

2. 旅游资源配置功能

只有适合旅游者需求的产品，旅游者才愿意购买，旅游市场可以通过检验旅游企业及其产品质量的优劣来实现旅游资源配置，提供旅游者易于接受、乐于消费的旅游产品。

3. 旅游信息反馈功能

旅游者的经济活动通过市场动态表现出来，旅游市场通过自身传递信息为旅游目的地国家或地区发展规划或经济决策提供依据。

4. 旅游经济调节功能

旅游经济调节功能表现在旅游市场调节旅游供求平衡，通过市场调节，实现经济资源的优化配置，合理分配劳动。

8.2 旅游市场细分

市场细分是由 20 世纪 50 年代美国市场营销学家温德尔·史密斯（Wendell R. Smith）提出的。市场细分又称为市场分割，它是按照购买者的需要和欲望、购买态度、购买行为等不同因素，把一个市场划分为若干不同的购买者群体的行为过程。

旅游市场细分是指按照一种或几种因素把整体旅游市场加以分类，使分类后的亚市场在一个或几个方面具有相似的消费特征，以使旅游企业使用相应的营销组合尽可能地满足不同消费群体的需要。

旅游市场细分的本质是按旅游者需求特征的差异性与相似性对旅游市场进行分类。凡是旅游整体市场中旅游者的需求特征基本相同或相似的市场即旅游同质市场；凡是旅游者需求差异较明显的市场即旅游异质市场。

8.2.1 旅游市场细分的意义

旅游市场细分是分析旅游消费需求的一种手段，对于旅游企业而言有以下作用。

1. 有利于旅游企业寻找市场机会

旅游市场客观存在着未被满足或未被全部满足的需求，这些需求的存在便成为旅游企业的机会。旅游企业通过旅游市场细分，便于了解不同消费群体的需求状况及满足程度，发现市场机会并迅速进入市场，通过开发新产品扩大市场占有率，取得市场优势。

2. 有利于旅游企业制定营销组合策略

通过市场细分，旅游企业可以相对直观、系统、准确地了解目标市场的需求，从众多的细分市场中确定服务方向、产品策略，针对性制定合理的营销组合策略，及时调整旅游产品、价格、销售渠道及促销手段。

3. 有利于旅游企业优化营销资源与选择目标市场

通过旅游市场细分，旅游企业了解到市场的消费特征后，可根据自身条件扬长避短，根据竞争者情况避强就弱，集中力量对一个或几个细分市场进行市场营销，突出旅游企业产品和服务特色，制定灵活的竞争策略，提高旅游企业的竞争能力。通过市场细分，旅游企业由粗放经营转变为集约经营，集中使用人、财、物、时间、空间和信息等资源，可以应付市场竞争，提高经济效益。

旅游市场细分还是分析旅游流量和流向的基本工具，是帮助一个国家或地方政府预测旅游业发展趋势，科学管理旅游业的辅助决策工具。

图 8-2 给出了 UNWTO 统计的 2017 年全世界五大区域旅游市场的国际旅游人数和国际旅游收入的分布情况。2017 年，全世界的国际旅游人数为 13.23 亿人次，国际旅游收入为 13 400 亿美元。世界五大区域的国际旅游人数的比重分别为：欧洲区域 51%，亚洲及太平洋区域 24%，美洲区域 16%，非洲区域 5%，中东区域 4%。世界五大区域的国际旅游收入的比重依次为：欧洲区域 39%，亚洲及太平洋区域 29%，美洲区域 24%，中东区域 5%，非洲区域 3%。

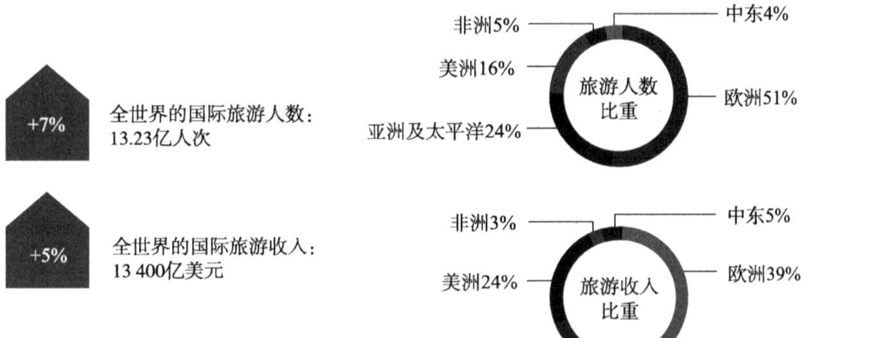

图 8-2 2017 年国际旅游市场的区域分布

资料来源：联合国世界旅游组织 2018 年统计报告

8.2.2 旅游市场细分的原因

旅游是一种综合性很强的高层次消费活动，旅游市场具有非常明显的异质性特征，属于典型的异质市场。从需求分类，可分为观光度假、医疗保健、体育探险、专业考察、商务出差、探亲访友、文化交流等需求。在各类旅游需求中，不同旅游者对具体活动内容、交通工具、住宿条件、餐饮标准、环境氛围等方面还有更具体的需求差异。面对如此众多不同的旅游者需求，每一个旅游企业的资源与能力都是有限的，不可能满足全部旅游者的所有需求，因此，旅游企业应对旅游者的需求进行细分。

通过旅游市场细分，旅游企业才可以选择自己的目标市场，让特定旅游消费群体选择相关企业及产品来满足自己的需要，旅游企业才能扬长避短地实现自己的目标。同时，旅游者也可以选择最佳企业，得到最佳旅游体验。

8.2.3 旅游市场细分的标准

现代旅游业通常采用的市场细分标准很多，其中包括地理因素、人口统计因素、社会经济因素、心理分析因素、行为模式因素、消费模式因素、消费者倾向因素等（图 8-3）。某个市场细分标准是否适合某个旅游目的地或某种旅游产品取决于综合上述市场细分原则而得出的结论。下面将分别讨论经常使用的四种主要旅游市场细分标准：地理因素、人口统计因素、心理分析因素和行为模式因素。

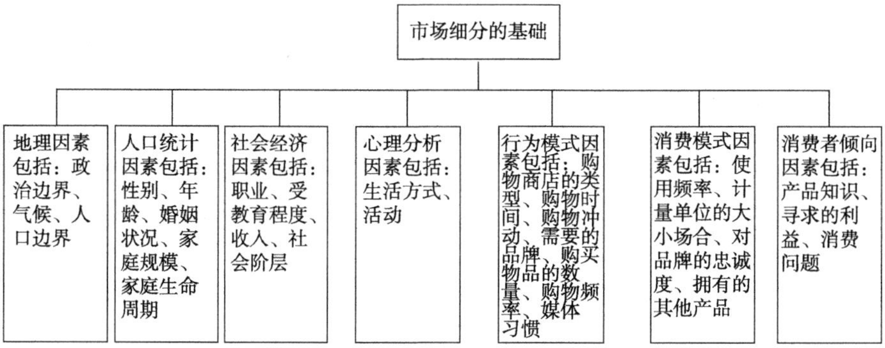

图 8-3 典型市场细分的基础

1. 地理因素

人们居住在哪里对其旅游消费模式有一定的影响，因此，按照地理边界划分市场是旅游市场细分的一种最基本、最常用的方法，最简单的方法是将旅游市场划分为三个部分：目的地旅游者、地区性旅游者和当地居民。联合国世界旅游组织根据地区间在自然、经济、文化、交通及旅游者流向、流量等方面的联系，将世界旅游市场细分为五大旅游区域，即欧洲市场、美洲市场、亚洲及太平洋地区市场、中东市场、非洲市场。其中以欧洲和美洲旅游市场最为繁荣，近年来亚洲及太平洋地区旅游市场的发展势头最为强劲和引人注目。

结合联合国世界旅游组织这一划分标准，我们可以继续将世界旅游市场按照地理因素进一步细分。各个国家或某个具体的旅游目的地还需要对自己的市场做进一步深入的细分，才能保证其旅游营销策略的有效性和可行性。

旅游目的地通常还可以根据客源国、较大客源国国内的不同地区、城市地区、农村地区等因素进一步进行市场细分。很多旅游目的地和旅游企业都发现，按照大旅游区划分旅游市场（如欧洲、美洲、亚洲等）的方法虽然简单，但是效果并不好，有时也会发生误导现象。例如，来自亚洲的中国、日本、韩国、新加坡等国家和地区的旅游者虽然都同属于亚洲，但在其旅游行为、对各种旅游营销策略的反应、对旅游目的地的影响等方面都存在各种差异。因此，很多旅游目的地更倾向于采用以客源国为依据的方法来细分入境旅游市场，把一些国家和地区（如中国、日本、韩国、新加坡等）的旅游者作为单独的旅游度假细分市场，并为不同国家和地区的旅游者制定不同的旅游营销策略和手段。

对市场规模较大的旅游客源国还可以对其国内的不同地区做进一步的深入市场细分，因为比较大的国家其国内不同地区的人的行为和习惯也是不一样的。因此，如果来自这些国家或地区的旅游者数量达到一定规模，就有必要对其按照不同的国内地区或省份做进一步的市场细分。例如，据香港旅游发展局统计，2015 年中国内地访问中国香港地区的旅游者数量已经达到 4 584 万人次，为了更好地满足这些旅游者的要求，更好地为其服务，按照不同的省份对来自中国内地的旅游者做进一步的市场细分就非常有必要。

2. 人口统计因素

人口统计因素涉及与社会经济发展相关的人口统计因素，包括性别、年龄、家庭生命周期、受教育程度、职业、收入、社会阶层、民族背景、宗教等方面的变量标准。其方法是以上述客观标准或者可度量的个人特征为基础，将旅游者分为不同群体。人口统计因素通常都与旅游者的某些消费行为相关联，因此，依据人口统计因素对旅游者进行市场细分是很受欢迎并经常被采用的一种市场细分方法。

1）年龄、性别与家庭生命周期

建立在人口最基本自然属性基础上的年龄、性别与家庭生命周期三个变量因素，不仅能从生命活动与生理上直接影响旅游需求，而且还能通过影响旅游者的收入和社会角色等因素间接影响旅游需求。

人口年龄变量是细分旅游市场最主要的变量之一。据美国相关学者研究，20~64 岁的人出游率最高，其中 35~44 岁的人不仅出游率高而且旅游消费水平也高。按照年龄划分旅游市场，旅游企业经常将旅游市场划分为青少年市场、中年市场和老年市场三个旅游细分市场。不同年龄消费群的消费特征如表 8-1 所示。

表 8-1 不同年龄消费群的消费特征

细分依据	特征
青少年市场	年轻、活泼，喜欢刺激、新颖的产品，消费水平较低，发展前景好
中年市场	较理智，数量大、潜力大，商务旅游居多，消费水平高，逗留时间较短
老年市场	怀旧，喜欢安静，收入稳定，时间充裕，比较关心旅游服务质量

家庭是消费的基本单位。家庭结构、规模和总收入等状况都会直接影响旅游需求。这些状况又随着家庭生命周期阶段的变化而变化。研究还表明，不同年龄的家庭成员对

旅游决策的发言权也是不一样的。例如，在中国的典型城市家庭中，祖父母的实际发言权只各占 5%左右，父母占 40%左右，而第三代的发言权占 50%左右。旅游目的地的经营者和管理者应当意识到家庭因素的影响，并辩证地使用这个市场细分标准。

旅游需求的性别差异也是明显的。一般而言，男性旅游者独立性较强，更倾向于知识性、运动性、刺激性较强的旅游活动，公务、体育旅游者较多，喜欢康乐消费；女性旅游者更注重旅游目的地选择，比较喜欢结伴出游，注重自尊、人身与财产安全等因素，喜好购物，对价格较为敏感。当代妇女地位越来越高，无论是工作需要、心理需求还是经济能力等都为女性旅游者市场注入了极大的活力，使包括公务旅游在内的女性旅游者人数迅速扩张，单身旅游也变得时髦。女性旅游市场的开发已经受到旅游企业的关注。

2）收入、职业、受教育程度与社会阶层

家庭可自由支配收入是实现旅游活动最重要的限制性客观条件之一，而且其水平的高低直接影响旅游消费水平和消费构成，因此，以消费者收入水平细分旅游市场具有较为普遍的意义。据调查，美国最经常旅游的人的家庭收入大于 25 000 美元，进行远距离旅游的人的家庭年收入至少为 50 000 美元。

收入与职业、受教育程度往往是相互关联的，尤其是在发达国家。管理人员大多受过高等教育，收入也较高，喜欢旅游，且具有较多公务旅游的机会，其旅游开支较大，要求也较高。收入、职业与受教育程度三方面因素，往往形成社会地位的差异，产生社会阶层的概念。社会阶层的划分，多以收入为基础，职业为代表，受教育程度作为参考。每一阶层的成员具有不同的价值观、兴趣爱好和行为方式，因此，社会阶层变量有时可以代替人口属性变量作为细分旅游市场的标准。

3. 心理分析因素

依据心理分析因素进行市场细分就是根据旅游者的心理特征进行市场细分。普洛格（Plog）认为旅游者的心理特征类型模式可以用一个正态曲线表示，处于曲线两端的旅游者是完全相反的两个类型的旅游者（图 8-4）。

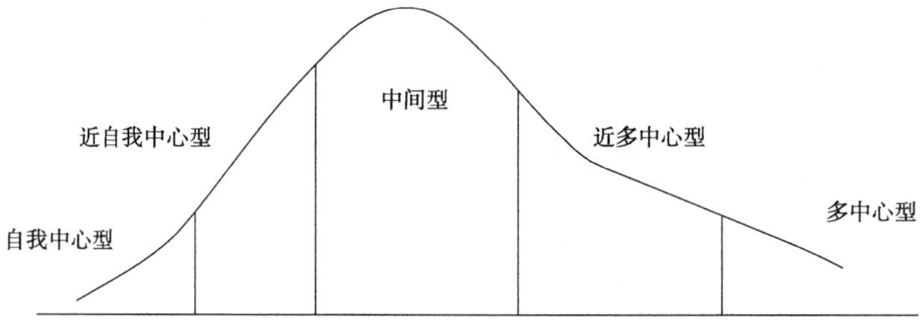

图 8-4 普洛格的旅游者心理类型

资料来源：Weaver 和 Oppermann（2000）

自我中心型（psychocentric，也译为“心理中心型”、“保守型”或“依赖型”）的旅游者不太具有冒险精神，不喜欢不熟悉的旅游环境，性格内向。这些人愿意前往大多数人常去的知名旅游目的地。多中心型（allocentric，也译为“他人中心型”、“开放型”或“冒险型”）旅游者性格外向，喜欢冒险，在旅游度假时愿意从事那些具有冒险性、猎奇性和刺激性的活动。他们愿意选择那些新奇的旅游目的地，并喜欢进行个人旅游。介于自我中心型和多中心型之间的是中间型旅游者。这类旅游者有一定程度的冒险精神，但是同时又追求家一般的舒适和温馨体验。中间型旅游者占旅游者的大多数，其还可以被进一步划分为不同的群体，如近自我中心型或近多中心型。中间型旅游者的行为特征表现在某种程度上是两个极端类型的综合。普洛格的旅游者心理特征如表 8-2 所示。

表 8-2 普洛格的旅游者心理特征

类型	特征
自我中心型	对旅行怀有不确定感和不安全感；喜欢选择与其居住环境相似的旅游目的地；喜欢故地重游；愿意参加包价旅游团
中间型	占人口的大多数；喜欢去知名旅游目的地；并非参与探险和冒险；可能选择多中心型旅游者发现的或偏爱的旅游目的地
多中心型	喜欢单独旅行；进行文化探索；希望在旅游度假中寻求冒险的经历；喜欢陌生新奇的目的地；度假时希望有更多的自主活动

资料来源：Weaver 和 Oppermann（2000）；Goeldner 和 McIntosh（2000）；佩吉等（2004）

基于普洛格的旅游者心理类型划分理论，人们发现，旅游目的地的目标市场随着时间的推移也会发生变化。旅游目的地被发现后，最先光顾的是多中心型旅游者，随着旅游目的地知名度的提高，会吸引越来越多的旅游者。但是这个旅游目的地的市场发展一定会沿着多中心型旅游者→中间型旅游者→自我中心型旅游者这样的轨迹发展。

4. 行为模式因素

分析生活方式的行为模式特点，有助于理解和解释持有不同生活方式的旅游者的不同旅游方式和旅游行为，并以此为依据对旅游市场进行细分。人们的生活方式就是其态度、兴趣和观点相互作用的结果。基于生活方式行为，旅游市场通常可以采用多种方式进行市场细分。美国运通公司对其客源市场的细分具有很典型的效果，其根据旅游者的生活方式和旅游者对旅游产品的反应，将旅游市场细分为五种基本类型。

（1）享乐型旅游者。这类旅游者富裕并且自信，愿意花钱购买舒适的体验，他们愿意放飞自我，喜欢乘坐游轮航游和入住设有健康水疗设施的度假饭店。

（2）梦想型旅游者。这类旅游者经常阅读和谈论旅游，但他们对自己的旅游技巧缺少自信。他们愿意到旅游指南推荐的地方旅游，愿意购买经过实践检验的包价旅游项目。

（3）经济型旅游者。这类旅游者把旅游当做释放压力的渠道和放松的机会，即使能够支付得起旅游费用，他们对在服务和环境设施上的花销也会精打细算。经济型旅游者注重价格和价值。

（4）探险型旅游者。这类旅游者年轻、自信、有独立性，他们愿意体验新鲜事物，愿意接触文化和其他人，他们愿意到南太平洋地区和东方国家旅行。44%的探险型旅游者为 18~34 岁的年轻人。

（5）谨小慎微型旅游者。这类旅游者害怕坐飞机，旅途中做决策时缺少信心。这类旅游者有 50%超过 50 岁。他们需要那些经常旅行、有丰富经验的旅行代理帮助他们选择旅游目的地，并告诉他们如何到达那里。

根据旅游者的行为方式，还可以将旅游市场划分为漫游旅游者（wanderlust）和追逐阳光的旅游者（sunlust）。

漫游旅游者。他们主要对于文化相关的旅游项目和活动感兴趣，希望通过旅行到达多个不同的地点，享受在各个不同的旅游目的地参观各种独特的景观和参加各种活动的体验。漫游旅游者的旅游行程通常包含多个旅游目的地。这类旅游者的主要旅游目的是观察、体验和学习，休闲娱乐目的退居次要位置。

追逐阳光的旅游者。这只是一个比喻，他们并不是仅仅追求阳光和沙滩。他们的主要旅游需求是休闲娱乐，因为每个人的动机不同，所以需要的休闲娱乐资源也不尽相同。这类旅游者希望利用的旅游资源通常包括阳光、雪、平和安静的环境或喧闹的社交场合、温暖或凉爽的气候、魅力的景观、高尔夫球场、美食餐厅、特色酒吧、蹦极等。因此，海滨、山地、大都市等目的地都有可能成为他们的旅游目的地。简言之，他们希望得到休息、娱乐或者放松。追逐阳光的旅游者不指向某个具体的旅游目的地，只要旅游目的地能够满足其休闲娱乐的需要，并能够提供必要的保障设施，他们去往哪里都无所谓。因此，这类人群的旅游具有单一目的性，旅游者每次旅行只去一个目的地。如果他们去过的旅游目的地能够满足他们的需要，符合他们的口味，他们很有可能重复到访。

我们已经讨论了市场细分中的地理因素、人口统计因素、心理分析因素和行为模式因素。如上所述，除了这四个因素外，还有很多基础市场细分因素。例如，可以根据客源类型进行旅游市场细分。我们可以将旅游客源类型划分为以下四类。

（1）观光旅游者。这是全世界的主体旅游市场，呈现明显的季节性、综合性、经济性、重游率低的特点。

（2）娱乐休闲旅游者。这类旅游者的重游率高。

（3）度假保健旅游者。这类旅游者群体中老年人居多。

（4）公务旅游者。会议旅游、商务旅游、展览旅游和奖励旅游均属于公务旅游的范畴。这类旅游者对价格不敏感。

进行市场细分时，可以根据实际情况只采用其中的一个因素进行细分，这种方法称为一阶市场细分方法。例如，采用地理因素进行市场分析。有些市场细分标准，如心理分析标准，如果单独使用效果不明显，因此，要与其他细分标准共同使用。两阶市场细分方法可以解决这个问题。使用两阶市场细分方法，可以在选择一种主要细分因素进行市场细分的基础上，再使用另外一种次要因素对目标市场做进一步深入的细分。以此类推，还可以采用多阶市场细分方法，即使用三个或三个以上细分标准对目标市场进行更精确的多层次细分。虽然市场细分的层次越多，细分出的目标市场就会越精确，但其细分过程也会变得越复杂，操作起来也越困难。实践证明，两阶市场细分方法由于其层次简单，可操作性强，使用起来更为有效。

8.3 中国的旅游市场

8.3.1 中国出境旅游市场分布

2010 年以来，我国出境旅游人数、旅游消费呈上升趋势，我国海外消费蕴含巨大潜力。我国持续领跑全球出境旅游市场，出境旅游者人数连续多年以两位数的速度增长，已成为全球旅游业持久的动力源。

自 2013 年起，我国成为世界最大的出境旅游市场。此后，出境游一直保持居高不下的增长态势。2014 年，我国出境旅游者人数在国际旅游者中的比重达到 9.58%，我国出境旅游消费总额达到 1 650 亿美元。2015 年，我国出境旅游人数、境外旅游消费继续位列世界第一，人数达到 1.2 亿人次，旅游消费 1 045 亿美元，同比分别增长 12%和 16.7%。

《2016–2020 年中国出境旅游行业深度调研及投资前景预测报告》认为，随着生活水平的提高和收入的增加，我国出境旅游者旅游热情逐步提升，在旅游上的投入也较大，41.59%的旅游者将生活总支出的 20%以上用于旅游；我国出境旅游形式更加多元，旅游者对旅游的个性化与差异化要求逐步提升，“私人定制”式的组团旅游、跟着当地人和“达人”去旅游、特种主题旅游等，具有很大的市场吸引力。亚洲市场占整体出境旅游市场比重的一半以上，欧洲、美洲、大洋洲、非洲市场次之。

短线出境旅游分布的地区主要是韩国的首尔、仁川、济州岛，新加坡，泰国的曼谷和日本的东京、大阪、名古屋、神户、奈良；长线出境旅游分布的地区主要是澳大利亚的悉尼和墨尔本，英国的伦敦，法国的巴黎，意大利的罗马和威尼斯，美国的洛杉矶、纽约、华盛顿、旧金山。

8.3.2 中国入境旅游市场分布

我国入境旅游市场在 20 世纪 80 年代和 90 年代上半期，曾经出现过较大的波动，20 世纪 90 年代后半期，还出现过局部波动，但在市场构成方面并未发生根本性变化，数量方面呈现稳定增长的局面。近年来，我国入境旅游市场呈现出结构稳定、总量持续增长、深入发掘的总体趋势。

2013 年以来，我国入境旅游人数稳步增长，市场规模总量居世界第四位，仅次于法国、美国和西班牙。

据国家旅游数据中心的权威统计数据，2017 年全年，我国入境旅游人数 13 948 万人次，比 2016 年同期增长 0.8%，其中：外国人 2 917 万人次，增长 3.6%。入境过夜的外国人 2 248 万人次，增长 3.8%。

1. 洲内旅游市场

洲内旅游市场主要包括日本、韩国、东南亚国家等一级市场；蒙古、老挝、越南、朝鲜、中亚、南亚等以边境旅游为主要特色的二级市场；中东阿拉伯地区等远程三级市场。

2. 洲际旅游市场

长途线路方面，随着我国居民收入水平的提高、欧元贬值、签证放宽、国内休假制度完善，欧洲游呈现爆发态势，主要包括西欧（德国、英国、法国）、北美（美国、加拿大）、大洋洲（澳大利亚、新西兰）、俄罗斯等一级市场；北欧（瑞典、挪威、丹麦、芬兰）、中欧（瑞士、奥地利、意大利、西班牙、荷兰、比利时）等二级市场；与我国地理距离较远，国家交通不便的南非、南美等三级市场。其中一级市场一直是我国的重点客源市场，二级市场虽然人数相对较少，但发展速度较快，发展形势较好。

3. 台、港、澳特定市场

港澳市场与台湾市场是我国境外旅游市场的特定市场。据国家旅游数据中心的权威统计数据，2017 年全年，台、港、澳入境旅游者中，香港同胞 7 980 万人次，下降 1.6%；澳门同胞 2 465 万人次，增长 4.9%；台湾同胞 587 万人次，增长 2.5%。在入境过夜旅游者中，香港同胞 2 775 万人次，增长 0.1%；澳门同胞 522 万人次，增长 8.6%；台湾同胞 529 万人次，增长 4.0%。

8.3.3 中国国内旅游市场分布

经过前文的叙述，我们已经知道，国内旅游是指一个国家的居民离开自己的惯常居住地到本国境内的其他地方进行旅游。国内旅游可分为地方性旅游、区域性旅游和全国性旅游。一般而言，国内旅游呈现由近及远、渐进发展、国内旅游先于国际旅游（出境旅游）的普遍规律。

我国国内旅游市场从 20 世纪 80 年代中期初步形成，90 年代快速发展，目前已成为世界上人数最多、规模最大的国内旅游市场（图 8-5）。

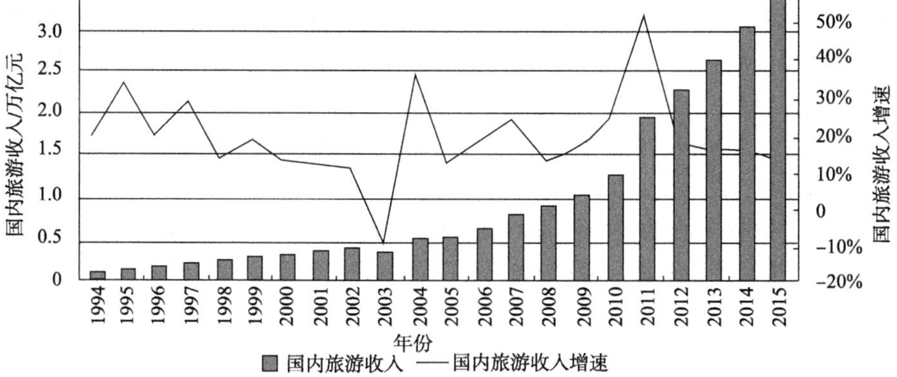

图 8-5 1994~2015 年我国国内旅游收入及增速

近年来我国旅游业维持高景气度，2015~2017 年，我国国内旅游人数分别达到 40 亿人次、44.35 亿人次、50.01 亿人次，我国国内旅游收入分别达到 3.42 万亿元、3.94 万亿元、4.57 万亿元。

从表 8-3 中可以看出，随着我国城镇化率提高，城镇居民人口增加，其出游率也逐年增加。

表 8-3 2015~2017 年我国城乡居民出游统计

年份	城镇居民/亿人次	比重	农村居民/亿人次	比重
2015	28.10	70.25%	11.90	29.75%
2016	31.95	72.04%	12.40	27.96%
2017	36.77	73.53%	13.24	26.47%

2015~2017 年我国城乡居民人均旅游花费统计见图 8-6。

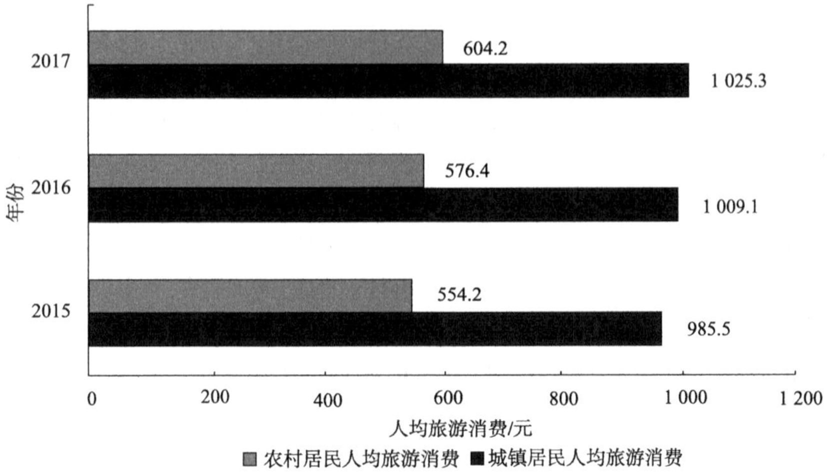

图 8-6 2015~2017 年我国城乡居民人均旅游花费统计

8.3.4 中国客流量流动规律及未来趋势

从 2012 年至今，我国的国内旅游、入境旅游、出境旅游三大旅游市场持续健康增长，国内旅游市场高速增长，出入境旅游市场平稳发展。我国连续多年保持世界第一大出境旅游客源国和全球第四大入境旅游接待国地位。

从 2013 年至今，我国出境旅游消费列世界第一位，对全球旅游业的贡献不断提升。以 2016 年为例，据测算，我国居民的出境旅游消费相当于全球旅游经济的 16.6%，对全球国际旅游消费的增长贡献达 10.5%。

如表 8-4 所示，2017 年我国国内旅游市场旅游人数为 50.01 亿人次，比 2012 年增长 69.12%，年均增长 11.08%。

表 8-4 2012~2017 年旅游人数统计表

年份	国内旅游人数/万人次	接待入境旅游人数/万人次	出境旅游人数/万人次
2012	295 700	13 200	8 318.27
2013	326 200	12 900	9 818.52
2014	361 100	12 800	10 700.00
2015	400 000	13 400	11 700.00
2016	444 000	13 800	12 200.00
2017	500 100	13 949	13 051.00

2017 年全年，我国公民出境旅游人数 13 051 万人次，比 2016 年同期增长 7.0%。根据旅游研究院的数据，随着收入的增长，我国城镇居民在周末和节假日的休闲内容分配上更大程度地向旅游倾斜。节假日空闲时间相对较长，随着收入增加，选择旅游的居民所占比重提升更为明显，其中，收入在 10 000 元以上的城镇居民中有 44.9%选择旅游，而收入在 1 000 元以下和 3 001~4 000 元的城镇居民选择旅游的比重分别为 17.5%和 33.1%。

随着人们对生活品质的追求日益提升，近几年居民周末及假期的旅游意愿明显提升，2013~2015 年城镇居民周末和节假日休闲内容分配中旅游所占比重分别从 13.7%上涨至 17.7%，从 25.3%上涨至 33.8%。其中，在节假日中旅游已经超过文化娱乐成为居民休闲内容的首要选择，居民假期的出游意愿逐年提升，旅游市场持续升温。分群体来看，旅游作为主要的休闲娱乐方式受到不同年龄阶层人群的追捧，呈现出年龄均衡化的态势。其中，20~35 岁人群是旅游市场最大的消费群体，他们更加青睐于个性化的自由行及主题旅游产品，对于旅游体验及品质也提出了更高的要求；另外，我国老龄化趋势逐年加剧，但伴随消费观念的转变，老年人群体也成为旅游市场消费主体之一，更是错峰、淡季出游的主力军。由于时间相对充裕，以养生、体验为目的的国内慢游成为老年人群体的主要出游方式。根据调查，随着退休人员的学历和收入的提升，学历在硕士及以上的退休人员选择旅游的达 12.5%，收入在 7 001~10 000 元的退休人员选择旅游的达 13.64%。

8.4 全球国际旅游接待量的地区分布格局

自第二次世界大战结束以来，全世界旅游活动的总体规模一直都在增长。从已有的统计数据中，在 1950~2016 年，全世界国际旅游活动的规模从 2 530 万人次增长到 12.35 亿人次，增长近 48 倍。

8.4.1 全球旅游接待量地区分布

以国际旅游支出额衡量，自 20 世纪 80 年代至今，全世界国际客源的地区分布格局基本上维持不变。欧洲不但是世界上国际旅游的中心接待区，而且也是最大的国际旅游客源地。

但是，如果以出境旅游人次衡量，自 2002 年开始，全世界国际旅游客源的地区分布格局则表现为欧洲地区居首位，亚洲及太平洋地区次之，美洲地区居第三位，份额很小的其余客源则产生于非洲和中东地区。

欧洲已经连续多年稳定成为接待旅游者数量最多的地区，欧洲旅游区是全世界最大的旅游区，旅游者接待量和旅游收入都位居世界第一。2016 年，欧洲迎来 6.16 亿人次国际旅游者，相当于世界总数的一半，比 2015 年增加了 1 300 万人次，增长 2%。欧洲的国际旅游收入实际增长 1%至 4 470 亿美元，占全球收入的 37%。

就亚洲及太平洋地区旅游趋势而言，亚洲及太平洋地区 2016 年的国际旅游者人数为 3.08 亿人次，同比增长 9%，即比 2015 年增加 2 400 万人次，这是全球五大区域相对和绝对增幅最高的地区；国际旅游收入实际增长 5%至 3 670 亿美元，比 2015 年增加 170 亿美元。亚洲及太平洋地区的旅游者人数占世界旅游者人数的 25%，旅游收入占全球收入的 30%。预计到 2030 年，亚洲及太平洋地区目前 25%的全球总旅游者数量比例将增加至 30%，达到 5.35 亿人次。入境旅游方面，入境旅游者主要集中在中国（内地）、中国香港和澳门地区（占 37%），以及东北亚地区（占 72%），旅游者主要来自周边地区。而马来西亚、新加坡、泰国和印度尼西亚吸引了 76%的东南亚旅游者，南亚有 44%的旅游者来自印度，澳大利亚和新西兰则有 72%的旅游者来自大洋洲。另外，区域内部的旅游较区域外部的旅游成长较快，在东北亚和东南亚区域内部的旅游分别占入境旅游的 87%和 80%，这主要是受经济增长，以及低成本航空公司崛起的影响。就区域外部的旅游而言，欧洲地区依然是主要前往亚洲及太平洋地区的客源市场，尤其是在南亚，占其总入境旅游的 36%。

此外，拉丁美洲地区尤以太平洋联盟成员国智利、哥伦比亚、墨西哥、秘鲁展现出巨大的增长潜力。目前亚洲和拉丁美洲被视为两大旅游成长市场。未来亚洲及太平洋地区，尤其是中国，前往太平洋联盟成员国的旅游者数量将增加。而太平洋联盟成员国前往亚洲的旅游者也将因为国际贸易快速增长、航班便捷性和异国情调的吸引力而增加。概括起来，全球旅游接待量地区分布呈现以下情况。

（1）在入境旅游人数方面，欧洲地区始终占有最大的市场份额。事实表明，欧洲地区是当今世界上国际旅游活动量最集中的地区，因而也是世界上国际旅游业最发达的地区。

（2）进入 21 世纪后，亚洲及太平洋地区的入境旅游接待量开始超过美洲地区，在全球五大旅游区的排序中位居第二（图 8-7）。

（3）进入 21 世纪后，与亚洲及太平洋地区形成对照的是，美洲地区的入境旅游接待人数已退居五大旅游区中的第三位。

（4）欧洲、亚洲及太平洋和美洲这三大地区所接待的入境旅游人数合计在全球总量中所占的比重在 90%左右。其余 10%左右的市场份额则由中东地区和非洲地区分享。

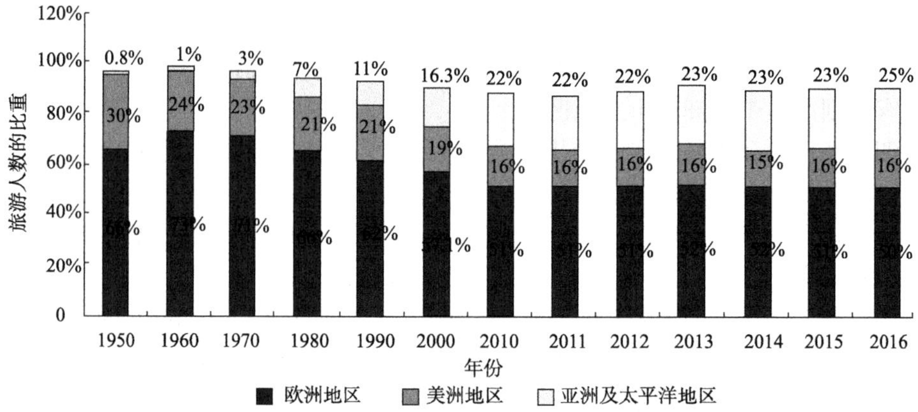

图 8-7　1950~2016 年全球三大区域旅游市场入境旅游人数的比重变化

促成全世界国际旅游活动地区分布格局的变化，促进新的“三足鼎立”排序格局的原因有三方面：第一，亚洲及太平洋地区国际旅游业区内客源的发育和对外吸引力的提升；第二，欧美地区国际旅游业区内客源“封顶”；第三，欧洲市场需求潮流的变化。

8.4.2　全球旅游客流规律

旅游客流是指一定时间内旅游者的流向与流量。其中，旅游者的流向是指在一定时间内，旅游者根据自己的旅游动机与经济能力所选择的从出发地到目的地的流动方向。旅游者的流量是指在一定时间内，进入同一目的地国家或地区的旅游者的数量。旅游活动的流向与流量是互为条件的：只有一定流量才能构成流向；只有一定流向才能形成流量。二者反映了一定时间内旅游者时空分布的一般状况及其发展趋势。

1. 旅游客流基本法则

（1）旅游者对出游目的地（国）的选择通常都是由近及远地渐进发展。

（2）旅游客流主要源自经济发达程度较高的国家或地区。

2. 旅游客流趋势

（1）国际大都市或大型历史文化名城将会形成重要的旅游中心。以会展活动和会展旅游为例，2017 年全世界会展旅游最发达的前 10 个城市分别是：法国的巴黎、奥地利的维也纳、西班牙的巴塞罗那、德国的柏林、英国的伦敦、新加坡、荷兰的阿姆斯特丹、西班牙的马德里、葡萄牙的里斯本、韩国的首尔。2017 年我国的北京、香港、上海举办的符合 ICCA（International Congress and Convention Association，国际大会及会议协会）标准的国际会议数量分别排行第 15 位、第 19 位和第 25 位[①]。

2016 年和 2014~2015 年全世界举办国际会议数量最多的前 10 个城市见表 8-5 和表8-6。

---

① 资料来源：2016 ICCA Statistics Report Country & City Rankings。

表 8-5 2016 年全世界举办国际会议最多的前 10 个城市

排名	城市	举办国际会议数量/个
1	巴黎	196
2	维也纳	186
3	巴塞罗那	181
4	柏林	176
5	伦敦	153
6	新加坡	151
7	阿姆斯特丹	144
8	马德里	144
9	里斯本	138
10	首尔	137

表 8-6 2014~2015 年全世界举办国际会议最多的前 10 个城市

排名	城市		举办国际会议数量/个	
	2014 年	2015 年	2014 年	2015 年
1	巴黎	柏林	214	195
2	维也纳	巴黎	202	186
3	马德里	巴塞罗那	200	180
4	柏林	维也纳	193	178
5	巴塞罗那	伦敦	182	171
6	伦敦	马德里	166	171
7	新加坡	新加坡	142	156
8	阿姆斯特丹	伊斯坦布尔	133	148
9	伊斯坦布尔	里斯本	130	145
10	布拉格	哥本哈根	118	138

（2）亚洲及太平洋地区在全球国际旅游业中的地位将会继续提升。详见图 8-8 中亚洲及太平洋地区的国际旅游人数随时间的增长变动情况。

（3）随着生态旅游理念深入人心，世界各国的旅游者越来越青睐到国家公园和世界文化自然遗产地旅游。以美国国家公园系统①为例，2016 年，美国国家公园系统共接待旅游者 33 100 万人次，比 2000 年的 28 600 万人次净增了 4 500 万人次，见表 8-7 和图 8-9。

① “国家公园系统”包括由国家公园管理局管理的国家公园、纪念碑、历史遗迹、林荫大道、娱乐或其他用途的土地和水域，共 20 种类型。

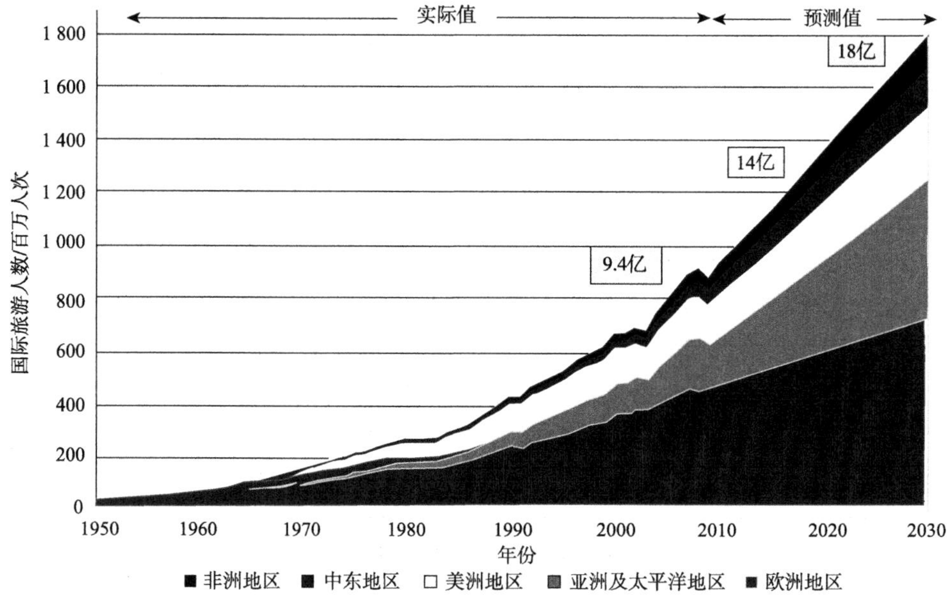

图 8-8 世界五大区域旅游市场现状及发展趋势

表 8-7 美国国家公园系统旅游者人数统计

年份	1960	1980	2000	2016
旅游者人数/百万人次	79	198	286	331

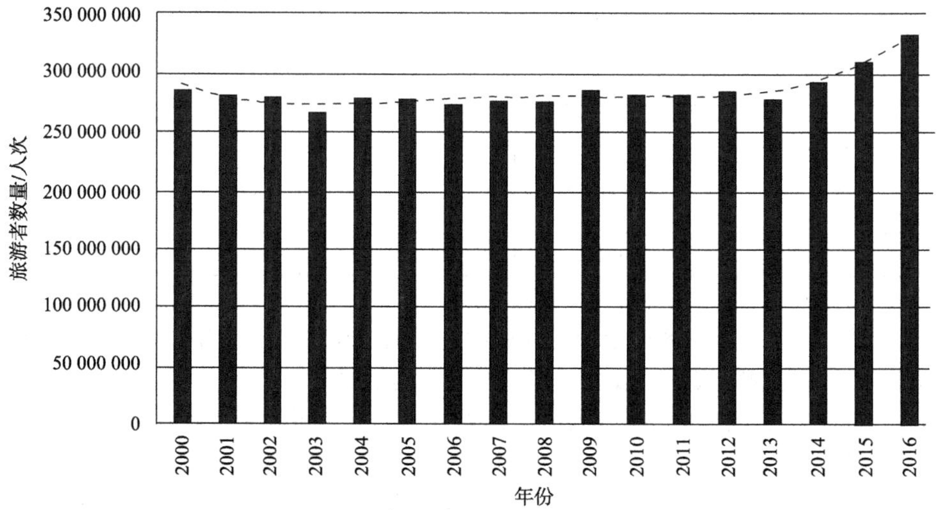

图 8-9 2000~2016 年美国国家公园系统旅游者数量统计直方图

资料来源：由美国国家公园管理局网站（https://www.nps.gov/）数据整理而得

8.4.3 中国的国际入境旅游市场

我国的国际入境旅游市场可按地理因素划分为近程客源市场和远程客源市场两大部

分。近程客源市场主要包括我国的港澳台地区、日本、韩国、俄罗斯、东盟各国、澳大利亚和印度；远程客源市场主要由北美和欧洲国家构成。

1. 近程客源市场

1）我国的港澳台地区

在这一地区性客源市场中，香港尤其应被作为我国内地旅游业开展海外市场营销工作的重点对象。这是因为：①外出旅游度假对于香港居民来说已经成为传统；②对于内地旅游业来说，香港是一个重要的中转客源市场；③粤港澳经济的一体化正在成为发展趋势。

在台湾市场方面，最近几年来大陆访问的台湾同胞已由早期的以探亲人员为主，迅速向观光、商务、交流等多元方向发展，形成了多层次的旅游客源市场。

2）日本市场

改革开放以来，不论是在来华入境旅游人数方面，还是在旅游消费方面，日本在来华旅游的外国人市场中一直都名列前茅。

3）韩国市场

亚洲及太平洋地区旅游协会的有关分析显示，近年来我国一直是韩国国民排位第一的出境旅游目的地。

4）俄罗斯市场

从 2001 年开始，俄罗斯来华旅游人数稳居外国人来华旅游市场的第三位，成为我国旅游业的第三大客源国。

5）东盟市场

东盟市场主要是指印度尼西亚、马来西亚、菲律宾、新加坡和泰国这五个传统的东盟国家。

自我国改革开放以来，东盟地区一直是我国旅游业重要的国际客源市场。

6）澳大利亚市场

多年来，澳大利亚一直是世界上主要的国际旅游客源国之一，也是亚洲及太平洋地区屈指可数的发达国家之一。在历年来华访问的外国人市场中，澳大利亚始终保持在前 15 位之列，而且来华旅游人数基本上保持稳定增长。

7）印度市场

随着印度经济的崛起和旅游需求的增加，我国很快成为印度民众乐于选择的出境旅游目的地。

2. 远程客源市场

我国的远程客源市场是欧洲市场和北美市场。北美地区的人口规模、经济发达程度、城市化发展程度及居民受教育程度等方面的诸多因素，决定了该地区是世界上重要的国际旅游客源地。在我国旅游业的北美客源市场中，主要的客源国家是美国和加拿大。

1）美国市场

多年来，美国一直是为世界各地旅游业瞩目的国际客源市场，不论是在出境旅游人数方面，还是在国际旅游支出方面，均名列前茅。

在来华旅游方面，我国的旅游统计资料显示，自改革开放以来，美国一直是我国旅游业最重要的客源国之一。在美国旅游者的感知中，我国是亚洲“最新的”旅游目的地。对于美国旅游者来说，我国的旅游资源，特别是悠久的历史、具有神秘色彩的东方文化、新鲜的社会环境和人民群众的生活方式及享誉世界的中餐美食，都具有很强的吸引力。

2）加拿大市场

作为世界上主要客源国之一，在国际旅游支出方面，加拿大多年来基本保持在世界第八位，可见加拿大是一个比较稳定的国际旅游客源产生国。在来华旅游方面，加拿大来华旅游人数始终保持增长态势。但实际上，加拿大来华旅游者在该国出境旅游总量中所占的比重并不高，这反映出加拿大来华旅游市场有着巨大的发展潜力。

3）英国市场

在来华旅游方面，20 世纪 90 年代以前，英国一直是我国旅游业的第三大国际旅游客源国，来华旅游人数仅次于日本和美国。进入 20 世纪 90 年代后，随着我国周边客源市场的迅速崛起，英国在来华旅游外国人市场中的排序位置开始后移。尽管如此，英国仍一直位居我国旅游业的十大国际旅游客源国之列，同时也是一个很有潜力的国际客源市场。

4）德国市场

在国际旅游支出方面，20 世纪 90 年代以前，德国长期稳居世界第一的位置。进入 21 世纪后，德国恢复了在世界十大国际旅游支出国中的首席位置。

在来华旅游方面，自改革开放以来，德国来华旅游人数基本上呈持续增长趋势，而且增长幅度较大。

5）法国市场

长期以来，不论是以出境旅游人数，还是以国际旅游支出进行衡量，法国在世界上一直都是名列前茅的国际旅游客源国。

在来华旅游方面，自改革开放以来，除个别年份外，法国旅游者的来华旅游规模基本上呈持续增长趋势。进入 2000 年以后，法国来华旅游市场的规模有了更大的增长。

8.4.4 中国在国际客源市场竞争中的问题

（1）距离世界主要国际旅游客源地远。中国地处东亚，距离欧洲和美洲这两个世界上最重要的国际旅游客源地相对遥远，从欧美地区前来我国旅游的交通运输费用昂贵。由于我国与欧美地区客源地之间的距离较远，来华旅游很容易遭受经济危机和世界油价上涨的打击。

（2）周边国家的国际旅游市场竞争。在争取国际旅游客源方面，我国旅游业面临着周边众多国家和地区的激烈竞争。在这些国家和地区中，有不少国家和地区在发展旅游业方面都比我国起步早，在设施条件、服务质量、产品价格及市场营销经验等诸多方面都具有不同程度的优势。

（3）我国各地在开发旅游产品和提高产品质量方面尚存在问题。

（4）目的地营销和海外促销工作仍有待提高。目前，我国旅游业的对外宣传和海外促销工作仍存在很多问题，其中较为突出的问题包括营销经费不足、营销工作的水准和促销技术尚需改进和提高等。

8.5　旅游市场形成条件

旅游市场是旅游需求市场和旅游供给市场的总和，反映国家之间、国家与旅游经营者之间、旅游经营者之间、旅游经营者与旅游者之间错综复杂的经济关系。旅游市场的形成和发展是这些关系协调发展的必然产物。

8.5.1　旅游目的地旅游资源状况

旅游资源是旅游市场形成的首要条件。凡是世界著名风景名胜和历史遗址所在地区，由于其不可替代的垄断性，必定会形成强大的旅游吸引力，最终会保有巨大的旅游市场。例如，世界四大古都埃及开罗、希腊雅典、意大利罗马、中国西安，世界音乐之都奥地利维也纳，世界花园国家瑞士等都形成了重要的国际旅游目的地。

8.5.2　国家或地区的经济发展水平和前景

旅游市场形成与经济兴衰是同步的。首先，旅游客源市场分布格局与国家经济发展水平和国民人均收入水平相一致，并且这种客源市场结构具有一定的稳定性。经济的发展是旅游市场形成的主要条件，凡是经济发达和经济向好的国家或地区的旅游市场都是发展最好和最快的。第二次世界大战以后，欧美地区是世界上经济发展最快的地区，从而也使这些国家一直是国际旅游市场的主体，这些国家既是世界最大的旅游客源市场，又是世界最大的旅游供给市场，并一直保持着世界旅游强国的地位。其次，随着世界经济格局的变化，世界旅游市场的分布也会发生一定的改变。例如，近年来，亚洲及太平洋地区的旅游市场崛起，就与欧美发达国家的经济波动及亚洲及太平洋地区的经济充满活力息息相关。最后，旅游供给市场的综合经济实力是建设旅游市场和旅游环境的物质基础。

8.5.3　旅游客源地和目的地的人文地缘关系

许多地域接壤、相互毗邻的国家或地区之间都有不可阻隔的政治、经济、历史、文化、通婚等密切交往，形成比较大规模的、长期稳定的人员旅行往来。其中比较典型的是欧洲国家间、欧美之间、英联邦国家间，以及我国的华侨、海外华人及港澳台同胞的人员旅行往来。他们中每年都有大量探亲观光、寻根祭祖、旧地重游的人员流动，形成重要的国际旅游客源市场。

8.5.4 旅游目的地的市场开发水平

旅游供给市场从形成到成熟，必须经过适应需求、引导需求、刺激需求和创造需求的不同层次的实践过程。许多国家在很短的时间内就在竞争激烈的世界旅游市场成为旅游强国，靠的就是不断提高旅游服务质量，加速更新和开发旅游产品，增加旅游产品的销售渠道，增加旅游产品的促销力度，提供并创造能够满足旅游者各种需求的旅游服务产品，使自己的国家迅速形成具有竞争力的旅游市场，并跻身于世界旅游强国的行列。例如，新加坡、泰国、澳大利亚等。

8.5.5 政府的旅游政策

政府的旅游政策也是影响旅游市场形成的一个重要因素。积极的旅游政策将鼓励旅游经营者采取各种措施满足旅游市场的需求，简化旅游者的出入境手续，促进旅游市场的发育和形成；相反，则会抑制客源的增长。同时，政府通过对旅游市场进行有效的宏观调控和宣传促销，在维护稳定的政治环境、提高国民素质、重视旅游人才培养、推进旅游设施建设、促进科学技术成果在旅游市场建设中的运用等方面发挥作用，直接影响着旅游市场的形成和发展。

8.6 “互联网+”对旅游市场的影响

21 世纪以来，基于互联网技术的产业以爆发之势产生并迅速影响传统产业。互联网产业是以现代新兴的互联网技术为基础，专门从事网络资源搜集和互联网信息技术的研究、开发、利用、生产、贮存、传递及信息商品营销，可为经济发展提供综合性生产服务活动的产业集合体，是现阶段国民经济结构的基本组成部分。以互联网为代表的全球新一轮科技革命正在深刻改变世界的经济发展和人们的生产、生活，对全球旅游业发展正带来全新变革，旅游与互联网的深度融合发展已经成为不可阻挡的时代潮流。

2015 年 8 月，国务院办公厅印发《国务院办公厅关于进一步促进旅游投资和消费的若干意见》，要求积极发展“互联网+旅游”，积极推动在线旅游平台企业发展壮大，支持有条件的旅游企业进行互联网金融探索，放宽在线度假租赁、旅游网络购物、在线旅游租车平台等新业态的准入许可和经营许可制度，到 2020 年，全国 4A 级以上景区和智慧乡村旅游试点单位实现免费 Wi-Fi、智能导游、电子讲解、在线预订、信息推送等功能全覆盖，在全国打造一万家智慧景区和智慧旅游乡村。2015 年 9 月，国家旅游局又下发《关于实施“旅游+互联网”行动计划的通知》（征求意见稿），提出实施“旅游+互联网”行动计划的行动要求，该通知要求到 2020 年，旅游业各领域与互联网达到全面融合，互联网成为我国旅游业创新发展的主要动力和重要支撑；在线旅游投资占全国旅游直接投资的 15%，在线旅游消费支出占国民旅游消费支出的 20%。种种迹象表明，我国“互联网+旅游”时代已经到来。

互联网打破传统旅游市场的层级型信息方向，这种信息传递方向的改变是传统旅游市场发生变革的基础，使得旅游交易更加便利，旅游出行的选择性更多。在传统旅游市场中，消费者由于时间和信息不对称的限制，对旅游产品信息的获取主要是通过各类街头旅行社，浏览其制定的路线和宣传画册，询问自己感兴趣的相关信息，一般来说，这种信息很难专业且全面。消费者向旅行社预先支付费用，双方签订一份旅游协议（合同），但协议条款的内容一般是由旅行社事先确定，而消费者所能更改的细节甚少。旅行社在接到并确定消费者的约定信息之后，将信息传递给旅游产品生产商，如旅馆、饭店、航空公司或其他运输部门等，并向其支付购买成本。由此，我们可以看出，在传统旅游市场中，信息传递的环节较多，方向呈层级型。但是，互联网为旅游者提供了越来越多的有关旅游目的地、旅游交通等方面的信息，且信息量大、互动便捷。旅游产品提供商以明确的电子商务概念和思路，提供旅游咨询、在线行程预定和支付，一定程度上较好地整合了旅游服务资源和技术服务资源，为更广大的散客旅游者（包括各类商务、公务旅游者）提供了更个性化的服务。另外，互联网还可以主动对买卖双方进行调查研究，逐步形成旅游需求和供给信息库，有偿向旅游企业提供；也可与市场研究公司协作，进行旅游市场发展趋势分析，以此逐步形成信息中心。

一般来说，旅游者在购买旅游产品之前，都希望得到直接的信息对不同或相同的旅游产品和旅游目的地进行比较和选择，以合理的价格换取产品和服务，这种行动称为搜寻。搜寻信息是有成本的，互联网作为一种强大且经济的工具，可以帮助旅游者快速、准确地掌握他们感兴趣的相关旅游目的地和活动的信息。互联网可以大幅度降低旅游者的搜寻成本和磋商成本。这种交易成本的降低能有效地促使传统旅游市场的信息化技术变革。在旅游市场中，旅游产品的质量和价格同样存在离散性。通过降低搜寻成本使更多的旅游者加入网上搜寻的行列中，从而促使那些销售同质产品和服务却索要高价的卖主不得不降价。由此，电子旅游可以减缓旅游产品的价格离散水平，并增加旅游市场的竞争性。同时，在电子交易市场中，讨价还价过程同样存在着信息传递问题，即讨价还价同样存在着信息内容。所谓价格的信息内容，就是市场参与者提出的价格隐含的市场知识。互联网使旅游者可以具有较为全面的市场价格知识，改善谈判磋商中的被动地位。

互联网改变了旅游业的分销结构，传统旅游代理商的地位受到前所未有的挑战，网上旅游代理商（或网上旅游中介机构）增长的空间将很大。在传统旅游市场中，旅游代理商通常与旅游销售链的其他参与者协同工作，运用其对旅游预订信息和支付转账的垄断，可以把相应的条件和条款强加给旅游生产商和旅游者双方。旅游代理商因而具有信息流动的专卖权，地位举足轻重。现在，互联网正在改变这一点。随着信息技术和互联网的迅速普及和发展，许多旅游生产商正在考虑绕过旅游代理商，直接与旅游者接触，节约以往支付给旅游代理商的费用与佣金，从而简化分销过程，降低成本。这样就迫使大多数传统旅游代理商实施服务收费来保证以后的生存。对较小的独立旅游代理商而言，其处境就更加艰难。鉴于广泛分散的旅游者客户群体和旅游提供商（如航空公司、酒店、旅游经营商），旅游产品作为一种信息产品，没有实物产品可以交付给客户，只是交付给客户一些机票、门票和一些如何到达旅游者想要去的酒店和景点的指导手册，因此，它非常适合网上销售渠道。同时，网上旅游预定过程也十分简单方便。与传统旅游代理商相比，网上旅游代理商更具竞争力。他们可以提供全球24小时全天候接入服务、最新的内容、强大的聚合能力（方便旅游者能在几个品牌和产品之间的选择）和理所当然的低价承诺。

网上旅游同时也存在弊端，其突出表现是交易安全性低的情况。在"互联网+"背景下，旅游业发展是建立在开放的网络基础上，互联网的交易安全性低是制约"互联网+旅游业"发展的重要因素。据调查，个人隐私安全的制约、支付安全性低及旅游信息真实性差影响互联网交易安全性，成为制约旅游业在"互联网+"中发展的重要因素。首先，个人隐私安全的制约。在互联网的交易中，旅游者大量的信息可被旅游网站轻易获取，个人隐私资料被泄露的事常有发生，因此，一些旅游者不愿意在互联网上进行旅游业务交易，这就严重阻碍了旅游业在"互联网+"中的发展。其次，支付安全性低。目前旅游业务网上结算的环节还较为薄弱，支付安全性低导致旅游业务网上预订缺乏基本的保障。最后，旅游信息真实性差。据调查，49.8%的网上用户由于难以辨别网上旅游信息的真伪而对旅游业在互联网上的交易缺乏信心。由于旅游业在"互联网+"中的发展还处于初级阶段，具体的法律法规和管理机制还不健全，加上网上交易的虚拟性，一些不法旅游企业通过互联网平台发布虚假旅游信息，并从中牟利。另外，一些用户出于恶作剧或好奇的心理，恶意下单订购旅游服务却不付款，使得旅游企业无法得到真正的用户信息，从而干扰旅游企业正常的经营秩序。

2015年旅游大数据调查统计显示，在选择、比较旅游产品的方式上，APP作为代表未来的方向已快速崛起，在调查中，超过一半（52%）的旅游者青睐使用旅游APP，选择的原因主要是随时随地可查看相关信息，并且随看随收藏，且优惠活动多，吸引力强。旅游网站因信息展示方面的全面和便捷性，依然是最受欢迎的渠道，选择人数近九成（86%）。39%的旅游者会受亲友建议的影响，去旅行社门店对比的旅游者仅为18%。携程、去哪儿、阿里旅行等软件预定成为旅行选择的大趋势。

扩展教学资源：推荐阅读（一）

旅游市场调研

旅游市场调研是指运用科学的方法和手段，有目的地针对旅游市场需求的数量、结构特征等信息及变化趋势进行的调查与研究。

旅游市场调研的内容十分广泛且丰富，但由于调研目的不同，调研内容也会不同。一般来说，旅游市场调研的基本内容有以下几个方面。

1. 旅游市场环境因素调研

旅游市场环境因素包括旅游企业的外部环境因素和旅游企业的内部环境因素。

1）外部环境因素

任何企业都应充分认识外部环境因素的变化给企业带来的机遇和威胁，随时监测这些变化并与之相适应是非常重要的。

影响旅游市场的外部因素很多，包括宏观的经济、政治、法律、社会、文化、技术、人口、自然环境等方面的因素，以及消费者市场、产业市场、竞争者状况等。

外部环境因素的变化总是蕴含着某种需要和趋势。趋势是有一定势头和生命力的方向或事件的顺序。它能预见，并可持续较长的时间，能揭示未来。辨别趋势即能发现机会。因此，旅游市场调研人员充分重视外部环境的变化，从中辨别一种趋势，确定可能的结果并决定企业的市场机会是一项很关键的技能。外部环境因素的变化还将影响旅游企业的内部环境。

2）内部环境因素

除了对外部环境因素研究之外，旅游市场调研还必须首先研究旅游目的地或企业自身与市场需求的发展是否协调的问题，包括自己的营销策略、营销手段或营销组合是否能有效开拓市场，如自己的旅游产品、价格、分销渠道及促销方面是否存在问题。其次是对自己营销活动的管理评估，在营销计划、组织实施及控制方面是否适应市场变化。

2. 旅游市场调研的内容差异

旅游市场调研主体不同也会造成调研内容的差异。

旅游市场调研的主体包括区域性营销主体和企业性营销主体。区域性营销主体是指地区旅游局、旅游景区。

营销主体的差异会导致调研内容的差异。例如，地区旅游局的市场调研内容主要是针对整个地区的国内客源及国际客源旅游者在住宿、价格、购物、服务质量等方面的问题，旅游企业方面的问题，区域旅游目的地之间的竞争问题进行调查。这种调查内容丰富且全面，调查范围大，是旅游企业的调查所不能比拟的。旅游企业的营销调查则针对性较强，内容较集中，范围较小，主要是对企业自身状况和目的进行产品质量、价格、企业形象、企业服务等方面的调查。

根据以上内容，自选旅游目的地，自选进行调研的课题进行旅游市场调研。

扩展教学资源：推荐阅读（二）

凡勃伦 T B. 2007. 有闲阶级论[M]. 蔡受百译. 北京：商务印书馆.

戈尔德耐 C R，里奇 J R B，麦金托什 R W. 2003. 旅游业教程：旅游业原理、方法和实践（第八版）[M]. 贾秀海译. 大连：大连理工大学出版社.

龚鹏程. 2001. 游的精神文化史论[M]. 石家庄：河北教育出版社.

郭少棠. 2005. 旅行：跨文化想像[M]. 北京：北京大学出版社.

瑟厄波德 W. 2001. 全球旅游新论[M]. 张广瑞，等译. 北京：中国旅游出版社.
斯沃布鲁克 J，霍纳 S. 2004. 旅游消费者行为学[M]. 俞慧君，张鸥，漆小艳译. 杭州：水利电力出版社.
尤瑞 J. 2009. 游客凝视[M]. 杨慧，赵玉中，王庆玲，等译. 桂林：广西师范大学出版社.
周晓红. 2005. 现代社会心理学[M]. 上海：上海人民出版社.
Cohen E. 2007. 旅游社会学纵论[M]. 巫宁，马聪玲，陈立平译. 天津：南开大学出版社.
Smith S L J. 2006. 旅游决策分析方法[M]. 李天元，徐虹，黄晶译. 天津：南开大学出版社.

本章小结

旅游市场是指在一定的时间和地点下，具有旅游购买能力、旅游愿望和旅游购买权利的消费者群体。对旅游市场的细分，是企业根据旅游者群体之间的不同需求，把旅游市场划分为若干市场，从中选择自己目标市场的方法。

不论是旅游企业还是旅游目的地，如果不清楚自己客源市场的所在和规模，不了解目标消费者的需求及其变化，那么经营和管理工作的开展就难免会盲目进行。旅游企业和旅游目的地的管理者如果清楚自己的目标市场，能够通过适应旅游者的需求及其变化来开展自己的营销工作，那么获得成功的可能性及实现成功的程度都将会增大。

旅游市场细分标准很多，常用的包括地理因素、人口统计因素、社会经济因素、心理分析因素、行为模式因素、消费模式因素、消费者倾向因素等。

通过旅游市场的研究可确定旅游需求的现状和变化趋势，包括估计国际、国内旅游市场发展的总趋势、供需状况和竞争形势，并据此确定该地区的目标市场，进行市场规划；研究影响市场的各种因素，使旅游经营适应不断变化的市场，达到吸引旅游者的目的。

对旅游市场的细分，不仅有利于旅游产品的宣传营销工作，在实际工作中也有着相当重要的作用。

旅游市场的形成和发展受多种因素影响：旅游资源是旅游市场形成的首要条件；旅游市场繁荣与否与经济兴衰呈现正相关关系；旅游客源地和目的地的人文地缘关系；旅游目的地的市场开发水平；政府的旅游政策；互联网产业与旅游产业的融合发展。

思考题

1. 名词解释

旅游市场　旅游市场细分

2. 简答

（1）简述旅游市场细分的常用标准。

（2）为什么要对旅游市场进行细分？

（3）简述全球国际旅游客源的地区分布格局。
（4）简述旅游客流的基本规律。
（5）影响旅游市场环境的因素有哪些？
（6）试归纳我国国内旅游市场目前的发展特点。

第9章

旅游组织

9.1 旅游组织概述

9.1.1 旅游组织的概念

旅游组织是指为了加强对旅游行业的引导和管理，适应旅游业的健康、稳定、快速、持续发展而建立起来的具有行政管理职能或协调发展职能或行业自律职能的官方或民间专门机构。

旅游组织伴随着旅游业的发展壮大而出现，并越来越显现出其不可或缺的巨大作用。联合国世界旅游组织对世界各国可持续旅游决策的影响及我国2015年起开展的“厕所革命”的巨大成效就是有力的证明。

9.1.2 旅游组织的类型

1. 按从属性质划分

以旅游组织的从属性质为划分标准，可将旅游组织划分为政府旅游组织和民间旅游组织。政府旅游组织是由政府建立的管理、引导旅游业发展的组织，如我国的文化和旅游部，各省的文化和旅游厅。民间旅游组织是非政府机构建立的管理协调旅游发展的组织，如国际饭店与餐馆协会（International Hotel and Restaurant Association，IHRA）。

2. 按职能范围划分

以旅游组织的职能范围为划分标准，将旅游组织划分为国际旅游组织、国家旅游组织和地方旅游组织。比较知名的国际旅游组织有联合国世界旅游组织、世界旅游及旅行理事会；中国旅游协会、韩国旅行业协会属于国家旅游组织；各省级旅游协会或者其他旅游行业组织则是地方旅游组织。

3. 按职能性质划分

以旅游组织的职能性质为划分标准，将旅游组织划分为旅游行政组织、专业研究组织和旅游行业组织。旅游行政组织一般由政府部门建立，开展各类旅游行政管理工作；专业研究组织由政府、高校或者其他研究机构搭建，主要开展旅游业各类现象和理论研究等工作，旨在研究旅游业的各类现象，促进旅游学界理论的进步，用于指导旅游业发展，如中国旅游研究院、澳大利亚旅游研究院（Tourism Research Australia）等；旅游行业组织是政府或者民间组织建立的旅游行业内部或者相关行业的部门组织，如饭店协会、旅行社协会等。

图 9-1 展示了旅游组织类型。

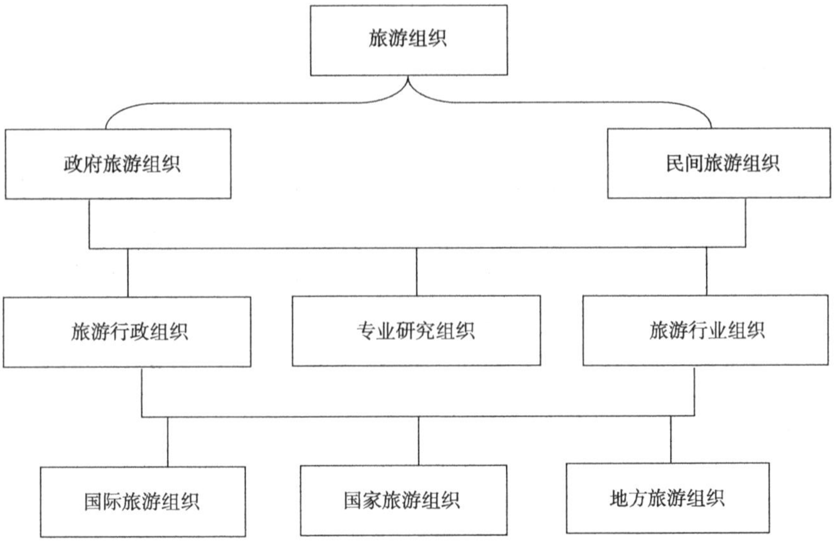

图 9-1 旅游组织类型

9.1.3 国家旅游行政管理组织的主要设立模式

1. 旅游部模式

旅游部通常是一个国家的国务院直属的旅游业最高行政管理部门，与国家其他最高行政部门，如交通部、商务部、能源部等并列，拥有同等级的行政权力，总体负责全国旅游行政管理工作。印度、埃及等国家最高行政管理部门就是这样设立的。

2. 旅游局模式

“局”的行政级别通常比“部”的行政等级低，因此，旅游局模式的行政建制比旅游部的级别也低一些。我国的原国家旅游局是国务院主管旅游工作的直属机构，其行政建制是副部级。虽然行政级别略低，但原国家旅游局曾是我国旅游行政管理的最高机构。

3. 部辖旅游局模式

国家旅游行政管理部门设为某一个部的下辖机构，如美国和日本都是采用这样的形式，旅游部门并不是独立的行政机构，而是某个机构下设的旅游局或者旅游办公室，专门负责全国旅游行政管理工作，一般会设立在跟旅游业紧密相关的部门之下，如商务部门、交通部门等。

4. 混合职能部模式

将旅游部门与其他部门合并，设为一个混合部门。国家根据具体国情，将旅游与文化、体育、交通、商务等部门合并。例如，意大利文化遗产众多，文化资源丰富，文化旅游占据其旅游业发展的比重很高，因此，意大利的旅游部门是与文化部门合并的。

5. 旅游委员会模式

旅游委员会模式更多是直辖市/省级或者以下的旅游行政组织采取的设立模式，近年来，我国直辖市/省级或者以下的旅游行政组织纷纷从旅游局更名为旅游发展委员会或者旅游委员会，使得旅游从单一部门推动向多部门综合联动转变，改革后在旅游局原有职能基础上，会进一步增强综合协调职能，也就是说原旅游局由单一的行业主管部门转变为负责全省旅游发展综合协调、产业促进、资源统筹和服务监管的政府综合协调部门。以委员会和办公室的名义，很容易将各部门的意见统一起来，为旅游产业由单一部门推动向多部门综合联动的转变奠定良好的体制基础。

9.2 国家对旅游发展的干预

9.2.1 政府干预旅游发展的必要性

1. 旅游业在国民经济中的地位和作用及其产业特性决定了其发展需要政府干预

旅游业在经济、社会发展中具有广阔的市场需求、明显的相关产业的带动力、扩大和引导消费、资源消耗低、环境污染小、统筹城乡协调发展等战略特征，对世界经济的贡献举世瞩目。旅游业还对各国的文化、教育、社会等非经济目标的综合影响巨大。因此，旅游业的地位和作用要求政府从国家发展战略上谋划旅游业的全面发展。

旅游产业不同于其他产业，不是一个单一的产业，而是产业集群，是涉及多个产业的综合产业，具有多样性和分散性的特点。旅游业涉及的范围之广及旅游业构成的综合性使得各有关方面之间不存在自动的协调，因而这一问题只能经由政府干预才有可能得到解决，特别是在整个旅游目的地的协调开发和协调营销方面更是如此。

2. 政府的行政组织特性决定其具备对旅游业发展进行调控的能力

政府是一个集中决策、分层管理的行政组织体系，是为推行国家政务而组建起来的国家行政机构。政府相对于市场拥有对全体社会成员的强制力这一显著特征，如征税权、行业准入上的禁止权、违约合同的处罚权、交易成本的控制权等；在提供公共产品、矫正外部效应、限制垄断、维护竞争、提供市场信息、公平资源和收入分配及治理经济滞涨等方面更具优势和作用。在提供公共事务管理和社会管理方面，政府扮演着市场经济条件下一种最基本的角色，即公共物品的生产者、提供者、安排者，这也是由政府成立的原因、存在的必要和政府机构的法律地位的权威性和强制性决定的。政府法律上的保障、经济上的支持、政策上的影响是其可以干预市场的优势和保证。政府主导旅游产业的发展战略正是旅游市场因自身的不足和缺陷而对政府提出的弥补和调控的要求。

3. 旅游资源和生态保护及旅游业可持续发展需要政府进行协调干预

缺乏科学规划和监管的旅游发展往往会对旅游资源和生态环境造成破坏，出于保护旅游资源和生态环境的考虑，政府必须要对旅游业进行干预，在旅游发展中采取各项积极的措施，切实保护生态环境，以减少和消除旅游发展的负面影响。

一个地区旅游资源无论多么丰富，如果没有通畅、安全的交通与外界沟通，就无法得到发展，也无法带动当地的经济发展和人民致富。基础设施及其他公共产品是一个旅游目的地总体旅游产品中的重要组成部分，而这些基础设施和公共产品都需要由政府提供，因而政府不可避免地要介入旅游业中来。提供公共基础设施，弥补市场功能的缺陷是政府的职责所在。众所周知，旅游厕所一直是影响我国旅游业发展的重要因素，曾经在相当长的时间内，旅游厕所一直存在着“脏、乱、差”的局面，也是海外旅游者投诉最多、涉及地区最广的问题。自 2015 年起，国家旅游局在全国范围内启动三年旅游厕所建设和管理行动，提出“厕所革命”，截至 2017 年 10 月底，全国共新建、改建旅游厕所 6.8 万座，超过目标任务的 19.3%。“厕所革命”逐步从景区扩展到全域、从城市扩展到农村、从数量增加到质量提升，受到广大群众和旅游者的普遍欢迎。

此外，作为旅游目的地，一个国家在旅游市场上以何种形象出现及这种形象的建设和确立，并非某一部门或旅游企业力所能及的，因而需要政府的参与和决策。旅游目的地形象是一种公共产品，具有公共产品的非竞争性和非排他性特征。公益性整体营销效益和产出与市场分散化决策是相矛盾的，需要政府参与。各个旅游企业或与旅游相关的企业、个人都会受益。单个企业或个人去为整个国家（或者地区）的形象宣传或者投资，并不能收到这一行为全部或大部分的回报。在这种现实背景下，作为市场竞争主体的旅游企业，往往只关心自身的形象建设，不具备对大量公益性的全域旅游形象建设投入的能力。在这种情况下，政府利用公共财政进行整体形象营销就成为一种必然选择。

政府通过提供基础设施保障、制度建设和宏观调控，才能有效地保障旅游业的稳定、健康、可持续发展。

9.2.2 国家支持发展旅游和旅游业的动机

1. 政治动机

从政治动机上讲，国际旅游活动的开展不仅可以提升本国人民的民族自豪感，还有助于增进国与国之间的互相理解。随着现代旅游活动的国际化，不同国家居民之间因旅游而发生的交往，客观上在增进国与国之间的相互了解和促进友谊的发展方面发挥着不可忽视的作用。

2. 社会发展动机

联合国世界旅游组织在《马尼拉宣言》中曾提出，旅游也是人类社会的基本需求之一，各国政府应将旅游纳入本国社会发展的内容，使旅游度假成为人人享有的权利。旅游活动发展的实践表明，参加旅游活动不仅可以使人们恢复体力和放松身心，而且可以增加阅历，开阔视野，提高文化素养。旅游活动的开展在有益于旅游者个人的同时，也有助于提高一个国家或地区的人口素质。

3. 经济动机

（1）通过发展旅游业扩大外汇收入来源，从而改善本国的国际收支（balance of payments）平衡。

（2）通过发展旅游业增加国民就业机会，从而为实现国民充分就业创造条件。

（3）通过发展旅游业缩小地区差别。

世界各国都重视发展旅游对促进本国减少贫困目标的贡献度。我国政府特别重视发展全域旅游，以扩大对贫困人口的覆盖率和扶助贫困人口减贫、脱贫的有效性。全域旅游扩大了国民的出游空间，为国民提供了多元化的旅游选择，大幅提升了国民的出游意愿、出游频率，全面提高了国民旅游福利。

事实上，在多数情况下，政府支持发展旅游和旅游业的动机不止一种，而是在以某一方面动机为主的同时，兼有其他方面的动机。

9.2.3 政府干预旅游发展的手段

政府对旅游发展的监督与管理，大都是通过旅游行政组织来实现的。旅游行政组织是通过对旅游进行组织、领导、控制、协调和监督等一系列活动，行使旅游管理职能，实现对旅游发展进行宏观管理和调控目的的组织。一般来说，政府通过旅游行政组织依靠以下几种手段干预旅游发展。

1. 需求管理手段

1）旅游目的地的宣传与促销

如前所述，旅游企业在进行旅游目的地宣传和促销方面不具有积极性，因此，旅游目的地的宣传促销工作应该由政府统一组织开展，通过采取各种营销手段，达到提升旅游目的地形象，增加旅游目的地的旅游吸引力，从而吸引更多旅游者的目的。

2）控制需求

政府主要通过控制旅游者流向、流量、价格三种方式来控制需求。

控制流向：避免过度集中于热点地区，如预报信息（西班牙东海岸人满为患，政府就有意大力促销西海岸、北海岸和中部地区；我国的黄金周预报制度；四川省大力发展乡村旅游业，引导旅游者从城市旅游景点到广大乡村旅游景点）。

控制流量：限制来访数量，避免超载对旅游资源和旅游者满意度造成损害。

控制价格：旅游产品价格弹性一般较大，可以通过适当调节价格，控制调节旅游需求。例如，调整景点收费标准、交通、住宿、餐饮等的价格；也可以通过调整汇率、外汇管制、差别税率等手段对价格进行间接控制，从而调整旅游需求。

为了减少旅游贸易逆差和外汇流出，政府还可以对本国居民出境旅游需求进行一定的控制和调节，如限制出境旅游或放开管制。例如，英国在第二次世界大战以后不鼓励出境旅游，政府在海报上写着“你确实有必要去旅游吗”；韩国在 20 世纪也曾经采用年龄限制的方法，随后才逐步放开公民出境旅游。

2. 供给管理手段

1）控制土地的用途

控制土地的用途是最基本的供给管理手段，通常根据城乡的土地利用规划、发展规划和旅游总体规划，由国土资源管理局来控制。各城乡发展总体规划中均有“用地布局”一章，对土地的性质和用途进行严格规定，如商业用地、工业用地、住宅用地等，对商业区、行政办公区、集贸市场、体育场所、医疗服务场所等分别建在哪里，都进行了严格规定。建设单位根据规划选址，对不符合规划的用地申请，国土资源管理局就不予批准。通过这种手段，可以对土地这种宝贵资源进行有效的管理，从而保障城乡发展的用地效率和用地需求。

2）对建筑物行使管制

对建筑物行使管制配合控制土地的用途，也是依据城市和旅游规划来执行的，通常是为了保持城市整体风貌和使用功能，包括建筑物的规模、高度、颜色、建筑风格等，如规定每公顷土地中住所的最大许可密度、建筑物的最大许可量、最大许可高度，或要求尽可能远离海滩以保持海滩和海岸线的原貌等。主管部门一般为建设局，如苏州老城区对建筑进行全面限高。旅游发展中对建筑物管制得好，才会减少开发的遗憾。

3）市场管制

市场管制主要针对各类旅游企业，控制其市场准入，如进行资质管理、保证金等，保障市场经营主体的合法性和经营能力；维护公平竞争，控制恶性价格竞争；通过设立旅游投诉中心、旅游质量监督管理所等手段维护消费者权益。

4）实行特别征税

政府通过税收进行调控和集资，如某些国家开设赌场征收重税，在赌场赢钱的外国旅游者也需要缴纳比例较高的税，而征收机场建设费则是不少国家的通行做法，我国已经将机场建设费与机票合并，在购买机票的同时缴纳机场建设费；一些国家也通过征收城市维护建设税等方式，用于旅游发展基金。

5）投资鼓励政策

投资鼓励政策主要包括降低税收（开发区“两免三减半”等）、降低土地使用费、给予财政拨款、优先办理有关手续等，并为发展前景良好的项目提供财政资助等其他优惠条件。这在发展中国家和资源贫乏的落后地区较为常见。政府直接补助的形式多种多样，包括促使企业提供某些服务和设施的贷款和拨款，以及涉及建立新度假区和旅游区的大型开发项目，如墨西哥的坎昆等都是在政府的资助和倡导下完成的。2015 年 8 月 4 日，国务院办公厅印发《国务院办公厅关于进一步促进旅游投资和消费的若干意见》，部署改革创新促进旅游投资和消费工作，通过改革创新促进旅游投资和消费，对于推动现代服务业发展，增加就业和居民收入，提升人民生活品质，具有重要意义。2018 年中央一号文件《中共中央国务院关于实施乡村振兴战略的意见》对实施乡村振兴战略进行了全面部署，为推进乡村投资提供了便利条件。

9.3 国家旅游组织

9.3.1 国家旅游组织及其设立形式

国家旅游组织是一个国家中为国家政府所承认，负责管理全国旅游事务的组织。就一般情况而言，一个国家的最高旅游行政管理机构通常是这个国家的国家旅游组织。国家旅游组织设立形式大体上可以分为三种情况。

1. 国家政府直接设立的部门或机构

（1）设为一个完整而独立的旅游部或相当于部的旅游局。例如，菲律宾、墨西哥、埃及、印度等设立的部门式机构，尽管称谓有所不同，有的叫旅游部，有的叫旅游局，有的称为旅游秘书处或者旅游发展署，但都是这些国家的最高旅游行政管理机构。

（2）设为一个混合部，即与其他部门合并为一个部。例如，法国的旅游部门与交通、住房和区域发展等部门结合，意大利为文化遗产与旅游部，爱尔兰的交通、旅游和体育部，葡萄牙为经济与旅游部，泰国为旅游与体育部，韩国为文化体育观光部等。

（3）设为某一个部的下辖机构。例如，美国在商业部下设旅游管理办公室，日本在国土交通省下设观光厅等。

2. 国家政府承认的半官方组织

这种形式的旅游行政管理机构常见于欧洲的一些国家。例如，瑞典、挪威、丹麦和芬兰等的国家级旅游局都属于这种法定组织。

3. 国家政府承认的民间组织

这种民间组织多是影响力较大的，由民间自发组成的全国性旅游协会。例如，德国和新加坡的国家旅游组织都是由这种民间组织兼任。

9.3.2　世界各国国家旅游组织设立形式差异的原因

1. 国家政治经济制度

在政治上实行中央集权或在经济上实行计划经济的国家中，旅游业中的私营部分很小，主要旅游企业多为国家所有。在实行资本主义政治制度和自由市场经济的国家中，旅游业中的私营部分十分强大，旅游业的发展主要靠私营部分的力量。这意味着同资本主义国家发展旅游业的情况相比较，实行中央集权的社会主义国家和发展中国家旅游业的发展通常需要政府较大程度的直接干预，否则旅游业便难以实现迅速发展。因此，在大多数社会主义国家和发展中国家中，国家旅游行政组织都是由国家政府直接设立，并且被列为国家政府的一个部门或机构。国家政府通过这一机构直接指挥、管理和参与全国旅游业的发展工作。这些国家中的国家旅游组织在很大程度上既是国家政府的代表，又是旅游业的代表。

2. 旅游业发展水平

一个国家旅游业的成熟程度和发达水平，也可影响其国家旅游组织的地位和权力。在多数发展中国家，旅游业的发展历史较短，有的国家的旅游业甚至处于起步阶段。为了促使旅游业迅速成长，国家政府不得不进行干预。因此，这些国家中的国家旅游组织不仅设为政府部门，而且它所拥有的权力也比较大。这主要反映在，这些国家中的国家旅游组织不仅是国家旅游政策的监督执行者，而且在很大程度上也是国家旅游政策的参与制定者。换言之，它不仅负责监督国家旅游政策的贯彻实施，而且直接参与这些政策的制定。因此，这些国家中的国家旅游组织一般都有权解释本国发展旅游业的大政方针。反之，在经济发达国家中，旅游业开发历史较久，旅游业一般比较成熟和发达，加之私营部门构成旅游业的主力，政府对旅游业的直接干预程度较低，因此，在很多旅游业发达的国家，其国家旅游组织通常都不是政府部门，而是由半官方的法定组织或民间的旅游行业组织担当。这类国家旅游组织都无权制定国家发展旅游的大政方针，多数情况是由国家政府部门就发展旅游的重大方针做出决定之后，授权这些国家旅游组织制定具体的政策条例，并负责管理这些政策条例的实施。

3. 旅游业在国民经济中的地位

在某些发达国家中，国家旅游组织的设立所采用的也是国家政府部门形式。这很大程度上是因为这些国家的旅游业在国民经济中占据了非常重要的地位，所以这些国家在干预旅游业的过程中，赋予国家旅游组织政府部门的地位，并将其纳为国家政府部门编制的组成部分。例如，根据有关研究资料的统计数字，2016年，法国旅游业的总产出为

1 983 亿美元，相当于其国内生产总值的 8.9%，旅游就业人数占全国就业人数的 9.9%；意大利旅游业的总产出为 1 861 亿美元，相当于国内生产总值的 11.1%，旅游就业人数占全国就业人数的 12.6%；西班牙旅游业的总产出为 1 589 亿美元，相当于国内生产总值的 14.2%，旅游就业人数占全国就业总人数的 14.5%。因此，这些国家在设立国家旅游组织时，也都采用了国家政府部门的形式，以便国家对旅游业的控制和管理。

世界各国对国家旅游组织的设立形式并无统一的模式。一个国家的国家旅游组织的设立形式、地位高低和权力大小都是由本国的国情来决定的。

9.3.3 国家旅游组织的职能

作为国家级的旅游行政管理机构，国家旅游组织一般具备如下主要职能：国家旅游组织代表国家政府工作，直接或间接地协助执行国家制定的旅游政策，并负责使本国的旅游事业朝最优化方向发展。国家旅游组织的职能包括下述内容。

1. 总体规划与宏观调控

旅游发展总体规划是旅游发展的纲领性文件，是旅游业健康、持续、稳定发展的根本保证。国家旅游组织不仅要制定科学的规划，确定合理的发展方向、目标与重点，更要按照总体规划的目标与思路，科学制定发展的阶段、步骤与政策，有计划、有步骤地发展旅游业，保证旅游业健康、持续、稳定发展。

同时，国家旅游组织可以加强对旅游市场需求的预测与管理，在此基础上对旅游产业的总供给进行宏观调控，使供求不仅在总量而且在结构上保持相对平衡。这是旅游产业发展对政府的基本要求。

2. 开展旅游促销，提升整体形象

旅游促销是国家旅游组织的基本职能，通常也形成其最大的职能区域。国家旅游组织的市场部门通常会提出旅游促进策略，并负责广告策划、宣传资料设计，以及通过传媒及旅游交易会等进行旅游促销。一般的促销手段有：向媒体和旅游中介机构提供赴旅游目的地访问的机会，让他们熟悉所宣传的旅游目的地；定期发布新闻稿并召开新闻发布会；参加各种旅游交易博览会，如柏林旅游交易会和伦敦国际旅游博览会这种在业内有比较大影响的博览会。

另外，国家旅游组织在危机应对中也发挥着重要作用。例如，亚洲金融危机后，香港特区政府拿出上亿元港币成立了盛事基金，通过举办大型促销活动加快复苏旅游业；又如，巴黎等欧洲国家遭受的恐怖袭击、中国曾流行的 SARS（severe acute respiratory syndromes，严重急性呼吸综合征）疫情，都是对国家旅游形象和旅游环境有负面影响的事件，最终都是由政府出面尽快消除不良影响的。

3. 建立与维护市场秩序

市场经济秩序尚有很多不完备的方面，需要由政府出面解决。例如，旅游市场的无

序竞争、旅游运行的地方壁垒、旅游服务的非规范化等。

旅游企业的竞争主要有两类。一类是企业的价格竞争。对此政府一方面应当解决旅游市场价格中的过度竞争问题，另一方面，政府也需要制定政策限制企业利用垄断地位进行不公平竞争。另一类竞争是非价格竞争。它包括旅游企业的准入政策、旅游产业的组织政策、服务质量的竞争政策、服务创新的激励政策等。公平的竞争环境需要合理的竞争规则来保证，竞争规则是政府对旅游企业竞争行为的规范与准则。政府通过制定竞争规则，实现对企业行为的引导，完成对产业组织的重建。国家旅游组织需要充当市场规制者的角色，只有市场规制者真正做到公平与公正，市场才可能有真正的效率。

4. 提供产业公共性服务

一些旅游产业的公共性服务或公益事业仅靠市场的力量无法提供，必须由国家旅游组织来承担。这些服务主要包括旅游资源的规划与开发、旅游服务的评定与检查、旅游市场的调查与研究、旅游人才的培训与考核、旅游业界间的合作与协调等。

9.4 中国的旅游组织

9.4.1 旅游行政组织

1. 文化和旅游部

我国的文化和旅游部是全国旅游业的主管行政机构，对外代表我国的国家旅游组织，对内负责统一管理全国旅游业的发展。文化和旅游部是国务院组成部门，其主要职责包括以下方面。

（1）贯彻落实党的文化工作方针政策，研究拟订文化和旅游政策措施，起草文化和旅游法律、法规草案。

（2）统筹规划文化事业、文化产业和旅游业发展，拟订发展规划并组织实施，推进文化和旅游融合发展，推进文化和旅游体制机制改革。

（3）管理全国性重大文化活动，指导国家重点文化设施建设，组织国家旅游整体形象推广，促进文化产业和旅游产业对外合作和国际市场推广，制定旅游市场开发战略并组织实施，指导、推进全域旅游。

（4）指导、管理文艺事业，指导艺术创作生产，扶持体现社会主义核心价值观、具有导向性、代表性、示范性的文艺作品，推动各门类艺术、各艺术品种发展。

（5）负责公共文化事业发展，推进国家公共文化服务体系建设和旅游公共服务建设，深入实施文化惠民工程，统筹推进基本公共文化服务标准化、均等化。

（6）指导、推进文化和旅游科技创新发展，推进文化和旅游行业信息化、标准化建设。

（7）负责非物质文化遗产保护，推动非物质文化遗产的保护、传承、普及、弘扬和振兴。

（8）统筹规划文化产业和旅游产业，组织实施文化和旅游资源普查、挖掘、保护和利用工作，促进文化产业和旅游产业发展。

（9）指导文化和旅游市场发展，对文化和旅游市场经营进行行业监管，推进文化和旅游行业信用体系建设，依法规范文化和旅游市场。

（10）指导全国文化市场综合执法，组织查处全国性、跨区域文化、文物、出版、广播电视、电影、旅游等市场的违法行为，督查督办大案要案，维护市场秩序。

（11）指导、管理文化和旅游对外及对港澳台交流、合作和宣传、推广工作，指导驻外及驻港澳台文化和旅游机构工作，代表国家签订中外文化和旅游合作协定，组织大型文化和旅游对外及对港澳台地区交流活动，推动中华文化走出去。

（12）管理国家文物局。

（13）完成党中央、国务院交办的其他任务。

2. 省、自治区和直辖市文化和旅游厅

我国各省、自治区、直辖市均设有文化和旅游厅。它们分别主管其所在省、自治区、直辖市的旅游行政工作。这些旅游行政机构在组织上属于地方政府部门编制，在业务和工作上接受地方政府的领导。

省、自治区、直辖市文化和旅游厅的主要职能有：编制本省、自治区、直辖市的旅游业发展规划，开发本地区的旅游资源，负责旅游业的管理工作，促进本地区的旅游宣传和旅游产品的销售。以四川省文化和旅游厅为例，其主要职责包括以下几个方面。

（1）贯彻执行国家有关旅游工作的方针、政策和法律、法规，拟订全省旅游发展的地方性法规、规章草案，负责本系统、本部门依法行政工作，落实行政执法责任制，制定旅游产业发展的地方标准和行业规范并组织实施。

（2）制定并组织实施全省旅游产业发展总体规划、旅游专项规划、旅游跨区域规划和年度计划，评审市（州）旅游发展规划并指导实施，对本省旅游规划进行监督管理。

（3）会同有关部门指导旅游资源开发、重大旅游项目规划建设、旅游安全、旅游应急救援、旅游环境综合治理、假日旅游、红色旅游等工作。

（4）制定全省国内旅游、入境旅游和出境旅游的市场开发战略并组织实施，组织四川整体旅游形象的对外宣传和重大推广活动，指导涉外旅游和港澳台旅游工作。

（5）负责全省旅行社的监督管理，会同有关部门监督管理旅游市场秩序、旅游服务质量，监督旅游投诉处理，维护旅游者和旅游经营者的合法权益，指导旅游行业精神文明建设、诚信体系建设和行业组织的业务工作。

（6）负责旅行社设立核准、旅行社申请经营出境旅游业务审核、旅行社自组境外旅游团队旅游签证审核和导游从业人员资格审核。

（7）会同有关部门推进旅游体制和机制改革工作，指导重点旅游企业发展、旅游新业态的规划和开发及招商引资工作。

（8）监测旅游经济运行，负责旅游信息化建设、旅游统计和行业信息发布工作。

（9）制定并组织实施旅游人才规划，指导旅游教育培训工作，会同有关部门拟订旅游从业人员职业资格标准和等级标准并组织实施。

（10）承担省政府公布的有关行政审批事项。

（11）承办省政府交办的其他事项。

3. 省级以下的地方旅游行政机构

在省级以下的地方层次上，很多市、县也设立了旅游行政管理机构，负责其行政区域范围内的旅游业管理工作。在未设专职旅游行政机构的市、县，有关旅游方面的事务则在上级旅游行政部门的指导下，由当地政府中的有关部门来具体承担。例如，有的市、县的旅游行政管理部门由市、县的商务局、文化广电新闻出版局等部门承担。随着旅游业产业地位的逐步提高和在地方经济发展中的比重逐步增加，我国地方各级政府对旅游业的重视程度也不断提升，不少地方政府着力发展全域旅游，成立旅游发展委员会，负责统筹管理旅游业发展。

总之，我国各级旅游行政组织作为各级政府的职能部门，都是按行政系统逐级建立的。尽管如此，各级旅游行政机构之间并不存在直接的隶属关系。

9.4.2 旅游行业组织

1. 中国旅游协会

中国旅游协会是由中国旅游行业的有关社团组织和企事业单位在平等自愿基础上组成的全国综合性旅游行业协会，具有独立的社团法人资格，协会住址设在北京。根据国务院对社团组织加强管理和整改的精神，中国旅游协会于2000年1月14日召开第四届理事会第一次会议，选举产生了协会新的领导机构成员，研究确定了21世纪旅游行业协会的工作方针任务。协会的职责是当好政府旅游主管部门的参谋和助手，努力做好服务、协调、监管、自律等工作，为我国旅游业的大发展做出应有的贡献。

中国旅游协会的宗旨是遵照国家的宪法、法律、法规和有关政策，代表和维护全行业的共同利益和会员的合法权益，开展活动，为会员服务，为行业服务，为政府服务，在政府和会员之间发挥桥梁和纽带作用，促进我国旅游业的持续、快速、健康发展。

中国旅游协会的任务是：①向业务主管单位反映会员的愿望和要求，向会员宣传政府的有关法律、法规、政策并协助贯彻执行；②收集国内外本行业的基础资料并调研有关情况，向业务主管单位提出本行业发展的建议，协助推动行业内部相关方面的协调发展；③开展旅游市场的调研和预测，协助业务主管单位规范市场行为，为建立公平有序的市场竞争环境创造条件；④协助业务主管单位建立旅游经济信息网络，进行有关国内外的市场信息、先进管理方式和应用技术的采集、分析和交流工作；⑤协助业务主管单位搞好质量管理工作，开展有关旅游产品和服务质量的信息收集、分析评价和报送反馈工作，推动和督促会员提高服务质量；⑥组织会员订立行规、行约并监督其遵守，维护旅游行业的市场秩序；⑦接受业务主管单位的委托，开展规划咨询，组织技术交流，开展新经验、新标准和科研成果的推广应用；⑧开展行业规划、投资开发、市场容量等方面的调研，为政府决策调整提出建议；⑨接受业务主管单位的委托，对其他专业协会进行业务指导；⑩接受业务主管单位的委托，开展职工培训，举办展览、抽样调查、安全检查等；⑪加强与行业内外的有关组织、社团的联系与合作；⑫以我国旅游业的民间代表身份开展对外交流与合作；⑬编辑有关行业情况介绍的信息资料，出版发行协会刊物；⑭ 经业务主管单位批准，为增强协会的经济实力，可适当管理和创办经济实体；⑮承办业务主管单位委托的其他工作。

2. 中国旅行社协会

中国旅行社协会（China Association of Travel Services，CATS）成立于 1997 年 10 月，是由我国境内的旅行社、各地区性旅行社协会等单位，按照平等、自愿的原则组成的全国旅行社行业的专业性协会，是经国家民政部门登记注册的全国性社团组织，具有独立的社团法人资格。协会接受国家旅游局的领导、民政部的监督管理和中国旅游协会的业务指导，协会住址设在北京。

中国旅行社协会的宗旨是遵守国家的法律、法规和有关政策，遵守社会道德风尚，代表和维护旅行社行业的共同利益和会员的合法权益，努力为会员服务，为行业服务，在政府和会员之间发挥桥梁和纽带作用，为我国旅行社行业的健康发展做出积极贡献。

协会的主要职责有：①宣传贯彻国家旅游业的发展方针和旅行社行业的政策、法规；②总结交流旅行社的工作经验，开展与旅行社行业相关的调研，为旅行社行业的发展提出积极并切实可行的建议；③向主管单位及有关单位反映会员的愿望和要求，为会员提供法律咨询服务，保护会员的共同利益，维护会员的合法权益；④制定行规、行约，发挥行业自律作用，督促会员单位提高经营管理水平和接待服务质量，维护旅游行业的市场经营秩序；⑤加强会员之间的交流与合作，组织开展各项培训、学习、研讨、交流和考察等活动；⑥加强与行业内外的有关组织、社团的联系、协调与合作；⑦开展与海外旅行社协会及相关行业组织之间的交流与合作；⑧编印会刊和信息资料，为会员提供信息服务；⑨协会实行团体会员制，所有在我国境内依法设立、守法经营、无不良信誉的旅行社及与旅行社经营业务密切相关的单位和各地区性旅行社协会或其他同类协会，承认和拥护协会的章程、遵守协会章程、履行应尽义务的均可申请加入协会；⑩协会的最高权力机构是会员代表大会，每四年举行一次，协会设立理事会和常务理事会，理事会对会员代表大会负责，是会员代表大会的执行机构，在会员代表大会闭会期间领导协会开展日常工作，常务理事会对理事会负责，在理事会闭会期间，行使其职权；⑪协会对会员实行年度注册公告制度，每年年初会员单位必须进行注册登记，协会将符合会员条件的会员名单向社会公告。

3. 中国旅游饭店业协会

中国旅游饭店业协会（China Tourist Hotel Association，CTHA）成立于 1986 年 2 月

25 日，经民政部登记注册，具有独立法人资格，是由我国境内的饭店和地方饭店协会、饭店管理公司、饭店用品供应厂商等相关单位，按照平等、自愿的原则组成的全国性的行业协会。中国旅游饭店业协会于 1994 年正式加入国际饭店与餐馆协会，并进入其董事会，成为五位常务董事之一。

中国旅游饭店业协会的宗旨是遵守国家法律法规，遵守社会道德风尚，代表中国旅游饭店业的共同利益，维护会员的合法权益，倡导诚信经营，引导行业自律，规范市场秩序；在主管单位的指导下，为会员服务，为行业服务，在政府与企业之间发挥桥梁和纽带作用，为促进中国旅游饭店业的健康发展做出积极贡献。

中国旅游饭店业协会的业务范围包括：①宣传、贯彻国家有关旅游业的发展方针和旅游饭店行业的政策、法规；向业务主管单位反映会员的愿望和要求；②组织会员订立行规、行约并监督遵守，维护旅游行业的市场秩序；③进行饭店业的调查研究，向政府有关部门提供会员单位经营管理的成功经验，协助饭店业务主管单位搞好行业管理；④总结、交流旅游饭店的工作经验，收集国内外饭店业的信息；⑤接受政府有关部门委托或根据市场和行业发展需要，组织开展饭店的培训、研讨、考察及有关产品展览等工作；⑥对相关标准参与实施，开展认证等工作；⑦领导下设的专业委员会开展业务活动；⑧开展与海外饭店餐馆协会等相关行业组织之间的交流与合作；⑨依照有关规定，编辑会刊和信息资料，建立网站，为会员单位提供信息服务；⑩承办业务主管单位委托的其他工作。

4. 中国旅游车船协会

中国旅游车船协会（China Tourism Automobile and Cruise Association，CTACA），是由我国境内的旅游汽车、游船企业和旅游客车及配件生产企业、汽车租赁、汽车救援等单位，在平等、自愿基础上组成的全国性的行业专业协会，是非营利性的社会组织，具有独立的社团法人资格。

中国旅游车船协会的宗旨是遵守国家的法律、法规和有关政策，遵守社会道德风尚，广泛团结联系旅游车船业界人士，代表并维护会员的共同利益和合法权益，努力为会员、政府、行业服务，在政府和会员之间发挥桥梁和纽带作用，为把我国建设成为世界旅游强国，促进国民经济和社会发展做出积极贡献。

中国旅游车船协会的业务范围包括：①宣传贯彻国家有关旅游业发展的方针政策，向主管单位反映会员的愿望和要求；②总结交流旅游车船企业的工作经验，收集国内外本行业信息并进行深入的调查研究，向主管单位提供决策依据和积极建议；③组织会员订立行规、行约并监督遵守，维护旅游市场秩序，协助主管单位加强对旅游市场的监督管理；④为会员提供咨询服务，加强会员之间的交流与合作，组织开展培训、研讨、考察和新经验、新技术及科研成果的推广等活动，沟通会员间的横向联合，促进行业间的业务联网；⑤指导下设的专业委员会开展业务活动；⑥加强与行业内外的相关组织、社团的联系与合作；⑦开展与国际旅游联盟（Alliance International de Tourisme，AIT）组织等海外相关行业组织之间的交流与合作；⑧编印会刊和信息资料，为会员提供信息服务；⑨承办业务主管单位委托的其他工作。

5. 中国旅游报刊协会

中国旅游报刊协会成立于 1993 年 8 月 25 日,是由全国与旅游信息传播相关的报纸、期刊、大众传媒单位及相关单位的报刊，按平等、自愿原则组成的全国性专业组织。协会是非营利性社会团体，具有独立的社团法人资格。

中国旅游报刊协会的宗旨是遵守我国的法律，遵守国家有关旅游和新闻的法规，遵守社会道德风尚。代表和维护会员的共同利益和合法权益，努力为会员服务，为政府服务，为行业服务，在政府部门和会员之间发挥桥梁和纽带作用，团结全国各类传播旅游信息的报刊和大众媒体，为促进旅游业持续、快速、健康发展做出积极贡献。

9.4.3 旅游教育与学术组织

1. 中国旅游协会旅游教育分会

中国旅游协会旅游教育分会是中国旅游协会的二级机构，于 2008 年 9 月 25 日正式成立。其前身是 20 世纪 80 年代形成的全国旅游中专协作会和全国旅游院校协作会。中国旅游协会旅游教育分会的宗旨是：贯彻国家有关旅游、教育方面的法律法规和方针政策；广泛团结和凝聚旅游教育各方面的力量，代表会员的共同利益，维护会员的合法权益；为会员、行业、政府服务，在会员与政府之间发挥桥梁和纽带作用；促进旅游人力资源的开发和旅游教育质量的提高。

2. 中国旅游研究院

中国旅游研究院是一所原国家旅游局直属的专业研究机构,于2008年6月6日成立。以“促进中国旅游产业发展和国际交流的政府智库、业界智囊、学术高地”为建设宗旨，致力于旅游研究与数据分析，促进旅游业发展。中国旅游研究院重点开展旅游业发展基础理论、政策和重点、热点问题的研究，参与旅游业发展规划的研究、编制和论证，为地方报审的旅游业发展规划审查提供相关技术支持，承担旅游统计数据的收集整理与分析预测、旅游统计科学的研究及国际旅游统计的交流与合作，开展旅游领域高层次人才培养和国际国内学术交流工作。

3. 中国社会科学院旅游研究中心

中国社会科学院旅游研究中心创建于 1999 年，是中国社会科学院专门从事旅游研究的学术机构，为中国旅游协会理事单位，世界旅游教育与研究协会成员。中心定位为中国旅游与休闲研究领域的国家级学术型智库，秉承“博采众长，精益求精”的宗旨，基于我国国情和国际视野，聚集各方力量，从事旅游和休闲相关研究，开展国内外学术交流，提供各类战略决策咨询，培养高层次专业人才。中心拥有来自学术机构、大专院校、管理部门的 60 余位特约研究员，专业领域涉及产业经济、公共管理、工商管理、区域规划、旅游经济、休闲研究、经济地理等，并聘请一批国际知名学者作为顾问。

9.5 国际旅游组织及其职能

9.5.1 国际旅游组织的现状

狭义的国际旅游组织指其成员来自多个国家并为多国利益工作和服务的全面性旅游组织。

广义的国际旅游组织还包括那些工作部分地涉及国际旅游事务的国际组织，以及专门涉及旅游事务某些方面的国际性旅游同业组织。

国际性旅游组织可使用多种标准进行类型划分。常用的划分标准主要有以下四种：①按组织的成员划分，可分为以个人为成员的国际性组织、以企业为成员的国际性组织、以机构团体为成员的国际性组织、以国家政府代表为成员的国际性组织等；②按组织的地位划分，可分为政府间组织和非政府间组织；③按组织的范围划分，可分为全球性组织和地区性组织；④按组织的工作内容划分，可分为部分地涉及旅游事务的一般性国际组织、全面涉及旅游事务的专门性组织及专门涉及旅游事务某一方面的专业性组织。

1. 政府间组织

1）全球性的政府间组织

联合国是世界上规模最大的与旅游有关的全球性政府间国际组织。联合国组织中与旅游有关的事务由其下属的负责经济社会发展国际经济贸易和福利事务的经济及社会理事会负责。该理事会对有关旅游问题的介入与参与，主要是通过联合国的有关机构或其特别代理组织进行。根据这些机构或特别代理组织在工作中参与国际旅游事务的范围和程度，可分为以下几种。

（1）间接地同旅游事务有关的组织，如万国邮政联盟（Universal Postal Union，UPU）。

（2）部分地涉及某些旅游事务的组织，如国际劳工组织（International Labour Organization，ILO），世界卫生组织（World Health Organization，WHO）、世界银行中的国际复兴开发银行（International Bank for Reconstruction and Development，IBRD）、国际金融公司（International Finance Corporation，IFC）、联合国教科文组织。

（3）涉及旅游业具体部门的组织，如国际民航组织（International Civil Aviation Organization，ICAO）、国际海事组织（International Maritime Organization，IMO）。

（4）全面涉及旅游事务的组织，如联合国世界旅游组织，作为联合国在旅游领域中的特别代理机构。

2）地区性的政府间组织

（1）区域集团，如 EU，美洲国家组织（Organization of American States，OAS）。

（2）共同利益集团，如 OECD。

（3）行业专门组织，如欧洲民航会议（European Civil Aviation Conference，ECAC）。

2. 非政府间组织

1）全球性组织

（1）以个人为成员的组织，如旅游科学专家国际联合会（International Association Scientific Experts in Tourism，AIEST）。

（2）以公司为成员的组织，如国际航空运输协会（International Air Transport Association，IATA）、国际铁路联盟（International Union of Rail Ways，UIC）、国际旅馆协会（International Hotel Association，IHA）、世界旅行社协会（World Association of Travel Agencies，WATA）、ICCA、世界专业国际会议管理协会（Professinal Convention Management Association，PCMA）。

（3）以政府机构、行业协会或相关民间社团为基本成员的组织：国际旅游联盟、国际旅游新闻工作者和旅游作家联合会（Fédération Internationale des Journalistes et Ecrivains du Tourisme，FIJET）。

2）地区性组织

例如，欧洲航空公司协会（Association of European Airlines，AEA）、北美旅游协会（National Tour Association，NTA）、欧洲旅游委员会（European Travel Commission，ETC）、亚洲及太平洋旅游协会（Pacific Asia Travel Association，PATA）、非洲旅游协会（African Travel and Tourism Association，ATTA）等。

9.5.2 部分国际旅游组织简介

1. 联合国世界旅游组织

1975 年 1 月 2 日，联合国世界旅游组织正式成立，成为一个全球性的政府间国际旅游组织。1976 年，其总部迁往马德里。它是世界上唯一的全面涉及旅游事务的全球性政府间机构，其宗旨是通过推动和发展旅游，促进各国经济发展和繁荣，增进国与国之间的相互了解，维护世界和平。联合国世界旅游组织设有的全体大会是其最高权力机构。全体大会每两年举行一次。联合国世界旅游组织全体大会下设六个地区性委员会，分别是非洲、美洲、欧洲、中东、东亚和太平洋、南亚等六个地区分会。我国于 1983 年加入联合国世界旅游组织，成为该组织的第 106 个正式成员。

联合国世界旅游组织成员分为正式成员（主权国家政府旅游部门）、联系成员（无外交实权的领地）和附属成员（直接从事旅游业或与旅游业有关的组织、企业和机构）。

联系成员和附属成员对联合国世界旅游组织事务无决策权。联合国世界旅游组织的成员包括 157 个国家，6 个联系成员和 500 余个附属成员（代表私营部门、教育机构、旅游协会和当地旅游部门）。

联合国世界旅游组织的组织机构包括全体大会、执行委员会、秘书处及地区委员会。

全体大会为最高权力机构，每两年召开一次，批准预算和工作方案，审议联合国世界旅游组织的重大问题。大会由正式成员和联系成员组成。附属成员和其他国际组织代表以观察员身份参加全体大会。大会职能包括：选举主席和副主席；选举执行委员会成员；根据执行委员会建议任命秘书长；选举监察员；制定预算和财务管理条例；制定组织管理总方针、总体工作规划；制定秘书处的人事条例；审查和批准组织及机构活动的工作报告；通过接受组织新成员建议；围绕组织活动提出签订各种国际协议的建议。

执行委员会下设五个委员会：计划和协调技术委员会、预算和财政委员会、环境保护委员会、简化手续委员会、旅游安全委员会。执行委员会每年至少召开两次会议。成员数量为联合国世界旅游组织成员国总数的 1/5。成员由地区委员会推选，执行委员会提名，大会通过。2011 年执行委员会成员为 32 个国家。联系成员及附属成员委员会可各推选一位代表参加执行委员会的工作，但无投票权。

秘书处负责日常工作，秘书长是联合国世界旅游组织的主要负责人，由执行委员会推荐，大会选举产生，任期四年，可连任两次。2009 年 10 月 5 日，塔勒布·瑞法依当选秘书长，并于 2013 年获连任至 2017 年。

地区委员会系非常设机构，负责协调、组织本地区的研讨会、工作项目和地区性活动，每年召开一次会议。

2. 世界旅游及旅行理事会

世界旅游及旅行理事会是全球旅游业的商业领袖论坛组织，其成员包括全球旅游业中近百位最著名企业的总裁、董事长和首席执行官。作为全球范围内代表世界旅游业界企业的唯一机构，世界旅游及旅行理事会对全球旅游业有着其独特的影响力和见解。

世界旅游及旅行理事会认为，在发展旅游业方面，所有利益相关者之间的关系都是一种合作伙伴关系，因此，在满足企业需要的同时，也要满足国家经济、地方政府及当地社会的需要。世界旅游及旅行理事会认为实现这一结果的基本条件包括：政府将旅游业置于优先发展的地位；企业需要在追求经济利益与维护社会、文化和环境之间取得平衡；所有利益相关者共同追求长期的发展与繁荣。

世界旅游及旅行理事会的活动可归纳为三大主题：全球性活动、地区性活动和经济研究。

3. 亚洲及太平洋旅游协会

在 1951 年召开的第二届太平洋地区旅行大会上，亚洲及太平洋旅游协会正式成立，原名为太平洋地区旅游协会，1986 年在科伦坡经理事会表决，协会正式更名为亚洲及太平洋旅游协会，其总部现设在美国的旧金山。另外，它还设有两个分部，一个设在菲律宾的马尼拉，负责处理东亚的事务；另一个设在澳大利亚的悉尼，负责主管南太平洋地区的事务。该协会是一个地区性的非政府间国际组织，宗旨是发展、促进和便利世界其他地区的旅游者前来亚洲及太平洋地区各国旅游及本地区各国居民在本地区内开展国际旅游。我国于 1993 年加入亚洲及太平洋旅游协会。

4. 国际航空运输协会

国际航空运输协会成立于 1945 年,是一个以全世界国际航空公司为会员的全球性民间组织，其宗旨是促进安全、正规和经济的航空运输，促进航空运输业的发展，促进同国际民航组织的合作。该协会在全球国际旅游业中有十分重大的影响和作用。目前，我国正式加入该协会的航空公司有中国国际航空股份有限公司、中国东方航空股份有限公司和中国南方航空股份有限公司。

5. 世界旅行社协会联合会

世界旅行社协会联合会（United Federation of Travel Agents' Associations，UFTAA）是由 1919 年成立的欧洲旅行社组织和 1964 年成立的美洲旅行社组织于 1966 年 11 月 22 日在罗马会议上合并而成的，总部设在比利时的布鲁塞尔，是世界上最大的民间性国际旅游组织之一，其正式会员是世界各国的全国性旅行社协会。1995 年，中国旅游协会正式加入该组织。

6. 世界旅行社协会

世界旅行社协会是一个国际性的旅游组织，创建于 1949 年。该协会由 237 家旅行社组成，其中半数以上为私营企业，分布在 86 个国家的 208 个城市中。

世界旅行社协会设有一个执行委员会，有 9 名委员，总部在瑞士的日内瓦，并设常务秘书处，管理协会的行政事务，每两年举行一次大会。协会把世界分成 15 个区，各区每年举行一次会员社会议，研究本区旅游业务中的问题。

世界旅行社协会旨在推动旅游业的发展，收集和传播信息，参与有关发展旅游业的商业和财物工作。

世界旅行社协会每 3 年对各会员社的营业情况进行一次调查。在 1983 年的调查中，协会所属旅行社的总营业额在 20 亿美元以上。

世界旅行社协会每年出版一期《世界旅行社协会万能钥匙》,并免费提供给各旅行社。该刊物是一份提供最新信息的综合性刊物，主要刊登会员社提供的各种服务项目的价目表，还刊登各国旅行社提供的国家概况和饭店介绍等。

世界旅行社协会的活动经费来源，一是会员社每年的捐款，二是出版发行的《世界旅行社协会万能钥匙》的利润。

7. 国际旅馆协会

国际旅馆协会是一个行业性民间组织，成立于 1947 年，总部设在法国巴黎。该协会的宗旨是：联络各国旅馆协会，加强同旅馆业人士的接触，促进会员间的交流与技术合作；研究国际旅馆业和国际旅游者交往的有关问题；协调旅馆业与有关行业的关系；维护本行业利益。中国旅游饭店协会于 1994 年 3 月加入国际旅馆协会，成为该协会的正式成员。

8. 国际航空运输协会

国际航空运输协会是一个国际性的民航组织，总部设在加拿大的蒙特利尔。与监管航空安全与航行规则的国际民航组织相比，它更像是一个由承运人（航空公司）组成的国际协调组织，管理在民航运输中出现的诸如票价、危险品运输等问题。

国际航空运输协会从组织形式上是一个航空企业的行业联盟，属非官方性质组织，但是世界上的大多数国家的航空公司由国家所有，即使非国有的航空公司也受到所属国政府的强力干预或控制，因此，国际航空运输协会实际上是一个半官方组织。它制定运价的活动也必须在各国政府授权下进行，它的清算所对全世界联运票价的结算是一项有助于世界空运发展的公益事业，因而国际航空运输协会发挥着通过航空运输企业来协调和沟通政府间政策、解决实际运作困难的重要作用。

国际航空运输协会的宗旨是为了世界人民的利益，促进安全、正常和经济的航空运输，扶植航空交通，并研究与此有关的问题；对于直接或间接从事国际航空运输工作的各空运企业提供合作的途径；与国际民航组织及其他国际组织协力合作。

9. 国际民航组织

国际民航组织是联合国的一个专门机构，成立于 1947 年，总部设在加拿大的蒙特利尔，其宗旨是推进国与国之间航空运输安全与合作。我国于 1974 年正式加入国际民航组织，并在同年的大会上被选为理事。

10. 世界旅游联盟

2017 年 9 月 12 日，经国务院批准，由我国发起成立的第一个全球性、综合性、非政府、非营利性世界旅游组织——世界旅游联盟（World Tourism Alliance，WTA）正式成立。在成都出席联合国世界旅游组织第22届全体大会的137个国家和地区的旅游部长、代表及 41 个国际组织负责人共同见证了世界旅游联盟的诞生。世界旅游联盟的成立显示了我国主动作为，致力于改善世界旅游治理体系的担当和能力。时任联合国世界旅游组织秘书长塔勒布 · 瑞法依评价：“中国在旅游业方面已经处于世界领先位置。世界的未来看中国，世界旅游业的未来也要看中国。”

世界旅游联盟由国务院正式批准设立，在民政部登记注册。作为一个以民间机构和企业为主体的全球性、综合性世界旅游组织，世界旅游联盟在世界旅游领域搭建起以民间交流合作为主的新平台，本着互相尊重、互利共赢的原则，促进会员间文化交流、业务合作、资源共享及与政府之间的沟通交流。这是政府组织之外的另一支推动世界旅游发展的主导力量，它与作为政府间合作交流平台的世界旅游组织一同，分别在政府和民间两个领域共同推进世界旅游业的发展。

扩展教学资源：世界旅游联盟成立凸现中国责任担当①

由中国旅游协会倡议和发起的世界旅游联盟于2017年9月12日在中国成都宣告成立。这是由中国旅游协会倡议、发起和主导成立的全球性、综合性、非政府、非营利性世界旅游组织，其宗旨是在“旅游让世界更美好”的理念指导下，以旅游促进发展、旅游促进减贫、旅游促进和平为目标，搭建全球旅游业界民间交流合作的新平台。联盟初始会员汇聚起全球旅游业界精英，一“出生”就风华正茂。联盟的成立是世界旅游发展史上一件具有里程碑意义的大事，标志着中国在世界旅游领域正在承担着“重要的领导性角色”。

世界旅游联盟在中国的主导下成立，既是世界经济和政治形势多变、旅游业在新形势下谋求新发展的需要，也是中国旅游业崛起、中国国际旅游地位提升的必然。

首先，成立世界旅游联盟是世界旅游业在新的国际形势下谋求新发展的迫切需要。当前，世界经济和政治形势正在发生深刻变化，全球化、多极化成为不可阻挡的历史性趋势，同时也必然伴随着世界治理结构和治理机制向着多中心型和多模式化的方向转变。就旅游业而言，自进入21世纪以来，世界旅游市场和旅游业发展趋势已经发生巨大变化，欧洲和北美双中心型的旅游发展历史已经被全球性大众旅游的兴起取而代之，而以中国为代表的亚洲市场的崛起更是替代性地形成了新的世界旅游中心，形成了世界旅游业多极化发展、多中心并存、区域不平衡依然存在等更加复杂的旅游发展格局。在世界旅游发展的新形势下，传统的主导力量被弱化，既需要形成新的治理机制和发展平台，也需要树立新的领袖和主导力量。

其次，世界旅游业发展变化的新趋势，需要进一步加强民间层面的国际交流合作，形成与政府组织双轮驱动的国际交流合作模式。目前，全球性、综合性的国际旅游组织只有联合国世界旅游组织，而联合国世界旅游组织是政府间进行旅游交流合作的国际性组织。世界旅游联盟作为一个以民间机构和企业为主体的全球性、综合性世界旅游组织，会在世界旅游领域搭建起以民间交流合作为主的新平台，本着互相尊重、互利共赢的原则，促进会员间文化交流、业务合作、资源共享及与政府之间的沟通交流。这是政府组织之外的另一支推动世界旅游发展的主导力量，它与作为政府间合作交流平台的世界旅游组织一同，双轮驱动、相得益彰，分别在政府和民间两个领域，共同推进世界旅游业的发展。也正因为如此，中国旅游协会关于成立世界旅游联盟的倡议，在很短的时间内就得到来自美国、法国、德国、日本、澳大利亚、南非、巴西等国家的89个世界顶级旅游集团、智库、行业协会的积极响应，并成为创始会员。

再次，由中国倡议和主导成立世界旅游联盟，是中国旅游崛起的必然，也是世界旅游界的期盼。近年来，中国旅游业的发展取得了令世界瞩目的巨大成就。由于国民经济的不断发展和政府的政策推动，中国旅游业得到了持续发展，国内旅游、入境旅游、出境旅游三大市场全面繁荣发展。在国内，旅游业正在成为国民经济的战略性支柱产业和人民群众满意的现代服务业；在国际上，中国已成为世界第一大出境旅游国和第四大国

---

① http://news.sina.com.cn/o/2017-09-13/doc-ifykyfwq7031324.shtml.

际旅游目的地。中国旅游者的国内和海外消费持续高位增长，被旅游业界公认为世界旅游的“黄金市场”。正因为如此，“中国旅游”在世界旅游业中的地位、中国旅游主管部门和行业组织在相关的政府组织、民间机构中的作用和话语权等，都发生了巨大变化，地位、影响力都不断提高。2016 年在北京举办的首届世界旅游发展大会，就是在中国政府倡议、中国政府发起、中国政府主导下成功召开的，有来自全球 107 个国家和 15 个国际组织的代表参会，会上通过了中国政府倡议的推动可持续旅游、促进发展与和平的《北京宣言》，发布了《第七届二十国集团旅游部长会议公报》，彰显了中国政府在世界旅游领域的影响力和号召力。同时，在民间，中国旅游在业界的影响力、号召力也在不断提高，此前由相关专业领域发起的世界旅游城市联合会、国际山地旅游联盟已相继成立，并分别开展了卓有成效的工作。而中国旅游协会作为世界旅游联盟的发起人，是以整个中国旅游产业和三大旅游消费市场的规模、质量与发展速度为后盾的，故而能够得到众多世界顶级旅游企业、国际机构的响应。在创始会员中，有 60%是来自世界各国的旅游大企业和著名国际旅游机构，可谓一呼百应。正像联合国世界旅游组织秘书长塔勒布·瑞法依所指出的那样，在当前的世界旅游业中，中国承担着“重要的领导性角色”。

世界旅游联盟的成立，是世界旅游发展史上具有里程碑意义的事件，它的成立必将以新的机制和新的活力为世界旅游业带来新的发展动力。同时，随着中国旅游业的进一步发展和产业规模的进一步壮大，“中国旅游”的国际影响力也将进一步提高，来自旅游领域的“中国声音”将越来越成为世界旅游领域的主声调，无论是中国旅游的民间声音，还是中国旅游的官方主张，在世界旅游领域都将发挥越来越大的主导作用，中国旅游将继续领跑世界。

本章小结

本章主要从以下几个方面进行阐述：政府支持发展旅游和干预旅游业的动机及对旅游发展行使干预的必要性；政府干预旅游发展的手段；国家旅游组织的概念及其主要职能；我国的旅游组织的基本状况；同我国有关系的主要国际旅游组织。

思考题

1. 政府干预旅游发展的必要性何在？
2. 在干预旅游发展方面，政府主要的手段有哪些？
3. 在推动发展旅游业方面，政府有可能采取的投资鼓励政策通常包括哪些？
4. 国家旅游组织的基本职能包括哪些方面？
5. 简述我国的旅游行业组织的状况。
6. 简述联合国世界旅游组织的宗旨。
7. 简述世界旅游联盟的宗旨。

第10章

旅游影响

10.1 旅游对旅游目的地的经济影响

10.1.1 旅游与经济的关系

旅游活动从本质上而言是旅游者为了满足自身需求而产生的活动，并不是以经济活动为目的，但却以经济作为主要基础（田里，2004）。旅游活动的开展涉及吃、住、行、游、购、娱等多方面的需求，都离不开经济的支出。因此，旅游业也是一个经济性产业，在国民经济中占据着一定地位，同时国民经济又为旅游业的发展提供了基础，两者存在紧密的双向互动关系。

旅游业受强综合性、强关联性的影响，其发展会直接或间接地带动国民经济的增长。具体而言，旅游者在旅游目的地进行的交通、住宿、餐饮等消费均属于直接消费，同时这部分旅游收入又可增加当地税收，通过投入建设旅游目的地基础设施等从而产生间接效益。以旅游商品的生产为例，旅游需求刺激旅游商品供给的产生，从而为当地增加新的就业岗位和新的经济收入来源（保继刚和楚义芳，1999）。据联合国世界旅游组织统计，2015 年和 2016 年连续两年旅游业对全世界 GDP 的贡献达到全世界 GDP 总额的 10%。全世界每 10 个就业者中就有 1 个是旅游从业者。另外，国民经济水平的提高也为旅游业创造了更好的发展环境，从而推动了旅游经济增长。随着经济收入的提高，人们对于美好生活的需求日益增加，用于享乐方面的开支也相对增多，从而也促进旅游业的迅速发展。

近年来，随着我国经济新常态宏观背景的形成，旅游业正在成为新常态下国民经济新的增长点，旅游经济在整体国民经济中的地位日益凸显。作为经济性产业，旅游业也对旅游目的地的经济发展有着多重的影响，其中既有积极影响也有消极影响。

10.1.2 旅游对旅游目的地经济的积极影响

旅游业的发展对于拉动相关产业发展，增加就业机会、缩减地区差距等都有着重要的作用，其中主要表现在以下几个方面。

1. 有助于平衡国际收支

国际收支是指一定时期（通常为一年）内一个经济体（通常指一个国家或地区）与世界其他经济体之间发生的各项经济活动的货币价值之和。狭义的国际收支是指一个国家或地区在一定时期（通常为一年）内，由于经济、文化等各种对外经济交往而发生的，必须立即结清的外汇收入与支出。广义的国际收支是指一个国家或地区内居民与非居民之间发生的所有经济活动的货币价值之和。国际收支平衡通常可以反映国际收支状况，是一国对外政治、经济关系的缩影，也是一国在世界经济中所处的地位及其升降的反映（甘碧群和曾伏娥，2014）。如果一个国家出现持续的、大规模的国际收支逆差或国际收支顺差都是国际收支失衡的表现，对国家的经济发展十分不利。一国长期处于逆差状态，不仅会严重消耗一国的储备资产，影响其金融实力，而且还会使该国的偿债能力降低，使该国在国际上的信誉度下降。一国国际收支持续顺差则容易引起国际摩擦，因为一国国际收支出现顺差也就意味着世界其他一些国家的国际收支出现逆差，从而影响后者的经济发展。例如，20 世纪 80 年代以来愈演愈烈的欧、美、日贸易摩擦就是因为欧共体国家、美国、日本之间国际收支状况不对称引起的。

保持国际收支平衡对于国家来说具有十分重大的意义。其中外汇是用于国与国之间经济结算的一种支付手段，通过发展国际入境旅游的一大重要作用就在于可增加国家的外汇收入，从而起到平衡国家收支的作用。同时，在增加外汇收入方面，旅游业相比其他初级出口产业具有许多优势。首先，旅游目的地国家向入境旅游者提供的实际上更多的是一种旅游经历，而并非传统出口产业的实体产品。因此，旅游业具有无形出口的特征，一般不受贸易壁垒和出口额度限制，也没有商品贸易的运输成本、仓储费用等不必要的支出，换汇率高，大大降低了国家的创汇成本（谢彦君，2011）。其次，旅游目的地国家具有较大的价格自主权，对于旅游产品和服务具有一定的垄断优势，并且旅游者一般是即时付款消费，相比传统贸易出口资金回笼的长周期性、间歇性，旅游业创汇还具有结算及时的优点。

据联合国世界旅游组织统计，2016 年全世界国际旅游收入达到 12 200 亿美元，相当于全球出口贸易总额的 7%。联合国世界旅游组织 2018 年 1 月的统计数据显示，2017 年全世界入境旅游人数总计达到 13.22 亿人次，同比增长 6.7%。我们可以乐观地估计，2018 年全世界国际旅游收入对世界各国尤其是发展中国家平衡国家收支将会发挥更大的作用。

2. 有助于增加劳动就业机会

随着科技的不断进步，制造业等高科技化的产业对初级劳动力的需求日益减少，造成了大量的剩余劳动力。而服务业作为以人为本、需大量手工操作的第三产业恰好对劳动力有较大的吸纳能力，能提供大量的就业机会。一般认为，旅游业是一项劳动密集型产业，是服务业的重要组成部分，其发展涉及众多部门的共同配合，不仅可以直接产生服务于住宿、交通、餐饮等部门的就业机会，还可以产生与之相关的间接就业机会。因此，包含大量服务性质工作的旅游业对于解决社会面临的失业问题具有重要意义。

旅游业的就业岗位具有层次众多、就业门槛相对较低、可操作性较强等特点，工作人员大多是与顾客直接交流并提供服务，经过简单的培训后即可上岗，不涉及过多的技术层面，因而旅游业能为社会增加更多的就业机会。根据世界旅游及旅行理事会的统计，2015 年由旅游业直接产生的就业岗位超过 1.07 亿个，包括酒店、旅行社、航空公司和其他旅客运输服务的就业机会，其中还包括餐饮业和休闲产业等直接由旅游者支持的产业。在职人口中，每 10 人就有 1 人从事旅游业，旅游业在职总人数超过 2.84 亿，为全球 GDP 做出的贡献超过 7.2 万亿美元。按照每 10 年 2.1%的增长速度计算，到 2026 年，全球旅游业将产生 1.36 亿个就业岗位。图 10-1 给出了旅游业对全世界就业岗位的直接贡献。

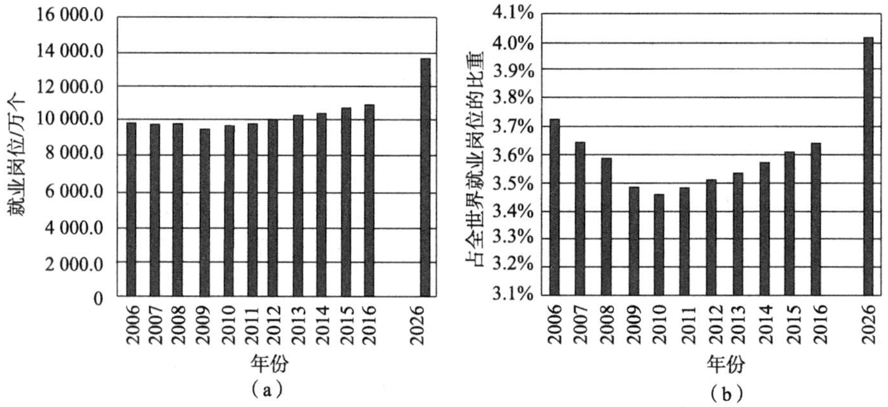

图 10-1　旅游业对全世界就业岗位的直接贡献

资料来源：世界旅游及旅行理事会

3. 有助于带动相关产业

旅游业是一个涉及衣、食、住、行等多方面的综合型产业，具有较强的带动关联功能。旅游业产业不仅体现在对相关产业直接的带动，也包括间接的带动。一方面，旅游业自身发展需要物质作为基础，可促进建筑业、通信业等多个行业的发展。另一方面，旅游活动的开展又基于交通、食宿、信息咨询等行业的支撑，从而带动以饭店为代表的住宿业，以火车、汽车为代表的交通业，而饭店的增加、发展又会带动其背后的农牧业、工业、建筑业、食品加工业的发展。发展至今，旅游业已经成为推动相关行业快速发展的强大引擎。据统计，与旅游相关的行业、部门已超过 110 个，旅游的外延在不断扩展，旅游消费对住宿业的贡献率超过 90%，对民航和铁路客运业贡献率超过 80%，对文化娱乐业的贡献率超过 50%，对餐饮业和商品零售业的贡献率超过

40%。我国随着“旅游+”战略的提出，旅游业也已成为各大产业创新发展的成果平台，如工业、农业及文化创意、影视娱乐、会展博览等新型现代服务业等，通过与旅游业的融合发展实现了转型升级，从而形成新的盈利点。例如，乡村旅游的蓬勃发展，不仅为乡村带来了新的活力，也为农产品增加了附加值，通过加工使原本单一的农产品转变为富有特色的旅游商品，带动了第一、第二、第三产业的高度联合，也为当地提供了更多的收入途径。体育旅游的发展则带动了旅游装备制造业、户外用品制造业的发展。

4. 有助于贫困地区脱离贫困

贫困是全球普遍存在的现象，也是威胁人类生存与发展的巨大难题。反贫困一直是全人类需要共同面对的重要议题。从大范围来看，贫困地区往往是地理位置较为偏远、交通较为闭塞、教育水平较为低下的区域，但同时又由于外界的较少干预而保留了较丰富的旅游资源。以我国西部贫困地区为例，大量民族、民俗旅游资源及丰富奇特的自然旅游资源聚集于此。英国国际发展局为解决贫困问题，最早就明确提出通过开发旅游资源丰富的贫困地区，解决贫困人口的 PPT（pro-poor tourism，扶贫旅游）战略（李会琴等，2015）。旅游的融入可以为贫困地区提供生活多样化的选择，让居民能够参与旅游发展，有了将资源禀赋变为资本、增加经济收入的途径。吸引相对发达地区的人们前来旅游和消费，可以使旅游资源产生效益，使旅游商品的生产、交换、消费在贫困地区同时发生，逐步实现部分财富、经验、技术和产业的转移，同时也可带动当地配套旅游发展的基础设施建设，优化当地居民的生活水平，增加贫困地区的造血功能。“十二五”期间（不含 2015 年），我国通过发展旅游带动了 10%以上的贫困人口脱贫，旅游脱贫人数达 1 000 万以上。“十三五”时期，我国计划通过发展旅游带动 17%的贫困人口实现脱贫。到 2020 年，全国计划形成 15 万个乡村旅游特色村和 300 万家乡村旅游经营户，乡村旅游年接待旅游者将超过 20 亿人次，收入将超过 1 万亿元，受益农民将达到 5 000 万人，预计带动约 1 200 万贫困人口脱贫。

2016 年，我国通过发展全域旅游，扩大了对贫困人口的覆盖率，提高了扶贫的有效性。与此同时，发展全域旅游也成为我国东部地区乡村和城郊老百姓的致富快车。500 家国家全域旅游示范区创建单位共接待国内外旅游者 18 亿人次，约占全国旅游人数的 40.5%，同比增长 20%，旅游总收入达到 1.76 万亿元，同比增长 28%。接待过夜的国内外旅游者 7.3 亿人次，占接待总人数的 40%，同比增长 21%。旅游业增加值占 GDP 比重均值为 21.5%，一些旅游业发达的创建单位甚至高达 40%以上[①]。

2017 年我国 500 家全域旅游创建单位的旅游经济数据统计见图 10-2。

10.1.3 旅游对旅游目的地经济的消极影响

旅游业虽然对经济发展具有显著效益，但也需理性发展，一味追求旅游发展规模或

① 《2017 全域旅游发展报告》。

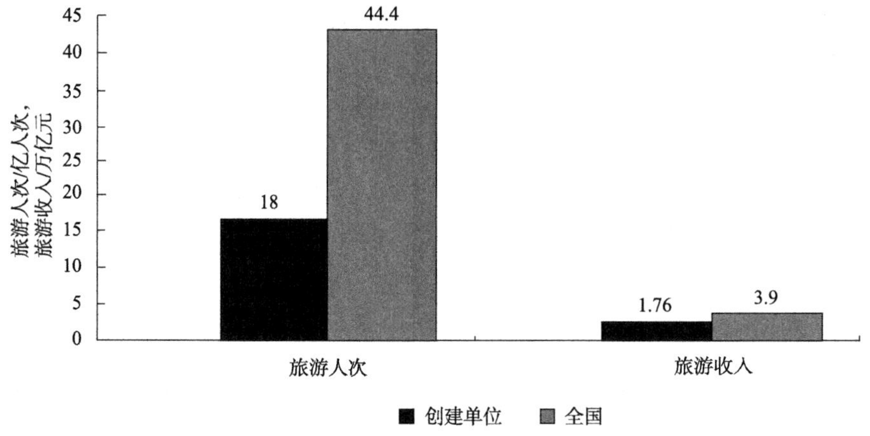

图 10-2　2017 年我国 500 家全域旅游创建单位的旅游经济数据统计

是过度依赖旅游业，同样也会给国家或地区带来一些消极的影响，一般来说主要包括以下几个方面。

1. 可能引发区域性物价攀升

首先，旅游者的消费能力通常会高于旅游目的地的居民，他们能够出高价购买以吃、住、行及旅游纪念品为代表的各种物质商品，对区域经济原有的供需平衡关系造成暂时的、剧烈的冲击，从而出现供不应求的局面，引发区域性物价攀升。其次，在经常有大量旅游者来访的情况下，旅游常态化消费、重复性消费难免引起旅游目的地的物价整体的、持续的上涨。最后，从长远看，随着旅游业的发展，旅游规模的扩大，相应所需的基础设施也会随之增加，如住宿设施等，导致对土地的需求增加，带动土地价格迅速上升，从级差地租和土地成本开始，逐渐影响到当地居民、商户及外来旅游者的生活、经营成本，影响到他们的生计或消费问题，进而产生更为综合的消极影响。

2. 过分依赖旅游业导致经济发展存在不确定性

世界上许多国家都将旅游业作为推动经济发展的重要手段，并将旅游业作为支柱产业进行大力发展，但几乎没有一个发达国家完全依靠旅游业来发展国家经济，往往是人口较少、经济较为落后的国家或地区高度依赖旅游业。这是由于旅游业是一项不稳定的出口产业，容易受到内外部多种因素的影响而波动，过分依赖旅游业的区域经济发展存在较大不确定性。首先，就旅游业本身而言，其核心要素旅游资源，尤其是自然旅游资源，大多具有明显的季节性，因此，旅游市场容易受到影响而产生淡旺季分异。虽然目前各国都在一定程度上对解决旅游季节性问题做出了努力，尽力挖掘淡季中旅游目的地新的吸引点，但始终无法避免旅游收入的下降、资源设施浪费的现实。其次，旅游业的发展还容易受到外部不可控因素的干扰，如经济环境、疾病暴发、汇率波动、地缘政治、环境质量、国际关系、自然灾害等，都会影响旅游者的旅游需求。例如，2013 年受雾霾影响，北京市共接待入境旅游者 450.1 万人，旅游外汇收入为 47.95 亿美元，二者分别同比减少了 10.1%与 6.9%。又如，2017 年，因受到韩国让美国在韩国境内部署萨德反导导弹事件的影响，我国赴韩国客流量锐减，10 月韩国旅游收入赤字达 16.7 亿美元，创韩国旅游收支赤字史第二高纪录。

10.2 旅游对旅游目的地的环境影响

10.2.1 旅游与环境的关系

旅游的发展极其倚重于环境，优良的自然环境和好客的人文环境都会成为吸引旅游者的重要因素。旅游景区在运营管理中，也极为重视对环境的保护。学者们以旅游承载力这一概念来对旅游目的地环境进行测量和检验。旅游承载力指一个旅游目的地在不至于导致当地环境和来访旅游者旅游经历的质量出现不可接受的下降这一前提之下，所能吸纳外来旅游者的最大能力。旅游承载力表现在多个层面，包括旅游用地和接待设施的承载力、物质环境的承载力、生态环境的承载力、社会承载力（李天元，2014）。在旅游发展过程中，一部分旅游目的地保持旅游与环境健康发展态势，而另一部分旅游目的地却出现严重的环境问题，这说明环境问题的产生并不是发展旅游的必然结果，但两者之间却存在密不可分的关系。

总的来说，旅游与环境之间存在三种关系：独立关系、共生关系、冲突关系（保继刚和楚义芳，1999）。独立关系是旅游与环境各自独立发展，相互影响较少。这种情况一般发生在旅游发展的探索期，旅游者较少，对环境的影响不明显。共生关系是旅游与环境之间的理想关系，旅游发展与环境保护相互作用，共同受益。但是，在发展旅游的过程中，能够把握好这两者关系使之和谐发展的旅游目的地并不多见，更多地体现为冲突关系，即旅游发展对环境产生某种程度的干扰，当这种干扰超过旅游承载力后，环境总体质量便会下降，进而降低旅游者的满意度，并直接影响旅游目的地旅游业的可持续发展。

10.2.2 旅游对旅游目的地环境的积极影响

拥有优良环境的旅游目的地能够对旅游者形成强大的吸引力，因此，旅游目的地会尽可能建立并维护良好的旅游环境。旅游业带来的收入也能够用来发展旅游目的地经济，维护良好的环境。旅游对旅游目的地环境的积极影响体现在以下几个方面。

1. 有助于人们环保意识的提升

优越的环境能够吸引更多的旅游者前来旅游，也会提升旅游者对环境的自觉保护意识。美国国家公园设立的初衷就是为美国国民提供环境教育的机会。美国国家公园内设有完善的环境教育体系，有相应立法和制度保障，并设有专门机构管理公园内部的环境教育工作。这些活动丰富多样，区分度强，公众参与度高。例如，招募志愿者为旅游者提供环境解说服务，为有需求的团队旅游者开办环境教育讲座与研讨会，为不同年龄段和教育背景的人群设计不同的生态旅游活动等。公园大都与当地学校保持长期的合作教育关系，每年都会为周边学校的自然教育课程提供相关的场所设施和服务。一些公园还着眼于未成年人的环境教育，为他们开设远程网络课程、亲子教育项目和少年骑兵项目。

作为旅游发展的受益者，当地居民对支撑旅游发展的环境的自觉保护意识同样也会得到提升，如通过主动参与景区管理事务，制止各种损害环境的行为等。在云南梅里雪山景区，当地村民们在马帮游道的沿线布置垃圾桶，由各家负责管理，全村居民轮流清运垃圾。同时，出于敬畏神山的缘故，他们也会提醒旅游者不要大声说话、不可点火吸烟等。更多的民族村寨因为旅游发展，环境设施得到彻底整治，居民也更关注对环境卫生的维护。

2. 有助于保护自然及人文景观

具有脆弱性特征的旅游资源是旅游环境的重要组成部分，同时也是旅游景区的核心吸引力和支撑基础所在。为了保证旅游业的持续发展，旅游目的地会采取一定措施对自然及人文景观进行保护，同时旅游发展带来的经济收入，也为地方维护自然、人文景观提供了资金保障。例如，我国西南地区的少数民族村寨，旅游业的发展使濒临消失的民族文化成为旅游吸引物，进而被重视和保护。又如，西安的秦始皇兵马俑自 20 世纪 70 年代开始对外开放，为保证历史遗产的良好状态和持续吸引力，至今挖掘修复工作还在继续。

3. 有助于提高旅游目的地环境质量

旅游者外出旅行的主要动机来自对高质量环境的向往。为提高旅游者的满意度，旅游目的地的环境治理和维护便成为地方政府和投资者的重要考量，促使地方政府和投资者加强控制废气、废水和废物污染。同时，通过适当的基础设施和旅游设施建设美化环境，不仅可以使旅游者得到更好的体验，还可使本地居民享受旅游带来的环境福利。

10.2.3 旅游对旅游目的地环境的消极影响

旅游业被称为“无烟工业”，在一定程度上，旅游业的发展确实能够起到保护旅游目的地的作用，但是真正在开发旅游的过程中，受各种因素的影响，也导致许多对环境产生消极影响的现象出现。

1. 可能污染旅游目的地环境

在旅游开发过程中，对环境造成的污染是多方面的。首先，支撑旅游业发展的各种交通工具会导致大气污染，尤其是自驾游蓬勃发展的今天，汽车产生的大量尾气会对旅游目的地的环境造成严重污染。其次，旅游业的不合理开发也可能带来水体污染、噪声污染、废弃物污染等问题。随着旅游目的地接待旅游者数量的增多，旅游者生活产生的污水、废弃物排放量也日益增多，当接待设施长期处于超载状况时，废弃物如未能得到及时处理，就会对周边水域和陆地环境形成面源污染，会严重影响旅游视觉景观。云南大理经过几十年的旅游发展，旅游接待设施日益增加，洱海水质变化与旅游淡旺季密切相关。环境监测数据显示，自 2010 年以来，在 5~10 月旅游旺季期间，洱海水质便从Ⅱ类降为Ⅲ类，旅游淡季时又恢复到Ⅱ类。

2. 可能破坏旅游目的地生态系统

旅游活动涉及范围极广，关系到旅游目的地的大气、水、地质、植物、动物等多个方面，如不合理规划加上过度开发，就将造成旅游目的地原有的生态环境被破坏。例如，为开展旅游活动而大规模乱砍滥伐树木，将严重破坏森林植被；把自然保护区的缓冲区、核心区及野生动物栖息地开辟为旅游场所，则使野生动植物的生存环境受到破坏，导致动物栖息地斑块化，进而危及许多珍稀动物的生存，使生物多样性降低。

3. 可能导致文物古迹损毁

人文旅游目的地大多依靠珍贵的历史遗迹作为主要吸引物，如果管理不当、单纯追求当前短暂的经济效益将对文物古迹造成极大的破坏。长时间无节制地接待旅游者，不仅可能使一部分文物古迹的原始风貌被毁坏，大量二氧化碳的产生还将对文物产生极大的危害。例如，申遗成功后的敦煌石窟旅游者数量逐年上升，窟内的壁画日渐失去其原有的色彩足以证明超负荷接待旅游者所产生的负面影响。更有大量旅游者文物保护意识薄弱，随意触摸文物、乱刻乱画、攀爬古迹，种种不文明的旅游行为都将大大缩短文物古迹的寿命。

4. 可能导致旅游目的地生态环境失衡

旅游旺季对旅游目的地的经济而言是处于急速上升期，但对于其环境来说却是处于崩溃边缘。大规模旅游者的到访和大量车辆的涌入导致交通堵塞，人口密度瞬间增大等问题随之产生。这不仅给当地居民带来生活空间缩小、生活秩序被扰乱等负面影响，也给旅游目的地的环境造成难以估计的影响。自然生态环境虽具有一定的自我修复能力，但若承载量超过其自身纳污自净的能力，并长时间处于这种状态下，最终可能导致生态环境的自萎、失衡和崩溃。

总之，旅游业的发展直接或间接地对旅游目的地的环境产生影响。只有当旅游目的地正确看待并处理旅游与环境的关系，合理规划建设、理性开发、管理得当，才能保证旅游业的持续发展。反之，如果旅游经营者只顾追求眼前经济利益最大化，不顾环境承载力过度进行旅游开发，终将导致旅游目的地的环境恶化。因此，要把握好旅游与环境的关系，使旅游与环境共生发展。

10.3 旅游对旅游目的地的社会影响

在早期社会，旅行只是贵族、僧侣、商人等少量社会人群从事的偶发性活动。由于这一活动发生的频率低，涉及的社会阶层和人群数量较少，对社会的影响范围不大。只是在部分商路上出现一些为过往旅客提供食宿的客栈，以及由此聚集而形成的集镇。自19世纪托马斯·库克组织人类历史上第一次有规模的大众旅游活动以来，旅游逐渐发展成为一项涵盖范围极广、参与人群众多的社会活动。作为一种特殊类型的休闲活动，旅游不但对旅游者个体的行为习惯和生活方式产生直接的影响，而且也对旅游目的地形成群体性的社会影响。例如，近年来我国旅游者出境旅游人次屡创新高，旅游购买力大幅提升，在一些我国旅游者到访的热门国家和地区，不少商业场所和服务部门都纷纷设置了中文导览示意标牌和中文引导服务，中文语言培训班报名人数也不断增加。由此可见，旅游发展会潜移默化地改变旅游目的地的社会形态。

10.3.1 旅游示范效应

旅游示范效应是指，旅游者以其自身的意识形态和生活方式介入旅游目的地社会中，引起旅游目的地居民的思想变化，产生各种影响（保继刚和楚义芳，1999）。具体而言，旅游示范效应体现在价值观、个人行为、家庭关系、生活方式、道德观念、语言、宗教、健康等多个方面。尽管在旅游者和旅游目的地的居民之间，旅游影响是相互存在的。但是，旅游者对旅游目的地居民的影响要比居民对旅游者的影响大得多。对于旅游者而言，他们与旅游目的地居民的接触时间较短，而且接触的人群也仅限于旅游从业者，这使得地方社会很难对旅游者产生实质性影响。相反，旅游目的地居民持续地接触大规模的旅游者，无论是旅游从业者还是非从业者，都很难避免受到外来旅游者的影响。

1. 积极作用

首先，旅游示范效应对旅游目的地地方社会的变革具有积极的作用。最为明显的变化来自居民经商意识的产生。在旅游发展之前，一些较为封闭的村寨并非将所有物品都视为可以出售的商品。例如，招待客人喝茶、吃饭，或是客人参观民居，都被视为好客民风的表现方式。但随着旅游者的增多，以上活动从地方礼俗逐渐转变为旅游者消费的对象，因而居民为其提供的服务收取一定费用也就变得理所当然。其次，旅游者的行为习惯也会引起当地居民生活方式的革新。旅游者所固有的城市社会生活理念不但会推动居民在家庭客栈中修建标准间，增加冲水厕所、淋浴房等设施，而且也会引导居民逐渐接受这种新的生活方式。最后，与旅游者交流的需要也会推动旅游从业者学习外来语言。广西阳朔县在20世纪90年代就已经成为国外背包客喜爱的旅游目的地，当地居民学习外语的热情极高。其中，"月亮妈妈"徐秀珍曾经是一位文化程度很低的小商贩，在与外国旅游者打交道的过程中，她学会了 11 门外语的常用语，并且最终成为一名拥有英语导游资格证的导游。

2. 消极作用

然而，旅游示范效应最为人诟病的还是其消极作用。首先，受旅游影响，旅游目的地社会道德观念出现严重滑坡，犯罪率上升。伴随着旅游业的发展，当地居民的思想意识容易脱离原有传统力量的约束，从而引发地方的"现代病"。一些当地商贩视旅游者为任意宰割的"肥羊"，或以次充好，或强买强卖，为牟取暴利不择手段，从而破坏了良好的主客关系，也损害了地方形象。一些热门旅游目的地也是犯罪率高发地，包括出现抢劫、偷窃等刑事案件，以及诈骗等经济犯罪案件。

其次，旅游示范效应还会引发当地居民的年轻一代逐渐脱离当地社会。年轻人对新事物、新观念抱有强烈的好奇心，加之现代媒体（如互联网、手机）的广泛影响，旅游者携带的物质文化成为年轻人的追捧对象。一些年轻人不愿像父辈一样靠辛勤劳动来获取财富，他们或是试图到城市寻找就业机会，或是蜕变成新的"啃老族"。由此，地方社会发展的动力严重不足。

再次，旅游者所带来的现代性别观念也在很大程度上影响了当地的家庭结构。女性在从事服务业方面的优势，使得她们在旅游业中更容易获取经济收入。女性经济地位的上升改变了传统社会以男性为家庭主要劳动力的家庭结构，女性的家庭事务决策权、婚育观念等方面也随之产生较大的调整。研究表明，旅游发展后，旅游目的地居民的平均生育率明显降低，家庭规模也逐渐缩小（唐雪琼和朱竑，2007）。此外，女性经济地位的提升也使其独立性大大增强，这也是旅游目的地离婚率上升的一个重要因素。

最后，旅游者所展示的财富观念还会引起旅游目的地既有社会分层的转化。传统社会常常是以家庭出身或社会地位作为社会分层的标准，宗族、门第成为社会层级的标签，但在当地居民看来，旅游者是以其消费力作为地位的标志。因此，在旅游发展过程中，当地居民也学习运用其财富来重新进行社会分层，住房、汽车、土地等都成为当地居民新的社会标识物。由此，旅游精英因其财富聚集速度快、数量大而跃升地方社会的上层。

10.3.2 旅游目的地居民的旅游感知

旅游目的地居民对旅游业和旅游者的感知是旅游社会影响的主要测量指标。这种感知和态度同时受到外部和内部因素的影响。外部因素主要指旅游目的地的特征，包括当地旅游发展速度、旅游者类型、旅游者与本地居民的比例、旅游者的季节性特征。内部因素是指旅游目的地居民的特征，如其参与旅游的程度、社会经济特征、居住地距离旅游中心的远近、与到访旅游者之间的文化或精神距离、居住时间长短及他们对社区的不同态度（王宁等，2008）。

美国学者多克西认为，旅游目的地居民对旅游者态度的变化会经历五个阶段（王宁等，2008）。

（1）融洽阶段。旅游发展之初，当地居民热情地欢迎旅游者。

（2）冷漠阶段。旅游加速发展，旅游服务被视为一种职业，导致当地居民与旅游者的关系日益商业化。

（3）愤怒阶段。旅游发展趋于饱和，当地居民对旅游带来的物价上涨、环境拥挤等社会问题多有诟病。

（4）对抗阶段。当地居民将旅游者视为社会问题的根源，对旅游者采取不友好态度，甚至拒绝接待旅游者。

（5）最终阶段。当地旅游形象受损，旅游者体验下降，一些旅游者不再以当地为旅游目的地。

愤怒指数理论在对旅游目的地社会影响的分析方面，具有较为广泛的应用价值，也不断被完善。例如，有学者指出，在一些发展中国家或地区的旅游目的地，由于当地居民对旅游业的依赖性较高，可能不会出现对抗性态度，而转化为对旅游者的妥协。以愤怒指数理论为基础，巴特勒提出旅游目的地生命周期理论，将旅游目的地的发展划分为探索、参与、发展、巩固、停止和衰落（复苏）等六个阶段，这一学说成为旅游学研究的经典理论（保继刚和楚义芳，1999）。

10.3.3 旅游目的地的人口迁移

旅游活动是由旅游者流动产生的，旅游活动也会引起旅游目的地人口的迁移。旅游目的地的人口迁移主要表现为三种形式：一是本地居民外迁；二是外来经营者、外来劳动力等外来人员迁入和本地外出务工人员的回流；三是旅居者迁入。

1. 本地居民外迁

本地居民外迁一般有两种情况：一种是因地方整体旅游开发建设的需要而被迫搬迁；另一种是在经济资本的诱导下自愿外迁。

第一种情况又被称为开发迁移，上述贵州古村的案例就属此种情况。事实上，在开发迁移的过程中，总是伴随着商业资本与政府权力的共谋，而居民的权益总是被置于次要的考虑方面。尽管一些旅游投资商承诺要增加当地居民的就业机会和收入，但事实上往往难以兑现。一方面，当地人获得的占地补偿款较低，加之离开土地后的居民难以找到较好的替代产业，生活水平出现下降；另一方面，当地居民即使能够在景区就业，也因职位较低而使收入十分有限。同时，一些居民安置区的规划建设也存在诸多问题，包括楼宇式住房设计与原有院落式住房差异较大、房屋内部空间的标准化设计忽略居民原有的文化或信仰空间安排、居民社区的小区化管理使社群交往出现障碍等。

第二种情况主要是外来投资者出于商业经营的需要，以高额的房屋或土地租金诱导居民放弃自己的原居住地。这种情况中，居民往往自发迁入交通便利、经济发达的上级城镇，从而呈现出一种分散居住的状态，由此带来的无法适应城市社会文化的现象也十分典型。例如，云南丽江古城因为外来经营者的大量涌入，古城内几乎所有的民居都被商业利用，资本引致的空间排斥现象十分突出，目前只有少量本地居民还留在古城，这被一些专家称为旅游城镇的“空心化”。

2. 外来经营者、外来劳动力等外来人员迁入和本地外出务工人员的回流

旅游的发展带来大量的就业机会，尤其是旅游商业设施（如景区、宾馆、餐厅、购物店）的运营，吸引了为数不少的投资者和劳工。这其中，既有外来人员，也有本地外出务工回流者。从积极的意义上看，外来人员的迁入为当地旅游发展注入了资金、人才、劳动力等生产要素，使得旅游目的地社会现代化进程加快。特别是本地外出务工人员的回流，稳定了地方的社会结构。例如，安徽的西递村原是当地外出务工人口比例最高的一个行政村，在发展旅游业之后，大量本地外出务工人员回流投入旅游商业经营中，外出务工比例降为全镇最低。而同样进入旅游产业的邻近的宏村，甚至本地村民的完全加入也不能完全满足当地的劳动力缺口（张骁鸣，2006）。

但是，我们也需要看到，这些涌入的外来人员是以追求经济收益为目标导向的，一旦当地旅游业发展受到某些因素的限制，必然再度带来人员的流出。因而，大规模的外来人员迁入对于地方社会的稳定会造成一定影响。例如，云南大理双廊镇因濒临洱海，近年来旅游发展迅猛，大量外来投资者在当地兴建客栈。然而，随着 2017 年 4 月洱海“环湖截污”工程提速，洱海核心区所有客栈和餐馆被要求暂停营业，人潮如织的双廊镇也变得门可罗雀，不少客栈投资者也不得不将资金投向其他地方。

3. 旅居者迁入

在一些气候良好、环境优美的度假地，一些常住的旅游者出现了。这些旅游者或者长租当地居民的房屋，或者购买当地的度假房产，不定期地在旅游目的地居住生活。有学者将这些旅游者称为旅居者，或生活方式型移民。旅居者在旅游目的地的居住一般季节性较强，通常是在当地气候较为舒适的时间入住，其他时间仍然回到常住地，故而也被称为候鸟型游客。旅居者一般都有自己独立的生活方式，与当地居民的接触并不多。但也有旅居者采取与居民同吃同住的生活形式，与地方社会的融入程度较高。

旅居者对地方的影响主要是经济影响，如对当地物价水平、居民服务性收入和生活水平提升具有直接作用。但旅居者的较高消费力，也会造成他们与当地居民的社会矛盾，甚至引发冲突。例如，海南三亚以避寒型滨海旅游度假地闻名，大量旅游者在三亚购置房产，其中又以东北人为购房主体，加之在三亚经商就业的东北人也为数不少，三亚市甚至被人称为“海南省东北市”。相反，本地居民因收入较低，无法负担逐年上涨的房价，大多只能选择租房或居住在城市郊区。生活条件的巨大反差令当地居民多有不适，各类社会冲突事件屡有发生。

相对而言，与当地居民共住的旅居者给旅游目的地社会带来的积极影响更多。这些旅居者与当地居民在共同的空间中生活，他们已经不仅仅是暂时性的主客关系，而是逐渐建立了情感联系。例如，四川省成都市周边有多个避暑度假地，每当夏季来临，一些城市居民，尤其是退休老人便会去这些避暑地的“农家乐”居住 1~3 个月不等。这些避暑度假的旅游者与经营“农家乐”的当地居民多保持着长期的联系，每年夏末旅游者离开时，通常都会交付下年度的住宿定金，而“农家乐”户主也会竭力为老年常住客提供

各种生活所需的服务。

10.3.4 旅游麦当劳化

景观异地性是旅游目的地成为旅游吸引物的重要条件。但是，在经济全球化日益扩展的当今世界，旅游景观和旅游服务正逐渐被抹除其地方性特征，从而成为同质性较强的消费品。国外学者发明了“麦旅游（mc-tourism）”一词，用来指为旅游者提供的规划化和标准化的产品和服务（王宁等，2008），按照星级标准设计的酒店、旅行团的包车旅游模式都属此类服务模式。甚至在自助旅行活动中，旅游者依然要借助旅游网络运营商提供的预订机票、酒店、租车等服务，其程式化的操作模式也使自主安排变为菜单选择。

旅游目的地景观也因受到“麦旅游”的影响而呈现为无地方性。尤其是在外来资本进入的情形下，旅游目的地更倾向于被改造为旅游者想象的模样。于是丽江古城“小桥流水”的景观被任意复制，悬空玻璃栈道几乎成为山地景区的必备，古镇无一例外地都要挂起大红灯笼。这种景观的同质化也极易加剧旅游目的地之间的竞争。以成都市为例，其周边分布有黄龙溪、洛带、平乐、西来、上里、安仁、街子、五凤等多个古镇，古镇景观相似性大，区分度小，且古镇的旅游商业业态几乎都是以餐饮、娱乐、住宿、旅游商品为主，特色不鲜明且趋同度高。因此，在成都市的周末游市场中，古镇旅游所占的份额相比 21 世纪初期已有很大下降。

10.4 旅游对旅游目的地的文化影响

10.4.1 旅游与文化变迁

文化变迁是由文化自身发展或异质文化间的接触和交流造成的文化内容的增加或减少所引起的结构性变化（王宁等，2008）。旅游对旅游目的地的文化变迁会造成一定影响，但是影响文化变迁的因素也包括生态环境的演变、社会进化过程等。旅游的文化影响主要体现在，它为东道主和客源地两种不同文化的接触提供了一条便捷路径。

文化涵化理论认为，当两种文化相互碰撞时，两者都会通过借用的方式使双方分享并相互吸收彼此的价值观和态度。一些学者由此认为旅游在促进不同国家和地区的文化交流方面发挥着积极的作用。但是，当东道主和客源国文化存在强弱之分时，这种文化借用过程可能并不是对等的，强势文化群体的一方会将自身的价值观和态度更多地输入弱势文化群体中。例如，发达国家旅游者在进入欠发达国家旅游目的地时，就会明显具有一种文化优越感，也会在与当地人的接触过程中不断输出自己的文化观念。当情况相反时，来自欠发达地区的旅游者则会在旅游过程中主动学习吸收发达地区的文化观念。

10.4.2 旅游目的地的文化商品化

文化商品化，就是将文化产品和文化体验转变为消费品，从而使之产生经济价值的行为。在旅游过程中，除了自然景观外，文化景观也是一项重要的吸引物，如埃及的金字塔、巴黎的卢浮宫、西班牙的斗牛表演都是极富魅力的文化景观。在旅游者观赏这些文化景观、体验这些文化习俗的同时，文化实质上已经成为消费对象。当旅游者需要为其消费行为支付给文化表演者一定酬劳时，文化商品化便出现了。

在早期的旅游研究中，学者们对文化商品化的批评是较为尖刻的。一些学者认为，文化商品化会导致文化本原意义的消失。例如，泼水节是泰语系民族迎接新年的一项重要民俗活动，包含宗教、祈福、娱乐、社交、贸易等多方面的内容。但在旅游发展的过程中，泼水也被包装成一项表演项目。例如，在西双版纳傣族园内，为迎合旅游者需要，甚至举办“天天泼水节”，节日丰富的意涵蜕变为单一的娱乐活动（吴炆佳和袁振杰，2013）。又如，唐卡是藏文化中一种独具特色的绘画形式，多以藏传佛教和苯教故事为题材，主要供奉于藏传佛教寺庙。其绘制要求严苛、程序极为复杂，必须按照经书中的仪轨及上师的要求进行。但是当唐卡成为一种艺术收藏品，尤其是因应旅游者的需求而大批量生产后，其制作的工艺被简化，宗教仪式感也被弱化。文化商品化也使得手工艺人不再是出于对本民族文化的自豪感而进行创作，而是出于功利化的导向，因此，这很容易摧毁他们对文化的尊重和热忱。

但是，也有学者表达了相反的观点。他们认为，民间艺人尽管会为了获取经济收入而表演，但同样会因为有一个展示文化的机会而激动和骄傲（王宁等，2008）。文化商品化被理解为文化的一种新的展示方式，且并不对文化的原有内涵产生冲击。例如，研究者发现，在印度尼西亚巴厘岛，传统的仪式展示对于旅游者、本地居民和神职人员的意义是不同的。对旅游者而言，这只是一种满足其好奇心的表演项目，而对于后二者而言，仪式的信仰内涵并未改变（王宁等，2008）。因此，传统文化的商业性展示可以增加表演者收入、为当地创造经济收益、改进表演设备，也为一些濒危文化带来复兴的机遇。丽江的东巴文化正是在旅游发展的过程中被重新挖掘而得以恢复的。传统的东巴文化只限于在纳西族的神职人员中传播，在现代化的发展中，东巴文化濒临消失。20 世纪 90 年代丽江旅游的发展为东巴文化提供了发展的机遇。定期举行的东巴仪式表演，以东巴文字为主题的羊皮画和风铃木，都引起大批旅游者的关注。此后，丽江还建立了东巴文化博物馆和东巴文化学校，东巴文化的传承也后继有人。

此外，还有一种观点认为，旅游发展既没有催生新的文化，也没有产生与传统文化不同的、被商品化了的文化，而是为旅游者和当地人提供了一种理解文化传统的新路径。梅迪纳对玛雅人社区的研究发现，参与旅游的当地手工艺人、导游和年轻人都开始重新认识玛雅文化，并因此对自己的社区产生了强烈的认同感（王宁等，2008）。在湖北恩施，旅游节事的举办带来了民族音乐进校园活动，使得土家族学生对本民族文化有了更深入的了解，也产生了对民族身份的认知（薛熙明等，2012）。

10.4.3 旅游中的真实性与文化再造

1. 旅游中的真实性

随着旅游的发展，文化变迁不可避免。以起源形态来存留的传统文化被认为是文化的真实再现。由此，学者们提出了真实性理论，从不同层面对旅游中的真实性问题进行解读。尽管这些解读或出于旅游对象的客观描述，或出于旅游者的主观建构，但都与作为吸引物的旅游目的地文化关联紧密。但也有学者认为，旅游者并非是追逐客观真实而来的，建构的真实性对他们而言是更具有吸引力的。例如，云南泸沽湖的摩梭人被称为我国最后一个母系社会，在许多旅游者的地方感知中，当地是一个“男不娶，女不嫁”的“走婚王国”。然而，事实是一夫一妻制的现代家庭在这个地区已经十分普遍，当地只有极少数家庭仍然沿袭这种走婚文化。尽管如此，当地政府仍然使用“走婚王国”这一旅游目的地形象进行旅游宣传，旅游者也乐此不疲地消费着这一旅游想象。因此，虽然应旅游发展需要而衍生的文化实际上并非是客观真实的，但是并不影响旅游者对这种建构真实性的认可。

麦肯奈尔曾用“舞台真实性”这一概念来指旅游中的文化展演现象。他认为有旅游前台和后台之分，前台是用于向旅游者进行文化展演的舞台，而后台则是当地居民真正的生活空间（王宁等，2008）。尽管旅游前台所呈现的只是当地刻意包装的文化商品，但旅游者仍然获得了对当地文化的一般性感知。旅游前台和后台的划分不但可以满足一些旅游者消费文化的需要，而且也有利于将富有独特性的本土文化有效地保存在后台空间中，从而避免对传统文化不加区分地进行旅游开发而使其遭受破坏的危险。

2. 旅游中的文化再造

在旅游产业中，旅游经营者常常将地方原有的文化资源加以包装或增加一些新奇元素，转化为文化商品进行销售，这种做法被称为文化再造。文化再造一般采用两种形式，一种是借用既有文化资源作为核心内容，以符合现代审美观念的形式呈现；另一种是撷取传统文化元素，按照现代理念重新整合为文化产品。云南沧源佤族的司岗里“摸你黑”狂欢节就属于第一种形式。“摸你黑”本是佤族民间用锅底灰、牛血、泥土涂抹在额头上以驱邪、祈福、求平安的一种习俗。自2004年开始，这一传统节日被打造为大型旅游节庆活动。节日定于每年的“五一”黄金周期间举行，内容包括世界最长宴席沧源佤王宴、涂抹药泥的互动狂欢及歌舞演艺活动等。显然，无论是时间安排，还是活动内容，这一旅游节庆都是对传统节日的再创造，迎合了大众旅游者的娱乐需求。第二种形式多见于一些文化创意产品，如将北京传统四合院图样印制在服装上，将名人书法作品烧制在茶具上等。

文化再造尽管是为了旅游商业运营，但是也为本地居民和旅游者理解传统文化提供了一种新的视角。当文化原有的形式被遗忘，或被浪漫化后，文化的内容对现代人而言就更会具吸引力。美国华盛顿州的莱文沃斯曾是一个以木材加工业为主的小镇，20世纪60年代因木材枯竭而致经济衰退。为振兴本土经济，当地以德国巴伐利亚文化为主题进行旅游规划和建设。当地民居被改造成德国高山区建筑，当地还建起德国餐厅，居民穿起皮裤高唱德国歌曲，甚至成功举办世界规模最大的啤酒节。莱文沃斯已经成为全美“最德国”的旅游小镇，一年四季丰富多彩的节日活动吸引大量旅游者驻足。因而，文化再造的做法有助于形成“新增的真实性”（王宁等，2008）。2003 年，陕西旅游业策划了“金庸华山论剑”活动，并在华山上立碑为证。此后，华山高举“华山论剑”大旗，举办了多次影响深远的论剑活动，使华山作为“华夏之根”的品牌效应得以广泛传播，也带来旅游人数和旅游收入的迅速增长。武侠小说中的故事被再造为新的文化吸引物，且逐渐被旅游者认同，显示“新增的真实”强大的商业效应。但是，我们需要看到，文化再造如果演化为过度的商业炒作，是无法推动旅游的可持续发展的。

10.5　可持续旅游

10.5.1　可持续旅游的定义

“可持续”一词来源于拉丁文，意思是“维持下去”或“保持继续提高”。现代意义上可持续发展思想的痕迹历史上早已有之，但是可持续发展作为一个较为完整的思想体系和科学理论，其形成过程则是始于 20 世纪 60 年代的世界环境运动浪潮。1987 年，世界环境和发展委员会在《我们共同的未来》报告中正式提出“可持续发展”这一术语和口号，将其定义为：“可持续发展是满足当代人需求，又不损害满足子孙后代需求能力的发展。”世界自然保护联盟（International Union for Conservation of Nature，IUCN）进一步将“可持续发展”概念表述为：“可持续发展是一种在不损耗或不破坏资源的情况下所允许的开发过程。”

在此基础上，联合国世界旅游组织在 1995 年提出“可持续旅游”这一概念，它是指“在满足今天的旅游者和旅游目的地居民需求的同时，保护并增强未来发展机会的一种旅游方式。通过对资源的管理满足人们经济、社会和审美的要求，同时维护文化完整、保持生态系统的完整性和生物多样性”。当年通过的《可持续旅游发展宪章》将可持续旅游定义为：“旅游与自然、文化和人类生存环境成为一个整体，即旅游、资源、人类生存环境三者的统一，以形成一种旅游业与社会经济、资源、环境良性协调的发展模式。”

与可持续发展目标相对应，可持续旅游包括三个方面的含义：在为旅游者提供高质量旅游环境的同时，改善当地居民生活水平；在开发过程中维持旅游供给地区生态环境的协调性、文化的完整性和旅游业经济目标的可获得性；保持和增强环境、社会和经济未来的发展机会。实现可持续旅游的基本前提是实现对旅游资源的合理利用，对旅游业发展方式、发展规模的合理规划和管理。可持续旅游发展目标包括社会目标、经济目标和环境目标。

经济目标：增加就业、扩大产品市场、增加经济收入，改善地方基础设施条件，提高地区的生活质量。

社会目标：保护地方文化遗产，增强当地人的文化自豪感，为不同地区和文化的人提供理解和交流机会；向旅游者提供高质量的旅游产品。

环境目标：改进土地利用方式，从消耗性利用转为建设性利用；改善生态环境；加强公众的环境和文化意识，促进对环境和文化的保护；保护未来旅游产品开发赖以生存的生态和文化环境质量。

10.5.2 可持续旅游的多元内涵

可持续旅游的概念包含可持续性、公平性、共同性。

1. 可持续性

可持续性是可持续旅游中最重要的内涵，它强调旅游活动同社会、经济、资源与环境的长期协调发展，在满足经济发展需要的同时，降低旅游活动的负面影响，不损害旅游业发展所依赖的自然和文化资源，并通过旅游活动来促进资源的高效可持续利用（王潞和李树峰，2009）。可持续发展的实质是在发展过程中精心维护人类生存与发展的可持续性，它体现了人类与客观物质世界的相互关系。可持续发展不否定经济增长，但经济增长和发展必须以自然资源为基础，同环境承载力相协调。在目前的科学技术水平下，人类发展的社会、经济、资源与环境三大要素中，主要限制因素是发展的基础——资源与环境，故人类的经济和社会发展必须维持在资源与环境的可承受能力范围内，以保证发展的可持续性。

2. 公平性

可持续旅游还强调代际发展机会的公平性，也就是实现当代人之间，当代人和后代人之间对有限旅游资源的公平分配。要满足人类需求，资源利用还必须实现代内公平和代际公平（苏明明，2014）。代内公平是指同代人之间的横向公平。发展是人类共同享有的权利，不论是发达国家还是发展中国家，都享有平等的、不容剥削的发展权利。特别是对于发展中国家来说，发展权尤为重要。只有通过发展经济才能为解决贫富分化的社会问题和生态环境恶化的问题提供必要的资金和技术。公平性要求不能因满足一部分人的需要而危及另一部分人的基本需要，不能因为一部分人的利益而损害另一部分人的利益。代际公平是指当代人与后代人之间的纵向公平。当代人与后代人具有同等享受地球上的资源与环境、谋求发展的权利。当代人不能只顾自己的利益，过度地使用和浪费资源、破坏环境，剥夺后代公平地享有资源和环境的权利。因此，可持续旅游必须在满足一部分旅游者旅游需求的同时，不破坏当地的自然文化资源，以及在满足当代人高品质旅游需求的同时，不损害后代平等利用旅游资源的机会（邓爱民和孟秋莉，2017）。

3. 共同性

由于各国历史、文化、社会、经济发展水平，旅游资源拥有程度及其使用情况不尽相同，可持续发展的具体目标、政策和实施步骤不可能完全整齐划一。但是，可持续发展作为全球发展的总目标，其所体现的公平性、可持续性原则是共同的。围绕这一目标的实现，全球必须协同采取行动。因此，联合国机构、各国政府、非政府组织、旅游实业界、旅游接待地区民众及广大旅游者都有责任促进可持续旅游的进一步发展。联合国世界旅游组织在其制定的《旅游业 21 世纪议程》中，尤其强调指出，旅游可持续发展的实现需要世界各地坚定的承诺和协同一致的行动。其中有关目标和政策的承诺是由社会各个阶层和各个方面共同做出的。从根本上讲，这意味着可持续旅游还需要协调和平衡旅游发展过程中不同利益主体的关系，促进不同地区、各国政府和社会各个方面在增强对环境和发展问题的认识上形成有效的合作。

10.5.3　可持续旅游的实现路径

可持续旅游是旅游业发展的必然趋势，在发展过程中需要通过不断协调好旅游者、旅游目的地和旅游经营管理者三者之间的利益需求和长远关系，实现经济、社会和美学的需要，力争以旅游产业为导向，进行合理开发，使旅游资源转化为经济效益的同时兼顾生态效益、社会效益，形成旅游促进保护、保护支持旅游的良性循环模式（沈洁和邱灿华，2011）。具体实现路径可归纳为以下几点。

1. 制定合理有效的旅游区域发展战略

旅游业是一个复杂的系统产业，涉及面很广，其发展必须进行整体规划，绝不能无序发展。旅游开发一旦存在盲目性，出现“先开发后规划，或先粗放经营后整顿治理”的现象，必然会形成恶性循环，导致大量开发却大量闲置，不但不能达到预期经济收益，还会对环境和社会造成极大的消极影响。因此，在旅游目的地开发之初就制定一套切实有效的旅游区域发展战略，是实现可持续旅游的先决条件。这需要政府和学者共同发挥作用，从全局和长远角度考虑，以资源环境为依托，以旅游市场为导向，协调好政府、旅游经营者和旅游目的地居民之间的关系，制定出合理有效的发展战略，促使旅游业朝着可持续方向发展。

2. 加强旅游目的地管理的科学性

没有好的管理就不可能实现旅游业的长期健康发展，加强旅游目的地管理的科学性是可持续旅游的有效工具和重要手段。首先，需要引进先进的现代化管理人才，或者通过强化管理人员的管理知识，提高其素质，增强其环境保护意识和社会责任意识。其次，要在旅游目的地采用合理的管理手段，借鉴国外先进的发展经验，在保护旅游资源持续利用的前提下提高管理效率，发挥景点特色。再次，建立旅游环境评价体系，根据对旅游开发及运营对资源环境影响的预测和评价结果，提出与论证旅游资源开发的环境可行性及应采取的环境保护对策与建议。最后，增加垃圾桶、卫生间等服务设施的投放力度，并制定易于被旅游者接受的方式对其加大环境保护意识的宣传力度，提高其自觉性，以增强环境保护的有效性。

3. 推广生态旅游、文化旅游等特色旅游项目

传统的粗放式旅游缺乏明确的生态环境目标和社会发展目标，已经不能适应旅游业的未来发展方向，需要推出能够有效解决环境污染和环境外部不经济性问题的新型旅游业态。生态旅游、文化旅游等特色旅游的出现，可以很好地解决这一矛盾。

生态旅游是在自然旅游资源的开发和利用方面达到可持续旅游目标的有效手段和途径，主要包含两个基本内容：生态旅游是一种以自然环境为资源基础的旅游活动；生态旅游是具有强烈环保意识的一种旅游开发方式。生态旅游模式与常规旅游开发模式在发展理念上有根本区别，它将自然环境和历史人文环境的保护作为旅游开发的基本前提，在规划上采取有控制、有选择的开发模式，限制旅游业的发展规模，包括限制旅游者人数、旅游设施的建设，尽可能保持和维护自然和文化生态系统的完整性。生态旅游模式还具有特定的社会目标、经济目标和环境目标，其中实现经济目标的前提是要保证社会和环境目标的实现。

文化旅游是指旅游者通过对文化的特殊或差异体验获得精神愉悦和文化享受的行为，是人们以感受和体验旅游目的地人文氛围和文化内容为主的旅游活动。从表现形式上看，它包括民俗体验旅游、宗教文化旅游、艺术欣赏旅游、教育文化旅游、城市文化旅游、饮食文化旅游、建筑文化旅游等。21 世纪是一个生态旅游的世纪，也是一个文化旅游的世纪。文化旅游产业的出现和发展是在新的历史条件下，知识和文化在经济发展中的地位日益提高的必然结果，是人们在面临能源危机、环境恶化等一系列严重问题的形势下选择的一条可持续发展道路，其以低消耗、低污染和重创意、重智慧为特点实现人类社会与自然的和谐发展。文化旅游的发展建立在生态环境的承载力之上，强调合理利用资源，更强调有效保护文化遗产，挖掘文化内涵。由此可以引导旅游者的分众化市场发展，从而缓解环境压力、减少污染和破坏、改善生态环境，进而促使旅游发展实现良性循环。

4. 妥善处理旅游目的地居民安置问题

旅游目的地居民是旅游业发展中重要的组成部分，当地居民的民风、日常活动也构成旅游人文环境的基础要素。无论是政府还是旅游经营者，在制定政策和开发的过程中都必须考虑旅游目的地居民这一因素。旅游目的地的开发必然会引起当地居民的拆迁、就业、文化传统等一系列问题，若地方政府未能在这些问题上处理好与原住居民间的关系，将会造成旅游者旅游体验质量的下滑。因此，在开发旅游资源的过程中，政府需要兼顾好地方经济发展、当地居民安家就业及旅游资源保护之间的关系。对于旅游目的地居民的安置问题，政府必须有组织、有计划地进行安排处理，通过订立相关政策，引导当地居民生财致富。具体的安置措施可以通过不同途径加以实施，一方面，通过教育培训促使一部分居民从事旅游服务工作，另一方面，允许一些居民保持原有的生活状态，维护当地的人文环境。

5. 培养旅游者的可持续旅游消费观

以上几项可持续发展的实现路径多从政府和旅游经营者的角度加以阐述，通过控制可持续旅游生产以达到可持续旅游的发展。然而，控制可持续旅游消费才是可持续旅游的动力之源和最终目的。在可持续旅游消费的保证下，可持续旅游发展才能得到全面实现。所谓可持续旅游消费，是既能满足当代消费者的消费需要，又不会对未来消费者构成危害的一种新型旅游消费模式，这种模式建立在消费者对传统掠夺式、占有式旅游消费观反思的基础上，是积极响应绿色、环保、生态型旅游的消费方式。培养旅游者的可持续旅游消费观，是实现旅游业可持续发展的内在驱动力，是需要大力提倡和发展的。

6. 借助全域旅游和“旅游+”开发模式

全域旅游是指在一定区域内，以旅游业为优势产业，通过对区域内经济、社会资源，尤其是旅游资源、相关产业、生态环境、公共服务、体制机制、政策法规、文明素质等进行全方位、系统化的优化提升，实现区域资源有机整合、产业融合发展、社会共建共享，以旅游业带动和促进经济、社会协调发展的一种新的区域协调发展理念和模式。这一概念是在与传统意义上的“景点旅游”深入对比得出的。传统意义上的旅游开发，大多是建设景区（景点），建设餐饮、住宿场所。然而现今旅游业已经发展到全民旅游和个人游、自驾游为主流的全新阶段，旅游在经济、社会发展中的影响和发挥的作用更加广泛。传统意义上的景区（景点）旅游模式已经不能满足现代大旅游发展的需要，发展全域旅游模式，是对旅游发展战略进行再次定位（常海鹏，2016）。

“旅游+”是指充分发挥旅游业的拉动力、融合能力，以及催化、集成作用，为相关产业和领域发展提供旅游平台，使其插上旅游翅膀，形成新业态，提升其发展水平和综合价值。在此过程中，“旅游+”也有效地拓展了旅游自身发展空间，推进了旅游转型升级。“旅游+”与“互联网+”一样，具有“搭建平台、促进共享、提升价值”的功能（李金早，2015）。互联网以其无处不在的技术力量，全面深刻地改变世界；旅游则以其强劲的市场开拓力量、对美好生活的追求动力及人文交流优势，通过“旅游+”为世界带来深刻影响。通过“旅游+”，推进旅游业转型升级，是建设资源节约、环境友好、生态共享的绿色产业的必然要求。

扩展教学资源：典型案例——旅游社区生态与文化演变

洛茸村位于云南省香格里拉县普达措国家公园内，在滇西北著名高原湖泊属都湖和碧塔海之间。该村三面环山，平均海拔 3 000 米，以亚高山灌木林为主的植被覆盖率较高，沼泽化草甸和湖泊散布山间谷地。村内 100 多位居民均为藏族，藏传佛教和苯教为核心的文化观念在村民中代代相传，在当地社区的生态保育中发挥着重要作用。

当地的旅游开发始于 1993 年。1997 年在当地政府的旅游促销推动下，大批团队旅游者开始进入该区域。2000 年以后，随着碧塔海和属都湖的知名度不断提升，景区旅游者数量也从 1999 年的不足 1 万人次跃升至 2005 年的 19 万人次。2006 年，当地政府以碧塔海和属都湖为核心建立了普达措国家公园。2016 年，公园接待旅游者数量已达到 140 万人次。

1. 旅游对洛茸村生态环境的影响

旅游开发之后，在经济利益的驱动和外部世界的袭扰下，洛茸村的生态环境经历着一个变迁过程。在 2005 年以前的社区自发旅游阶段，为旅游者牵马是村民一项重要的旅游收入来源。当时景区共有三支马队，近 1 000 匹马。旅游旺季时，景区南线一带就有 700 余匹马同时参与经营。马匹对沿湖的林间便道的长期践踏，造成湖滨地表土裸露板结，生态系统退化。雨季来临时，马的排泄物又随雨水注入湖中，引起水体质量下降。据香格里拉县环保局 1999 年 4 月和 8 月对属都湖的水质监测报告，大肠杆菌数量达到 230 个/毫升，超过国家一类水质标准近 77 倍，高锰酸钾指数也超过国家标准的 1.7~2 倍。旅游者行为也直接或间接地影响着环境。尽管村民们也意识到旅游者的不当行为对环境的影响，但在经济利益的驱动下，村民们对旅游者的干预能力十分有限。

村民的生态观念的转变似乎更加令人担忧。例如，村内传统的神山禁忌十分严格，不但限制村民利用神山的山林资源，而且不允许外人上山。但今天村内的一些老人表示，神山是可以向外人开放的。这种禁忌观念的变化很容易转化为旅游发展优先的价值观，从而对这个脆弱的生态系统产生严重威胁。此外，普达措国家公园成立前，村民们曾自发组织巡山队巡护神山，防范盗伐、偷猎等不法行为。巡山队员由各家男子轮流派出，不计报酬，自带食粮。但国家公园成立后，村民们认为旅游开发公司应该为村民巡山支付一定费用，在与公园管理方未达成一致协议的前提下，村民们停止了自发的巡山活动。以信仰为基础的自发保护行为转为经济行为，社区居民对当地生态保护的责任感有所下降。

2. 旅游对洛茸村传统文化的影响

旅游发展过程中，当地的社会和文化也发生了不同程度的变迁。房屋的建筑结构和材料变化是较为明显的。传统藏房的底层是畜厩，卫生环境较差。为接待旅游者而建的新式藏房则将畜厩独立于房屋外部，底楼则被改建为客房，同时增加淋浴房和卫生间等设施。房屋结构的变化既是为满足旅游者的需求出现的，也是村民们自身适应现代化生活所作出的反应。在建材上，尽管大多数藏民仍然喜欢使用木料建房，但普达措国家公园成立后，林木砍伐配额的限制和外购木材成本的提高还是给村民们带来相当大的压力，他们因而也开始选择造价较低的空心砖建房。

旅游对社区居民生计方式的影响是较为明显的。当被问到“在旅游业发展的前提下，您是否还愿意从事原来的农耕活动”这一问题时，村民的回答呈现出明显的年龄区分，40 岁以上的村民几乎都表示愿意继续从事农耕活动，而 40 岁以下的年轻人中只有一位持肯定回答。村民不愿意继续从事农耕的原因主要是农业带来的经济收入低、旅游发展后农业劳动时间减少。而持肯定态度的村民多认为，旅游收入不稳定或“种地是祖辈传下来的，不能丢掉”；也有村民视青稞为藏族的圣物，认为产量再低也必须种植。无论最终结果如何，社区居民对于青稞种植的疑虑态度已经隐含了未来该地区传统农业衰退的趋势。

旅游还对村民家畜饲养和牧业经营带来了一定程度的影响。洛茸村藏民家中多饲养着牦牛、犏牛、黄牛、马和猪。在国家公园成立之前，牵马曾是当地旅游的主要服务项目之一。当村民自有的马匹无法满足大量的旅游者需要时，村民便从外购买马匹，使得社区中马匹激增。但在国家公园成立后，景区内的旅游牵马活动被取缔，各户饲养的马匹数量又相应回落。旅游还使村民牧场的区域范围有所缩减。由于担心放牧的牛群会影响高山草甸景观，属都湖停车场附近牧场的放牧活动已受到一定程度的限制。牧场面积的萎缩也势必会减少野外牧养牲畜的总量。

在当地旅游自发时期，过度追求经济利益曾使牵马、游船等旅游活动严重干扰了当地的生态平衡，出现湖岸土壤板结、水质下降等环境危害现象。洛茸村的房屋建筑和农牧业发展也随着旅游的发展而出现不同程度的变化。村民价值观念的变化更反映出旅游对人们潜在的心理影响。国家公园兼负保护当地生态和推动社区发展的双重责任，但由于它在我国尚属新生事物，仍然处于试点开发中，其在社区生态环境和传统文化中的影响作用还不得而知。

本章小结

本章主要概述旅游在经济、环境、社会和文化方面的诸多影响，阐述可持续旅游发展的内涵和实现路径。旅游影响往往存在二元并立的情况，对于旅游目的地而言，正面和负面的影响常常同时存在。作为产业形态的旅游业对经济的拉动作用毋庸置疑，但是其对于地方物价的抬升、产业结构的单一化等方面的消极影响也是不可忽视的；旅游在增强地方的环境保护意识方面具有积极的促进作用，同时，旅游目的地也会因接待旅游者过多、旅游设施建设过密而超过当地的环境承载力；旅游目的地的社会变迁表现为旅游示范效应、旅游目的地居民的旅游感知、旅游目的地的人口迁移、旅游麦当劳化等情形，其中当地居民、外来资本、地方政府、旅游者都是参与其中的重要主体；旅游目的地的文化变迁反映了不同类型文化接触过程中引发的文化涵化，对于文化商品化、真实性与文化再造等方面的问题也需要一分为二地看待，既要承认对文化资源进行旅游利用的合理性，也要防止过度商业化导致的文化异化现象。为体现最大效益和公平获益的原则，我们必须秉承可持续旅游的发展观，即在旅游各主体间、代际间和多个维度上实现旅游收益的共同增长。为此，政府可以考虑通过制定合理有效的旅游区域发展战略、加强旅游目的地管理的科学性、推广生态旅游和文化旅游等特色旅游项目、妥善处理旅游目的地居民安置问题、培养旅游者的可持续旅游消费观，以及借助全域旅游和“旅游+”发展模式，在具体的国情中来发展可持续旅游。

思 考 题

1. 旅游的经济影响主要表现在哪些方面?

2. 旅游是无烟工业吗? 为什么?

3. 可持续旅游的核心内涵是什么?

4. 洛茸村在旅游发展过程中面临的生态和文化问题是如何导致的?你认为采取哪些措施有助于解决这些问题?

参 考 文 献

保继刚. 1993. 旅游地理学[M]. 北京：高等教育出版社.

保继刚. 2003. 旅游开发研究——原理・方法・实践（第二版）[M]. 北京：科学出版社.

保继刚，楚义芳. 1999. 旅游地理学[M]. 北京：高等教育出版社.

保继刚，楚义芳. 2000. 旅游地理学（修订版）[M]. 北京：高等教育出版社.

蔡家成. 2000. 试论我国出境旅游管理体制改革问题[J]. 旅游学刊，（3）：13-18.

常海鹏. 2016. 全域旅游发展理念刍议[J]. 商场现代化，（9）：252-253.

陈才. 2007. 旅游学研究方法论体系研究——一种社会学视角的探讨[J]. 旅游学刊，22（1）：84-89.

陈传康，刘振礼. 1990. 旅游资源鉴赏与开发[M]. 上海：同济大学出版社.

戴斌. 2010. 旅游产业发展的国家战略与中国旅游学人的历史使命[J]. 旅游学刊，25（2）：6-8.

邓爱民，孟秋莉. 2017. 旅游学概论[M]. 武汉：华中科技大学出版社.

邓德智. 2014. 论民国时期中国旅行社杭州分社的发展历程与历史贡献[J]. 浙江学刊，（4）：62-67.

迪尔凯姆 E. 1995. 社会学方法的准则[M]. 狄玉明译. 北京：商务印书馆.

丁勇义，李钥瑾，焦丁宁，等. 2015. 旅游学概论[M]. 北京：清华大学出版社.

窦志萍，邓清南. 2003. 中国旅游地理[M]. 重庆：重庆大学出版社.

凡勃伦 T B. 2007. 有闲阶级论[M]. 蔡受百译. 北京：商务印书馆.

傅广海. 2014. 基于生态文明战略的国家公园建设与管理[M]. 成都：西南财经大学出版社.

傅广海. 2018. 十年重建："5・12"汶川特大地震遗址区旅游开发研究及震后旅游的社会经济效应分析[M]. 成都：西南财经大学出版社.

甘碧群，曾伏娥. 2014. 国际市场营销学（第三版）[M]. 北京：高等教育出版社.

戈尔德耐 C R，里奇 J R B，麦金托什 R W. 2003. 旅游业教程：旅游业原理、方法和实践（第八版）[M]. 贾秀海译. 大连：大连理工大学出版社.

龚鹏程. 2001. 游的精神文化史论[M]. 石家庄：河北教育出版社.

古德尔 T，戈比 J. 2004. 人类思想史中的休闲[M]. 成素梅，马惠娣，季斌，等译. 昆明：云南人民出版社.

谷慧敏. 2010. 旅游市场营销（第 2 版）[M]. 北京：旅游教育出版社.

郭少棠. 2005. 旅行：跨文化想像[M]. 北京：北京大学出版社.

韩勇，丛庆. 2006. 旅游市场营销学[M]. 北京：北京大学出版社.

洪帅. 2010. 旅游学概论[M]. 上海：上海交通大学出版社.

后东升，樊丽丽，秦益良. 2007. 旅游经济学[M]. 西安：西北农林科技大学出版社.
霍洛韦 J C. 2006. 旅游营销学（第四版）[M]. 修月祯，等译. 北京：旅游教育出版社.
李光宇. 2008. 旅游学概论[M]. 北京：化学工业出版社.
李会琴，侯林春，杨树旺，等. 2015. 国外旅游扶贫研究进展[J]. 人文地理，（1）：26-32.
李金早. 2015-08-21. 开明开放开拓 迎接中国“旅游+”新时代[N]. 中国旅游报，第1版.
李天元. 2010. 关于旅游科研的几点刍议[J]. 旅游学刊，（10）：5-6.
李天元. 2011. 旅游学（第三版）[M]. 北京：高等教育出版社.
李天元. 2014. 旅游学概论（第七版）[M]. 天津：南开大学出版社.
李天元，王连义. 1993. 旅游学概论[M]. 天津：南开大学出版社.
李晓琴，朱创业. 2013. 旅游规划与开发[M]. 北京：高等教育出版社.
李玉华，仝红星. 2013. 旅游学概论[M]. 北京：北京大学出版社.
李肇荣，高元衡. 2006. 旅游经济基础[M]. 北京：旅游教育出版社.
厉新建，张辉. 2002. 旅游经济学——理论与发展[M]. 大连：东北财经大学出版社.
厉新建，张凌云，崔莉. 2013. 全域旅游：建设世界一流旅游目的地的理念创新——以北京为例[J]. 人文地理，（3）：130-134.
廉茵. 2007. 管理心理学[M]. 北京：对外经济贸易大学出版社.
林璧属，等. 2011. 世界知名饭店集团发展模式[M]. 北京：旅游教育出版社.
刘纯. 2004. 旅游心理学（第二版）[M]. 北京：科学出版社.
刘荣. 2007. 旅游学概论[M]. 北京：北京交通大学出版社.
刘婷. 2017. 旅游学概论[M]. 北京：中国传媒大学出版社.
刘迎华，石媚山，张圆，等. 2013. 新旅游学概论[M]. 北京：清华大学出版社.
卢云亭. 1988. 现代旅游地理学[M]. 南京：江苏人民出版社.
罗明义. 1994. 现代旅游经济[M]. 昆明：云南大学出版社.
罗明义. 2001. 旅游经济分析——理论・方法・案例[M]. 昆明：云南大学出版社.
罗明义. 2005. 旅游经济学：分析方法・案例[M]. 天津：南开大学出版社.
吕君，刘丽梅. 2005. 政府干预旅游业发展的理论依据及内在驱动[J]. 内蒙古财经学院学报，（1）：104-107.
吕君. 2006. 旅游可持续发展的本质及其研究意义[J]. 北方经济，（12）：40-41.
吕俊芳. 2013. 辽宁沿海经济带“全域旅游”发展研究[J]. 经济研究参考，（29）：52-56.
马勇，周霄. 2004. 旅游学概论[M]. 北京：旅游教育出版社.
纳什 D. 2004. 旅游人类学[M]. 宗晓莲译. 昆明：云南大学出版社.
牛亚菲，王文彤. 2000. 可持续旅游概念与理论研究[J]. 国际城市规划，（3）：17-21.
佩吉 S，布伦特 P，巴斯比 G，等. 2004. 现代旅游管理导论[M]. 刘劼莉，等译. 北京：电子工业出版社，2004.
皮珀 J. 2005. 闲暇：文化的基础[M]. 刘森尧译. 北京：新星出版社.
瑟厄波德 W. 2001. 全球旅游新论[M]. 张广瑞，等译. 北京：中国旅游出版社.
沈洁，邱灿华. 2011. 可持续旅游及其发展路径探讨——以朱家角为例[J]. 经济论坛，（10）：164-167.
史密斯 V L. 2002. 东道主与游客：旅游人类学研究（中译本修订版）[M]. 张晓萍，何昌邑，等译. 昆明：云南大学出版社.
史晓明. 2015. 旅游产品设计与经营实战手册[M]. 北京：中国旅游出版社.
舒伯阳. 2008. 实用旅游营销学教程[M]. 武汉：华中科技大学出版社.
斯沃布鲁克 J，霍纳 S. 2004. 旅游消费者行为学[M]. 俞慧君，张鸥，漆小艳译. 杭州：水利电力出版社.
宋咏梅. 2007. 关于体验旅游的特点与设计原则[J]. 特区经济，（1）：177-179.
苏明明. 2014. 可持续旅游与旅游地社区发展[J]. 旅游学刊，29（4）：8-9.
孙靳. 2010. 旅游经济学[M]. 西安：西北工业大学出版社.
孙文昌. 1989. 应用旅游地理[M]. 长春：东北师范大学出版社.
孙月婷，蔡红. 2008. 旅游学概论[M]. 北京：首都经济贸易大学出版社.
索鲁 P. 2011. 老巴塔哥尼亚快车[M]. 陈朵思，胡洲贤译. 北京：花生文库图书有限责任公司.
唐晓鸣. 2003. 基础心理学[M]. 湖北：湖北科学技术出版社.
唐雪琼，朱竑. 2007. 旅游研究中的性别话题[J]. 旅游学刊，22（2）：43-48.
陶汉军，林南枝. 1994. 旅游经济学（修订本）[M]. 上海：上海人民出版社.
田里. 2004. 旅游经济学[M]. 北京：科学出版社.
王德刚. 1998. 试论旅游学的学科性质[J]. 旅游学刊.（2）：46-48.
王德刚. 1999. 略论旅游学的理论体系[J]. 旅游学刊，（1）：63-66.
王德刚. 2012. 旅游学概论（第3版）[M]. 北京：清华大学出版社.
王东. 2012. 论我国旅游产业发展中的政府干预[J]. 长白学刊，（3）：106-108.
王健. 2008. 关于旅游学科发展与旅游管理专业课程体系建设的思考[J]. 旅游学刊.（3）：19-23.
王潞，李树峰. 2009. 旅游伦理、旅游环境保护与旅游可持续发展关系探讨[J]. 河北大学学报（哲学社会科学版），34（2）：62-65.
王宁，刘丹萍，马凌，等. 2008. 旅游社会学[M]. 天津：南开大学出版社.
王宁. 2001. 消费社会学——一个分析的视角[M]. 北京：社会科学文献出版社.
王淑良. 2005. 中国现代旅游史[M]. 南京：东南大学出版社.
魏小安，冯宗苏. 旅游产品的基础、条件与创新[A]//《中国旅游年鉴》编辑部. 中国旅游年鉴（1991）[C]. 北京：中国旅游出版社出版：141-145.
吴必虎，黄潇婷，等. 2013. 旅游学概论（第二版）[M]. 北京：中国人民大学出版社.
吴殿廷，王欣，耿建忠，等. 2010. 旅游开发与规划[M]. 北京：北京师范大学出版社.
吴国清. 2006. 旅游线路设计（第3版）[M]. 北京：旅游教育出版社.
吴国清. 2010. 旅游资源开发与管理[M]. 上海：上海人民出版社.
吴健安. 2011. 市场营销学[M]. 北京：高等教育出版社.
吴炆佳，袁振杰. 2013. 商品化、主体性和地方性的重构——再造的西双版纳傣族园泼水节[J]. 旅游学刊，28（4）：14-15.
肖潜辉. 1991. 我国旅游业的产品反思及其战略[J]. 旅游学刊.（2）：7-13.
谢彦君. 2001. 基础旅游学[M]. 北京：中国旅游出版社.
谢彦君. 2005. 旅游体验研究：一种现象学的视角[M]. 天津：南开大学出版社.
谢彦君. 2011. 基础旅游学（第3版）[M]. 北京：中国旅游出版社.

谢彦君. 2015. 基础旅游学（第 4 版）[M]. 北京：商务印书馆.
谢中田，孙佼佼. 2013. 旅游学方法论：何来“主义”之争?——与宋子千，张斌等人商榷[J]. 旅游学刊，28（12）：15-23.
徐林强. 2006. 我国体验式旅游开发初探[J]. 经济地理，（12）：24-27.
薛熙明，覃璇，唐雪琼. 2012. 旅游对恩施土家族居民民族认同感的影响——基于个人生活史的视角[J]. 旅游学刊，27（3）：27-35.
薛熙明，赵晓宁，吴炆佳. 2015. 全球与地方：遗产旅游地的重构与调控[M]. 北京：科学出版社.
薛秀芬. 2011. 中外酒店集团比较研究[M]. 北京：北京师范大学出版社.
阎友兵，方世敏. 2006. 旅游行政管理[M]. 北京：旅游教育出版社.
颜军，李荃辉，庞甲光，等. 2009. 论文化旅游是实现旅游可持续发展的有效途径[J]. 改革与战略，（12）：165-168.
杨桂华，陶犁. 1999. 旅游资源学[M]. 云南：云南大学出版社.
杨振之. 2009. 景区升级与服务质量管理[M]. 北京：科学出版社.
殷托. 2008. 现阶段政府干预行为在旅游业发展中的作用[J]. 经济视角：下，（7）：31-34.
尤瑞 J. 2009. 游客凝视[M]. 杨慧，赵玉中，王庆玲，等译. 桂林：广西师范大学出版社.
袁小凤，何方永. 2007. 中国旅游地理[M]. 成都：电子科技大学出版社.
臧良运，孙悦，王永倩. 2009. 旅游学概论[M]. 北京：电子工业出版社.
张道顺. 2006. 旅游产品设计与操作手册[M]. 北京：旅游教育出版社.
张杰，刘焱，李莉，等. 2017. 旅游学概论（第二版）[M]. 上海：格致出版社.
张俐俐. 1998. 近代中国旅游发展的经济透视[M]. 天津：天津大学出版社.
张凌云，刘宇，等. 2012. 旅游学概论[M]. 北京：北京师范大学出版集团.
张凌云. 2009. 非惯常环境：旅游核心概念的再研究——建构旅游学研究框架的一种尝试[J]. 旅游学刊，24（7）：12-17.
张骁鸣. 2006. 旅游对乡村社区的社会经济影响研究——以世界文化遗产地西递为例[D]. 中山大学博士学位论文.
张佑印，马耀峰，顾静. 2016. 旅游学研究体系——结构、解构与重构[J]. 人文地理，（3）：145-150.
章必功. 2016. 中国旅游通史[M]. 北京：商务印书馆.
章杰宽，张萍. 2015. 历史与旅游：一个研究述评[J]. 旅游学刊，（11）：122-130.
周鹍鹏. 2011. 品牌定位与品牌文化辨析[J]. 山东社会科学，（1）：117-120.
周晓红. 2005. 现代社会心理学[M]. 上海：上海人民出版社.
周亦波，谢珊，祝红文. 2007. 旅游概论[M]. 成都：电子科技大学出版社.
朱创业. 2010. 旅游地理学[M]. 北京：科学出版社.
朱红兵，Scott N. 2016. 澳大利亚旅游统计现状、挑战与趋势[J]. 旅游学刊，31（4）：1-3.
邹统钎. 2004. 旅游景区开发与管理[M]. 北京：清华大学出版社.
Cohen E. 2007. 旅游社会学纵论[M]. 巫宁，马聪玲，陈立平译. 天津：南开大学出版社.
Goeldner C R, McIntosh R W. 2000. Tourism: Principles, Practices[M]. 8th ed. New York: John Wiley & Sons.
Goeldner C R. 2008. 旅游学（第 10 版）[M]. 李天元，徐虹，黄晶译. 北京：中国人民大学出版社.
Hilton J. 1933. Lost Horizon[M]. London：Macmillan.

Kotler P，Bowen J，Makens J. 2002. 旅游市场营销[M]. 谢彦君译. 北京：旅游教育出版社.

McIntosh R W，Goeldner C R. 1984. Tourism：Principles，Practices，Philosophies[M]. New York：Wiley.

Middleton V T C. 1988. Marketing in Travel and Tourism[M]. London：Heinemann Professional Publishing.

Ritchie J R B，Goeldner C R. 1986. Travel，Tourism and Hospitality Research：A Handbook for Managers and Researchers[M]. New York：John Wiley & Sons Inc.

Smith S L J. 2006. 旅游决策分析方法[M]. 李天元，徐虹，黄晶译. 天津：南开大学出版社.

Weaver D，Oppermann M. 2000. Tourism Management[M]. Milton：John Wiley & Sons Australia，Ltd.